Die Vermögensteuer im Rahmen der modernen allgemeinen Einkommensteuer

Eine steuerwirtschaftliche Betrachtung, als Beitrag zur Gesamtsteuerreform

Von

Dr. Bodo B. Gemper

DUNCKER & HUMBLOT / BERLIN

Gedruckt 1971 bei Buchdruckerei Bruno Luck, Berlin 65
Printed in Germany
ISBN 3 428 02425 7

Meinen Eltern

Die „Kunst der Besteuerung“ besteht darin, aus der größeren oder kleineren Zahl verschiedener Maßnahmen, die zur Bewältigung einer konkreten Aufgabe ergriffen werden können, jeweils jene auszuwählen, die als die relativ geeignetste anzusehen ist*.

Fritz Neumark

* Fritz *Neumark*: Grundsätze der Besteuerung in Vergangenheit und Gegenwart, Wiesbaden 1965, S. 35.

Inhalt

Zweites Kapitel

Steuerrechtliche Würdigung der Vermögensteuer

Grundzüge der Besteuerung des Vermögens natürlicher Personen in der Bundesrepublik Deutschland

Drittes Kapitel

Steuerwirtschaftliche Würdigung der Vermögensteuer

Erster Abschnitt

Zweiter Abschnitt

Würdigung der Grundsätze der Besteuerung

Dritter Teil

Würdigung der Vermögensteuer

Methodologische Vorbemerkung

Erstes Kapitel

Das Wesen der Vermögensteuer im Rahmen der modernen allgemeinen Einkommensteuer

Zweites Kapitel

Begründung der Vermögensteuer und ihre Problematik

Besteuerung des Vermögens natürlicher Personen:

Absicht und Wirklichkeit

Drittes Kapitel

Die Stellung der Vermögensteuer in einem modernen Steuersystem

Verzeichnis der benutzten Abkürzungen

a.a.O.	am angegebenen Orte
Abs.	Absatz
Abschn.	Abschnitt
ÄndBewG	Bewertungsänderungsgesetz
AO	(Reichs-) Abgabenordnung
BBl.	(Schweizerisches) Bundesblatt
BewDV	Durchführungsverordnung zum Bewertungsgesetz
BewG	Bewertungsgesetz
BewR	Richtlinien zur Bewertung des Grundvermögens
BFH	Bundesfinanzhof
BGBl.	Bundesgesetzblatt
BSP(m)	Bruttosozialprodukt zu Marktpreisen
BStBl.	Bundessteuerblatt
BVerfG	Bundesverfassungsgericht
BVerfGE	Amtliche Sammlung der Entscheidungen des Bundesverfassungsgerichts
Diss.	Dissertation
DM	Deutsche Mark
EStG	Einkommensteuergesetz
EWG	Europäische Wirtschaftsgemeinschaft
FA	Finanzarchiv
FinVerfG	Finanzverfassungsgesetz
GG	Grundgesetz für die Bundesrepublik Deutschland
GM	Goldmark
Hrsg.	Herausgeber
hrsgg.	herausgegeben
i. d. F.	in der Fassung
Institut F St	Institut „Finanzen und Steuern“
Kap.	Kapitel
KStG	Körperschaftsteuergesetz
LAG	Gesetz über den Lastenausgleich; Lastenausgleich
lit.	litera (Buchstabe)
Mill.	Millionen
N. F.	Neue Folge

p.	page (Seite)
RFH	Reichsfinanzhof
RGBl.	Reichsgesetzblatt
RM	Reichsmark
RStBl.	Reichssteuerblatt
S.	Seite
Sp.	Spalte. Ebenso weisen *Klammerwerte* hinter Seitenangaben auf die jeweilige Spalte hin.
SFA	Steuer- und Finanzausschuß der EWG (Vgl. Bericht des SFA)
Stabilitätsgesetz	Gesetz zur Förderung der Stabilität und des Wachstums der Wirtschaft
StAnpG	Steueranpassungsgesetz
Tab.	Tabelle
VermBG	Vermögensbildungsgesetz
VStDV	Vermögensteuer-Durchführungsverordnung
VStG	Vermögensteuergesetz
VStR	Vermögensteuer-Richtlinien
WiSta	Wirtschaft und Statistik
Ziff.	Ziffer
zit.	zitiert, (Zitierweise)

Vorbemerkung

Diese Untersuchung ist als Beitrag zur Steuerreform in der Bundesrepublik Deutschland gedacht. Sie hat sich zur Aufgabe gestellt, in Form einer *Fallstudie* Zusammenhänge aufzuzeigen, die zwischen der Vermögensteuer und der modernen allgemeinen Einkommensteuer bestehen und an Hand eines Beurteilungsschemas — den Grundsätzen der Besteuerung — wichtig erscheinende gegebene Beziehungen steuerwirtschaftlich kritisch zu würdigen.

Ziel dieser steuerwirtschaftlichen Betrachtung ist es, zur Weiterentwicklung der Steuerwirtschaftspraxis beizutragen, indem die *vermögen*steuerwirtschaftlichen und -politischen Gesichtspunkte vor dem Hintergrunde des vielfältigen Beziehungsgeflechtes volks-, finanz- und steuerwirtschaftlicher Zusammenhänge aufgezeigt und nach Möglichkeit über- und durchschaubar gemacht werden.

In den vergangenen Jahrzehnten hat sich in den Ländern der westlichen Industriewelt eine beachtliche Erhöhung der Steuerbelastung vollzogen. Damit stieg pari passu die Bedeutung, die den Steuern bei den wirtschaftlichen Entscheidungen der Besteuerten und des Fiskus beigemessen werden muß.

Theorie und Praxis drängten darauf, die relevanten Sachzusammenhänge aufzuzeigen, eine wissenschaftliche Erklärung ökonomischer Sachverhalte zu geben und die Auswirkungen der Besteuerung genauer zu untersuchen. Während die Steuerwirtschaftler und -politiker bisher ihre ungeteilte Aufmerksamkeit auf die (2) großen volkswirtschaftlichen Steuergruppen: die Steuern auf die Einkommens*entstehung* und die Steuern auf die Einkommens*verwendung* richteten, wurde den übrigen Steuern, u. a. auch den Steuern auf das Vermögen, sichtlich zu wenig Interesse entgegengebracht.

Dabei kann gerade Deutschland neben der Schweiz als das klassische Land der Vermögensteuer angesehen werden, in welchem mannigfaltige Formen der Vermögensbesteuerung zur Anwendung gelangen. Als Ergänzungssteuer zur allgemeinen Einkommensteuer allein, verfügt die deutsche Vermögensteuer bereits über eine 75-jährige Tradition. Darüber hinaus besitzt die Vermögensbesteuerung sowohl volkswirtschaftlich als auch finanzwirtschaftlich gesehen, ein nicht zu übersehendes

Gewicht. So entfielen im Vergleich mit den Mitgliedstaaten der Europäischen Wirtschaftsgemeinschaft im Jahre 1965 immerhin 8 Prozent des gesamten Steueraufkommens in der Bundesrepublik Deutschland auf Steuern auf das Vermögen. Hinter Luxemburg (9 v. H.) ist das neben Italien (8 v. H.) mit eine der höchsten Quoten. Im gleichen Jahre betrug die *Steuerbelastungsquote* allein aus der Vermögensteuer (Vermögensteueraufkommen in v. H. des Bruttosozialproduktes) 0,44 Prozent. Die *Steuerquote* an den gesamten Ländereinnahmen machte 1965 5,8 v. H., an denen der Ländersteuern sogar 25,7 v. H. aus, obwohl durch diese (Länder-)Steuer nur etwa ein Fünftel des gesamten Volksvermögens belastet wird.

Spezielle Untersuchungen zur Vermögensbesteuerung finden daher ein fruchtbares Feld und auch ergiebige Quellen für kritische Fragestellungen.

Da für steuerwirtschaftliche Überlegungen der orientierende Blick auf ordnungs- und wirtschaftspolitische Aspekte sehr gewinnbringend, wenn nicht sogar unerläßlich ist, wurden diese mit in die Betrachtung einbezogen.

Es lag nahe, die Begrenzung des Kreises der vermögensteuerlichen Problematik aus dem Wesen der allgemeinen Vermögensteuer als Ergänzungssteuer zur Einkommensteuer abzuleiten und die Vermögensteuer natürlicher Personen in den Mittelpunkt der Darstellung zu rücken. Mit dieser schärferen Begrenzung sollte versucht werden, eine gewisse Geschlossenheit der zu behandelnden wesentlichen vermögensteuerlichen Aspekte im Steuersystem zu erreichen und zugleich einer gesteckten Raumbegrenzung entgegenzukommen. Deshalb konnte hin und wieder nur auf Probleme und die ihnen möglicherweise zukommende Tragweite hingewiesen werden, deren Lösung für erstrebenswert erachtet wird. Dennoch hat die vorliegende Arbeit einen etwas größeren Umfang angenommen als ursprünglich vorgesehen war. Es stellte sich nämlich heraus, daß der zu beobachtende Sachverhalt sehr komplexer, weil fundamentaler Natur ist und daher doch ein gewisser Mindestrahmen vorgezeichnet werden mußte, in den die Fragestellung der Vermögensteuer im Rahmen der modernen allgemeinen Einkommensteuer einzuordnen ist.

Für die Formulierung vorliegender Aufgabenstellung sowie die aufmerksame, verständnisvolle und gewissenhafte Betreuung dieser Ausarbeitung danke ich Herrn Prof. Dr. iur. Ernst Känzig, Bern, sehr herzlich. Den Herren Prof. Dr. Dr. h. c. mult. Fritz Neumark, Frankfurt am Main, Prof. Dr. Burkhard Strümpel, Ann Arbor (USA) und Dr. Siegfried Katterle, Köln, die Teile des Manuskripts kritisch gelesen haben, danke ich für wertvolle Hinweise und Anregungen vielmals. Für die

Aufnahme der Fallstudie in die Reihe „Volkswirtschaftliche Schriften" danke ich dem Herausgeber Ministerialrat a. D. Dr. Johannes Broermann. Die Arbeit wurde im Dezember 1968 abgeschlossen. Während der Drucklegung wurden noch einige Ergänzungen vorgenommen.

Köln, im Februar 1971 *B. B. G.*

Erster Teil

Problemstellung; Abgrenzung des Themas; Einordnung der Vermögensteuer in das deutsche Finanz- und Steuersystem

Erstes Kapitel

Problemstellung und Abgrenzung des Themas

1. Ziel der Arbeit

Ziel der vorliegenden Arbeit soll es sein, vor dem Hintergrunde der aktuellen haushalts- und finanzpolitischen Situation, wie sie sich gegenwärtig (1968) in der Bundesrepublik Deutschland abzeichnet, einen Beitrag zur Diskussion um die Reform der direkten Steuern zu liefern. Diese Diskussion, die eben wieder auflebt[1], dürfte spätestens nach den Neuwahlen zum 6. Deutschen Bundestag im Jahre 1969 ihre Resultate in der Änderung und/oder Neufassung von Finanzgesetzen, die das Ausmaß einer tiefgreifenden „Finanz- und Steuerreform" annehmen können, finden. Dieses gilt in erster Linie für die unmittelbar den Wahlen folgenden Monate. Jede neue Bundesregierung wird — unabhängig vom Ausgang des Wahlergebnisses — mit Sicherheit das Thema „Finanz- und Steuerreform" zu einem ihr Regierungsprogramm mitbestimmenden Thema erheben. Hierbei wird den Fragen der Steuerreform die größte Bedeutung zukommen.

Daneben werden — wenn auch vermutlich weniger akzentuiert — auch auf europäischer Ebene im Europäischen Parlament und in den Fachgremien die Probleme einer Reform der direkten Steuern in den EWG-Mitgliedstaaten im Lichte der „Steuerharmonisierung" auf die Tagesordnung der Beratungen gelangen.

Die Stellung der Vermögensteuer im Rahmen der modernen allgemeinen Einkommensteuer soll in vorliegender Arbeit einer kritischen steuerwirtschaftlichen Betrachtung unterzogen werden. Dabei sollen im

---

[1] Vgl. u. a Franz Joseph *Strauß*: Rede vor dem Bundesrat zum „Entwurf eines Gesetzes zur Änderung und Ergänzung des Grundgesetzes (Finanzreformgesetz)". In: Bericht über die 322. Sitzung des Bundesrates, Bonn, am 5. April 1968, Stenographischer Bericht, S. 54 ff.

Vordergrund dieser Untersuchung Fragen der Vermögensteuer als Steuer auf dem Vermögen *natürlicher* Personen stehen. Wir begrenzen damit bewußt den Kreis, auf den sich unser Interesse konzentriert, in doppelter Hinsicht: Einmal lösen wir aus dem Rahmen der Vermögensteuern im *weitesten* Sinne, den Bereich der sog. „Vermögenssteuern im *engeren Sinne*“[2], also die Besteuerung des Vermögensbesitzes heraus, da im weitesten Sinne „(j)ede Steuer insoweit eine Vermögensteuer (ist), als sie aus dem Vermögen des Steuerpflichtigen entrichtet wird“[3]. Zum anderen ist innerhalb dieses *engeren* Bereiches, wo „die Besteuerung ... an das gleichsam im Ruhezustand befindliche Vermögen“, also an den „Vermögensstamm“ anknüpft[4], unser Interesse in erster Linie auf die Vermögensteuer natürlicher Personen gerichtet. Wie dem aber auch sei —, ob wir eine weitgefaßte oder eine konzentrierte Betrachtung ins Auge fassen —: Wir müssen in jedem Falle „dem Wesen einer so bezeichneten Steuergattung nachgehen, um beurteilen zu können, ob sie den modernen finanzwissenschaftlichen (finanz- resp. steuer*wirtschaftlichen,* d. Verf.) Anforderungen entspricht oder nicht“[5]. Gegenstand unserer Überlegungen sind also Wesen und Funktion einer allgemeinen, subjektiven und nominellen Vermögensteuer.

2. Problem

Zur Beantwortung der Frage nach dem Zuordnungsverhältnis von Vermögensteuer und moderner allgemeiner Einkommensteuer sind — zumindest in groben Umrissen — hinreichend klare Vorstellungen über die Möglichkeiten *sachgemäßer Besteuerung* von Vermögen und Einkommen Voraussetzung.

Es geht um die Frage nach der Berechtigung oder Verträglichkeit (Kompatibilitätskriterium) — ja Zweckmäßigkeit oder Notwendigkeit einer Steuer auf dem Vermögen als Ergänzung der modernen allgemeinen Einkommensteuer. Damit fragen wir danach, ob eine Steuer auf dem Vermögen im Rahmen einer modernen allgemeinen Einkommensteuer vom Standpunkt steuerwirtschaftlicher Betrachtung aus sachgemäß ist (Grundsatz der Sachgemäßheit).

---

[2] Fritz Karl *Mann* unterscheidet davon in Anlehnung an Adolph *Wagner* die „Vermögenssteuern im weiteren Sinne“, die Gebrauch-, Erwerb- und Verkehrsteuern. Hier wird „das Vermögen gleichsam in der Bewegung erfaßt“, also von den „ökonomischen Prozessen aus(gegangen), die das Vermögen entstehen lassen“. Fritz Karl *Mann:* Vermögenssteuer. In: Handwörterbuch der Staatswissenschaft, Bd. 8, 4. Aufl., Jena 1928, S. 609 (I).

[3] Ebenda, S. 608 (II).

[4] Ebenda, S. 609 (I).

[5] Boleslav *Fux:* Die Vermögenssteuer. In: Handbuch der Finanzwissenschaft, 2. Bd., Tübingen 1927, S. 137 ff.

Der Zielsetzung vorliegender Arbeit entsprechend lautet unsere *Kernfrage:*

(A) Läßt sich eine Steuer auf dem Vermögen natürlicher Personen weiterhin noch rechtfertigen? Um darauf eine Antwort geben zu können, müssen wir konkret die Frage stellen:
Entspricht die in einem Steuersystem denkbare Form der allgemeinen Vermögensteuer als Ergänzungssteuer zu einer modernen allgemeinen Einkommensteuer den Anforderungen, die an eine Steuer in einem modernen Steuersystem gestellt werden müssen?

Im einzelnen wollen wir uns folgende Fragen vorlegen:

a) Was für Steuern werden gegenwärtig vom oder nach dem Vermögen erhoben?

b) Welches sind die Motive für die Erhebung der allgemeinen Vermögensteuer —, d. h., welche Ziele sollen mit der Vermögensteuer als Ergänzung der modernen allgemeinen Einkommensteuer verfolgt werden?

c) Läßt sich eine derartige Steuer mit den Vorstellungen von einer sachgerechten Steuerbelastung in Einklang bringen?

d) In welcher Form und in welchem Umfang sind die mit der Vermögensteuer verfolgten Ziele bisher erreicht worden?

e) Was erbringt die allgemeine Vermögensteuer?

f) Ist die Vermögensteuer in der Form einer Ergänzungssteuer zur allgemeinen Einkommensteuer auch gegenwärtig noch als ein geeignetes Mittel anzusehen, die mit ihr verfolgten Ziele zu erreichen?

g) Welches ist die Bedeutung der Steuer auf dem Vermögen von Privatpersonen?

h) Soll an der bisherigen Form einer allgemeinen Vermögensteuer als Ergänzung zur allgemeinen Einkommensteuer festgehalten werden?

(B) Wie ist die Vermögensteuer aus steuerwirtschaftlicher Sicht zu beurteilen?

Die Beurteilung der Vermögensteuer im Rahmen der modernen allgemeinen Einkommensteuer muß vor dem Hintergrunde des „Gesamt-Finanzsystems“ ansetzen, damit — und das gilt in erster Linie für eine qualitative Analyse — ihre Stellung im Gesamtsteuersystem fixierbar und zugleich kritisierbar wird. Dabei ist es nicht nur zweckmäßig, sondern notwendig, vom gegebenen Steuersystem — seinen Vorzügen und Schwächen — auszugehen. Dieses Vorgehen erlaubt festzustellen, welchen Einfluß die Vermögensteuer auf das Funktionieren des Steuersystems ausübt, und letztlich zu fragen, welche Rolle die Vermögensteuer künftig innerhalb des gesamten deutschen Steuersystems spielen sollte, damit es den an dieses gestellten Anforderungen gerecht zu werden vermag.

Einer Einteilung in Steuern auf das Einkommen und Steuern auf das Vermögen kann nur mit Vorbehalten zugestimmt werden. Darauf hat jüngst im Hinblick auf die internationalen Steuervergleiche das Statistische Amt der Europäischen Gemeinschaften hingewiesen. Der „manchmal sehr konventionsbedingte(n) Charakter einiger Klassifizierungen der Steuern“[6], die „Unterschiede in den nationalen Institutionen“[7] sowie die Tatsache, „daß die Einteilung (in Steuern auf das Einkommen, das Vermögen und den Umsatz)[8] weitgehend von der Bemessungsgrundlage oder der Natur der Steuern selbst abhängt“[9], lassen diesen Vergleich im internationalen Verhältnis oft problematisch werden. Aus diesem Grunde ist eine steuerwirtschaftliche *Gesamtschau*, d. h. die kritische Würdigung einer Einzelsteuer unter gleichzeitiger Hinzuziehung der Steuern, die mit ihr eng in Beziehung stehen, nicht nur empfehlenswert, sondern geboten.

Die Interdependenz mehrerer Steuern wird gerade an dem Verhältnis, das zwischen Vermögensteuer und Einkommensteuer besteht, evident: „Der Charakter der Vermögensteuer als einer ergänzenden Belastung des fundierten Einkommens rückt diese Abgabe in die unmittelbare Nachbarschaft der Einkommensteuer. Ähnliches gilt für die Erbschaftsteuer“[10]. So gesehen, trägt die Formulierung unseres Themas: „Die Vermögensteuer im Rahmen der modernen allgemeinen Einkommensteuer“ dem eben dargelegten Gebot schon thematisch Rechnung.

Ein gutes Beispiel für eine alternative belastungsmäßige wie incidenzielle Interdependenz bildet die *Grundsteuer:*

Im EWG-Raum wird die Grundsteuer sowohl

a) nach einem fiktiven *Einkommen* auf der Grundlage eines angenommenen Einheitsertrages bemessen, als auch

b) nach einem fiktiven *Vermögen* auf der Grundlage eines angemessenen Einheitswertes bestimmt.

Während es sich im ersten Falle im Grunde genommen um eine Einkommensteuer handelt, haben wir es im letzteren mit einer Vermögen-

---

[6] Vgl. *Statistisches Amt der Europäischen Gemeinschaften* (Hrsg.): Die Steuern in der EWG 1958—1965, Brüssel 1967, S. 8.

[7] Ebenda.

[8] Einfügung von uns.

[9] Vgl. *Statistisches Amt der Europäischen Gemeinschaften* (Hrsg.): Die Steuern in der EWG 1958—1965, a.a.O., S. 3.

[10] *Kommission für die Finanzreform:* Gutachten über die Finanzreform in der Bundesrepublik Deutschland (Troeger-Gutachten), Stuttgart, Köln, Berlin, Mainz 1966, S. 59, Ziff. 234.

steuer zu tun. So gesehen befindet sich in der Bundesrepublik Deutschland die Grundsteuer in einem ausgesprochenen Konkurrenzverhältnis zur Vermögensteuer. Schließlich soll mit dieser Arbeit ein kleiner Beitrag zum großen Gespräch über die Reform der *Finanz-* und *Steuerordnung* geliefert werden. In diesem Zusammenhang soll auf die oft gestellte Frage nach der Notwendigkeit einer Steuer auf dem Vermögen und deren künftigem Schicksal *eine* Antwort aus möglicherweise *mehreren denkbaren* gegeben werden. Es soll ein Beitrag zur Diskussion um eine Steuerordnung sein, in der „(d)ie Steuerlast... gerechter verteilt... und... das Steuersystem so weit wie möglich vereinfacht werden“[11].

3. „Aktualität“ der vorliegenden Fragestellung

Die Wahl des Themas läßt sich bezüglich ihres Gegenstandes und ihrer zeitlichen Bestimmung mit der Zielsetzung, die unserer Fragestellung zugrunde liegt, begründen. Der Versuch einer steuerwirtschaftlichen Betrachtung des Zuordnungsverhältnisses von Vermögensteuer und moderner allgemeiner Einkommensteuer bezieht seinen *Aktualitätswert* und damit zugleich seine Rechtfertigung von verschiedenen Seiten.

Neben dem rein wirtschafts- resp. finanzwissenschaftlichen Interesse steht das realpolitische. Der Wirtschafts-, insbesondere der Finanzpolitiker, wird die wissenschaftliche Erörterung des Zuordnungsverhältnisses einer Vermögensteuer zu einer modernen allgemeinen Einkommensteuer zunächst aus dem Blickwinkel der Entwicklung der konkreten Bestrebungen auf dem Gebiete der supranationalen Gesellschafts- und Wirtschaftsentwicklung als wünschenswert erachten. Gemeint ist hier in erster Linie die Entwicklung in der Europäischen Wirtschaftsgemeinschaft (EWG). „(I)n dem festen Willen, die Grundlagen für einen immer engeren Zusammenschluß der Europäischen Völker zu schaffen“, „entschlossen, ... die Europa trennenden Schranken“ zu beseitigen und die Herbeiführung einer „beständige(n) Wirtschaftsausweitung... zu gewährleisten“ sowie „in dem Bestreben, ihre Volkswirtschaften zu einigen und deren harmonische Entwicklung zu fördern“[12], hat diese Gemeinschaft nach mehr als 10 Jahren erfolgreicher Integrationspraxis —

---

[11] Franz Josef *Strauß:* Finanz- und Steuerpolitik des modernen Staates. Vortrag vor dem Deutschen Steuerkongreß am 5. Mai 1969. In: Finanznachrichten Nr. 100, Anhang, S. 26, sowie *ders.* in diesem Sinne: Vortrag vor den Jungunternehmern in München am 28. 4. 1969. In: Finanznachrichten Nr. 97, S. 6.

[12] Vertrag zur Gründung der Europäischen Wirtschaftsgemeinschaft, Präambel. In: BGBl. II 1957, S. 770.

abgesehen von der rein quantitativen Seite — qualitativ eine höhere Entwicklungsstufe erreicht (Harmonisierungspostulat). Die Harmonisierung der indirekten Steuern[13], insbesondere der allgemeinen Umsatzsteuer und der Verbrauchsabgaben, wie sie in den „Römischen Verträgen“ vorgesehen ist, hat schon sichtbar Formen angenommen. Daneben gewinnen auch die Fragen an Gewicht, die sich „im Bemühen um die Angleichung derjenigen Rechts- und Verwaltungsvorschriften der Mitgliedstaaten“[14], unmittelbar auf die weitere Verwirklichung und das störungsfreie Funktionieren des Gemeinsamen Marktes auswirken. Hierzu zählt der große Fragenkomplex einer *Reform der direkten Steuern.* Wenn in den „Römischen Verträgen“ eine Harmonisierung der direkten Steuern auch nicht ausdrücklich vorgesehen wird, so kann man doch davon ausgehen, daß auch die Anpassung der steuerlichen Verhältnisse auf dem Gebiet von Einkommen und Vermögen mit Rücksicht auf eine volle Erfüllung der vertraglichen Vereinbarungen angestrebt bzw. herbeigeführt werden muß[15]. Nach Auffassung der EWG-Kommission[16] kommt es darauf an, besonders „bei der Harmonisierung der Steuern einer ökonomisch sinnvollen und gesellschaftspolitisch kohärenten Fortentwicklung der nationalen Steuersysteme Rechnung zu tragen“[17], zumal die Besteuerung bezüglich der Höhe der *Steuerbelastung,* der *Struktur* (Zusammensetzung) der nationalen Steuersysteme und der *Erhebungspraxis* in den Mitgliedstaaten der EWG recht unterschiedlich ist. „Aus der progressiven Einführung eines gemeinsamen Systems für die allgemeine Umsatzsteuer folgt“ nach Ansicht der EWG-Kommission „im übrigen eine Tendenz, auch hinsichtlich der Sätze der direkten Steuern zu einer Annäherung zu kommen“[18]; denn „Unterschiede im System und den Sätzen der sogenannten direkten Steuern können zu

---

[13] Ebenda, Kapitel 2: „Steuerliche Vorschriften“, Art. 95—99.

[14] Ebenda, Kapitel 3: „Angleichung der Rechtsvorschriften“, Art. 100 Abs. I, Art. 101 Abs. I.

[15] So u. a. auch *Erna Brockerhoff:* Die Harmonisierung der Ausgabesteuern im Deutschen Zollverein mit einem Ausblick auf die Probleme der Ausgabesteuerharmonisierung in der EWG, (Diss. Mainz) 1963, S. 96, sowie *Memorandum der EWG-Kommission* über das Aktionsprogramm der Gemeinschaft für die zweite Stufe, Brüssel 1962, S. 29 f.

Im gleichen Sinne äußert sich auch der Wirtschafts- und Sozialausschuß der EWG in seiner „Stellungnahme zu dem Memorandum der Gemeinschaft für die zweite Stufe“, (Brüssel) 1964, S. 132 (Ziff. 36). Ferner *Europäische Wirtschaftsgemeinschaft,* Generalsekretariat der Kommission der Europäischen Gemeinschaften: Programm der Steuerharmonisierung — Programm für die Harmonisierung der direkten Steuern. In: Sonderbeilage zum Bulletin 8-1967.

[16] *Europäische Wirtschaftsgemeinschaft,* Kommission (Hrsg.): Memorandum der Kommission über das Aktionsprogramm der Gemeinschaft für die zweite Stufe, Brüssel (24. Oktober) 1962.

[17] Ebenda, S. 28.

[18] Ebenda, S. 30.

unwirtschaftlichen Bewegungen der Produktionsfaktoren Anlaß geben und den Wettbewerb innerhalb des Gemeinsamen Marktes verfälschen"[19]. Bei der EWG-Steuerharmonisierung geht es also nicht um eine Vereinheitlichung auf dem Gebiete des Steuerwesens, sondern um den Versuch, möglichst viele nationaler Regelung unterworfene finanzwirtschaftliche Maßnahmen, die sich auf die Entwicklung einer harmonischen ökonomischen Struktur des Gemeinsamen Marktes verzögernd oder verzerrend auswirken können, entweder abzuschaffen oder die betreffenden Normen so zu gestalten, daß sie sich auf den Wettbewerb innerhalb der EWG nicht nachteilig auswirken. Anzustrebendes Ziel, den bestehenden „steuerlichen ‚Disharmonien'"[20] zu begegnen, ist „*lediglich eine Harmonisierung* der Steuersysteme und der Finanzpolitik"; nicht deren Vereinheitlichung [21]. Letztere, — heute noch utopisch — ist freilich als die ideale Zielvorstellung anzusehen, „um auch in dieser Hinsicht einen echten gemeinsamen Markt zu schaffen"[22]. Der EWG-Steuer- und Finanzausschuß (SFA) hat in seinem Bericht[23] bei den „quantitative(n) und qualitative(n) Unterschiede(n) in den Finanzsystemen der Mitgliedstaaten als Faktoren, die der Verwirklichung der Ziele des Gemeinsamen Marktes abträglich sein können"[24] neben den „Unterschiede(n) in der sogenannten Gesamtsteuerbelastung"[25] und den „Unterschiede(n) in der Zusammensetzung der öffentlichen Ausgaben"[26] ausdrücklich auf die „Unterschiede in der Zusammensetzung der Steuersysteme"[27] hingewiesen.

Im Jahre 1962 hat der Wirtschafts- und Sozialausschuß[28] zu dem von der EWG-Kommission vorgelegten Aktionsprogramm, in dem die einzelnen Initiativen in einen „Gesamtrahmen" eingeordnet wurden[29], Stellung genommen. Er stimmt ausdrücklich „den von der EWG-Kommission entwickelten Grundsätzen hinsichtlich der Behandlung der

19 Ebenda, S. 29.

20 *EWG-Kommission* (Hrsg.): Bericht des Steuer- und Finanzausschusses, (Brüssel) 1962, S. 9 (im folgenden auch EWG-Neumark-Bericht genannt).

21 Ebenda, S. 8.

22 *Egon Tuchtfeldt*: Der Gemeinsame Markt. Grundzüge und Probleme der Europäischen Wirtschaftsgemeinschaft. In: Hamburger Jahrbuch, 3. Jahr, Tübingen 1958, S. 259.

23 EWG-Neumark-Bericht, a.a.O.

24 Ebenda, S. 14.

25 Ebenda.

26 Ebenda, S. 21.

27 Ebenda, S. 25.

28 *Europäische Wirtschaftsgemeinschaft, Europäische Atomgemeinschaft* (Hrsg.): Stellungnahme (des Wirtschafts- und Sozialausschusses der Europäischen Wirtschaftsgemeinschaft) zu dem Memorandum der Kommission über das Aktionsprogramm der Gemeinschaft für die zweite Stufe, (Brüssel) 1964.

29 Memorandum der EWG-Kommission, a.a.O., S. 9.

direkten Steuern“ zu, deren Harmonisierung er für unerläßlich hält[30]. Der Ausschuß fordert sogar, daß die von der EWG-Kommission eingeleiteten diesbezüglichen Untersuchungen beschleunigt werden, „damit im Anschluß an die Vorschläge für die Harmonisierung der Umsatzsteuern und der sonstigen indirekten Steuern (in der Gemeinschaft, d. Verf.) möglichst bald auch Vorschläge für eine Angleichung der direkten Steuern gemacht werden können“[31]. In seinem Bericht[32] vom 7./8. Juli 1962 wird vom Steuer- und Finanzausschuß (SFA) in seinen „Vorschläge(n) für die qualitative und quantitative Harmonisierung von Einzelsteuern“[33] betont, daß der SFA mehrheitlich der Ansicht ist, daß die Erhebung einer mit mäßigen Sätzen ausgestatteten *Vermögensteuer*[34] schon als zweckmäßiges Mittel einer „discrimination fiscale des revenus“ erwünscht sei[35]. Ein weiterer Anknüpfungspunkt, durch den die Vermögensteuer Gegenstand des Interesses wird, ist die „Große Finanzreform“, wie sie in der Bundesrepublik Deutschland seit langem ins Auge gefaßt wird. Einerseits verlangt „die heutige Wirtschaftsordnung gebieterisch nach einer neuen Abstimmung zwischen Steuersystem und Wirtschaftssystem“[36] und andererseits ist das bundesdeutsche ein überkommenes Steuersystem, das in erheblichem Maße die typischen Züge eines „geschichtlichen Steuersystems“ trägt, — stehen doch „Steuern verschiedener Art, verschieden nach ihrer Entstehung, Rechtfertigung, Zweckmäßigkeit und Ergiebigkeit nebeneinander“[37].

---

30 Stellungnahme (des Wirtschafts- und Sozialausschusses der Europäischen Wirtschaftsgemeinschaft) zu dem Memorandum der Kommission über das Aktionsprogramm der Gemeinschaft für die zweite Stufe, a.a.O., S. 132 (Ziff. 36).

31 Ebenda.

32 Der gutachtlichen Stellungnahme zur Prüfung der Möglichkeiten einer Harmonisierung der Steuern in der EWG liegt dem Auftrage entsprechend, der dem SFA von der EWG-Kommission erteilt wurde, u. a. die Voraussetzung zugrunde, daß die Mitgliedsländer der EWG einen gemeinsamen Markt mit binnenmarktähnlichen Verhältnissen herstellen und aufrechterhalten. Vgl. EWG-Neumark-Bericht, a.a.O., Anlage A, S. 98.

33 Ebenda, S. 35 ff.

34 Hervorhebung von uns.

35 Ebenda, S. 49.

36 *Günter Schmölders:* Die Notwendigkeit der organischen Steuerreform. In: Finanzarchiv, N. F., Bd. 14, Tübingen 1953/54, S. 21/22. Dieses Gebot nach einer „neuen Abstimmung zwischen Steuersystem und Wirtschaftssystem enthält einen aktuellen gesellschaftspolitischen, insbesondere einkommenspolitischen Akzent; bedeutet doch jede Steuer einen Eingriff in die Einkommensbildung, eine nachträgliche Änderung der Einkommensverteilung und eine Modifikation der Einkommensverwendung, so daß die Besteuerung als ganzes weder an dem veränderten Aufbau der Einkommenspyramide noch an den Wandlungen achtlos vorbeigehen kann, die im Volkseinkommen als ganzem, in der Zusammensetzung des Sozialproduktes und im Aufbau der Volkswirtschaft eingetreten sind“ (Ebenda, S. 22).

37 Wilhelm *Gerloff:* Die öffentliche Finanzwirtschaft, Bd. II, Praktischer Teil, Fankfurt am Main 1950, S. 168.

Aus der Situation einer längst fälligen, doch stets verhinderten Reform steuerrechtlicher Normen herauszufinden, ist Aufgabe der angestrebten „organischen“ Steuerreform. Dieses besonders auch deshalb, damit „die tatsächliche Verteilung der Steuerlasten auf die Volksgesamtheit sich vom Willen des Gesetzgebers und vom objektiven Recht“[38] nicht noch weiter entfernt. Hier ist es in erster Linie die „Reform der direkten Steuern“, die im Rahmen einer allgemeinen Reform der Finanzverfassung in der Bundesrepublik Deutschland die Vermögensteuer zum Objekt kritischer Beurteilung werden läßt.

So wurde schon im Jahre 1961 von der *Christlich Demokratischen Union* Deutschlands (CDU) angeregt, eine Teil(steuer-)reform durchzuführen, in deren Verlaufe neben der Einkommen- und Gewerbesteuer auch Änderungen bei der *Vermögensteuer* erfolgen sollten — gedacht als erste Schritte zu einer umfassenden Reform des Steuersystems in der Bundesrepublik Deutschland. Der Reform bleibe es dann vorbehalten, eine verbesserte Einheitswertung und u. a. eine systematische Überprüfung der Vermögensteuer sowie der Erbschaftsteuer in die Wege zu leiten[39]. Die *Sozialdemokraten* forderten, daß künftig die Vermögen- und Erbschaftsteuer für die Millionenvermögen gestaffelt erhöht und für kleinere und mittlere Vermögen größere Freibeträge gewährt werden sollten[40]. Vermögen über eine bis zehn Millionen Mark sollten im Gegensatz zu der bestehenden Regelung, die das Vermögen einheitlich mit 1 Prozent vermögensteuerlich belastet, mit 1,5 Prozent und noch größere Vermögen mit 2 Prozent jährlich besteuert werden[41]. In der *„Regierungserklärung zur Mittelstandspolitik“*[42] wurde auf steuerlichem Gebiet u. a. eine Prüfung der Beseitigung der Abzugsfähigkeit der Vermögensteuer bei der Einkommensteuer[43], die Einführung einer Progression[44] des Vermögensteuertarifs sowie eine Änderung bei der steuerlichen Belastung des Vermögenzuwachses[45] durch die Erbschaft- und Schenkungssteuer angekündigt. Die *CDU* empfahl 1965 in These 47 bei den Darlegungen der Vorstellungen dieser Partei über eine „moderne Finanzverfassung“ und ein „gerechtes Steuersystem“ auch eine „Neuregelung der Vermögensteuer“, die nach Durchführung der Einheitsbewertung nach dem inzwischen verabschiedeten neuen Bewertungsgesetz „grundsätzlich ... erforderlich“ sei. Dabei „sollten die

---

[38] Gerhard *Weisser:* Die Stellung des Eigentums in der Steuerreform. In: Finanzarchiv, N. F., Bd. 13, Tübingen 1951/52, S. 531.

[39] Vgl. „Welt der Arbeit“, Wochenzeitung des Deutschen Gewerkschaftsbundes, Nr. 18 vom 5. Mai 1961, S. (1 und) 6.

[40] Vgl. Willy *Brandt:* Das Regierungsprogramm der SPD, Außerordentlicher Kongreß der SPD, Bonn, 28. April 1961, S. 13.

[41] Vgl. „Welt der Arbeit“, a.a.O., S. (1 und) 6, sowie „Frankfurter Allgemeine“ Zeitung für Deutschland, Nr. 108 vom 10. Mai 1961, S. 1.

[42] Vgl. *Bundesregierung:* Förderung des gewerblichen Mittelstandes und der freien Berufe. Regierungserklärung über eine zusammenfassende Initiative der Bundesregierung. In: Bulletin des Presse- und Informationsamtes der Bundesregierung Nr. 96, Bonn, 26. Mai 1961, S. 920 sowie „Frankfurter Allgemeine“, Nr. 120 vom 26. Mai 1961, S. 29.

[43] *Bundesregierung:* Förderung des gewerblichen Mittelstandes, a.a.O., S. 920, Ziff. 12.

[44] Ebenda.

[45] Ebenda, Ziff. 13.

Freibeträge wesentlich erhöht werden“[46]. Auch der *Deutsche Gewerkschaftsbund* (DGB) schlug im Jahre 1966 im Interesse einer Beseitigung einseitiger Vermögensbildung eine „Neuordnung der Vermögen- und Erbschaftsteuer“ vor, um die „in den letzten 15 Jahren in der Bundesrepublik in recht einseitiger Form vor sich gegangene Bildung von Vermögen auch durch eine entsprechende Ausgestaltung der Vermögensteuer zu korrigieren“[47]. Neben einer Beseitigung der 1948 eingeführten Möglichkeit, die Vermögensteuer als Sonderabgabe[48] bei der Einkommensteuer in Anrechnung bringen zu können, sowie einer stärkeren Beachtung der Ergänzungs- und Kontrollfunktion der Erbschaft- und Vermögensteuer gegenüber der Einkommensteuer, die der DGB für wünschenswert erachtet, wurde von den Gewerkschaften vorgeschlagen, die bestehende Erbschaftsteuer — eine Erbanfallsteuer — in eine kombinierte Nachlaß-Erbanfallsteuer umzuwandeln. Dieses, damit die Erbschaftsteuer auch „die Aufgabe einer steuerlichen Nachlese zur jährlichen Einkommensteuer“ erfüllen könne, „indem sie auch jenes Vermögen steuerlich erfaßt, das früher aus unversteuert gebliebenen Einkommen gebildet worden ist“ („Funktion einer sozusagen letzten Einkommensteuer“)[49].

Der Bundesminister der Finanzen, Franz Joseph *Strauß*, unterstrich im April 1968 vor dem Bundestag erneut die aktuelle Bedeutung dieser angestrebten Reform. Nach Strauß soll das Ziel erreicht werden, „auf dem Gebiet der Finanzverfassung für einen ausreichenden Zeitraum die Ordnung zu schaffen, die notwendig ist, wenn die Fülle der öffentlichen Aufgaben nach den Bedingungen von heute, morgen und übermorgen mit einem Höchstmaß an Wirksamkeit gelöst werden soll“[50], damit „... auch für das ausgehende 20. Jahrhundert die staatspolitisch wichtigen Aufgaben zum Wohle des Ganzen in zeitgemäßer Form und wirksam erfüllt werden können“[51].

Schließlich wurde im Dezember 1968 eine *Steuerreform-Kommission* eingesetzt, mit dem Auftrag, bis spätestens Mitte 1970 ein Gutachten zur Vorbereitung einer umfassenden Steuerreform auszuarbeiten[52].

---

46 *CDU/CSU* (Hrsg.): Eine gesunde Wirtschaft dient allen — Heute und in Zukunft. 99 Thesen, Bericht an das Plenum des Wirtschaftstages der CDU/CSU, Düsseldorf, 8. und 9. Juli 1965, S. 16 (These 47).

47 *Deutscher Gewerkschaftsbund (DGB)*, Bundesvorstand: Vorschläge des DGB zur Steuerpolitik für den 5. Deutschen Bundestag, Düsseldorf, im April 1966, S. 7.

48 Ebenda, S. 7.

49 Ebenda.

50 Franz Josef *Strauß:* Rede vor dem Bundesrat zum „Entwurf eines Gesetzes zur Änderung und Ergänzung des Grundgesetzes (Finanzreformgesetz)“. Vgl. Bericht über die 322. Sitzung des Bundesrates, Bonn, am 5. April 1968, Stenographischer Bericht, S. 55 (C).

51 Ebenda, S. 54 (D). Siehe dazu auch Franz Josef *Strauß:* Die Stunde der Wahrheit. In: Marktwirtschaft meistert die Zukunft, Tagungsprotokoll Nr. 29, Aktionsgemeinschaft Soziale Marktwirtschaft, Ludwigsburg 1968, S. 121 ff.

52 Vgl. *Bundesministerium der Finanzen* (Hrsg.): Finanznachrichten Nr. 28 vom 15. November 1968, S. 2 f., sowie Nr. 46 vom 18. Dezember 1968, Anhang.

Wegen der fiskalischen Bedeutung der Steuern auf dem Vermögen in der Bundesrepublik Deutschland wird die Vermögensteuer schon deshalb im Rahmen der Steuerreformbestrebungen von größerem öffentlichen Interesse sein, weil sie ein Viertel des Steueraufkommens aus Ländersteuern repräsentiert und mit beinahe 6 Prozent an den gesamten Steuereinnahmen der Länder beteiligt ist. Die Vermögensteuer trägt gegenwärtig mit 25 Prozent ihres Aufkommens zum Lastenausgleich in der Bundesrepublik Deutschland bei. In bestimmten Bereichen hat die Vermögensteuer sogar die Einkommensteuer an Bedeutung überflügelt, wie etwa in dem des Aktienvermögens[53]. „Die Vermögensteuer ist, soweit es sich um Aktien handelt, *höher* als die Einkommensteuer“[54].

Nicht zuletzt wendet sich der Blick auf die Vermögensteuer im Zusammenhang mit Problemen, die die Befürworter einer gleichmäßigeren Vermögensverteilung sowie einer angemessenen, differenzierten Besteuerung von Erwerbs- und Vermögenseinkommen einer Lösung nahebringen möchten. Diese Fragen sind zwar auch Teilaspekte aus dem Gesamtproblem „Finanz- und Steuerreform“, — sie haben jedoch wegen ihrer eminent gesellschafts- insbesondere sozialpolitischen Bedeutung im Laufe der letzten 120 Jahre ein wissenschaftlich selbsttragendes Fundament erhalten. Umfang und Intensität der wissenschaftlichen Erörterungen und des politischen Disputes einkommens- und vermögenspolitischer Verteilungsprobleme haben zu einer ausgeprägt spannungsgeladenen Atmosphäre geführt. Diese Fragen sind mit extrem gesellschafts- und ordnungspolitischem Zündstoff geladen. Das sind Probleme einer aktiven Einkommens- und Vermögenspolitik, einer sozialgerechten Einkommensverteilung und Vermögensbildung sowie — langfristig gesehen — einer Umverteilung des Vermögens (Redistribution).

Vorschläge für eine Reform des bestehenden Steuersystems in der Bundesrepublik sollten daher schon im Interesse der Erhaltung unserer freiheitlich demokratischen Grundordnung auf die Neugestaltung eines Steuersystems gerichtet sein, das sich am gesellschaftspolitischen Ziel einer gleichmäßigeren, weil gerechteren Einkommens- und Vermögensverteilung orientiert. Eine künftige Einkommensbesteuerung sowie eine sachgerechte Vermögens- und Erbschaftsbesteuerung sollten sich deshalb nach einem Maßstab richten, der eine Korrektur der leistungswirtschaftlichen Startvorteile so weit herbeiführt, daß *ungerechtfertigte* und zu gesellschaftlichen Spannungen Anlaß gebende Einkommens- und

---

[53] Vgl. dazu Lüder *Meyer-Arndt:* Aktie und Vermögensteuer, Heidelberg 1962, S. 27 f.

[54] Ebenda, S. 27. Meyer-Arndt läßt die Freibeträge hier allerdings unberücksichtigt, so daß die errechnete Belastung durch die Vermögensteuer z. T. erheblich niedriger als angegeben ist.

Vermögensdifferenzierungen vorwiegend schon bei der Einkommens- und Vermögensbildung weitgehend verhindert werden, ohne Mittel konfiskatorischer Eingriffe zur Anwendung zu bringen oder die Anreize zu individueller Leistungssteigerung zu schwächen oder zu lähmen.

4. Gerloffs „Entwicklungsgesetz“

Der zu beobachtende Wandel, der sich innerhalb der Finanzwirtschaft vollzieht und fortlaufend neue Impulse erfährt, setzt Kräfte frei, die auf eine möglichst zeitgemäße Anpassung des Finanz- und Steuersystems an die sich verändernden wirtschaftlichen und gesellschaftlichen Rahmenbedingungen, in die das Finanz- und Steuersystem eingebettet ist, drängen. Diesem ständigen Wandel Rechnung zu tragen heißt, eine aktive, gestaltende Finanzpolitik zu betreiben, eine Politik, die in der Lage ist, die wahrnehmbaren Impulse des Wandels zu deuten und ihren Inhalt in zeitgemäße Forderungen umzusetzen. Das schließt gleichzeitig ein, die als finanzpolitisch für richtig erachteten Forderungen, die an eine moderne rationale Finanzpolitik zu stellen sind, auch auf sachgerechte Weise durchzusetzen. Dieser Entwicklungsprozeß, der hier zum Ausdruck kommt, findet u. a. seinen Niederschlag in den sich wandelnden konkreten Vorstellungen über die Möglichkeiten einer sachgerechten fiskalischen Belastung des Vermögens. Ungeachtet der Tatsache, daß die Vermögensteuer in einem System moderner allgemeiner Einkommensbesteuerung als sog. „Ergänzungssteuer“ stets nur eine zweitrangige Rolle spielen dürfte[55], wird man „jedoch davon ausgehen können, daß das private Vermögen einerseits mindestens im Gleichschritt mit dem allgemeinen Wirtschaftswachstum zunehmen und andererseits ein steigender Teil des Gesamtvermögens auf Mobiliar-Kapitalelemente entfallen wird“[56].

Man kann sogar annehmen, daß die finanzwirtschaftliche Bedeutung, die eine Besteuerung des Vermögens(ertrags) im Rahmen der Gesamtbesteuerung in der Zukunft haben wird, allein wegen des Gewichtes, das das ihr zugrunde liegende Objekt[57] — das Vermögen und sein mutmaßliches Wachstum — gewinnen wird, sich nicht verringern wird.

---

[55] Vgl. dazu: Kapitel 2 dieses Teiles über die Einordnung der Vermögensteuer in das bundesdeutsche Finanz- und Steuersystem der Gegenwart.

[56] Fritz *Neumark:* Steuerpolitik in der Überflußgesellschaft, Berlin 1961, S. 25.

[57] Auf die künftige Stellung, die die Vermögensteuer als wirtschaftspolitisches Instrument, insbesondere sozial-(verteilungs-)politisch, konjunkturpolitisch und bezüglich der Fragen der Gesamtsteuerbelastung einnehmen kann, resp. wird — Fragen von grundlegender Bedeutung — wird im Verlaufe dieser Arbeit noch einzugehen sein.

In der Bundesrepublik Deutschland hat offenbar[58] eine Entwicklung, die der Besteuerung des Vermögens eine größere finanz- insbesondere fiskalwirtschaftliche und -politische Rolle spielen läßt, bis jetzt, zumindest was die Transformation von Elementen des Vermögenszuwachses in fiskalische Abgabeelemente betrifft, noch keinen sichtbaren Niederschlag gefunden. Es dürfte aber auch nicht wahrscheinlich sein, daß hierdurch eine deutliche aufkommensmäßige Steigerung der Vermögensteuer eintreten wird: Einmal werden mit wachsender Höhe der *Freibeträge*[59] wesentliche Teile des Vermögenszuwachses steuerlich neutralisiert. Zum anderen verfügen in einer modernen Industriegesellschaft „die Individuen über einen hohen und wachsenden Bestand an *nichtertragbringenden Vermögensgegenständen*“[60]. Und schließlich wird ein auffallend *geringer Teil des Volksvermögens* nur durch die ergänzende Vermögensteuer *belastet*[61]. Im Jahre 1967 waren es nur rund $^1/_5$ des *Volksvermögens.* In dem Maße, wie die Bestrebungen, die Vermögensbildung auf breiter Basis voranzutreiben, Erfolge zeitigen, werden sich auch Vermögen und Mobiliarkapitalelemente vermehren. Einen Niederschlag vermögensteuerlicher Art wird diese Entwicklung unter den Bedingungen des gegenwärtig bestehenden Vermögensteuerrechtes nur sehr spärlich finden. Zieht man weiterhin in Betracht, daß möglicherweise bei forcierter „Vermögensbildung auf breiter Basis“ die Vermögensbildung im Großen gebremst wird, dann dürfte in Zukunft eher noch ein relativer Rückgang als eine Zunahme der fiskalischen Bedeutung des Vermögens zu erwarten sein. Die Einbeziehung der Vermögensteuer in eine „organische“ Reform[62] ist jedoch mit Sicherheit zu erwarten. Die Vermögensteuer unterliegt wie andere steuerwirtschaftliche Institutionen und Erscheinungen „dem Wechsel von Finanzstatik und Finanzkrise und neuer Finanzstatik“, eine Bewegung, die daraus resultiert, daß „die rechtlichen Formen, in die das Finanzsystem gekleidet ist, ... weder den an sie gestellten wachsenden Anforderungen noch der veränderten Gestaltung der Wirtschaft gerecht zu werden“[63] vermögen. Das ist eine Begründung für die Tatsache, daß

---

[58] Vgl. die Ausführungen im Kapitel 2 über die Einordnung der Vermögensteuer in das bundesdeutsche Steuersystem der Gegenwart.

[59] Vgl. zur steuerlichen Entlastung von Kleinvermögen durch Freibeträge bei der Vermögensteuer die Tabelle 1.

[60] Fritz *Neumark:* Steuerpolitik in der Überflußgesellschaft, Berlin 1961, S. 25 (Hervorhebungen von uns).

[61] Zur Belastung des Volksvermögens durch die Vermögensteuer, vgl. unten, 2. Kapitel, Ziff. 1.

[62] Der Begriff „organische“ Steuerreform wurde von Adolf Wagner geprägt. Vgl. dazu: Adolf *Wagner:* Finanzwissenschaft, Vierter Teil, Erster Halbband, Leipzig 1899, S. 38.

[63] Wilhelm *Gerloff:* Steuerwirtschaftslehre. In: Handbuch der Finanzwissenschaft, Zweiter Band, Tübingen 1956, S. 245.

Tabelle 1

Die steuerliche Entlastung von Kleinvermögen durch Freibeträge bei der Vermögensteuer

Effektive Freibeträge für natürliche Personen nach § 5 Vermögensteuergesetz (Hauptveranlagungsjahre)

	1953	1957	1960	1963	1966
Betrag je Steuerpflichtigem					
Unbeschränkt Steuerpflichtige					
Unverheiratete	DM 10 999	10 999	20 999	20 999	20 999
Verheiratete	DM 20 999	20 999	40 999	40 999	40 999
Kinder	DM 5 999	5 999	20 999	20 999	20 999
Beschränkt Steuerpflichtige	DM 999	2 999	2 999	2 999	2 999
Ergebnisse der Steuerstatistik					
Freibeträge für (wegen) den Steuerpflichtigen					
Anzahl der Fälle	479 971	543 206	385 089	409 274	454 526
1953 = 100	100	113,2	80,2	85,3	94,7
Millionen DM	4 800	5 432	7 702	8 185	9 091
1953 = 100	100	113,2	160,5	170,5	189,4
die Ehefrau					
Anzahl der Fälle	283 795	323 780	217 462	228 628	257 268
1953 = 100	100	114,1	76,6	80,6	90,7
Millionen DM	2 838	3 238	4 349	4 573	5 145
1953 = 100	100	114,1	153,2	161,1	181,3
die Kinder a)					
Anzahl der Fälle	334 841	355 093	230 396	182 656	204 741
1953 = 100	100	106	68,8	54,6	61,1
Millionen DM	1 674	1 775	4 608	3 563	4 095
1953 = 100	100	106	275,3	218,2	244,6
Alter oder Erwerbsunfähigkeit					
Anzahl der Fälle	20 059	154 500	120 078	132 063	143 961
1953 = 100	100	770,2	598,6	658,4	716,3
Millionen DM	201	993	2 174	2 322	2 398
1953 = 100	100	494	1 081,6	1 155,2	1 193
Insgesamt					
Anzahl der Fälle	1 118 666	1 376 579	953 025	952 621	1 060 226
1953 = 100	100	123,1	85,2	85,2	94,8
Millionen DM	9 513	11 437	18 833	18 733	20 729
1953 = 100	100	120,2	198	196,9	217,9

a) Einschließlich für Kinder über 18 Jahre.

Quellen: Statistisches Bundesamt (Hrsg.): Wirtschaft und Statistik, 1959, S. 379 f.; 1960, S. 641; 1963, S. 335 f.; 1965, S. 788 f., 1968, S. 585.

der Status der Finanzstatik von einer Finanzkrise abgelöst wird, die aber wiederum zu einem neuen Gleichgewicht zurückfindet, indem die Entwicklung einer neuen — qualitativ wie auch immer zu bewertenden — Finanzstatik zustrebt.

In diesem Wechsel offenbart sich der „finanzwirtschaftliche Fortschritt“[64]. *Gerloff* glaubt in diesem Sachverhalt sogar „ein finanzwirtschaftliches oder auch steuerwirtschaftliches Entwicklungsgesetz“ zu erblicken, „wonach das Finanz- bzw. Steuersystem sich jeweils in fortschreitender Entwicklung mit der sich um- und neubildenden ökonomischen, politischen und gesetzlichen *wirtschaftlichen Gestaltung* in Einklang zu bringen sucht“[65].

Bei der Beurteilung und Lösung finanz-, insbesondere steuerwirtschaftlicher Probleme dem Gerloff'schen Entwicklungsgesetz voll Rechnung zu tragen, bedeutet, dieses nicht nur zur Kenntnis zu nehmen, sondern auch, mit allen zu Gebote stehenden Mitteln darauf hinzuwirken, diesem Gesetz Geltung zu verschaffen und seine Durchsetzung realiter zu ermöglichen. Das gebieten schon Rationalität und Bezugsorientierung der Besteuerung.

In § 1 des Steueranpassungsgesetzes[66], wird vorgeschrieben, daß Steuergesetze so auszulegen seien[67] und die „Beurteilung von Tatbeständen“[68] so vorzunehmen sei, daß dabei „die Volksanschauung“, „der Zweck und die wirtschaftliche Bedeutung der Steuergesetze“ und „die Entwicklung der Verhältnisse zu berücksichtigen“ sind[69]. Darin ist mehr als nur eine Auslegungsregel zu sehen. § 1 StAnpG ist nicht nur Ausdruck und Bestätigung des „Gerloff'schen Entwicklungsgesetzes“, sondern auch eine (erste) gesetzliche Fixierung eines Teiles der Grundsätze der Rationalität und Bezugsorientierung, ganz besonders aber des Prinzips der Zweckmäßigkeit der Besteuerung. Hier zeigt sich zugleich der dynamische Charakter, der diesen steuerwirtschaftlichen Maximen eigen ist.

5. Steuern auf dem Vermögen und der verfassungsrechtlich garantierte Schutz des Eigentums

Auf die Frage der Grenzen, auf die eine Steuer auf dem Vermögen durch die verfassungsrechtlich gesicherte Eigentumsgarantie des Art. 14

---

[64] Ebenda.

[65] Ebenda.

[66] Steueranpassungsgesetz (StAnpG) vom 16. 10. 1934 in der Fassung der Veröffentlichung im BGBl. III 1963, Folge 76 S. 82.

[67] § 1 Abs. 1 StAnpG.

[68] § 1 Abs. 3 StAnpG.

[69] § 1 Abs. 2 StAnpG.

GG stoßen könnte, wollen wir in dieser Arbeit, der eine rein steuerwirtschaftliche Betrachtung zugrunde liegen soll, nicht näher eingehen.

Der konkrete Schutz des Eigentums ist aber eine Frage, die doch sehr eng mit der Lösung der Aufgaben innerhalb der angestrebten Gesamtsteuerreform verbunden ist. „Das Problem des Eigentums-Schutzes im Steuersystem kann nur richtig beurteilt werden ..., wenn zuvor die tiefgreifenden Mängel unseres Steuersystems und unserer Sozialordnung überhaupt erkannt worden sind"[70].

Fragen dieser Art waren in jüngster Zeit, wenn auch nicht unmittelbar für die Vermögensbesteuerung, so doch im Zusammenhang mit dem Bestreben des Staates, die *Vermögensbildung* auf „breiter Grundlage" zu fördern, wiederholt Gegenstand gesetzgeberischer[71], gutachtlicher[72] und höchstrichterlicher Beurteilung[73] sowie politischer Debatten.

Artikel 14 des Grundgesetzes, durch den „das Eigentum und das Erbrecht" gewährleistet werden (Abs. I S. 1)[74], bestimmt zugleich, daß „In-

---

[70] Gerhard *Weisser:* Die Stellung des Eigentums in der Steuerreform, a.a.O., S. 533.

[71] Vgl.: Zweites Gesetz zur Förderung der Vermögensbildung der Arbeitnehmer (Zweites Vermögensbildungsgesetz, 2. VermBG) vom 1. 7. 1965. In: BGBl. 1., S. 585.

[72] Vgl. hierzu u. a. die Verfassungsbeschwerde vom 30. 6. 1966, die Prof. Ernst *Forsthoff* namens von 5 Beschwerdeführern vor dem Bundesverfassungsgericht in Karlsruhe erhoben hat, mit dem Antrag zu erkennen: Das Zweite Vermögensbildungsgesetz vom 1. Juli 1965 (BGBl. 1, S. 585) ist mit dem Grundgesetz (Art. 2, 3, 9 Abs. 3, 14, 74 Ziff. 12, 110) nicht vereinbar und deshalb nichtig.

Sowie *derselbe:* Der Entwurf eines Zweiten Vermögensbildungsgesetzes. Eine verfassungsrechtliche Würdigung. In: Der Betriebs-Berater, Heft 10, Heidelberg 1965, S. 381 ff.

Ferner, Werner *Weber:* Unzulässige Einschränkungen der Tariffreiheit. Dargestellt an dem Gesetz zur Förderung der Vermögensbildung der Arbeitnehmer. In: Der Betriebs-Berater, Heft 18, Heidelberg 1964, S. 764 ff. Ulrich *Scheuner:* Die Förderung der Vermögensbildung der Arbeitnehmer und das Verfassungsrecht, Rechtsgutachten. In: Bundesarbeitsblatt, herausgegeben vom Bundesminister für Arbeit und Sozialordnung, Nr. 16, Stuttgart und Köln 1965, S. 666 ff.

Wilhelm *Herschel:* Zu einer Kritik am Regierungsentwurf des Zweiten Vermögensbildungsgesetzes. In: Sozialer Fortschritt. Unabhängige Zeitschrift für Sozialpolitik, Heft 6, Bonn 1965, S. 125 ff.

[73] Bundesverfassungsgericht, Urteil in dem Verfahren über die Verfassungsbeschwerde, die von Prof. Ernst Forsthoff geführt wurde, vom 19. Oktober 1967, in welchem die Verfassungsbeschwerde „nicht zur Entscheidung angenommen" wurde, „weil sie unzulässig ist"; sowie Urteil vom 30. Oktober 1967 in dem Verfahren über die Verfassungsbeschwerde gegen die Allgemeinverbindlichkeitserklärung eines Tarifvertrages über die Gewährung vermögenswirksamer Leistungen zugunsten gewerblicher Arbeitnehmer, die ebenfalls nicht zur Entscheidung angenommen wurde, weil sie für unzulässig befunden wurde.

[74] Art. 14 Abs. 1 GG für die Bundesrepublik Deutschland. Da die Gewährleistung des Eigentums die Handlungsfreiheit und Gestaltungsfreiheit er-

halt und Schranken" dieser Grundrechte durch die Gesetze bestimmt werden (Abs. I S. 2) und daß eine Enteignung (wenn überhaupt) „nur zum Wohle der Allgemeinheit zulässig" (Abs. III S. 1) ist, „nur durch Gesetz oder auf Grund eines Gesetzes erfolgen (darf), das Art und Ausmaß der Entschädigung regelt" (Abs. III Satz 2).

Der Eigentümer wird also von dem Staate, der sein Eigentum im eben erwähnten Ausmaß garantiert, hinsichtlich der Ausübung seines Eigentumsrechtes dem Allgemeinwohl verpflichtet. Dieser *Sozialvorbehalt* des Artikels 14 ergibt sich systemgemäß aus Art. 20 I GG (Sozialstaatsklausel), der die Bundesrepublik Deutschland zu einem demokratischen und *sozialen* Bundesstaat[75] erklärt.

Die hier allein interessierende Frage, inwieweit das Vermögen vor Steuern[76] geschützt ist, d. h. ob die Vermögensbesteuerung in der grundgesetzlich gewährten Eigentumsgarantie eine Begrenzung findet, ist wie folgt zu beantworten: Art. 14 schützt „das Vermögen nicht gegen Eingriffe durch Auferlegung von Geldleistungspflichten", da diese „die Eigentumsgarantie des GG grundsätzlich unberührt"[77] lassen[78]. Nach Auffassung des Bundesverfassungsgerichts (BVerfGE 14, 241) kann ein Verstoß gegen Art. 14 GG „erst dann in Betracht kommen, wenn die Geldleistungspflichten den Pflichtigen übermäßig belasten und seine Vermögensverhältnisse grundlegend beeinträchtigen würden"[79]. Dieser Tatbestand kann gegeben sein, wenn eine „übertriebene Besteuerung ... einen Eingriff in die Substanz bedeutet, der einer entschädigungslosen Enteignung gleichzusetzen ist"[80]. Der hiervon betroffene Steuerpflichtige würde einen Eingriff insbesondere bei Vermögen, deren Höhe die Grenze der Ertragsfähigkeit erreicht, sehr schnell wahrnehmen und wohl auch als Enteignung empfinden.

---

gänzt, ist dementsprechend „das, was der einzelne durch *eigene Leistung* erworben hat, in besonderem Sinne als sein Eigentum anzuerkennen und gegenüber Eingriffen als schutzwürdig anzusehen". *Leibholz/Rinck*, GG, Köln 1966, S. 185 (1). Daselbst auch Angabe der höchstrichterlichen Entscheidungen zu dieser Auffassung.

75 Art. 20, Abs. 1 GG.

76 Zur Frage der Verpflichtung des Gesetzgebers, „das überkommene Steuerrecht auf seine Verfassungsmäßigkeit hin zu überprüfen, und ggf. unter Berücksichtigung der veränderten Verhältnisse an das Grundgesetz, das alle Rechtsbereiche überlagert und beeinflußt, anzupassen", vgl. u. a.: *Institut „Finanzen und Steuern"* (Hrsg.): Verfassungswidrige Besteuerung des Grundbesitzes, Brief 71, Bonn, im April 1965, S. 2 sowie S. 36 ff.

77 *Leibholz/Rinck:* Kommentar zum Grundgesetz für die Bundesrepublik Deutschland, Köln 1966, S. 188 (7).

78 Vgl. hierzu: BVerfGE 4, 17; 8, 330; 10, 116, 371; 11, 126; 14, 241.

79 *Leibholz/Rinck:* Kommentar zum Grundgesetz für die Bundesrepublik Deutschland, a.a.O., S. 188.

80 *Kurt Pentzlin:* Wirtschaftspolitische Grundsätze einer organischen Steuerreform. In: Schriftenreihe des Institutes „Finanzen und Steuern", Heft 22, Bonn (1952), S. 12.

Jürgen Faehling kommt in seiner Dissertation zu dem Ergebnis: „Die Besteuerung kann niemals eine Enteignung im Sinne des Art. 14 Abs. 3 GG darstellen“[81], denn „der Versuch, an die Steuererhebung die Maßstäbe und Erfordernisse der Enteignung nach Art. 14 Abs. 3 GG zu legen, hat gezeigt, daß auf die Steuer keines der wesentlichen Merkmale der verfassungsmäßig zulässigen Enteignung paßt“[82].

Dennoch unterliegt die Vermögensteuer „verfassungsrechtlichen Bedenken, weil sie zu der Eigentumsgarantie in Widerstreit“[83] geraten kann — ja sogar „tendenziell mit der Idee des Eigentumsschutzes kollidiert“[84]. Es wird mit Imboden zu fragen sein, ob eine zu „starke Mehrbelastung des Vermögensertrages gegenüber einem gleich hohen Erwerbseinkommen (wobei die Vermögensteuer als Vorbelastung des fundierten Einkommens auf den Ertrag zu verlagern ist) in ihren extremen Äußerungen nicht (doch, d. Verf.) an die Schranke der Grundrechte stößt“[85]. Die Frage, ob diese Steuer verfassungsmäßig ist, wird also so lange offen bleiben, bis das Bundesverfassungsgericht sich einmal dazu äußern wird[86].

Steuern auf dem Vermögen, so kann man gleichwohl in Anlehnung an die *herrschende Meinung* zusammenfassend sagen, stellen — wenn sie eine „gesetzlich fundierte *Auferlegung öffentlicher Abgaben*“ sind — „keine Enteignung dar; der staatliche Eingriff stützt sich hier nicht auf die Enteignungshoheit, sondern auf die Finanzhoheit; es handelt sich nicht um einen Enteignungstatbestand, sondern um einen *abgabenrechtlichen*[87] Tatbestand“[88].

Eine ausschließlich von der Sache her zu rechtfertigende Tabuierung des Vermögens schlechthin (Vermögen einschließlich gesamter Ver-

---

[81] *Jürgen Faehling:* Die Eigentumsgewährleistung durch Art. 14 des Grundgesetzes als Schranke der Besteuerung (Diss. Hamburg 1965), S. 127 (Leitsatz 27).

[82] Ebenda, S. 84.

[83] Lüder *Meyer-Arndt*: Aktie und Vermögensteuer. Schriftenreihe: Steuerrecht und Steuerpolitik, Heft 1, Heidelberg 1962, S. 62.

[84] Ebenda, S. 21.

[85] Max *Imboden:* Die verfassungsrechtliche Gewährleistung des Privateigentums als Schranke der Besteuerung. In: Archiv für Schweizerisches Steuerrecht, Bd. 29, Bern 1960/61, S. 11.

[86] Ebenda, S. 62 und 21 (L. Meyer-Arndt).

[87] Hervorhebung von uns.

[88] Ernst Rudolf *Huber:* Wirtschaftsverwaltungsrecht. Zweiter Band, Tübingen 1954, S. 21. „Die gesetzliche oder gesetzlich fundierte Begründung von Geldverpflichtungen der Einzelnen, z. B. in Form einer Zwangsanleihe oder einer Zwangsumlage (dagegen, d. Verf.) ist, wenn sie sich außerhalb des Bereiches des allgemeinen Abgaberechtes oder des Währungsrechtes bewegt, ein enteignungsgleicher Eingriff in die private Vermögenssubstanz; sie ist nur zulässig, wenn die Voraussetzungen des Art. 14 Abs. 3 GG gewahrt werden“. Vgl. E. R. *Huber,* ebenda, S. 22.

mögensertragsphäre) hieße, auch in einem (kapitalfreundlichen) sozialen Rechtsstaat zuweit gehen. Die Eigentumsgarantie kann nicht zu einer abgabegeschützten Vermögensautonomie im Staate führen. Ob allerdings „die sog. ‚Erdrosselungssteuer' ... Art. 14 GG" verletzt[89], ist aus steuerwirtschaftlicher Sicht zu prüfen. „Eine Steuer ..., die zu wiederkehrenden Eingriffen in die Substanz nötigt oder den Gewinn vollständig wegsteuert"[90], trägt ihren Angriff schon weit über die Linien hinaus, die noch als Sphäre für eine laufende Vermögensteuer toleriert werden kann[91].

---

[89] Heinrich Wilhelm *Kruse:* Steuerrecht. I. Allgemeiner Teil. Ein Studienbuch, München und Berlin 1966, S. 43.

[90] Ebenda.

[91] Vgl. dazu unten, Teil 3, Kapitel 2, § 2: Grenzen der Besteuerung des Vermögens.

Zweites Kapitel

Einordnung der Vermögensteuer in das bundesdeutsche Finanz- und Steuersystem der Gegenwart

Vorbemerkung: Eine gesamtwirtschaftliche Orientierung

Bei seinem Bemühen, „Merkmale eines guten Steuersystems" herauszuarbeiten, ging Hugh *Dalton* von folgender Überlegung aus: Jedes Steuersystem „muß man als Ganzes betrachten, denn die einzelnen Steuern vermögen sich hinsichtlich ihrer Wirkungen gegenseitig zu korrigieren und auszugleichen"[1]. Diesem Gedanken einer Interdependenz ökonomischer Sachverhalte und Erscheinungen stimmen wir zu. Deshalb werden wir über das Steuersystem und das Finanzsystem hinausgehend, zunächst auch den gesamtwirtschaftlichen Rahmen abstecken.

Auf die gesamtwirtschaftlichen Aspekte und ihre Bedeutung hat auch der Wissenschaftliche Beirat beim Bundesministerium der Finanzen nachdrücklich hingewiesen[2].

Solche Gedanken wurden schon in den 30er Jahren unseres Jahrhunderts im Zusammenhang mit der Problematik des Finanzausgleichs in Deutschland sehr deutlich gesehen und praktisch berücksichtigt: „Mehr und mehr hat sich die Auffassung durchgesetzt, daß Finanz- und Steuergesetze nicht für sich allein in ihrer fiskalischen Bedeutung, wirtschaftlichen Wirkung und technischen Durchführbarkeit gewürdigt werden können, sondern daß sie in allen diesen Beziehungen bedingt sind

---

[1] Hugh *Dalton:* Einführung in die Finanzwissenschaft, Berlin 1926, S. 33. Vgl. auch: Hugh *Dalton:* Principles of Public Finance, 4. Auflage (25th Impression), London 1966, p. 29. „Any system of public finance must be looked at as a whole, before any final judgement can be passed upon its merits or demerits. So, too, any tax system must be looked at as a whole. For different taxes may, in some of their effects, correct and balance one another."

In diesem Sinne auch *Schmölders.* Vgl. Leitsätze zur organischen Steuerreform, verfaßt von Prof. Dr. G. Schmölders, Köln, im Auftrage der Volkswirtschaftlichen Gesellschaft e. V., Hamburg-Altona 1949, S. 5 (1).

[2] *Bundesministerium der Finanzen* (Hrsg.): Organische Steuerreform. Bericht des Wissenschaftlichen Beirats beim Bundesministerium der Finanzen, a.a.O., S. 12 f. sowie S. 17.

und für das gesamte Staats- und Wirtschaftsleben in besonderem Maße bedeutsam werden ..."[3].

Das Verständnis für steuerwirtschaftliche und steuerpolitische Zusammenhänge, Problemstellungen und Lösungsvorschläge kann sich im Grunde genommen auch nur auf der Grundlage ausreichender Kenntnisse über gesamtwirtschaftliche Zusammenhänge herausbilden. Das gilt nicht nur für die Lösung der Probleme ökonomischer Entscheidungs- und Kontrollabläufe ganz allgemein, sondern in besonderem Maße auch für die Beurteilung finanz- resp. steuerwirtschaftlicher Tatbestände[4]. Denn eine sachgemäße Beurteilung ist hier nur dann möglich, wenn die Lösungsvorschläge sich nicht nur auf die Kenntnisse über den Wirtschaftskreislauf stützen, sondern sich auch am Verständnis der die Wirtschaft bewegenden Kräfte orientieren. Damit kann auch ein hoher Elastizitätsgrad der Leistungsfaktoren, deren eine effiziente Volkswirtschaft bedarf, sichergestellt bzw. gewahrt werden[5]. Diese Überlegungen sind in erster Linie den Wirtschafts- und Finanzpolitikern nahezulegen, die der Finanz- und Steuerpolitik eine wichtige Rolle bei der Lösung wirtschafts-, sozial- und finanzpolitischer Probleme zugewiesen haben. Das trifft vor allem auf die „nicht- oder außerfiskalische Steuerpolitik" zu, die in den letzten Jahrzehnten in Theorie und Praxis zunehmend Anerkennung gefunden hat[6].

1. Gesamtwirtschaftliche und fiskalische Bedeutung der Steuern auf dem Vermögen

Mit der hier angestrebten „Standortbestimmung", d. h. der Einordnung der Vermögensteuer und der ihr vergleichbaren Steuern

---

[3] Vgl. das Vorwort zu Johannes *Popitz*: Der künftige Finanzausgleich zwischen Reich, Ländern und Gemeinden. Gutachten, erstattet der Studiengesellschaft für den Finanzausgleich, Berlin 1932 (Vorwort der Studiengesellschaft, S. III).

[4] Wenn es auch nicht unmittelbar Aufgabe des Steuerrechts ist, die Steuer in den gesamtwirtschaftlichen Rahmen der Betrachtung einzubeziehen, wie es bei der Finanzwissenschaft eo ipso der Fall ist, so muß gleichwohl „dieser Gesichtspunkt im großen, wenn auch nicht in allen Einzelheiten, einem jeden, der am Steuerrecht beteiligt ist, im ganzen einmal zum Bewußtsein gekommen sein, und er darf ferner auch im einzelnen Falle niemals ganz außer acht gelassen werden". Max *Lion:* Die Steuer als wirtschaftliche Erscheinung. In: Vierteljahresschrift für Steuer- und Finanzrecht, 1. Jg., Berlin 1927, S. 651.

[5] Siehe dazu u. a. Bodo B. *Gemper:* Das Nationalbudget — ein Mittel planvoller Wirtschaftspolitik. In: Gewerkschaftliche Monatshefte. (Zeitschrift für soziale Theorie und Praxis), Heft 6, Köln 1968, S. 334 f.

[6] „Ziel dieser (nicht- oder außerfiskalischen, d. Verf.) Steuerpolitik ist die — beabsichtigte — Einflußnahme auf die ökonomische und soziale Entwicklung mit Hilfe der Besteuerung, sei es auf die Konjunkturentwicklung, sei es auf die Wirtschaftsstruktur und auf das Wirtschaftswachstum oder auf

a) in den Gesamtrahmen der Volkswirtschaft der Bundesrepublik Deutschland,

b) in das bestehende Fiskalsystem, insbesondere Steuersystem und

c) zur Herauskristallisierung der Zusammenhänge, die steuerwirtschaftlich zwischen verschiedenen ökonomisch relevanten Bereichen bestehen und für die volkswirtschaftliche Effizienz bestimmend sind, wollen wir uns mit Hilfe der Steuerstatistik einen Überblick verschaffen. Von diesem ausgehend wollen wir dann die Vermögensteuer kritisch[7] würdigen.

Eine vorrangige Aufgabenstellung an die *Steuerstatistik* ist die, Informationen über die Struktur eines Steuersystems und die Wirkungsweise des Besteuerungsmechanismus in der Volkswirtschaft zu liefern. Die Steuerstatistik ist daher eine wichtige Orientierungsbasis, wenn es darum geht, über das künftige Schicksal der Vermögensteuer zu befinden. Wann und zu welchem Zweck auch immer Steuerstatistiken herangezogen und interpretiert werden, ist zu beachten, „that figures from the budgets do by no means tell the full story of the effects and importance of a certain type of taxation“[8]. Diese Einschränkung gilt ganz besonders bei internationalen Vergleichen der Ergebnisse der Steuerstatistik. Wegen der noch sehr unterschiedlichen Struktur der nationalen Steuersysteme sollte die Interpretation vergleichender Statistiken deshalb immer nur vor dem Hintergrunde der jeweiligen nationalen Steuergesetzgebung erfolgen.

Die Vermögensteuer repräsentiert gegenwärtig ein Viertel des Steueraufkommens aus den Ländersteuern und ist mit beinahe 6 v.H. an den gesamten Steuereinnahmen der Länder beteiligt. Sie trägt mit einem Viertel ihres Aufkommens zum Lastenausgleich in der Bundesrepublik Deutschland bei. Während die Vermögensteuer in bestimmten Bereichen sogar die Einkommensteuer überflügelt hat, wie etwa aus Dividenden des Aktienvermögens[9], wird durch sie andererseits nur etwa ein Fünftel des Volksvermögens belastet[10]. Da die Vermögensteuer auch im Zuge

---

die Einkommens- und die Vermögensverteilung.“ *Wissenschaftlicher Beirat* beim Bundesministerium der Finanzen, Gutachten zur Reform der direkten Steuern, a.a.O., S. 15.

[7] Der Begriff „Kritik“ ist hier ebenso wie in der gesamten Arbeit in seiner positiven Bedeutung, beispielsweise im Sinne von „Rezension“ (Theater-, Filmkritik), nicht im negativ abwertenden Sinne zu verstehen.

[8] Bent *Hansen:* Aspects of Property Taxation. A General Report. In: Institut International des Finances Publiques: Impôts sur la Fortune y inclus Droits Succession ..., Congrès de Zurich 1960, Bruxelles 1962, p. 1.

[9] Vgl. Lüder *Meyer-Arndt:* Aktie und Vermögensteuer (Steuern und Steuerpolitik, Heft 1), Heidelberg 1962, S. 27 ff.

[10] Zu diesem Ergebnis gelangt man, wird das durch die Vermögensteuer gemäß Vermögensteuergesetz effektiv belastete Vermögen (steuerpflichtige

der weiteren Harmonisierung der direkten Steuern in der EWG Bedeutung erlangt, wird hier eine vergleichende Übersicht über die Besteuerung des Vermögens in den EWG-Ländern gegeben[11].

Steuern auf das Vermögen in den Mitgliedstaaten der EWG

Unter Einbeziehung des gesamten Steuervolumens, also einschließlich der Steuereinnahmen der Regional-, Provinz- und Kommunal- resp. Lokalfisci variieren die Prozentanteile der Steuern auf das Vermögen in der EWG im Jahre 1965 zwischen 3 Prozent (Frankreich) und 9 Prozent (Luxemburg). Mit einem Anteil von 8 Prozent liegt die Bundesrepublik Deutschland hier neben Italien (8 Prozent) hinter Luxemburg mit in der Spitzengruppe[12].

Nach den neuesten Ergebnissen der EWG-Steuerstatistik[13], die einen internationalen Vergleich gestatten, liegt die Bundesrepublik Deutschland — vergleicht man die Herkunft des gesamten Steueraufkommens auf sämtlichen Haushaltsebenen der einzelnen Mitgliedstaaten der Gemeinschaft — mit ihrem Steueraufkommen aus Steuern auf das Vermögen in Höhe von rund 8,4 Mrd. DM im Jahre 1965 mit an der Spitze der EWG-Staaten. In der EWG weist die steuerliche Belastung des Vermögens — gemessen an der jeweiligen steuerlichen Gesamtbelastung eines Staates — ein relativ geringes Ausmaß auf. Bei den sogenannten „Staatssteuern", das heißt den Steuern, die dem Fiskus des Zentralstaates bzw. den Haushalten von Bund und Ländern zufließen[14], bewegten sich die prozentualen Anteile der Steuern auf das Vermögen im EWG-Maßstab im Jahre 1965 innerhalb einer Spannweite von 3 Prozent (Frankreich) und 10 Prozent (Italien), wobei die Bundesrepublik Deutschland mit 5 Prozent im Mittelfeld liegt.

Vermögen) zum Volksvermögen in Beziehung gesetzt. Letzteres läßt sich aus der Volkswirtschaftlichen Gesamtrechnung ableiten. Dabei kann man in Perioden konsolidierter Wirtschaftsentwicklung von einer Relation (Faustregel): Volkseinkommen zu Volksvermögen gleich 1 : 3 ausgehen.

[11] Die Entwicklung der deutschen Vermögensbesteuerung wurde in den Wirtschaftswissenschaftlichen Mitteilungen (WWI-Mitteilungen) ausführlich skizziert.

Vgl. Bodo B. *Gemper:* Die Entwicklung der Vermögensbesteuerung in der Bundesrepublik Deutschland. In: WWI-Mitteilungen, Heft 11, Köln (November) 1969, S. 306—314.

[12] Vgl. *Statistisches Amt der Europäischen Gemeinschaften:* Die Steuereinnahmen in der EWG 1958—1965, Brüssel 1967, S. 5 und 71.

[13] Ebenda, S. 5 sowie S. 71 ff.

[14] Auf die Bundesrepublik Deutschland bezogen sind das die Steuern, die dem Bund und den Ländern zufallen.

Die *Steuerbelastungsquote*[15], die sich ermitteln läßt, wenn man das Aufkommen aus einer Steuer auf die Größe des Bruttosozialproduktes zu Marktpreisen der gleichen Haushaltsperiode bezieht, erreichte im Jahre 1965[16] in der Bundesrepublik Deutschland bei Einbeziehung sämtlicher Erträge aus *Steuern auf das Vermögen* einen Wert von 1,9 Prozent. Demgegenüber näherte sich die *gesamtwirtschaftliche* Steuerbelastungsquote, die sich aus einer Gegenüberstellung sämtlicher Steuereingänge einer Periode zum Bruttosozialprodukt der gleichen Periode ergibt, im Jahre 1965 einem Wert von 24 Prozent. Wie die EWG-Statistiken weiter erkennen lassen, sind die Anteile der gesamten Steuereinnahmen am Bruttosozialprodukt in den einzelnen Mitgliedstaaten verhältnismäßig gleich groß. 1965 erreichte die gesamtwirtschaftliche Steuerbelastungsquote in den Mitgliedstaaten der EWG folgende Anteilswerte:

Bundesrepublik Deutschland	24 Prozent
Frankreich	24 Prozent
Niederlande	23 Prozent
Luxemburg	22 Prozent
Belgien	21 Prozent
Italien	20 Prozent

Entsprechend der bestehenden unterschiedlichen *Steuerstruktur* in den einzelnen Mitgliedstaaten der EWG ergibt sich beim Vergleich der jeweiligen Steuerbelastungsquoten für die Gesamterträge aus Steuern auf das Vermögen für das Jahr 1965 folgendes Bild: Die Steuerbelastungsquoten aus dieser Steuerart lagen in der Bundesrepublik Deutschland, in Italien und in Luxemburg[17] 1965 mit 1,86; 1,69 und 1,85 Prozent sehr dicht nebeneinander. In Belgien und in den Niederlanden betrugen die Belastungsquoten 1,14 resp. 1,03 Prozent und in Frankreich entsprechend seiner Steuerstruktur mit Abstand nur 0,82 Prozent.

Der allgemeinen Vermögensteuer vergleichbare Abgaben finden wir in der EWG neben der deutschen Vermögensteuer auch in Italien, Luxemburg und in den Niederlanden. Mit 0,4 Prozent steht die deutsche

[15] Der wissenschaftliche Beirat beim Bundesministerium der Finanzen empfiehlt, „statt von einer ‚Steuerlastquote' von der volkswirtschaftlichen Steuerquote zu sprechen", weil Bedeutung und Aussagekraft des Begriffes Steuerlastquote vielfach mißverstanden werden. Vgl. *Finanznachrichten*, hrsgg. vom Bundesministerium der Finanzen in Bonn: Wissenschaftlicher Beirat zu aktuellen Fragen der Finanzpolitik, Nr. 182 vom 22. Januar 1970, S. 4, Ziff. 8.

[16] Die wiederholte Heranziehung der Ergebnisse der Steuerstatistiken des Jahres 1965 resp. dieser Statistiken bis zu diesem Jahre (einschl.) wird deshalb bevorzugt, weil bis zu diesem Zeitpunkt die meisten vollständigen Statistiken für den gesamten EWG-Raum vorliegen.

[17] Luxemburg: Vergleichswert 1964.

Steuerlastquote hier neben der gleich hohen von Luxemburg an erster Stelle, gefogt von der in den Niederlanden mit 0,2 Prozent und der in Italien mit einem Betrag, der unter 0,1 v. H. liegt. Faßt man die allgemeine Vermögensteuer sowie die Erbschaft- und Schenkungssteuer zusammen, dann weisen die EWG-Steuerstatistiken für 1965[18] folgende Belastungsquoten (in v. H. des Bruttosozialproduktes) aus:

Steuerart	Luxemburg	Niederlande	Bundesrepubl. Deutschl.	Belgien	Italien
Allgemeine Vermögensteuer	0,4	0,2	0,4	—	0,0
Erbschaft- und Schenkungssteuer	0,2	0,4	0,1	0,3	0,2
Insgesamt	0,6	0,6	0,5	0,3	0,2

Erhebliche Unterschiede bestehen hinsichtlich der Verteilung des Steueraufkommens auf Einkommen-, Verbrauch- und Vermögensteuern[19].

In der Bundesrepublik Deutschland stellen die *Steuern auf das Einkommen* nahezu, in den Niederlanden und Luxemburg über die Hälfte des gesamten Steueraufkommens des jeweiligen Staates. In den Staaten, in denen die Einkommensteuern nicht dominieren, wie Frankreich, Italien und Belgien, nehmen die *Steuern auf den Verbrauch* die führende Rolle ein. In Frankreich waren es 1965 58 Prozent[20], in Italien im gleichen Jahre sogar 64,8 und in Belgien 53 Prozent. Während also die Steuern auf das Einkommen und auf den Verbrauch in der EWG jeweils alternativ an führender Stelle stehen, wobei das Verhältnis in der Bundesrepublik Deutschland hier eher einem Gleichgewicht zwischen beiden zuzustreben scheint, nehmen die *Steuern auf das Vermögen* im

[18] *Kommission der Europäischen Gemeinschaften* — Generaldirektion für Wettbewerb, Direktion für Steuerfragen: Inventar der Steuern, die in den Mitgliedstaaten der Europäischen Gemeinschaften zugunsten der Staaten und ihrer Unterverbände (Länder, Departments, Regionen, Provinzen, Gemeinden) erhoben werden mit Tabellen über das Aufkommen in den Jahren 1964 und 1965. Ausgabe 1967, Brüssel 1967, Tabelle, S. 214 f.

[19] *Statistisches Amt der Europäischen Gemeinschaften:* Die Steuereinnahmen in der EWG 1958—1965, a.a.O., S. 71 ff., ferner: *Kommission der Europäischen Gemeinschaften* — Generaldirektion für Wettbewerb, Direktion für Steuerfragen: Inventar der Steuern ..., a.a.O. Dieser steuerwirtschaftliche Vergleich auf EWG-Ebene ist, worauf das Statistische Amt mit Recht hinweist, besonders hinsichtlich der „Einteilung in Steuern auf das Einkommen, das Vermögen und den Umsatz ... Vorbehalten unterworfen, die meistens damit zusammenhängen, daß die Einteilung weitgehend von der Bemessungsgrundlage oder der Natur der Steuer selbst abhängt“. Vgl. dazu: *Statistisches Amt der Europäischen Gemeinschaften:* Die Steuereinnahmen in der EWG 1958—1965, a.a.O., S. 3 f.

[20] Ohne Pauschalabgaben auf Löhne und Gehälter.

EWG-Bereich durchweg einen relativ geringen und verhältnismäßig konstant bleibenden Rang ein.

Eine vergleichende Analyse der bestehenden nationalen Steuersysteme der EWG-Mitgliedstaaten läßt, vom Steueraufkommen her gesehen, also zwei Gruppen erkennbar werden, denen die nationalen Systeme zugeordnet werden können. In der einen Gruppe, zu der die Bundesrepublik Deutschland, die Niederlande und Luxemburg gehören, dominieren die Steuern auf das *Einkommen,* in der anderen Gruppe, repräsentiert durch Frankreich, Italien und Belgien, dagegen die Steuern auf den *Verbrauch.* So teilten sich die einzelnen Steuern, zusammengefaßt nach *Steuergruppen,* in das jeweilige nationale Gesamtsteueraufkommen im Jahre 1965 in folgendem Verhältnis:

	Staat	Einkommen-steuern	Verbrauch-steuern	Vermögen-steuern
			in vH	
Gruppe 1	Niederlande	56	39	5
	Luxemburg	50	41	9
	Bundesrepublik Deutschland	47	45	8
Gruppe 2	Italien	26,7	64,8	8,5
	Frankreich	39	58	3
	Belgien	41	53	6

2. Einordnung der Vermögensteuer in ein Steuersystem

Als Grundlage für eine kritische Würdigung der Vermögensteuer ist es erforderlich, diese Steuer gedanklich in ein Steuersystem einzuordnen[21], das die günstigsten Ansatzpunkte bietet, um als Maßstab für eine kritische Analyse herangezogen werden zu können. Damit können wir die Rolle, die die Vermögensteuer in einer überwiegend marktwirtschaftlich orientierten Wirtschaftsordnung spielt, kennenlernen. Eine solche Einordnung der Vermögensteuer erscheint sehr zweckmäßig, zumal auch die „Ordnung in der Finanzwirtschaft ... wesentlich durch ein gutes Steuersystem gewährleistet" wird[22]. Auf diesem Wege wird uns

[21] Anzustreben ist dabei so „eine bestimmte Struktur des Steuersystems", durch die erreicht wird, „daß nicht infolge von Lücken dieses oder jenes Ziel bzw. Prinzip ganz oder großenteils vernachlässigt wird, während gleichzeitig anderen Zielen oder Grundsätzen eine einseitige (übergroße) Aufmerksamkeit zuteil wird" (Grundsatz der Widerspruchslosigkeit oder Systemhaftigkeit der Besteuerung). Fritz *Neumark:* Grundsätze der Besteuerung in Vergangenheit und Gegenwart. Wiesbaden 1965, S. 32.

[22] Wilhelm *Gerloff:* Die öffentliche Finanzwirtschaft, Bd. II, Praktischer Teil, 2., neubearbeitete Auflage, Frankfurt am Main 1950, S. 167.

die Möglichkeit eröffnet, eine einzelne Steuer oder auch ein ganzes Bündel von Steuern anhand von Kriterien überprüfen zu können, die es gestatten, die Zweckmäßigkeit der Erhebung einer Steuer und die Sachgemäßheit ihrer Anwendung zu diskutieren. „Wie jede Klassifikation, so ist auch die der Steuerformen, eine Zweckmäßigkeitsfrage[23]". Deshalb wollen wir uns der *relativen* Bedeutung, die die Ergebnisse einer kritischen Würdigung der Vermögensteuer zeitigen, bewußt werden. Es kann nicht Aufgabe der vorliegenden Monographie sein, einen eigenen Beitrag zum Problem der „Klassifikation" der Steuern voranzustellen. Aus diesem Grunde soll auch keine Darstellung eines „subtilen Einteilungsschemas"[24] gegeben werden. Statt dessen sei hier nur auf einige wichtige Beiträge zum Problem der Klassifikation von Steuern und ihre Autoren hingewiesen. So haben u. a. Haller[25], Lampe[26], Neumark[27], Nöll von der Nahmer[28], Schmölders[29] sich zu diesen Fragen eingehend geäußert und sich als kompetente Ratgeber ausgewiesen. Besonders bemerkenswert erscheinen uns die von Fritz *Neumark*[30] und Günter *Schmölders*[31] vorgeschlagenen Steuerklassifikationsschemata. Dem von Neumark entwickelten Klassifikationsversuch, „den systematischen Ort ... aller wesentlichen Steuerarten der jüngeren Vergangenheit und der Gegenwart zu bestimmen"[32], liegt die Annahme zugrunde, „daß jede Steuer darauf abzielt, eine individuell-persönliche

---

[23] Fritz *Neumark:* Zum Problem der Klassifikation der Steuerformen. In: Beiträge zur Geld- und Finanztheorie. Festschrift für Wilhelm Gerloff zum siebzigsten Geburtstag, Tübingen 1951, S. 61.

[24] Vgl. hierzu Wilhelm *Röpke:* Finanzwissenschaft, Berlin und Wien 1929, S. 78, der allerdings aus dem Grunde auf ein „subtiles Einteilungsschema" verzichtet, um „der ganzen Frage keine übergroße Wichtigkeit beizulegen und alle bei zu weit getriebener Systematik sich häufenden Gewaltsamkeiten zu vermeiden".

[25] Heinz *Haller:* Die Steuern, Grundlinien eines rationalen Systems öffentlicher Abgaben. Tübingen 1964, insbes. III. Kapitel: Das rationale Abgabensystem unter Berücksichtigung verschiedenartiger Rahmenbedingungen, S. 329 ff.

[26] Adolf *Lampe:* Reine Theorie der Finanzreform. In: Finanzarchiv, N. F., Bd. 2, Tübingen 1934, S. 218 ff., sowie Artikel „Steuergliederung". In: Wörterbuch der Volkswirtschaft, 4. Auflage, Bd. 3, Tübingen 1933, S. 493 ff.

[27] Fritz *Neumark:* Zum Problem der Klassifikation der Steuerformen, a.a.O., S. 60 ff.

[28] Robert *Nöll von der Nahmer:* Lehrbuch der Finanzwissenschaft. Köln und Opladen 1964, insbesondere Band 1, § 38 — Steuersystem und Steuerkonglomerat. Die Einsteuer, S. 224 ff., § 39 — Systematik, S. 27. ff. sowie Band 2, Spezielle Steuerlehre.

[29] Günter *Schmölders:* Allgemeine Steuerlehre. Berlin 1958, insbes. 2. Kapitel, Steuersystematik, S. 193 ff. (201 ff.), sowie: Um ein rationales Steuersystem. In: Finanzarchiv, N. F., Bd. 11, Tübingen 1949, S. 479 ff.

[30] Fritz *Neumark:* Zum Problem der Klassifikation, a.a.O., S. 69 f.

[31] Günter *Schmölders:* Allgemeine Steuerlehre, a.a.O., S. 201 ff.

[32] Fritz *Neumark:* Zum Problem der Klassifikation, a.a.O., S. 62.

oder sachlich-generische Leistungsfähigkeit, direkt oder indirekt, zu treffen"[33]. Demgegenüber geht Schmölders im Rahmen seiner „Beziehungslehre der Steuerformen"[34] von „der Eingliederung des Steueranspruchs in den volkswirtschaftlichen Gesamtprozeß" aus, und versucht „die einzelnen Steuern in Gruppen zusammenzufassen . . ., die sich belastungsmäßig gleich"[35] oder zumindest ähnlich verhalten. Damit wird „die konkrete steuertechnische Ausgestaltung der einzelnen Steuern zum Unterscheidungsmerkmal gemacht, insoweit diese Ausgestaltung die Überwälzungschancen ceteris paribus zu beeinträchtigen oder zu verbessern geeignet ist"[36]. Schmölders unterscheidet zwischen den „Steuern, die gewissermaßen wie ein Maßanzug dem Steuerpflichtigen ‚auf den Leib' zugeschnitten und seinen individuellen Verhältnissen genauestens angepaßt sind („Maßsteuern"), und *den* den Betrieben und Unternehmungen und damit letzten Endes dem anonymen Markt auferlegten ‚Marktsteuern', die in das Kostengefüge und die Preisbildung im allgemein weitaus zwangloser eingehen können als jene"[37].

Steuerinstitutionen ebenso wie Steuerordnungen werden in der Regel nicht vorgeplant. Sie wachsen und entwickeln sich nach eigenen „Gesetzen" in einem langen historischen Prozeß[38] — selten auf der Grundlage rationaler Konstruktionsprinzipien organisch nach detaillierten Bauplänen. Deshalb ist jedes Klassifikationsschema — will es nicht allein zur Freude seines Urhebers aufgestellt worden sein — das Resultat eines Versuches, sich an der Wirklichkeit orientierend, ein möglichst realistisches Schema zu entwerfen. Demzufolge ist es mit Schönheitsfehlern behaftet. Aus diesem Grunde fällt eine eindeutige Entscheidung zugunsten des von Neumark oder des von Schmölders aufgestellten Klassifikationsschemas sehr schwer. Geht man davon aus, daß die Vermögensteuer im deutschen Steuersystem als Ergänzung der Einkommensteuer anzusehen ist, so scheint sie sich am besten dem Klassifikationsschema, wie es Neumark entwickelt hat, eingliedern zu lassen. Die ergänzende Vermögensteuer zielt im wesentlichen auf die unmittelbare Erfassung der steuerlichen Leistungsfähigkeit ab. Die Treffsicherheit dieser Maßnahmen ist allerdings relativ gering. Es ist mit einem mehr oder minder weiten Streubereich zu rechnen.

---

[33] Fritz *Neumark:* Zum Problem der Klassifikation, a.a.O., S. 78.

[34] Günter *Schmölders:* Allgemeine Steuerlehre, a.a.O., Steuersystematik, S. 193 ff.

[35] Günter *Schmölders:* Allgemeine Steuerlehre, a.a.O., S. 201.

[36] Ebenda.

[37] Günter *Schmölders:* Allgemeine Steuerlehre, a.a.O., S. 202.

[38] Vgl. die hier geradezu beispielhafte Entwicklung der Eidgenössischen Steuerverwaltung. Bodo B. *Gemper:* 50 Jahre schweizerische Bundessteuerverwaltung 1918—1968. In: Finanzarchiv, Bd. 27, Heft 3, Tübingen 1968, S. 521 ff.

Diese Situation läßt sich aber nicht durch eine bestimmte Steuerklassifikation ändern. Sie ist keine Frage der Klassifikation —, sondern u. a. eine der Bewertung und der Steuertechnik und im wesentlichen sogar eine der Vermögensbesteuerung selbst. Es geht um die *eindeutige* Entscheidung zwischen den Alternativen: Besteuerung nach dem Vermögensertrag oder Besteuerung nach dem Vermögensbesitz und die möglichst *klare* Ausrichtung des „Steuerangriffs“ (Ad. Lampe) auf den Vermögensertrag oder in die Vermögenssubstanz.

Zweiter Teil

Steuerrechtliche und steuerwirtschaftliche Würdigung der Vermögensteuer

Erstes Kapitel

Einleitung

1. Steuern in einer „Sozialen Marktwirtschaft"

Unserer Untersuchung sollen soweit wie möglich die realen steuerlichen Verhältnisse zugrunde gelegt werden. Das bedeutet, daß sich unsere Betrachtungen auf ein Wirtschaftssystem beziehen, dem das Grundprinzip einer bewußt „zielgesteuerten Marktwirtschaft" innewohnt. Da die parlamentarischen Träger der Staats- und Wirtschaftspolitik sich zugunsten einer „Sozialen Marktwirtschaft" entschieden haben, gehört auch der Gegenstand unserer Untersuchung ins ordnungspolitische Bezugssystem einer „Sozialen Marktwirtschaft" — dem „tragenden Gerüst" (A. Müller-Armack) der bundesdeutschen Wirtschaftsordnung. Der Grundstein für die Wirtschaftsverfassung, zu verstehen als die „politische Gesamtentscheidung über die Ordnung des nationalen Wirtschaftslebens"[1], in der die Grundentscheidung für das Grundprinzip einer „bewußt sozial gesteuerten Marktwirtschaft" gefallen ist, wurde vor 20 Jahren gelegt und durch den Wirtschaftsprofessor Ludwig Erhard[2] gegen beachtliche Widerstände[3] im Zuge der Durchführung der Währungsreform durchgesetzt. Finanz- und Steuerverfassung bauen nicht nur auf dieser Wirtschaftsverfassung auf. Sie garantieren vielmehr auch, daß diese Wirtschaftsverfassung sich laufend als Grundgesetz des Wirtschaftslebens neu bestätigen und beweisen kann.

---

[1] Franz *Böhm:* Die Ordnung der Wirtschaft als geschichtliche Aufgabe und rechtsschöpferische Leistung, Stuttgart und Berlin 1937, S. XIX (Geleitwort).

[2] Direktor der Verwaltung für Wirtschaft des Vereinigten Wirtschaftsgebietes, Frankfurt am Main.

[3] Erinnert sei in diesem Zusammenhang an den Aufruf des Deutschen Gewerkschaftsbundes zu einem 24stündigen Generalstreik am 12. November 1948, — dem jedoch überwiegend nicht Folge geleistet wurde.

„Soziale Marktwirtschaft" in dem hier benutzten Sinne bedeutet „keine sich selbst überlassene, liberale Marktwirtschaft, sondern eine bewußt gesteuerte, und zwar sozial gesteuerte Marktwirtschaft"[4]. Dabei impliziert die Forderung nach einer Steuerung „die Notwendigkeit, eine Form wirtschaftspolitischer Maßnahmen zu entwickeln, die in ihrer Gesamtlage hingeordnet sind auf die Erhaltung einer funktionsfähigen Marktwirtschaft"[5]. Eine umfassende Beurteilung einer Einzelsteuer kann dadurch erreicht werden, daß man ihre Position im gesamtwirtschaftlichen Raume feststellt und versucht, ihren Wirkungsradius abzustecken. Vom Gesetzgeber erwartet man die Erkenntnis, daß „die öffentliche Finanzwirtschaft... unbeschadet ihrer Eigengesetzlichkeit auf die Bedürfnisse der Gesamtwirtschaft ausreichend Rücksicht nehmen"[6] muß. Die öffentliche Finanzwirtschaft ist deshalb so zu führen, „daß sie zur Verwirklichung der Zielsetzungen des modernen Industrie- und Sozialstaates, insbesondere der finanziellen Stabilität, des gleichmäßigen Wirtschaftswachstums und der Vollbeschäftigung, in möglichst hohem Maße beiträgt"[7]. Diese Zielsetzung ist nur zu verwirklichen, wenn eine „Steuerungsform" gewählt wird, „die als Gesamtsystem und in jeder Einzelmaßnahme auf die Erhaltung, ja Steigerung der Marktwirtschaft gerichtet ist"[8]. Diesem Gesichtspunkt wird auch in der Praxis weitgehend Rechnung getragen, indem man bemüht ist, „das *Steuersystem auf die marktwirtschaftliche Ordnung abzustimmen,* um ihre Funktionsfähigkeit durch die Besteuerung möglichst wenig zu behindern"[9]. Im gleichen Sinne äußerte sich der Wissenschaftliche Beirat beim Bundesministerium der Finanzen schon im Jahre 1953. Er hat die Beziehungen, die zwischen dem geltenden Steuersystem und dem marktwirtschaftlichen Sektor einer Volkswirtschaft bestehen, wie folgt gewürdigt: „Es kommt vor allem darauf an, das Steuersystem mit der marktwirtschaftlichen Ordnungsform der Volkswirtschaft abzustimmen[10], soweit dies bei der gegenwärtigen Höhe des Steuerbedarfs über-

[4] Alfred *Müller-Armack:* Wirtschaftslenkung und Marktwirtschaft, Hamburg 1947, S. 88.

[5] Ebenda, S. 89.

[6] *Kommission für die Finanzreform:* Gutachten über die Finanzreform in der Bundesrepublik Deutschland, Stuttgart, Köln, Berlin, Mainz 1966, S. 21, Ziff. 79 (Troeger-Gutachten).

[7] Ebenda.

[8] Alfred *Müller-Armack:* Wirtschaftslenkung und Marktwirtschaft, a.a.O., S. 89 f.

[9] *Wissenschaftlicher Beirat* beim Bundesministerium der Finanzen: Gutachten zur Reform der direkten Steuern (Einkommensteuer, Körperschaftsteuer, Vermögensteuer und Erbschaftsteuer) in der Bundesrepublik Deutschland. In: Schriftenreihe des Bundesministeriums der Finanzen, Heft 9, Bad Godesberg 1967, S. 9 (Neumark-Gutachten).

[10] „Zur Abstimmung des Steuersystems auf die Wirtschaftsordnung", vergleiche den Aufsatz gleichen Titels von Dieter *Pohmer.* In: Finanzarchiv, N. F., Bd. 15, Tübingen 1954/55, S. 373—396.

haupt möglich ist"[11]. Zentrale Aufgabe der praktischen Wirtschaftspolitik sei es daher,

„a) negativ: die unvermeidlichen Auswirkungen der Besteuerung auf den marktwirtschaftlichen Sektor der Gesamtwirtschaft so wenig schädlich wie möglich zu machen;

b) positiv: zu prüfen, ob und welche Möglichkeiten die Gestaltung des Steuersystems zu erwünschten lenkerischen Einflußnahmen auf die Marktwirtschaft bietet"[12].

Letztlich geht es darum, „die marktwirtschaftliche Ordnung auf ihre Vereinbarkeit mit jenen wirtschaftlichen und sozialpolitischen Zielen zu überprüfen, die wir heute zum Grundbestand aller staatichen Gesinnung rechnen"[13]. Wir werden also zu prüfen haben, wie sich die geltende deutsche Vermögensteuer, die einen bestimmten Platz in der marktwirtschaftlichen Ordnung gefunden und eine spezielle Ausprägung darin erfahren hat, mit den grundlegenden wirtschafts-, finanz- und sozialpolitischen Zielen verträgt. Wir müssen auch untersuchen, ob sich die Vermögensteuer, so wie sie gegenwärtig besteht oder so, wie sie für wünschenswert erachtet wird, mit der Ordnung verträgt, „die sich zwar weitgehend auf individuell-private Initiative, Konsumfreiheit, Privateigentum usw. stützt, aber nicht ‚automatisch', d. h., nicht ohne gewisse öffentliche Interventionen, die Realisierung der obersten Ziele der Wirtschafts- und Sozialpolitik gewährleistet"[14]. Steuern sind ein Teilstück der gesamten Wirtschaftsordnung und daher auch „notwendig verknüpft mit der individualistischen Wirtschaftsordnung"[15].

Einer einzelnen Steuer über den Rahmen des Finanzsystems, in das sie eingebettet ist, hinaus aus der Sicht des gesamten Wirtschaftssystems gebührende Beachtung zu schenken, ist umso wichtiger, als die Steuerpolitik „heute ganz überwiegend als eines der wichtigsten und wirksamsten Instrumente der allgemeinen Wirtschafts- und Sozialpolitik anerkannt und verwendet" wird[16].

[11] *Bundesministerium der Finanzen* (Hrsg.): Organische Steuerreform. Bericht des Wissenschaftlichen Beirats beim Bundesministerium der Finanzen, a.a.O., S. 16 (Terhalle-Gutachten).

[12] Ebenda.

[13] Alfred *Müller-Armack:* Wirtschaftsordnung und Wirtschaftspolitik. Studien und Konzepte zur Sozialen Marktwirtschaft und zur Europäischen Integration, Freiburg im Breisgau 1966, S. 80.

[14] Fritz *Neumark:* Grundsätze der Besteuerung in Vergangenheit und Gegenwart, Wiesbaden 1965, S. 12.

[15] Alfred *Amonn:* Grundsätze der Finanzwissenschaft, Erster (allgemeiner) Teil, Bern 1947, S. 191.

[16] Fritz *Neumark:* Wirtschaftspolitische Ideale und ökonomische Wirklichkeit. In: Frankfurter Universitätsreden, Heft 16, Frankfurt am Main 1956, S. 24.

Diese Ansicht Neumarks ist im Laufe des letzten Dezenniums mehr als bestätigt worden: Die Steuerpolitik wird auch in der Bundesrepublik Deutschland als eines der „wichtigsten und wirksamsten Instrumente“ der Wirtschafts- und Sozialpolitik verstärkt in den Dienst der Wirtschafts-, Finanz- und Sozialpolitik gestellt. Dabei werden mit ihr in hohem Grade auch nicht-fiskalische Zwecke verfolgt. Darauf, daß Steuern „— entgegen der orthodoxen Ansicht — ... auch dann noch Steuern sind, wenn sie, statt die Mittel des Staates zu vermehren, entweder wirtschaftlichen oder sozialen Zwecken dienen“[17], hat Fritz Karl *Mann* schon 1947 hingewiesen, als er die „drei wirtschaftlichen Funktionen der Steuer“ unterschieden und untersucht hat[18]. *Mann* spricht von einer „Entprovinzialisierung“, da die Besteuerung „ebensowohl in das weite Reich der Sozialwissenschaft wie in die engere Provinz der Finanzwissenschaft“ gehöre[19].

Diese Entwicklungstendenz ist ein deutliches Zeichen und zugleich Bestätigung für den „ausgeprägten Stilwandel“, der sich seit den vierziger Jahren in der Wirtschaftspolitik der westlichen Welt erkennen läßt[20], einen „Stilwandel von einer reaktiven Bekämpfung bereits aufgetretener Schwierigkeiten zu einer aktiven Gestaltung der zukünftigen Entwicklung“ als „Ausdruck des allgemeinen Rationalisierungsprozesses, der sich auf zahlreichen Lebensgebieten vollzieht“[21]. Sehr deutlich hebt *Tuchtfeldt* „das Bedeutsame“ dieses Wandels hervor, das darin liege, „daß er es ermöglicht, mit der Orientierung über die längerfristigen Entwicklungstendenzen strategische Leitlinien für die Wirtschaftspolitik (und damit auch Finanz- und Steuerpolitik, d. Verf.) zu gewinnen und zugleich die Flexibilität der marktwirtschaftlichen Anpassungsprozesse zu bewahren und sogar noch zu verbessern“[22]. Damit findet Fritz Karl Manns Erkenntnis: „daß auch die Steuer einem *Wesenswandel* unterworfen ist“[23], eine Bestätigung. „Als ein Werkzeug der Staatswissenschaft fügt sie sich den politischen und gesellschaftlichen Voraussetzungen ein, unter denen der öffentliche Haushalt geführt wird“[24].

---

[17] Fritz Karl *Mann:* Die drei wirtschaftlichen Funktionen der Steuer. In: Finanztheorie und Finanzsoziologie, Göttingen 1959, S. 62.

[18] Ebenda, S. 52—66: 1. Die Verteilungsfunktion der Steuer. 2. Die fiskalische Funktion der Steuer. 3. Die regulierende Steuerfunktion.

[19] Ebenda, S. 62.

[20] Egon *Tuchtfeldt:* Die volkswirtschaftliche Rahmenplanung im Widerstreit der Meinungen. In: Weltwirtschaftliches Archiv, Bd. 94 (1965 I), Hamburg 1965, S. 10.

[21] Ebenda.

[22] Ebenda, S. 28.

[23] Fritz Karl *Mann:* Beiträge zur Steuersoziologie. In: Finanzarchiv, N. F., Bd. 2, Tübingen 1933/34, S. 287.

[24] Ebenda.

In diesem Zusammenhang ist auf die Teile des Stabilitätsgesetzes[25] zu verweisen, in denen der Steuer ordnungspolitische, insbesondere konjunkturpolitische Funktionen zugewiesen werden[26].

Selbst dann, wenn man eine Steuer nicht im Rahmen einer aktiven, bewußten Steuerpolitik wirtschaftspolitisch instrumentell einsetzen würde, müßte man die jeweiligen Steuermaßnahmen aus gesamtwirtschaftlicher Sicht würdigen[27], weil auch Steuern incidentiell in den meisten Fällen volkswirtschaftliche Wirkungen haben, die in Betracht gezogen werden müssen[28]. Unser Augenmerk ist daher wie vor 20 Jahren darauf zu richten, „die inneren Widersprüche im Steuersystem“ soweit wie möglich aufzuzeigen mit dem Ziel, sie zu eliminieren und „mangelnde Übereinstimmung (dieses Systems, d. Verf.) mit dem Wirtschaftssystem“[29] weitestgehend zu beseitigen.

2. „Steuerwirtschaftliche“ Betrachtungsweise

Bei der Beurteilung und Erörterung von Steuerfragen erscheint eine betont steuerwirtschaftliche Betrachtungsweise sehr zweckmäßig zu sein, da „der Ausgangspunkt der Steuer ... an sich kein juristischer, sondern ein staats- und volkswirtschaftlicher“ ist[30]. Diese Betrachtungsweise läßt sich rechtfertigen, weil sich „nach ihrer äußeren Erscheinung

[25] „Gesetz zur Förderung der Stabilität und des Wachstums der Wirtschaft“ vom 8. Juni 1967. In: BGBl. I, S. 582.

[26] „Dieses Gesetz, das Grundgesetz moderner Prozeßpolitik geworden ist, hat die rechtlichen Grundlagen geschaffen für eine Globalsteuerung, die weit über die traditionelle Geld- und Kreditpolitik herausgeht. Im Mittelpunkt dieses Gesetzes steht die wirtschaftspolitische Verpflichtung der Finanzpolitik“. Hans *Tietmeyer:* Klare Wirtschaftspolitik stärkt die Marktwirtschaft. In: Bulletin des Presse- und Informationsamtes der Bundesregierung Nr. 56, Bonn, 8. Mai 1968, S. 462 (I).

[27] Siehe hierzu oben, zweites Kapitel: Eine gesamtwirtschaftliche Orientierung.

[28] Vgl. zur Frage der Steuerwirkungen u. a. bei Alfred *Amonn:* Grundsatze der Finanzwissenschaft, erster (allgemeiner) Teil, Bern 1947, S. 190 f., der neben den volkswirtschaftlichen Wirkungen auch solche „finanzwirtschaftlicher“ und „privatwirtschaftlicher“ Art unterscheidet; Günter *Schmölders:* Finanzpolitik. Zweite neubearbeitete Auflage, Berlin, Heidelberg, New York 1965, S. 353 ff.; Robert *Nöll von der Nahmer:* Lehrbuch der Finanzwissenschaft, Bd. 1, Allgemeine Finanzwissenschaft, Köln und Opladen 1964, S. 235 ff. Zur Frage: Das Rationale Finanzsystem einer funktionsfähigen Marktwirtschaft, vgl. u. a. Rudolf C. *Klein:* Marktwirtschaft und Finanzsystem. Grundansichten über das Rationale Finanzsystem einer funktionsfähigen Marktwirtschaft. Stuttgart 1966, insbes. S. 31 ff.

[29] *(Günter Schmölders):* Leitsätze zur organischen Steuerreform. Gutachten, verfaßt von Prof. G. Schmölders, Köln, im Auftrage der Volkswirtschaftlichen Gesellschaft e. V. Hamburg, Hamburg-Altona 1949, S. 20.

[30] Irene *Blumenstein:* Rechtsstaatliche Ausgestaltung und Anwendung der Steuer. In: Archiv für schweizerisches Abgaberecht, N. F., Bd. 25, Heft 8, Bern 1957, S. 273.

... die Steuer als eine Überführung von Wirtschaftsgütern aus der Einzelwirtschaft in die staatliche oder kommunale Gesamtwirtschaft zur ökonomischen Ermöglichung der Erfüllung öffentlicher Aufgaben"[31] charakterisiert. Eine ausgesprochen steuerwirtschaftliche Betrachtungsweise bietet sich darüber hinaus auch deshalb an[32], weil „die Finanzwissenschaft ein Teil der Volkswirtschaftslehre" ist und „die Aufgabe einer Behandlung des Stoffes unter dem Gesichtspunkt der wirtschaftlichen Betrachtung"[33] begründet. „Als etwas spezifisch Steuerrechtliches", wie *Tipke*[34] meint, kann die wirtschaftliche Betrachtungsweise nicht gelten.

Wir gehen von der Gerloff'schen Aufgabenstellung der Steuerwirtschaftslehre aus[35]. Neben der „Darlegung der Praxis der Beschaffung der steuerlichen Bedarfsdeckungsmittel" werden somit die „hierbei auftretenden relevanten Erscheinungen wie die Aufstellung von *Grund-*

---

[31] Ernst *Blumenstein:* Die Steuer als Rechtsverhältnis. In: Beiträge zur Finanzwissenschaft, Festschrift für Georg von Schanz, Bd. II, Tübingen 1928, S. 1.

Vgl. auch Max *von Heckel:* Lehrbuch der Finanzwissenschaft, Bd. 1, Leipzig 1907, S. 13 ff.: Die Finanzwirtschaft, eine Wirtschaft als Mittel zum Zweck, S. 199 ff.: Die Einzelwirtschaft als Substrat der Besteuerung.

In diesem Sinne auch *Lion,* der jedoch mit Recht dieses „als ‚Sozietät' des Staates bei jeder wirtschaftlichen Unternehmung" bezeichnete Verhältnis kritisiert und es als „in vielfacher Beziehung unzutreffend, auch wirtschaftlich" erachtet. Er tut es mit der Begründung, weil dieser Begriff „weder dem Grunde der Steuer (einseitige obrigkeitliche Auflage), noch der wirtschaftlichen Stellung dieses ‚Sozius', der keine unmittelbare Leistung beisteuert und am einzelnen Unternehmen kein unmittelbares eigenes Interesse hat, gerecht (wird), noch endlich dem ganzen Geiste der Ungleichheit, der zwischen Steuergläubiger und Steuerschuldner besteht, auch wenn man nicht etwa die Steuer nur einseitig auf das ‚Gewaltverhältnis' hin ansieht". Max *Lion:* Die Steuer als wirtschaftliche Erscheinung. In: Vierteljahresschrift für Steuer- und Finanzrecht, 1. Jg., Berlin 1927, S. 652.

[32] Hans *Ritschl:* Theorie der Staatswirtschaft und Besteuerung, Bonn und Leipzig 1925, S. 136.

Irene *Blumenstein* hat „(i)m Hinblick auf die enge Beziehung des Steuerrechts zum Wirtschaftsleben" daher gefordert, „daß bei der rechtlichen Würdigung einer Erscheinung nicht ausschließlich auf ihre äußere Erscheinungsform abgestellt wird, sondern daß auch ihre Bedeutung im Wirtschaftsleben in Betracht gezogen wird (sog. wirtschaftliche Betrachtungsweise)". Rechtsstaatliche Ausgestaltung und Anwendung der Steuer, a.a.O., S. 351 f. Auch *Neumark* faßt „Steuern primär als finanzwirtschaftliche Erscheinung" auf. Grundsätze der Besteuerung, a.a.O., S. 13.

[33] Johannes *Popitz:* Finanzrecht und Finanzwissenschaft. In: Beiträge zur Finanzwirtschaft, Festgabe für Georg von Schanz zum 75. Geburtstag, Bd. I, S. 45.

[34] Klaus *Tipke:* Fünfzig Jahre Finanzhof. In: Neue Juristische Wochenschrift, 21. Jg., Heft 45, München und Frankfurt - Main 1968, S. 2083 (I).

[35] Wilhelm *Gerloff:* Steuerwirtschaftslehre. In: Handbuch der Finanzwissenschaft, Bd. 2, S. 240 ff. Vgl. zum Verhältnis von Finanzrecht und Steuerwirtschaftslehre: Johannes *Popitz:* Finanzrecht und Finanzwissenschaft, a.a.O., S. 52 f.

sätzen[36] für eben diese Beschaffung" als Beurteilungs- und Bewertungsmaßstäbe herangezogen. Damit wollen wir uns jedoch nicht im vorhinein auf eine Interpretation der Steuer im traditionellen Sinne beschränken. Wir konzentrieren uns nicht nur auf die Probleme echter *Finanzsteuern,* also auf die Erhebung von Steuern als Mittel der Einnahmeerzielung, auf „die Bedarfsdeckung mittels Steuern"[37]. Vielmehr soll bewußt auch dem Umstand Rechnung getragen werden, daß vor allem in Staaten, in denen seitens der staatlichen Träger der Wirtschaftspolitik eine aktive Wirtschafts-, Konjunktur- und Finanzpolitik betrieben wird, die Steuer „zwecks Bewirkung und Erreichung eines bestimmten Verhaltens der Besteuerten, sei es eines ökonomischen oder sittlichen oder eines irgendwie anders ausgerichteten Tuns oder Lassens"[38] (Ordnungssteuer) als Werkzeug im Dienste ordnungspolitischer Zielsetzung erhoben wird. Der Gedanke, der Beurteilung steuerrechtlicher oder ganz allgemein finanzieller Tatbestände neben der rein rechtlichen auch eine wirtschaftliche Betrachtungsweise zugrundezulegen[39] (weil steuer- resp. finanzrechtliche Probleme nicht von wirtschaftlichen Tatbeständen isoliert gesehen und gewürdigt werden können) hat im deutschen Fiskalrecht bereits in der im Jahre 1919 verkündeten Reichsabgabenordnung gesetzliche Anerkennung und positive Verankerung erfahren[40,41]. Danach sind „(b)ei Auslegung der Steuergesetze ... ihr Zweck, ihre wirtschaftliche Bedeutung und die Entwicklung der Verhältnisse zu berücksichtigen"[40]. Seit 1934 hat diese Auslegungsregel ihren Platz im Steueranpassungsgesetz[41] gefunden. Hinsichtlich der Auslegung von Steuergesetzen sind „die Volksanschauung, der Zweck und die wirtschaftliche Bedeutung der Steuergesetze und die Entwicklung der Verhältnisse" maßgeblich[42]. Die Anwendung dieser Auslegungsregel hat bis auf den heutigen Tag ihre Zweckmäßigkeit bewiesen. Nähere Betrachtung bestätigt die Vermutung, daß es sich bei den Fragen der steuer*wirtschaft-*

---

36 Hervorhebung von uns.

37 Wilhelm *Gerloff:* Steuerwirtschaftslehre, a.a.O., S. 240.

38 Ebenda.

39 Vgl. dazu auch *Ernst Blumenstein*: Die Steuer als Rechtsverhältnis, a.a.O., S. 1, sowie *Irene Blumenstein:* Rechtsstaatliche Ausgestaltung und Anwendung der Steuer, a.a.O., S. 273.

40 *Reichsfinanzministerium* (Hrsg.): Reichsabgabenordnung (AO) vom 13. Dezember 1919 nebst Einführungsverordnung und Gesetz über Steuernachsicht, Berlin 1920, § 4.

41 Vgl. § 1 Steueranpassungsgesetz (StAnpG) vom 17. Oktober 1934, RGBl. I S. 925 in der Fassung d. Gesetzes vom 27. April 1963 (BGBl. I S. 199).

42 § 1 Abs. 2 StAnpG. Vgl. auch § 6 StAnpG, der als Mittel zur Erfassung von Steuerumgehungen oder Steuerminderungen (§ 6 Abs. 1 StAnpG) eine wirtschaftliche Betrachtungsweise vorschreibt, da in diesen Fällen „die Steuern so zu erheben (sind), wie sie bei einer den wirtschaftlichen Vorgängen, Tatsachen und Verhältnissen angemessenen rechtlichen Gestaltung zu erheben wären" (§ 6 Abs. 2 StAnpG).

lichen Betrachtungsweise selbst um einen umfassenden Fragenkreis handelt, der Gegenstand tieferer Analyse wert wäre[43].

Bei der Untersuchung der Abhandlungen zur wirtschaftlichen Betrachtungsweise kommt *Ackermann*[44] zu dem Ergebnis, daß der wirtschaftlichen Betrachtungsweise mehr als nur eine Bedeutung zukommt. Ein derartiges Vorgehen setzt natürlich sowohl die Kenntnis als auch das unmittelbare Verständnis für die jeweilige Rolle, „die die Steuer in dem gegebenen Rechtssystem unter den gegebenen staatlichen Verhältnissen spielt und, rechtspolitisch gesehen, spielen sollte“, voraus[45]. Denn „wer wirtschaftliche Fragen behandelt und lehrt, wird immer gut tun, die starke Einwirkung der Regelung des positiven Rechts auf den Wirtschaftsprozeß ständig hervorzuheben und durch den Hinweis auf die geltenden Vorschriften zu belegen“[46]. Auch für die Steuerverwaltung ist die wirtschaftliche Betrachtungsweise „ein berechtigter Verwaltungsbehelf und eine Wissenschaft“[47].

Um das Ziel zu erreichen, das wir anvisiert haben, erscheint es ratsam, die steuerwirtschaftliche Betrachtungsweise sowohl in ihrer umfassenden Bedeutung als *„Interpretationsregel* ‚von steuerrechtlichen Wirtschaftsbegriffen‘“, als auch als „spezielles Mittel der Sachverhaltsbeurteilung bzw. Sachverhaltsumdeutung“ zu verstehen[48]. Auch „(f)ür die Anwendung der vermögensteuerlichen Vorschriften gilt grundsätzlich die wirtschaftliche Betrachtungsweise“[49].

---

[43] Zum Problem der Bedenken gegen die „extensive Fiskalhandhabung“ der wirtschaftlichen Betrachtungsweise (Thiel) und der wirtschaftlichen Betrachtungsweise als Auslegungsprinzip sowie als Wertungsprinzip im Steuerrecht vgl.: Wilhelm *Haubrichs:* Die wirtschaftliche Betrachtungsweise im Steuerrecht. Heft 2 der Schriften des Karl-Bräuer-Instituts (des Bundes der Steuerzahler), (Wiesbaden) 1966, insbes. S. 9—14.

[44] Achilles *Ackermann:* Bedeutung und Grenzen der wirtschaftlichen Betrachtungsweise im Einkommens- und Vermögenssteuerrecht (Dissertation St. Gallen). Winterthur 1963, S. 33.

[45] Johannes *Popitz:* Finanzrecht- und Finanzwissenschaft, a.a.O., S. 49.

[46] Ebenda, S. 53.

[47] Max *Lion:* Die Steuer als wirtschaftliche Erscheinung, a.a.O., S. 674.

[48] Achilles *Ackermann:* Bedeutung und Grenzen der wirtschaftlichen Betrachtungsweise ..., a.a.O., S. 33.

[49] Gerd *Maier:* Vermögensteuer, Mehrwertsteuer, Kapitalverkehrsteuern, Wechselsteuer, Grunderwerbsteuer 1969. Hannover-Westerfeld 1969, S. 9.

Zweites Kapitel

Steuerrechtliche Würdigung der Vermögensteuer

Grundzüge der Besteuerung des *Vermögens natürlicher Personen* in der Bundesrepublik Deutschland

§ 1 Die Vermögensteuer im Rahmen des Grundgesetzes

Vorbemerkungen

In Deutschland wurde mit der Bildung der Bundesrepublik Deutschland, einem Bundesstaat, auch die dazugehörige Ordnung des Finanzwesens, das Mit- und Nebeneinander von Rechten und Pflichten von Bund, Bundesländern und kommunalen Bereichen verfassungsmäßig geregelt. Die Aufbringung, die Auf- und Zuteilung der Einnahmen und die Ausgaben der verschiedenen öffentlichen Gemeinwesen wurden — der föderalistischen Struktur des Staatswesens entsprechend — in einer *Finanzverfassung* geordnet. Das Finanzwesen des Bundesstaates fand seine verfassungsmäßige Grundlegung im „Grundgesetz für die Bundesrepublik Deutschland"[1]. In diesem „Grundgesetz" wird unterschieden zwischen einer *Gesetzgebungshoheit,* einer *Ertragshoheit* und einer *Verwaltungshoheit.*

Dem Bund wird durch Artikel 105 GG — mit Ausnahme der Steuern mit sog. örtlich begrenztem Wirkungskreis — die gesamte *Gesetzgebungshoheit* für alle Steuern übertragen.

Artikel 106 GG bestimmt die Verteilung des Steueraufkommens und des Ertrages der verschiedenen Finanzmonopole und damit die *Ertragshoheit.* Danach stehen dem Bund neben dem Ertrag der Finanzmonopole[2] in erster Linie die Zölle, die Umsatzsteuer (Mehrwertsteuer) und ein v. H.-Anteil[3] am Aufkommen der dem Bund und den Ländern zu-

---

[1] Grundgesetz für die Bundesrepublik Deutschland (GG) vom 23. Mai 1949 (BGBl. 1). Kapitel X: Das Finanzwesen, Art. 105 bis 115.

[2] Art. 106 Abs. 1 Satz 1 GG.

[3] Seit 1967 geltende Regelung des v.-H.-Anteiles an der Einkommen- und Körperschaftsteuer des Bundes von 37 v. H. sowie der Länder von 63 v. H. zunächst für die Rechnungsjahre 1967 und 1968 im Rahmen des „Kompromisses über den Finanzausgleich zwischen Bund und Ländern". Vgl. F. J. *Strauß:* Bericht über die 314. Sitzung des Bundesrates, Stenografischer Bericht zum Entwurf eines Gesetzes zur Verwirklichung der mehrjährigen

stehenden „Gemeinschaftsteuern“[4] Einkommen- und Körperschaftsteuer) zu[5]. Demgegenüber wird den *Ländern* neben dem v. H.-Anteil[3] an der gemeinschaftlichen Einkommen- und Körperschaftsteuer das Aufkommen aus der *Vermögen- und Erbschaftsteuer,* der Kraftfahrzeugsteuer, der Verkehrsteuer (mit Ausnahme der Beförderungs- und Umsatzsteuer), der Biersteuer sowie der Abgaben von Spielbanken und der Steuern mit örtlich bedingtem Wirkungskreis zugewiesen[6]. Den Gemeinden steht das Aufkommen der Realsteuern[7] (Gewerbe- [einschließlich Lohnsummen-]steuer und Grundsteuern) und der örtlichen Verbrauch- und Aufwandsteuern (Vergnügungs- [einschließlich Kino-]steuern und Getränkesteuer)[8] sowie ein Anteil am Aufkommen der Einkommensteuer (Art. 106, Abs. 5 GG) zu. Durch Landesgesetzgebung kann der Ertrag der Steuern mit örtlich bedingtem Wirkungskreis den Gemeindeverbänden (GV) zugewiesen werden.

In Artikel 108 des Grundgesetzes hat die *Verwaltungshoheit* ihren verfassungsmäßigen Ausdruck gefunden. Danach werden die Zölle, die Finanzmonopole, die der konkurrierenden Gesetzgebung unterworfenen Verbrauchsteuern, die Beförderungs- und Umsatzsteuer und die einmaligen Vermögensabgaben durch den Bund verwaltet[9], und die behördliche Organisation sowie das anzuwendende behördliche Verfahren durch Bundesgesetze geregelt[10].

Entgegen dem Grundsatz des Verwaltungsprimats der Länder über die Ausführung von Bundesgesetzen (Art. 83 GG) werden gemäß Art. 108 Abs. 1 GG Zölle, Finanzmonopole, die bundesgesetzlich geregelten Verbrauchsteuern (einschl. Einfuhrumsatzsteuer) sowie die Abgaben im Rahmen der Europäischen Gemeinschaften durch Bundesfinanzbehörden verwaltet. Diese Regelung entspricht dem ökonomischen Grundsatz, Verwaltungshoheit und Ertragshoheit in einer Hand zu vereinen. Einer besonderen Regelung bedarf die Verwaltung derjenigen Steuern, an deren Ertrag der Bund und die Länder gemeinsam beteiligt sind (Ge-

---

Finanzplanung des Bundes, II. Teil, Finanzänderungsgesetz 1967, vom 13. Oktober 1967, Drucksache 481/67 198 (D).

4 Zur Problematik der „Gemeinschaftsteuern“ gemäß Art. 106 GG vgl. u. a.: F. K. *Vialon:* Haushaltsrecht, 2. Auflage, 1957, S. 157; 159 sowie *Maunz/Dürig:* Kommentar zum Grundgesetz, Bd. II, zu Art. 106 (106 [26] und 106 [27]).

5 Art. 106 Abs. 1 Ziff. 1—7 GG.

6 Art. 106 Abs. 2 Ziff. 1—6 GG.

7 Art. 106 Abs. 6 GG.

8 Hinzu kommen die Einnahmen aus dem Zuschlag zur Grunderwerbsteuer, der Hundesteuer, der Schankerlaubnissteuer sowie der Jagd- und Fischereisteuer etc.

9 Art. 108 Abs. 1 Satz 1 GG.

10 Art. 108 Abs. 1 Satz 2 GG.

meinschaftsteuern). Dem Verwaltungsprimat der Länder gemäß werden diese Steuern durch die Landesfinanzbehörden im Auftrage des Bundes verwaltet[11], da die Ertragshoheit zwar geteilt werden kann, aus kostenmäßigen Überlegungen dies bei der Verwaltungshoheit jedoch nicht der Fall sein sollte. Eine andere Frage ist, ob die Gesetzgebungskompetenz des Bundes und der Einfluß des Bundes auf die Auftragsverwaltung der Länder ausreichen, die Gleichmäßigkeit der Besteuerung zu garantieren. Eine bundeseinheitliche Verwaltung stellt die beste Garantie für die einheitliche Anwendung der Steuergesetze als Voraussetzung für das Postulat der Gleichmäßigkeit der Besteuerung dar. „Ein schlechter Kompromiß führte dazu, daß Steuern mit entscheidender Bedeutung für die gesamtwirtschaftlichen Zusammenhänge" — wie u. a. die Vermögen- und die Erbschaftsteuer — „den Ländern allein in Verwaltung und Aufkommen überlassen wurden"[12].

1. Gesetzgebungshoheit

Die Vermögensbesteuerung fällt hinsichtlich ihrer gesetzgebungshoheitlichen Zuordnung gemäß Art. 105 des Grundgesetzes[13] in den Bereich der sog. „konkurrierenden" Gesetzgebung. Dem Bund fällt für die Vermögensteuer in bezug auf die Ländergesetzgebung das Recht konkurrierender Gesetzgebung zu, wenn der Bund „die Steuern ganz oder zum Teil zur Deckung der Bundesausgaben in Anspruch nimmt oder die Voraussetzungen des Artikels 72 Abs. 2 GG[14] vorliegen. Danach haben im „Bereiche der konkurrierenden Gesetzgebung ... die Länder die Befugnis zur Gesetzgebung"[15]. Der Bund muß aber in diesem Bereiche das Gesetzgebungsrecht wahrnehmen, wenn gemäß Art. 72 Abs. 2 GG[16] ein Bedürfnis nach bundesgesetzlicher Regelung besteht, weil:

1. eine Angelegenheit durch die Gesetzgebung einzelner Länder nicht wirksam geregelt werden kann oder
2. die Regelung einer Angelegenheit durch ein Landesgesetz die Interessen anderer Länder oder der Gesamtheit beeinträchtigen könnte oder

---

[11] Art. 108 Abs. 3 GG.

[12] Karl M. *Hettlage:* Die Finanzverfassung im Rahmen der Staatsverfassung. In: Veröffentlichungen der Vereinigung der Deutschen Staatsrechtslehrer, Heft 14, Berlin 1956, S. 26.

[13] Kapitel X, Art. 105 Abs. 2 Ziff. 2 Grundgesetz für die Bundesrepublik Deutschland (GG).

[14] Vgl. Kap. VII, Art. 72 Abs. 1 GG.

[15] Ebenda.

[16] Vgl. Art. 72 Abs. 2 Ziff. 1 bis 3 GG.

3. die Wahrung der Rechts- oder Wirtschaftseinheit, insbesondere die Wahrung der Einheitlichkeit der Lebensverhältnisse über das Gebiet eines Bundeslandes hinaus sie erfordert.

Mit der Schaffung des Vermögensteuergesetzes des Jahres 1954, das die Besteuerung des Vermögens bundeseinheitlich regelt, hat der Bund in Ablösung der bis dato nach dem Kriege bestehenden gesetzlichen Regelungen „zur vorläufigen Neuordnung von Steuern“[17] sowie des Vermögensteuergesetzes vom 16. Januar 1952 in der Fassung der §§ 226 ff. LAG[18] vom 14. 8. 1952 von seinem Recht konkurrierender Gesetzgebungsbefugnis Gebrauch gemacht.

2. Ertragshoheit

Das Aufkommen der Vermögensteuer steht gemäß Art. 106 Abs. 2 Ziff. 1 GG jedoch im Rahmen der Regelung des materiellen Finanzausgleichs zwischen den Gebietskörperschaften in der Bundesrepublik Deutschland ausschließlich den Ländern zu, die Steuergläubiger der Vermögensteuer sind.

3. Verwaltungshoheit

Die Verwaltung der Vermögensteuer obliegt als Landessteuer[19] den Länderfinanzbehörden[20]. Gemäß § 6 Abs. 2 LAG[21] sind die Länder jedoch verpflichtet, während der Jahre 1959 bis 1978 dem vom Bundesausgleichsamt verwalteten Sondervermögen (Lastenausgleichsfonds) 25 Prozent ihres Aufkommens aus der Vermögensteuer des jeweiligen Rechnungsjahres zuzuführen. Dieser Fonds ist, wie das gesamte Gesetzeswerk über den Lastenausgleich, aus der Absicht heraus entstanden, eine gleichmäßigere Verteilung der Kriegs- und Kriegsfolgeschäden zu-

---

[17] Militärregierungsgesetz Nr. 64 vom 22. 6. 1948.

[18] Gesetz über den Lastenausgleich.

[19] Art. 106 Abs. 2 Ziff. 1 GG.

[20] Vgl. Art. 108 Abs. 3 Satz 1 sowie Art. 109 GG.

[21] *Gesetz* über den Lastenausgleich (LAG) vom 14. 8. 1952 mit zahlreichen Änderungsgesetzen und Durchführungsverordnungen, zuletzt in der Fassung vom 1. 12. 1965 (BGBl. I S. 1946) zu dem ergänzend hinzukommen:

Gesetz über die Feststellung von Vertreibungsschäden und Kriegsschäden (sog. Feststellungsgesetz) vom 21. 4. 1952 i. d. F. vom 1. 12. 1965 (BGBl. I S. 2049);

Gesetz über einen Währungsausgleich für Sparguthaben Vertriebener (sog. Währungsausgleichsgesetz) i. d. F. vom 1. 12. 1965 (BGBl. I S. 2060);

Gesetz zur Milderung von Härten der Währungsreform (sog. Altsparergesetz) vom 14. 7. 1953 i. d. F. vom 1. 4. 1959 (BGBl. I S. 170);

Gesetz zur allgemeinen Regelung durch den Krieg und den Zusammenbruch des Deutschen Reiches entstandener Schäden (AKG) vom 5. 11. 1957 (BGBl. I S. 1747) mit späteren Änderungen etc.

gunsten Heimatvertriebener und Kriegssachgeschädigter auf die Gesamtheit zu erreichen. Dieses entspricht dem *Grundsatz*, daß diejenigen, die ihren Besitzstand vollständig oder überwiegend über die Kriegszeit hinaus bewahren konnten, durch eine Abgabe an den Lastenausgleichsfonds, den Vertriebenen und Geschädigten durch die Gewährung von Ausgleichsleistungen helfen. Der Vermögensabgabe nach dem Lastenausgleichsgesetz liegen also vorwiegend redistributive Motive zugrunde, mit der Zielsetzung eines materiellen Ausgleichs der durch den Zweiten Weltkrieg und seine Folgen extrem unterschiedlich in Mitleidenschaft gezogenen Vermögen[22]. (Versuch einer Egalisierung der ungleichen Vermögensverluste durch resp. über den Lastenausgleichsfonds).

4. Vermögensteuerrecht (im besonderen)

Die gesetzliche Regelung, durch die eine Vermögensteuer statuiert wird, ist das Vermögensteuergesetz[23]. Hier ist festgelegt, worauf diese Abgabe beruht. Ferner sind die Voraussetzungen genannt, unter denen die Abgabepflicht eintritt und wird bestimmt, wie die Bemessung der Abgabe erfolgt[24]. Insgesamt sind bei der nominellen Vermögensteuer die folgenden wesentlichen vermögensteuer- und bewertungsrechtlichen Rechtsquellen zu beachten:

---

[22] Dieser Lastenausgleichsabgabepflicht (Vermögensabgabe) unterliegt das am 21. 6. 1948 vorhandene vermögensteuerpflichtige Vermögen, das mit einer Abgabeschuld von 50 Prozent des nach dem Vermögensteuer- und Bewertungsgesetz ermittelten Vermögens belastet wurde. (Maßgeblich ist hier der rechtskräftige Vermögensabgabebescheid.) Die für diesen Zeitpunkt festgestellte Abgabeschuld ist in gleichen Teilbeträgen jeweils vierteljährlich bis zum 31. März 1979 zu zahlen. Da diese Vermögensabgabe nicht auf einen Betrag zu einem Zeitpunkt oder innerhalb eines relativ kurz bemessenen Zeitraumes entrichtet zu werden braucht, — im Gegenteil: die *Zahlung* dieser Abgabeschuld sich auf einen langen Zeitraum erstreckt, ist der Gefahr überwiegend begegnet worden, daß die Vermögenssubstanz angegriffen oder geschwächt wird. Vgl. in diesem Zusammenhang auch die im LAG vorhandene Regelung hinsichtlich der Zuwachssteuern „Hypothekengewinnabgabe“ und „Kreditgewinnabgabe“ mit dem Ziel, die Schuldnergewinne aus der Umstellung von durch Grundpfandrechte gesicherten Reichsmarkverbindlichkeiten und aus der Umstellung von Grundpfandrechten durch die Hypothekengewinnabgabe sowie die durch den Währungsschnitt verursachten Schuldnergewinne „abzuschöpfen“.

[23] Vgl. Vermögensteuergesetz in der Fassung vom 10. 6. 1954, BGBl. I S. 137/BStBl. I S. 296, bes. S. 417 mit den Änderungen des Gesetzes vom 26. Juli 1957, BGBl. I S. 848 und des Steueränderungsgesetzes 1961 vom 13. Juli 1961, BGBl. I S. 981, sowie der Gesetze vom 10. August 1963, BGBl. I S. 676, vom 23. Dez. und vom 24. März 1965, BGBl. I S. 153 und durch das 2. Steueränderungsgesetz 1967 vom 21. Dezember 1967, BGBl. I S. 1254/BStBl. I S. 484.

[24] Vgl. dazu Ernst *Blumenstein:* Das statische und dynamische Moment in der schweizerischen Steuergesetzgebung. In: Probleme der öffentlichen Finanzen und der Währung, Festgabe für Eugen Grossmann, Zürich 1949, S. 34 ff.

1. Das *Grundgesetz* (GG) vom 23. Mai 1949, Art. 106 Abs. 2 Ziff. 1.
2. Das *Vermögensteuergesetz* (VStG) i. d. F. vom 10. 6. 1954[25], zuletzt geändert durch
3. Das *Gesetz zur Änderung* des Bewertungsgesetzes und des Vermögensteuergesetzes vom 24. 3. 1965[26].
4. Das *Bewertungsänderungsgesetz* (ÄndBewG) vom 13. 8. 1965[27].
5. Das *Bewertungsgesetz* (BewG) i. d. F. vom 10. 12. 1965[28].

Weitere das Vermögensteuerrecht bestimmende Normen enthalten vor allem

6. Die *Durchführungsverordnung zum Vermögensteuergesetz* (VStDV) i. d. F. vom 19. 8. 1963[29],
7. die *Durchführungsverordnung zum Bewertungsgesetz* (BewDV) vom 2. 2. 1935[30], zuletzt abgeändert durch
8. die *Finanzgerichtsordnung* (FGO) vom 6. 10. 1965[31],
9. die *Vermögensteuer-Richtlinien* 1966 (VStR) vom 26. 7. 1966, geändert und ergänzt durch
10. die Allgemeinen Verwaltungsvorschriften über die Änderung und Ergänzung der Vermögensteuer-Richtlinien für die Vermögensteuer-Hauptveranlagung 1966 (VStER 1969)[32]
11. die *Richtlinien zur Bewertung des Grundvermögens* (BewRGr) vom 19. 9. 1966[33] sowie
12. die *Richtlinien zur Bewertung des land- und forstwirtschaftlichen Vermögens* (BewRL) vom 17. 11. 1967 und vom 17. 1. 1968[34].

Während durch das Vermögensteuergesetz und die Durchführungsbestimmungen die Besteuerung des Vermögens selbst seine Regelung findet, dienen Bewertungsgesetz und dazugehörige Durchführungsvorschriften zur Ermittlung und Bewertung dieses Vermögens.

---

[25] BGBl. I S. 137 = BStBl. I S. 296.

[26] BGBl. I S. 153 = BStBl. I S. 102.

[27] BGBl. I S. 851 = BStBl. I S. 375.

[28] BGBl. I S. 1862 = BStBl. (1966) I S. 20, zuletzt geändert durch das Reparationsschädengesetz vom 12. Februar 1969, BGBl. I S. 105.

[29] BGBl. I S. 689 = BStBl. S. 614.

[30] RGBl. I S. 81 = RStBl. S. 189.

[31] BGBl. I S. 1477 = BStBl. S. 564.

[32] BStBl. 1966 I S. 794; BStBl. 1969 I S. 168.

[33] BStBl. I S. 890.

[34] BStBl. 1967 I S. 397 und BStBl. 1968 I S. 223.

§ 2 Die rechtliche Ausgestaltung der Vermögensteuer für natürliche Personen (Grundzüge)[35]

Die Schuldnerverpflichtung, das heißt die Leistungspflicht, ist gemäß Vermögensteuergesetz an genau umschriebene Voraussetzungen geknüpft. Im Falle der Leistungspflicht natürlicher Personen heißt das:

(a) Der Pflichtige muß persönlicher Steuerpflicht unterliegen;

(b) der Steuerpflichtige muß sachlich steuerpflichtiges Vermögen besitzen und

(c) diese in (a) und (b) genannten Voraussetzungen müssen an einem ganz bestimmten Stichtag gegeben resp. erfüllt sein.

1. Subjektive Steuerpflicht

Die Steuerpflicht beginnt für natürliche Personen mit der Geburt.

a) Unbeschränkte Steuerpflicht

Unbeschränkter Vermögensteuerpflicht sind alle natürlichen Personen (Steuersubjekte) unterworfen, die im Bundesgebiet oder in Berlin (West) ihren Wohnsitz oder ihren gewöhnlichen Aufenthalt haben[36]. Gewöhnlichen Aufenthalt hat eine Person dort, wo sie sich unter Umständen aufhält, die erkennen lassen, daß sie sich an diesem Ort oder in diesem Land nicht nur vorübergehend aufhält[37]. Dieses wird immer dann als gegeben angenommen, wenn der Aufenthalt im Inland länger als sechs Monate dauert[38]. Die unbeschränkte Steuerpflicht erstreckt sich auf das Gesamtvermögen[39,40] des Steuerpflichtigen. Dabei ist es unerheblich, ob dieses Vermögen im Inland oder im Ausland gelegen ist. Grundvermögen, land- und forstwirtschaftliches Vermögen sowie Betriebsvermögen, das im Geltungsbereich der DDR-Gesetzgebung und in Berlin (Ost) gelegen ist, zählen nicht dazu[41].

---

[35] Die Vermögensteuer, eine *Personensteuer,* verpflichtet neben den natürlichen Personen auch die juristischen Personen, wie Körperschaften, Personenvereinigungen und Vermögensmassen. Die Steuerpflicht der juristischen Personen und der diesen gleichgestellten nichtrechtsfähigen Gebilde ist in den §§ 1 Abs. 1 Ziff. 2 sowie 2 Abs. 1 Ziff. 2 des Vermögensteuergesetzes begründet.

[36] Vgl. § 1 Abs. 1 Ziff. 1 VStG und Abschn. 104, Abs. 1 VStR.

[37] Vgl. § 14 Abs. 1 Satz 1 StAnpG.

[38] Vgl. § 14 Abs. 1 Satz 2 StAnpG.

[39] Vgl. § 1 Abs. 2 Satz 1 VStG.

[40] Gemäß § 73 BewG. — Gesamtvermögen.

[41] Vgl. § 1 Abs. 2 VStG.

b) Beschränkte Steuerpflicht

Beschränkter Vermögensteuerpflicht sind alle diejenigen natürlichen Personen unterworfen, die im Bundesgebiet oder in Berlin (West) weder ihren Wohnsitz[42] noch in diesem Gebiet ihren gewöhnlichen Aufenthalt[43] haben, aber im Inland Vermögen besitzen. Beschränkt vermögensteuerpflichtig sind auch die Personen mit Wohnsitz im Geltungsbereich der DDR-Gesetzgebung oder in Berlin (Ost), sofern sie Grundvermögen, land- und forstwirtschaftliches Vermögen oder Betriebsvermögen im Bundesgebiet oder Berlin (West) besitzen. Dieser Personenkreis soll aber zu keiner höheren Vermögensteuer herangezogen werden, als sie bei unbeschränkter Vermögensteuerpflicht für das Vermögen im Bundesgebiet oder Berlin (West) zu entrichten wäre[45,46]. Bei beschränkter Steuerpflicht wird kein Unterschied zwischen natürlichen und juristischen Personen gemacht. Die beschränkte Vermögensteuerpflicht ist davon abhängig, daß die genannten Personen im Bundesgebiet oder in Berlin (West) sog. Inlandsvermögen[47] besitzen. Nur auf dieses — nicht jedoch auf das Gesamtvermögen — erstreckt sich in diesem Falle die Steuerpflicht[48]. Bei beschränkt steuerpflichtigen Personen wird also nicht der Wert des Gesamtvermögens, sondern nur der Wert des Inlandsvermögen ermittelt[49].

2. Steuerobjekt und Steuerbemessungsgrundlage

Die Besteuerung des Vermögens setzt die Erfüllung von zwei Bedingungen voraus: Die subjektive *Steuerpflicht* des Steuersubjektes und das Vorhandensein von *Vermögen* (Steuerobjekt), nach dessen Umfang sich die Vermögensteuer bemessen läßt.

---

[42] Vgl. § 13 StAnpG.

[43] Vgl. § 14 StAnpG.

[44] Vgl. § 2 Abs. 1 Ziff. 1 VStG.

[45] Vgl. Abschnitt 104 Abs. 3 Satz 2 VStR.

[46] Die beschränkte Vermögensteuerpflicht bezieht sich nicht auf das inländische Betriebsvermögen eines Steuerpflichtigen mit Wohnsitz oder gewöhnlichem Aufenthalt, Sitz oder Geschäftsleitung in einem ausländischen Staat, wenn dieses Vermögen dem Betrieb von Schiffen oder Luftfahrzeugen dient. Voraussetzung für die Steuerbefreiung ist jedoch, daß auch der betreffende ausländische Staat denjenigen Steuerpflichtigen, die ihren Wohnsitz oder gewöhnlichen Aufenthalt, Sitz oder Ort der Geschäftsleitung im Bundesgebiet oder Berlin (West) haben, eine entsprechende Steuerfreiheit für derartige Vermögen zugesteht. Vgl. dazu § 2 Abs. 3 VStG sowie Abschn. 106 VStR.

[47] Vgl. § 77 BewG.

[48] Vgl. § 2 Abs. 2 VStG, § 121 BewG und Abschn. 104 Abs. 2 VStR.

[49] § 1 Abs. 2 VStG.

a) Steuerobjekt

Das Objekt der Vermögensteuer ist in Abhängigkeit vom Umfange der Steuerpflicht das Gesamt- oder das Inlandsvermögen. Da sich der steuerliche Zugriff einer nominellen Vermögensteuer sinnvollerweise nur auf ertragsfähiges Vermögen richtet, ist wirtschaftlich Vermögensobjekt eigentlich der Vermögensertrag, der im Sinne einer Vorbelastung der sog. fundierten Ertragseinkünfte in Ergänzung zur Einkommensbesteuerung einer zusätzlichen Besteuerung unterstellt wird.

b) Steuerbemessungsgrundlage

§ 4 VStG bestimmt, welche Vermögensteile als Bemessungsgrundlage für die Berechnung der Vermögensteuer (Gesamtvermögen resp. Inlandsvermögen)[50] heranzuziehen sind (Steuerbemessungsgrundlage) und zu welchem Wert[51] dieses Vermögen (Ermittlung der Bemessungsgrundlage) anzusetzen ist. Bemessungsgrundlage, also sachliche Grundlage für die Berechnung der Vermögensteuer, ist hier nicht das Vermögen im wirtschaftlichen Sinne, sondern das im Sinne des Bewertungsgesetzes.

ba) Bei unbeschränkter Steuerpflicht:
Die Ermittlung des Gesamtvermögens

Bemessungsgrundlage ist bei unbeschränkt Steuerpflichtigen[52] das Gesamtvermögen[53]. Es ist mit dem Wert anzusetzen, der sich nach den §§ 114 bis 120 BewG ergibt, wenn die Lastenausgleichsabgaben nach Maßgabe des § 209 des LAG berücksichtigt werden.

Die Ermittlung des Gesamtvermögens erfolgt ausschließlich zum Zwecke der Vermögensbesteuerung. Die besonderen Bewertungsvorschriften, die §§ 18—121 BewG, gelten für die Vermögensteuer[54]. Die Normen über die Einheitsbewertung, die §§ 19—109, gelten unter Beachtung näherer Regelung der hierfür in Betracht kommenden Gesetze auch für Grund-, Gewerbe- und Erbschaftsteuer[55]. Der Wert des Gesamtvermögens ist bei der Veranlagung gemäß § 4 Abs. 1 VStG mit dem Wert anzusetzen, wie er sich unter Anwendung der Vorschriften des BewG, der §§ 114 bis 120, ergibt. Als erste Stufe ist das Rohver-

[50] Vgl. § 1 Abs. 2 VStG sowie § 2 Abs. 2 VStG.
[51] Vgl. §§ 73 bis 77 BewG.
[52] § 1 Abs. 2 VStG.
[53] § 4 Abs. 1 VStG.
[54] Vgl. § 17 Abs. 1 BewG.
[55] Vgl. § 17 Abs. 2 BewG.

mögen durch Addition der Werte der vier Vermögensarten zu ermitteln, die das zu bewertende Vermögen bilden, wobei bei der Ermittlung des Vermögens jede wirtschaftliche Einheit gemäß § 2 Abs. 1 Satz 1 BewG für sich zu bewerten ist. Bei den vier im Bewertungsgesetz genannten *Vermögensarten* handelt es sich um:

1. Land- und forstwirtschaftliches Vermögen[56,61]
2. Grundvermögen[57,61]
3. Betriebsvermögen[58,61]
4. Sonstiges Vermögen[59].

Das Gesamtvermögen[60] entspricht dem Reinvermögen. Es errechnet sich durch Abzug der Schulden und sonstigen Abzüge im Sinne des § 118 BewG von der Summe des Rohvermögens. Wirtschaftsgüter, die nicht einer der im Gesetz bezeichneten vier Vermögensarten subsumierbar sind, zählen analog der Regelung bei den sieben Einkunftsarten[62] der Einkommensbesteuerung nicht zum Vermögen im Sinne des Bewertungsgesetzes. Wirtschaftsgüter, die unter eine der im Gesetz[63] bezeichneten Vermögensarten fallen, die jedoch nach den Vorschriften des Vermögensteuergesetzes oder anderer gesetzlicher Regelungen von der Vermögensteuer befreit sind, bleiben bei der Ermittlung des Gesamtvermögens unberücksichtigt[64]. Das als Bemessungsgrundlage für die Vermögensteuer im Falle unbeschränkter Vermögensteuerpflicht ermittelte Gesamtvermögen[65] ist gemäß § 4 Abs. 2 VStG auf volle 1000 Deutsche Mark (DM) nach unten abzurunden[66].

bb) Bei beschränkter Steuerpflicht: Die Ermittlung des Inlandsvermögens

Bemessungsgrundlage ist bei beschränkt Steuerpflichtigen[67] das Inlandsvermögen[68]. Es ist mit dem Wert anzusetzen, der sich nach den

---

[56] Gemäß § 18 Ziff. 1 BewG, näher bestimmt in den §§ 31, 33—67 BewG.

[57] Gemäß § 18 Ziff. 2 BewG, näher bestimmt in den §§ 31, 68—94 BewG.

[58] Gemäß § 18 Ziff. 3 BewG, näher bestimmt in den §§ 31, 95—109 BewG.

[59] Gemäß § 18 Ziff. 4 BewG, näher bestimmt in den §§ 110—113 BewG.

[60] Gemäß § 114 Abs. 1 BewG.

[61] Regelung betreffend das ausländische Vermögen in § 31 BewG.

[62] Vgl. § 2 Abs. 3 Ziff. 1—7 EStG.

[63] § 18 BewG.

[64] Gemäß § 114 Abs. 2 BewG.

[65] Gemäß § 4 Abs. 1 VStG, § 114 Abs. 1 BewG.

[66] Vgl. die gleiche Regelung im Falle der Bemessung des Inlandvermögens.

[67] § 2 Abs. 2 VStG.

[68] § 4 Abs. 1 VStG; § 77 Abs. 1 BewG.

§§ 73 bis 77 Bewertungsgesetz ergibt, wenn die Lastenausgleichsabgaben nach Maßgabe des § 209 des Lastenausgleichsgesetzes berücksichtigt werden. Das Inlandsvermögen[69] wird nur insoweit zur Vermögensteuer herangezogen, als es 2000 DM übersteigt[70].

Da das Inlandsvermögen jeweils auf 1000 DM nach unten abgerundet wird[72], kann praktisch ein Inlandsvermögen bis zu 2999 DM *vermögensteuerfrei* bleiben. Bei höheren Vermögenswerten ist das Inlandsvermögen jedoch in vollem Umfang steuerpflichtig[72]. Auf dieses Vermögen ist der (volle) Vermögensteuersatz anzuwenden.

Das *Inlandsvermögen* wird gemäß § 4 Abs. 1 des Vermögensteuergesetzes in Verbindung mit § 121 des Bewertungsgesetzes ermittelt[73]. Es dient als Bemessungsgrundlage für die Vermögensteuer im Falle beschränkter Vermögensteuerpflicht[74]. Auch hier sind analog der gesetzlichen Regelung im Einkommensteuerrecht[75] nur die Vermögensgegenstände als zum Inlandsvermögen zugehörig anzusehen, die im § 121 Abs. 2 des Bewertungsgesetzes enumerativ aufgeführt sind. Nach dem Bewertungsgesetz[76] zählen zum Inlandsvermögen eines beschränkt Steuerpflichtigen grundsätzlich nur solche Wirtschaftsgüter, die auch bei unbeschränkter Steuerpflicht dem Gesamtvermögen zuzurechnen wären[77]. Deshalb bleiben auch bei der Ermittlung des Inlandsvermögens diejenigen Wirtschaftsgüter außer Ansatz, die im Rahmen des Gesamtergebnisses nach dem Vermögensteuergesetz oder anderen gesetzlichen Normen von der Steuerpflicht befreit sind[78]. Als Inlandsvermögen gelten sämtliche in den Ziffern 1—7 genannten Vermögensgegenstände, soweit sie auf das Bundesgebiet oder Berlin (West) entfallen[79].

Die *Höhe des Inlandsvermögens* bildet bei land- und forstwirtschaftlichem Vermögen sowie beim Grundvermögen die Summe der Einheitswerte, die für die im Inland[80] gelegenen Wirtschaftseinheiten oder Teile

---

69 Gemäß § 4 VStG.

70 § 7 Abs. 1 Ziff. 2 VStG.

71 § 4 Abs. 2 VStG.

72 § 6 a VStG.

73 Vgl. § 2 Abs. 2 VStG.

74 Vgl. § 2 Abs. 1 Ziff. 1 VStG.

75 Vgl. die einkommensteuerrechtlichen Vorschriften der §§ 49 und 50 EStG über beschränkt steuerpflichtige Einkünfte (§ 49), sowie die Sondervorschriften für beschränkt Steuerpflichtige (§ 50).

76 Vgl. § 121 Abs. 1 BewG.

77 Urteil des RFH vom 24. 11. 1938, RStBl. 1939, S. 121.

78 § 121 Abs. 3 BewG.

79 § 121 Abs. 2.

80 § 121 BewG.

davon festgestellt worden sind[81]. Gleiches gilt auch für das im Inlande gelegene Betriebsvermögen[82]. Das Inlandsvermögen errechnet sich dann durch Abzug der Schulden und Lasten, die in direktem wirtschaftlichen Zusammenhang mit dem Inlandsvermögen stehen[83]. Das als Bemessungsgrundlage für die Vermögensteuer im Falle beschränkter Vermögensteuerpflicht ermittelte Inlandsvermögen[84] ist gemäß § 4 Abs. 2 VStG auf volle 1000 Deutsche Mark nach unten abzurunden[85]. Grundlage für die Berechnung der Vermögensteuer ist also das steuerbare Vermögen[86], während Gesamtvermögen und Inlandsvermögen nur die Ausgangswerte bilden. Bezüglich der Regelung der *Bewertung* sei auf die gesetzlichen Bestimmungen, insbesondere des Bewertungsgesetzes verwiesen.

3. Steuermaß

Durch das Steuermaß wird der zahlungsmäßige Umfang der Steuerleistung bestimmt.

a) Persönliche Freibeträge

Das Vermögen wird nur insoweit zur Vermögensteuer herangezogen, als es die persönlichen Freibeträge[87], die jedem Steuerpflichtigen zustehen, übersteigt[88].

Persönliche Befreiungen sind im deutschen Vermögensteuerrecht (§ 3 VStG) für *natürliche* Personen nicht vorgesehen. Das gleiche gilt für die unbeschränkt steuerpflichtigen Personen in bezug auf die *sachlichen* Befreiungen. Die diesbezügliche Regelung im Bewertungsgesetz, die §§ 101 sowie 111 BewG, kennt keine sachlichen Befreiungen, durch die

---

[81] Abschn. 103 Abs. 2 VStR.

[82] Bei inländischem Betriebsvermögen ist jedoch zu beachten, daß im einzelnen geprüft werden muß, ob eine Betriebsstätte im Inland unterhalten wird oder ein ständiger Vertreter (e. g. Kommissionär, Makler) bestellt worden ist. Vgl. zum Begriff der Betriebsstätte insbes. § 16 StAnpG, sowie Abschn. 103 Abs. 3 VStR. Betriebsstätte im Sinne der Steuergesetzgebung ist jede feste örtliche Anlage oder Einrichtung, die der Ausübung des Betriebes eines stehenden Gewerbes dient.

[83] Vgl. hierzu auch Abschn. 103 Abs. 1 VStR.

[84] Gemäß § 4 Abs. 1 VStG; § 121 Abs. 1 BewG.

[85] Vgl. oben: Gleiche Regelung im Falle der Bemessung des Gesamtvermögens.

[86] Vgl. §§ 7 und 8 VStG. Das ist der Betrag, auf Grund dessen die Vermögensteuer bei Anwendung des anzuwendenden Steuersatzes unmittelbar berechnet wird.

[87] Vgl. dazu auch Tabelle 1.

[88] Vgl. §§ 5 und 5 a VStG.

bei der Feststellung des Vermögens natürlicher Personen einzelne Wirtschaftsgüter außer Ansatz bleiben können. Während im Vermögensteuer- und Bewertungsrecht keine persönlichen oder sachlichen Befreiungen für natürliche Personen gewährt werden, und demnach *das gesamte Vermögen der Steuerpflicht unterliegt,* werden den steuerpflichtigen natürlichen Personen im VStG Steuer*leistungs*befreiungen in Form der Gewährung persönlicher *Freibeträge* zugestanden[89].

Wer also nach dem Gesetz persönlicher Steuerpflicht unterliegt, wird — soweit er entsprechendes Vermögen aufzuweisen hat — grundsätzlich immer mit diesem zur Vermögensteuer herangezogen, wobei jedoch teilweise Befreiungen von der Vermögensteuer gewährt werden. Völlige Befreiungen kennt das Vermögensteuergesetz zum Unterschied zu gewissen „Körperschaften“ und den Regelungen im Falle von Internationalen Doppelbesteuerungsabkommen oder nach allgemein anerkannten Grundsätzen des Völkerrechts bei natürlichen Personen nicht.

Bei der Veranlagung unbeschränkt steuerpflichtiger natürlicher Personen bleiben folgende Beträge vermögensteuerfrei (Freibeträge):

aaa) Freibetrag für den Steuerpflichtigen

DM 20 000,— für den Steuerpflichtigen selbst[90].

aab) Ehegattenfreibetrag

DM 20 000,— für die Ehefrau, wenn beide Ehegatten unbeschränkt steuerpflichtig sind und nicht dauernd getrennt leben[91].

aac) Kinderfreibeträge

DM 20 000,— für jedes Kind, für das der Steuerpflichtige unterhaltspflichtig ist[92].

aaca) Freibetrag für Kinder unter 18 Jahren

Der Kinderfreibetrag für jedes Kind des Steuerpflichtigen, das am Veranlagungszeitpunkt bereits geboren ist und das 18. Lebensjahr noch nicht vollendet hat, wird *von Amts wegen* gewährt.

aacb) Freibetrag für Kinder über 18 Jahren

Dem Steuerpflichtigen wird für die Kinder über 18 Jahren ein Freibetrag *auf Antrag* zugebilligt, wenn am Stichtage (Veranlagungszeitpunkt) folgende Voraussetzungen[93] gleichzeitig erfüllt sind:

1. Die Kinder müssen überwiegend auf Kosten des Steuerpflichtigen unterhalten werden;
2. die Kinder müssen überwiegend auf Kosten des Steuerpflichtigen für einen Beruf ausgebildet werden;

---

[89] § 5 VStG.

[90] § 5 Abs. 1 Ziff. 1 VStG.

[91] § 5 Abs. 1 Ziff. 2 VStG (sog. Ehegattenfreibetrag).

[92] § 5 Abs. 1 Ziff. 3 (sog. Kinderfreibetrag).

[93] Abschn. 120 Abs. 1 VStR.

3. die Kinder dürfen das 27. Lebensjahr noch nicht vollendet haben[94];
4. die Kinder dürfen nicht selbst Vermögensteuer zu entrichten haben[95].

aacc) Freibetrag für Kinder über 27 Jahre

Für Kinder, die das 27. Lebensjahr vollendet haben, wird auf Antrag der Kinderfreibetrag gewährt, falls der Abschluß der Berufsausbildung durch Umstände verzögert worden ist, die weder der Steuerpflichtige noch das Kind zu vertreten haben[96].

aacd) Freibetrag für Kinder über 18 Jahre, die dauernd erwerbsunfähig sind

Ohne Rücksicht auf das Lebensalter wird auf Antrag der Freibetrag für Kinder zugestanden, die außerstande sind, sich selbst zu unterhalten.

aad) Freibeträge wegen Alters oder Erwerbsunfähigkeit

aada) Freibetrag wegen Alters oder Erwerbsunfähigkeit

Zusätzlich zu den persönlichen Freibeträgen erhält der Steuerpflichtige den Altersfreibetrag in Höhe von DM 5000,—

— wenn er das 60. Lebensjahr vollendet hat oder voraussichtlich für mindestens 3 Jahre erwerbsunfähig ist und
— wenn sein Gesamtvermögen (§ 4 VStG) nicht mehr als DM 100 000,— beträgt[98].

aadb) Erhöhter Freibetrag wegen Alters oder Erwerbsunfähigkeit

Der Freibetrag wegen Alters oder Erwerbsunfähigkeit[99] erhöht sich von DM 5000,— auf DM 25 000,—[100], wenn

— der Steuerpflichtige das 65. Lebensjahr vollendet hat oder voraussichtlich für mindestens 3 Jahre erwerbsunfähig ist;
— das Gesamtvermögen (§ 4 VStG) nicht größer als DM 100 000,— ist;
— die dem Steuerpflichtigen zustehenden vermögensteuerfreien Renten insgesamt einen Jahreswert von DM 3600,— nicht übersteigen[101].

Als *steuer-(leistungs-)pflichtiges Vermögen* gilt daher nach § 7 VStG bei unbeschränkt steuerpflichtigen natürlichen Personen der Vermögensteuerbetrag, der nach Abzug der Freibeträge von dem auf volle Tausend DM nach unten abgerundeten Gesamtvermögen verbleibt. Auf dieses Vermögen ist dann der Vermögensteuersatz anzuwenden.

---

[94] Abschn. 120 Abs. 1 Ziff. 3 sowie Satz 3 und 4. § 5 Abs. 1 Ziff. 3 VStG entspricht § 32 Abs. 2 Ziff. 2 lit. a, Doppelbuchstabe aa EStG. Bis zu einer entsprechenden Änderung des § 5 Abs. 1 Ziff. 3 VStG ist auch bei der Vermögensteuer die Lebensaltersgrenze für die Gewährung des Freibetrages wegen Kostenübernahme bereits allgemein mit dem 27. Lebensjahr anzunehmen.

[95] Abschn. 120 Abs. 5 VStR.

[96] Vgl. Abschn. 120 Abs. 3 und 4 VStR.

[97] § 5 Abs. 2 VStG.

[98] § 5 Abs. 2 VStG.

[99] Zum Begriff „Erwerbsunfähigkeit“ vgl. Abschn. 121 VStR.

[100] § 5 Abs. 3 VStG.

[101] Nach § 111 Ziff. 1 bis 4 und 9 BewG.

b) *Steuersatz*

Der Betrag, der von der Vermögenseinheit erhoben wird, hat im § 8 des Vermögensteuergesetzes seine rechtliche Normierung gefunden. Der Steuersatz, der der Berechnung der Vermögensteuer zugrunde gelegt wird, beträgt jährlich 1 v. H. des steuerpflichtigen Vermögens[102].

Ein begünstigter Steuersatz, der sich nur auf 0,75 v. H.[103] beläuft. kommt dann zum Ansatz, wenn das steuerpflichtige Vermögen noch mit der Vermögensabgabe nach dem Lastenausgleichsgesetz belastet wird und das steuerpflichtige Vermögen den Betrag der nach § 31 LAG festgesetzten Vermögensabgabeschuld[104] nicht übersteigt[105].

Seit dem Jahre 1934 erfährt der proportionale Steuertarif materiell eine Modifizierung. Diese führt zu einer indirekt progressiven Belastung dadurch, daß für unbeschränkt steuerpflichtige natürliche Personen die vom Familienstand und anderen persönlichen Umständen abhängigen oben dargestellten Freibeträge gewährt werden. Bei der Betrachtung dieses indirekten Progressionstarifes der Vermögensteuer ist jedoch zu beachten, daß natürliche Personen — im Gegensatz zu juristischen Personen — kraft Gesetzes die Möglichkeit haben, die gezahlten Vermögensteuerbeträge bei der Einkommensteuer als abzugsfähige Sonderausgaben vom Gesamtbetrag der Einkünfte (§ 2 EStG) abzuziehen[106].

---

[102] Gemäß § 7 VStG.

[103] 7,5 v. Tausend (§ 8 VStG).

[104] Die *Vermögensabgabeschuld* beträgt 50 v. H. desjenigen Verrmögens, das am Stichtag, dem 21. Juni 1948, lastenausgleichspflichtig war. Diese Schuld hat, auf das jeweilige Vermögen bezogen, in einem rechtskräftigen Vermögensabgabebescheid ihre individuelle Bestimmung gefunden. (Über die Konsequenzen nachträglicher Änderungen eines Vermögensabgabebescheides vgl. die gemeinsamen Ländererlasse dazu vom 10. Juni 1966, BStBl II, S. 175.)

[105] Vgl. § 8 VStG; § 31 LAG.

[106] Vgl. § 10 Abs. 1 Ziff. 5 EStG — „Sonderausgaben, die vom Gesamtbetrag der Einkünfte abgezogen werden, und die folgenden Aufwendungen, wenn sie weder Betriebsausgaben noch Werbungskosten sind: ... 5. gezahlte Vermögensteuer“.

Drittes Kapitel

Steuerwirtschaftliche Würdigung der Vermögensteuer

Erster Abschnitt

Die Grundsätze der Besteuerung

Der nun folgenden Darstellung der Besteuerungsprinzipien legen wir das von Fritz *Neumark*[1] konzipierte System zugrunde, das uns ausgereift und als ein logisch in sich geschlossenes und somit widerspruchsfreies Grundsystem erscheint. Wenn dennoch versucht wird, bei dessen Darstellung eigene Gedanken einzuflechten, so ist dieses keinesfalls als Kritik an Neumarks System zu werten, sondern erfolgt in erster Linie im Interesse einer kritischen Würdigung der Vermögensteuer. Wir stellen unserer steuerwirtschaftlichen Betrachtung ein Schema von Grundsätzen der Besteuerung voran, das uns — auf die spezielle Fragestellung bezogen — geeignet erscheint, als ein unserer Zielsetzung angepaßtes, das heißt spezialisiertes aber dennoch verhältnismäßig objektives Beurteilungsschema dienen zu können. Da ein im Einzelfalle als relevant erachteter Besteuerungsgrundsatz immer nur dann als Beurteilungskriterium herangezogen werden kann, wenn gleichzeitig seine Position im Gesamtschema abgesteckt ist, legen wir unserer Darstellung keinerlei Dringlichkeitserwägungen zugrunde. Denn weder die „relative Dringlichkeit der Postulate“[2], die zu einem gewissen Grade „die Auffassung“ eines Autors widerspiegeln, noch eine solche, die von der „Dringlichkeit der aktuell zu lösenden Aufgaben abhängt“[3], wird nach unserer Auffassung dem integralen Charakter der Besteuerungsprinzipien voll gerecht.

---

[1] Fritz *Neumark*: Grundsätze der Besteuerung in Vergangenheit und Gegenwart (Sitzungsberichte der Wissenschaftlichen Gesellschaft an der Johann-Wolfgang-Goethe-Universität Frankfurt/Main, Bd. 3, Jg. 1964, Nr. 2), Wiesbaden 1965. (Nachfolgend zitiert: Fritz Neumark: Grundsätze der Besteuerung.)

[2] Fritz *Neumark:* Grundsätze der Besteuerung, a.a.O., S. 13.

[3] Ebenda.

A. QUALIFIZIERENDE GRUNDSÄTZE DER BESTEUERUNG

§ 1 Rationalität und Angemessenheit der Besteuerung

Von einem „qualifizierenden“ Grundsatz wollen wir im folgenden sprechen, wenn durch einen Steuergrundsatz alle übrigen Prinzipien qualifiziert werden (qualifizierte Grundsätze). Es sind dieses die Grundsätze, die wir unter dem Begriff der „Rationalität“ und „Angemessenheit“ sowie der „Sachgerechtigkeit“ und „Praktikabilität“ einer Steuer zusammenfassen. Die Teilung der Besteuerungsprinzipien in die Gruppe der qualifizierenden und in die Gruppe der (durch erstere) „qualifizierten“ Grundsätze trägt der Tatsache Rechnung, daß sämtliche „qualifizierten“ Grundsätze durch die „qualifizierenden“ bestimmt werden.

Nicht nur für unsere Gruppenbildung, sondern ganz allgemein sollen die Gedanken Fritz *Neumarks* wegweisend sein, daß es sich bei den Steuerprinzipien um Grundsätze handelt, „die in der Hauptsache nicht sowohl für jede Einzelsteuer als vielmehr für die *Steuerpolitik als ganzes* bzw. das (gesamte) Steuer*system* gelten“[4]. Damit soll der Warnung Hans *Ritschls* Rechnung getragen werden, die in den folgenden Sätzen enthalten ist: „Allen erdenklichen praktischen Anforderungen an ein Steuersystem, die immer gleichsam von außen gesehen sind, jedesmal durch einen neuen obersten Grundsatz zu genügen, ist eine dürftige Flickarbeit. Das Ergebnis ist dann ein Bündel sich widersprechender Grundsätze, die nun, sei es nach dem wissenschaftlichen Dienstalter, sei es nach der Vorliebe des Verfassers, in eine Rangordnung gebracht werden“[5].

1. Der Grundsatz der fiskalischen Rationalität

Bei seinen „juristische(n) Betrachtungen zur eidgenössischen Finanzreform“[6] hat der Schweizer Verwaltungs- und Steuerrechtler Ernst *Blumenstein* im Jahre 1920 den „Grundsatz der fiskalischen Rationalität des Steuersystems“[7] aufgestellt. Blumenstein hebt — und das wohl zu Recht — hervor, daß es sich, dem Wesen des Steuersystems entsprechend, hier in erster Linie um die Frage „eine(r) planmäßige(n) Aus-

---

[4] Fritz *Neumark:* Grundsätze der Besteuerung, a.a.O., S. 6.

[5] Hans *Ritschl:* Theorie der Staatswissenschaft und Besteuerung, Bonn und Leipzig 1925, S. 135 ff.

[6] Ernst *Blumenstein:* Ein schweizerisches Steuersystem. Juristische Betrachtungen zur eidgenössischen Finanzreform. In: Vierteljahrsschrift für Schweizerisches Abgaberecht, Bd. I, Heft I, Bern 1920, S. 3 ff.

[7] Ebenda, S. 12.

wahl und Vereinigung der verfügbaren Steuerquellen nach einheitlichen Gesichtspunkten"[8] handelt[9].

Dem entspricht die (moderne) Vorstellung, daß es dann gilt ein Steuersystem zu gestalten, „dessen einzelne Glieder sich harmonisch ergänzen, nicht einander widersprechen oder sich in ihrer Wirkung gegenseitig aufheben"[10]. Nach *Blumenstein* stehen „dem Wesen der Steuer gemäß, die Rücksichten auf genügende und rationelle Befriedigung des Finanzbedarfs ... an erster Stelle"[11].

Wörtlich genommen kommt hierin prima vista nur der von *Wagner* aufgestellte finanzpolitische Grundsatz der Steuerdeckung, insbesondere seine Forderung zum Ausdruck, daß die Steuer ausreichend[12] sein muß. Der Blumenstein'sche Grundsatz der Rationalität schließt aber darüber hinausgehend die Forderung ein, daß eine Steuer ergiebig sein muß und deren Erhebung mäßig und sparsam zu erfolgen hat. Man geht jedoch wohl nicht fehl, wenn man diesem Grundsatz der Rationalität über das ökonomische Prinzip (nämlich rationell zu wirtschaften) hinaus eine umfassendere Bedeutung beimißt: Bei der Beurteilung finanzwirtschaftlicher Sachverhalte ist *rational* vorzugehen. Das ist ein Verfahren, das „den Zusammenhang von Zweck, Mittel, Erfolg oder Mißerfolg im wesentlichen übersehen und ‚verständlich' erscheinen läßt"[13].

---

[8] Ebenda.

[9] Als einheitliche Gesichtspunkte in diesem Sinne erachtet Adolph *Wagner* die Besteuerungsgrundsätze. „Jede Steuer ist an diesen Principien zu prüfen und möglichst diejenige zu wählen, welche unter den gegebenen Umständen die meiste Aussicht bietet, den hiernach zu stellenden Anforderungen am Besten zu entsprechen oder — womit man sich nur zu oft begnügen muß — am Wenigsten zu widersprechen." Adolph *Wagner:* Finanzwissenschaft, a.a.O., S. 302.

[10] (Günter *Schmölders*): Leitsätze zur organischen Steuerreform, verfaßt von G. Schmölders im Auftrage der Volkswirtschaftlichen Gesellschaft e. V., Hamburg-Altona 1949, S. 5.

[11] Ernst *Blumenstein:* Ein schweizerisches Steuersystem, a.a.O., S. 12.

[12] „Grundsatz der ‚Ausreichendheit' der Besteuerung". Er besagt, daß die Besteuerung „den in einer Finanzperiode gegebenen Finanzbedarf muß decken können, soweit anderweitige Deckungsmittel dafür fehlen oder unzulässig sind". Ad. *Wagner:* Finanzwissenschaft, 4. Hauptabteilung, 2. Teil, a.a.O., S. 307.

[13] Max *Weber:* Wirtschaft und Gesellschaft. In: Grundriß der Sozialökonomik, III. Abteilung, 3. Aufl., 2. Halbband, Tübingen 1947, S. 794. Der Begriff „Rationalität des Handelns" kann hinsichtlich jeder möglichen Form des Handelns angewandt werden — also nicht nur bei einer wirtschaftlichen Tätigkeit. Max *Weber* unterscheidet demnach auch „zweckrationales" Handeln und „wertrationales" Handeln (Max *Weber*: Wirtschaft und Gesellschaft, a.a.O., 1. Halbband, S. 12). Letztere Art des Handelns kann jedoch praktisch auf erstere reduziert werden, womit „one category of rational activity is sufficient". Oskar *Lange:* Political Economy, Vol. I — General Problems. Oxford, London, New York, Paris, Warszawa 1963, p. 157, sowie *ders.:* Das Prinzip der wirtschaftlichen Rationalität, Ökonomie und Praxeologie. In: Zeitschrift für die gesamte Staatswissenschaft, 120. Bd., Tübingen 1964, S. 201.

Neben dem Gesichtspunkt des ökonomischen Prinzips, dessen Beobachtung schon allein deshalb notwendig ist, weil „den Ausgangspunkt eines systematischen Aufbaues der Besteuerung ... die verfügbaren *Steuerquellen* bilden“[14], findet also der Gedanke der „Rationalität“ eine steuerwirtschaftlich bedeutsame Ausprägung dadurch, daß „bei der Vereinigung verschiedener Steuerquellen zu einem Steuersystem auch Gesichtspunkte einer Ermöglichung und Vereinfachung gegenseitiger Kontrollierung von Belang“ sind[15].

Von hier aus ist es nur noch ein kleiner Schritt, dem Blumenstein'schen Postulat eine übergeordnete Bedeutung zu geben. Danach soll jedes Handeln — und der diesem vorausgehende Entscheidungsprozeß — der „ratio“ entsprechen in dem Bestreben, einen erwünschten Erfolg[16] im Verhältnis zum Einsatz bestmöglich (maximal) zu gestalten.

Wir wollen noch einen dritten Gesichtspunkt in die Erörterung einbeziehen: Den der Kombination und Koordination. Damit wollen wir dem Postulat Rechnung tragen, daß die einzelnen Abgaben eines Steuersystems derart untereinander abzustimmen sind, daß man von einem „organischen“ Steuersystem sprechen kann. Unter einem Steuersystem ist „die Gesamtheit der Steuerarten und einzelner Steuern (zu verstehen), welche zu einem Ganzen verbunden unter gleichzeitiger möglichster Berücksichtigung der obersten Besteuerungsgrundsätze die Deckung des Finanzbedarfs ... ermöglichen“[17], d. h. „eine *richtige* Combination von verschiedenen Steuern zur Verwirklichung der obersten Besteuerungsprincipien“[18]. Daß die von Ernst *Blumenstein* formulierte Forderung nach „Rationalität“ über den fiskalischen Bereich hinaus allgemein an Bedeutung gewonnen hat, zeigt in neuerer Zeit (1964) u. a. Egon *Tuchtfeldt* in seiner Berner Antrittsvorlesung. Er stellt darin fest, „daß heute allenthalben ein deutliches Bedürfnis nach rationaler Gestaltung besteht“[19]. Unter Hinweis darauf, daß den Trägern der Wirt-

---

14 Ernst Blumenstein: Ein schweizerisches Steuersystem, a.a.O., S. 6.

15 Ebenda, S. 12.

16 „Wenn das Rationalprinzip im Hinblick sowohl auf seinen heuristischen Wert als handlungsanalytisches Modell als auch auf seine empirische Bedeutung betrachtet werden soll, dann weist die zu seiner Umschreibung verwendete Kategorie „Erfolg auf das punctum saliens dieses Prinzips“. Günter *Hartfiel:* Wirtschaftliche und soziale Rationalität. Untersuchungen zum Menschenbild in Ökonomie und Soziologie, Stuttgart 1968, S. 50.

17 Adolph *Wagner:* Finanzwissenschaft, a.a.O., S. 230.

18 Ebenda, S. 302.

19 Egon *Tuchtfeldt:* Die volkswirtschaftliche Rahmenplanung im Widerstreit der Meinungen, a.a.O., S. 24. In diesem Sinne äußert sich auch *Hartfiel* bestätigend. „Es besteht kein Zweifel darüber, daß in den verschiedenen sozialwissenschaftlichen Disziplinen — trotz noch umstrittener objektbedingter Vorbehalte und methodologischer Bedenken — sich mehr und mehr die Verwendung präziser Erkenntnismittel und Darstellungsformen durchsetzt,

schaftspolitik vielfach der Vorwurf mangelnden Weitblicks gemacht wird, erklärt Tuchtfeldt, daß eine vorausschauende Rahmenplanung ein „Gebot der Rationalität“ (W. *Krelle*) sei[20]. Daß dieses Gebot nicht nur für die Rahmenplanung gilt, sondern für sämtliche Bereiche von Wirtschaft und Wirtschaftspolitik — einschließlich der Finanz- und Steuerpolitik — bedarf keiner weiteren Erläuterung[21]. Unter Beachtung des „ausgeprägten Stilwandels“, der sich in der Wirtschafts- und Finanzpolitik vollzogen hat, kann man von einem ‚allgemeinen Rationalisierungsprozeß‘ sprechen, „der sich auf zahlreichen Lebensgebieten vollzieht“[22]. So fordert auch der Praktiker Walter *Eckhardt:* „Steuergesetze müssen wirtschaftsgerecht sein, sie müssen sich einfügen in das System der Marktwirtschaft und in die Anforderungen, die durch den Sozialstaatscharakter der Bundesrepublik gegeben sind“[23]. Dieses Postulat stößt sich nach ihm aber „im engen Raum der Praxis mit der Vielheit wirtschaftlicher, sozialer und kultureller Zwecksetzung des Steuergesetzes“[24], da „... neben dem aus der Natur der Sache folgenden finanziellen Steuerzweck nicht-fiskalische Zwecke einherlaufen, ja das Übergewicht gewinnen können“[25].

Mit Blick auf die angestrebte Harmonisierung des gesamten (nationalen wie internationalen [EWG]) Steuersystems impliziert die Vorstellung von der Rationalität zugleich den Gedanken der *Bezugsorientierung.* Die Aspekte der Bezugsorientierung innerhalb eines Wirtschaftsraumes werden später diskutiert werden[26].

Der Grundsatz der fiskalischen Rationalität, der unseres Wissens erstmals von Ernst *Blumenstein* geprägt wurde, wird von vier Komponenten bestimmt. Es sind dies:

---

d. h. daß sich alle Fachwissenschaftler der Mühe unterziehen, ihre Aussagen in geordneten und nach logischen Gesichtspunkten klaren Systemen von begründeten Sätzen aufzustellen.“ Günter *Hartfiel:* Wirtschaftliche und soziale Rationalität. Untersuchungen zum Menschenbild in Ökonomie und Soziologie, a.a.O., S. 14.

[20] Egon *Tuchtfeldt:* Die volkswirtschaftliche Rahmenplanung im Widerstreit der Meinungen, a.a.O., S. 24.

[21] Zum „Problem der *rationalen Rechtfertigung* einer sozialen Ordnung des wirtschaftlichen Lebens“ siehe den ausgezeichneten Aufsatz von Hans *Albert:* Rationalität und Wirtschaftsordnung. In: Harald *Jürgensen* (Hrsg.): Gestaltungsprobleme der Weltwirtschaft, Festschrift für Andreas Predöhl aus Anlaß seines 70. Geburtstages, Göttingen 1964, S. 86 ff.

[22] Egon *Tuchtfeldt:* Die volkswirtschaftliche Rahmenplanung im Widerstreit der Meinungen, a.a.O., S. 10.

[23] Walter *Eckhardt:* Grundsatzfragen aus der Sicht des steuerlichen Beraters. In: Steuer und Wirtschaft, 44. Jg., Nr. 5, München, Berlin, Heidelberg, New York 1967, Sp. 253.

[24] Ebenda, Sp. 254.

[25] Ebenda.

[26] Drittes Kapitel, erster Abschnitt, § 2 Ziff. 2, „Grundsätze nationaler und internationaler Bezugsorientierung (Grundsätze der Steuerharmonie)“.

1. Das *ökonomische Prinzip,* dem das Gebot, rationell zu wirtschaften, zugrunde liegt.
2. Die „Ermöglichung und Vereinfachung gegenseitiger *Kontrollierung*“ (E. Blumenstein) der ein Steuersystem bildenden Steuerquellen.
3. Die *Bezugsorientierung,* ein Postulat, wonach die einzelnen Abgaben eines Steuersystems derart untereinander abgestimmt sein sollen, daß sie in ihrer Gesamtheit ein „organisches“ System ergeben.
4. Die Regel der gegenseitigen folgerichtigen Entsprechung[27], der das „Prinzip der Folgerichtigkeit“ zugrunde liegt.

„Gleichgültig jedoch“, schreibt Günter *Hartfiel,* „ob als Prinzip des richtigen Handelns[28] oder als Erklärungsinstrument des — partiellen oder universalen — tatsächlichen Handelns, ob normativ oder spekulativ, bekommt das Rationalprinzip immer dann für die sozial-wissenschaftliche Forschung konstitutive Bedeutung, wenn es darum geht, ein Grundproblem sozialwissenschaftlicher Analysen, die Wahl zwischen möglichen Verhaltensweisen, anzugehen“[29].

Abschließend sei auf das allgemeine Prinzip der öffentlichen Gemeinwirtschaft hingewiesen. Dieses Prinzip besagt: „(D)er allgemeine Wohlstand soll möglichst gesteigert werden. Das Verhältnis zwischen der Konsumeinschränkung der Einzelnen durch die Besteuerung und dem Nutzen des öffentlichen Aufwandes, der öffentlichen Ausgaben, soll möglichst günstig sein“[30]. Diese hier postulierte Relation entspricht der von Ernst Blumenstein aufgestellten Forderung, daß mit dem Postulat: „Jeder Steuerpflichtige ... soll ... nach Maßgabe und im Verhältnis seiner ökonomischen Fähigkeiten zu den öffentlichen Lasten beitragen“[31], keinesfalls „die wirtschaftliche Existenz und Prosperität des Individuums ... gefährdet werden darf“[32].

Das Prinzip der öffentlichen Gemeinwirtschaft und die beiden hieraus ableitbaren generellen Grundsätze: „Das allgemeine Prinzip der Aus-

---

[27] Vgl. dazu näher unten die Ausführungen zum „Grundsatz der Folgerichtigkeit“ sowie von John Kenneth *Galbraith:* Die moderne Industriegesellschaft, München und Zürich 1968, S. 183.

[28] Die Handlungsmaxime, die dem Rationalprinzip zugrunde liegt, gibt an, welche Handlung aus der Vielzahl der möglichen Handlungen in einer (Anfangs-)Situation gewählt wird, und zwar diejenige, die geeignet erscheint, eine vom Aktor angestrebte Situation zu realisieren“. Günter *Hartfiel:* Wirtschaftliche und soziale Rationalität. Untersuchungen zum Menschenbild in Ökonomie und Soziologie, a.a.O., S. 50.

[29] Ebenda, S. 45.

[30] Alfred *Amonn:* Grundsätze der Finanzwissenschaft. Erster (allgemeiner) Teil, Bern 1947, S. 192.

[31] Ernst *Blumenstein:* Ein schweizerisches Steuersystem, a.a.O., S. 12.

[32] Ebenda.

gaben“ sowie „das allgemeine Prinzip der Einnahmewirtschaft“, sind auf das Prinzip der fiskalischen Rationalität zurückzuführen[33].

2. Der Grundsatz der Folgerichtigkeit

Galbraith' „Prinzip der Folgerichtigkeit“ (Principle of Consistency)[34] hat unverkennbar Wesensmerkmale, die es in die unmittelbare Nähe des Neumarkschen „Prinzips der Widerspruchslosigkeit und Systemhaftigkeit“ bringen. Beide an ein „rationales Steuersystem“ gestellten Postulate können nämlich nur erfüllt werden, wenn die Regeln, die zu beachten das Galbraith'sche Prinzip aufgibt, auch eingehalten werden.

Das Prinzip der Folgerichtigkeit besagt:

„Die Gesellschaft im ganzen muß sich zu einer Organisation so verhalten wie die Organisation zum einzelnen“[35]. Das heißt, daß die Ziele der einzelnen — aus denen sich eine Organisation zusammensetzt — sowie die Ziele der Organisation mit denen der Gesellschaft, die wiederum aus den Organisationen gebildet wird, einander folgerichtig entsprechen müssen, wobei in „einfachen Fällen“[36] sogar „die Übereinstimmung der Motivation von Organisation und Individuum und der von ihnen verfolgten Ziele als selbstverständlich“[37] vorausgesetzt wird. *Galbraith* leitet logisch vom Grundsatz der Folgerichtigkeit die „Regel der gegenseitigen und folgerichtigen Entsprechung“ ab[38]. Dieses (*dialektische*) *Prinzip* der Folgerichtigkeit ist eine der vier Komponenten, durch die der Grundsatz der fiskalischen Rationalität bestimmt wird. Der Grundsatz der Folgerichtigkeit sollte — weil er eines der tragenden Steuerprinzipien beinhaltet — mit zu den elementaren Besteuerungsmaximen zählen. Durch diesen Grundsatz wird der Steuertheoretiker oder -politiker einmal veranlaßt, zu prüfen, ob sich steuerwirtschaftliche Überlegungen *einander folgerichtig entsprechen*. Er wird außerdem dazu gezwungen, Sachfragen in den jeweiligen *Gesamtzusammenhang* (z. B. Einzel-

---

[33] Alfred *Amonn:* Grundsätze der Finanzwirtschaft. Erster (allgemeiner) Teil, a.a.O., S. 192.

[34] John Kenneth *Galbraith:* The Industrial State, London 1967, p. 159.

[35] John Kenneth *Galbraith:* Die moderne Industriegesellschaft, München und Zürich 1968, S. 181.

[36] Insofern ist die Feststellung: „So erzwingen die Umstände eine Übereinstimmung der Motivation und der Ziele von Organisationen und der in ihnen zusammengefaßten Individuen“ (S. 182), mißverständlich, wenn nicht sogar — sollte sie verallgemeinert zu verstehen sein — unrichtig, da gleiche Ziele durchaus aus sehr verschiedenen Motivationen heraus angestrebt resp. begründet werden können.

[37] John Kenneth *Galbraith:* Die moderne Industriegesellschaft, a.a.O., S. 181.

[38] Ebenda, S. 183.

steuersystem, Gesamtsteuersystem, Abgabensystem, Finanzsystem, Gesamtwirtschaft, Wirtschaftsgemeinschaft) zu stellen, und damit dem *Smith'schen* Postulat der Rücksichtnahme auf volkswirtschaftliche Zusammenhänge zu entsprechen. Fritz Karl *Mann* hat diesen Sachverhalt auch als „Prinzip der Schonung volkswirtschaftlicher Zusammenhänge" bezeichnet[39].

Das bedeutet für uns, daß man auch die (ergänzende) Vermögensteuer niemals isoliert betrachten darf, „sondern immer vom Standpunkt der Gesamtstruktur des Steuersystems beurteilen muß und insofern stets zwischen Alternativen zu wählen hat"[40]. Es sollte daher auch weitestgehend vermieden werden, steuer- resp. finanzwirtschaftliche sowie -politische Erwägungen auf „irrealistische Annahmen" (Neumark) zu stützen und „die aus der Gesamtheit der Steuerlasten resultierenden Wirkungen nicht genügend (zu) beachten"[41]. Das setzt aber wiederum „eine gründliche Prüfung der Verteilung der Gesamtsteuerlasten unter die verschiedenen Einkunftsarten" voraus, „um eine exakte Vorstellung davon zu erhalten, ob und gegebenenfalls wie und bis zu welchem Grade spezifische Differentiationsmaßnahmen erforderlich sind"[42].

Eine solche integrale Betrachtung ist geradezu Voraussetzung für eine Schätzung der mutmaßlichen Incentiv-Wirkung(en) einer Steuer wie der Abgabeninterdependenz, wenn man zu den unsichtbaren Grenzen der *Incentive-Margen* vordringen oder die Kreuzungslinien und die Knotenpunkte der *Abgabeninterdependenz* aufspüren will.

Praktisch bedeutsam ist für uns das Problem der Kumulation von Abgaben. Prof. *Neumark* hat mit Recht darauf hingewiesen, daß das deutsche System eine Kombination zwischen dem „Schweizer Verfahren" und der alternativen Kombination: Einkommensteuer—Ertragsteuern ist. Denn es werden „neben einer allgemeinen Einkommen- und einer allgemeinen Vermögensteuer (kommunale) Ertragsteuern in Gestalt der Grund- und der Gewerbesteuern erhoben"[43]. Diese „Abgabenkombination" führt „zu einer prinzipiell-theoretisch nicht zu rechtfertigenden

---

[39] Vgl. dazu unten die diesbezüglichen Ausführungen zum Grundsatz der Wohlfeilheit (Billigkeit) der Besteuerung.

[40] (Fritz) *Neumark:* Diskussionsbeitrag zu „Aspects of Property Taxation". In: Institut International de Finances Publiques: Impôts sur la Fortune y inclus Droits de Succession, Congrès de Zurich 1960, Bruxelles 1962, S. 339. In diesem Sinne auch W(illi) *Albers:* Vermögensbesteuerung. In: Public Finance, International Quarterly Journal, Vol. XV, No. 3—4, The Hague 1960, S. 234.

[41] Fritz *Neumark:* Wirtschafts- und Finanzprobleme des Interventionsstaates, Tübingen 1961, S. 402.

[42] Ebenda, S. 404.

[43] Fritz *Neumark:* Wirtschafts- und Finanzprobleme des Investitionsstaates, a.a.O., S. 401.

Mehrfachbelastung, deren ausschließliches Motiv finanzausgleichspolitische Umstände sind“[44]. Als solche nennt Neumark die „Unfähigkeit oder Unmöglichkeit, zu einer rationalen Lösung des *Finanzausgleichsproblems* zu gelangen“[45].

Auch die Würdigung der uns speziell interessierenden Kombination: Einkommensteuer—Vermögensteuer verpflichtet, uns nicht auf eine isolierte Beobachtung der Vermögensteuer zu beschränken. In der Tat kann sich auch „aus dem Zusammenspiel von Einkommens- und Vermögensbesteuerung eine ... abschreckend hohe Gesamtbelastung von Vermögenserträgen“[46] ergeben, „wie sie in einzelnen (S)chweizer Kantonen bzw. Gemeinden zu beobachten ist“[47].

Eine derartige Totalbetrachtung bedingt, daß sich jede Einzelbetrachtung stets an den Konturen eines größeren Ganzen orientiert, „wenn es um soziale Belange geht“. Im weiten Raume von Wirtschaft und Gesellschaft „haben wir es ... mit einem eng verflochtenen System von Wechselwirkungen zu tun“[48].

In Situationen, in denen steuerwirtschaftliche oder -politische Sachverhalte in einem derart weitgesteckten Rahmen und/oder vor einem so weiten Hintergrund gewürdigt werden müssen, ist eine Gesamtschau unerläßlich. Daher erachtet es auch die Kommission der Europäischen Gemeinschaften in ihrem Rahmenprogramm für die Harmonisierung der direkten Steuern als notwendig, daß nicht nur jede Maßnahme den wirtschaftlichen und sozialen Zielen des Gemeinsamen Marktes entspricht, sondern sich gleichzeitig auf neue Erkenntnisse der Wissenschaft stützt. Sie ist darüber hinaus der Ansicht, daß bei der Beurteilung jeder Steuer der Gesamtrahmen zu beachten ist, in den sie hinein gehört[49].

In Befolgung dieser Überlegungen wenden wir uns nun den Prinzipien zu, die eine integrale Betrachtung erheischen und zugleich ihre natürlichen Grenzen aufzeigen. Es sind dies zunächst die Grundsätze der Angemessenheit, der Zweckmäßigkeit und der Bezugsorientierung der Besteuerung.

---

[44] Ebenda, S. 401.

[45] Ebenda, S. 406.

[46] Fritz *Neumark:* Steuerpolitik in der Überflußgesellschaft, Berlin 1961, S. 26.

[47] Ebenda.

[48] John Kenneth *Galbraith:* Die moderne Industriegesellschaft, a.a.O., S. 181.

[49] *Europäische Wirtschaftsgemeinschaft,* Generalsekretariat der Kommission der Europäischen Gemeinschaften (Hrsg.): Programm für die Harmonisierung der direkten Steuern (Mitteilung der Kommission an den Rat vom 26. 6. 1967). In: Sonderbeilage zum Bulletin 8-1967, Brüssel 1967, S. 7.

3. Der Grundsatz der wirtschaftlichen Angemessenheit der Besteuerung

Die Forderung nach wirtschaftlich angemessener Besteuerung wurde u. W. erstmals von Joh. *Popitz*[50] zu einem Grundsatz der Besteuerung erhoben.

Popitz, dessen Darlegungen sich in erster Linie auf grundsätzliche Erwägungen beziehen, wie ein neues Gemeindesteuersystem zu gestalten ist, wägt Vor- und Nachteile seiner Vorschläge an Hand eines eigens für diese Aufgabe entwickelten Grundsätzeschemas ab. In diesem Schema findet sich der „Grundsatz der wirtschaftlichen Angemessenheit der Besteuerung". Diesem Besteuerungsprinzip Rechnung tragend, verlangt Popitz, daß „ein Besteuerungssystem der konkreten Wirtschaftslage adaequat zu sein"[51] hat, ein Postulat, das — wie Popitz bemerkt — auf J. *Landmann*[52] zurückgeht. Dieser hatte erklärt, „für die Steuerpolitik wie für alle Wirtschaftspolitik (gelte) die Feststellung", daß „ihre Maßnahmen, um wirksam zu sein, dem Wirtschaftssystem adäquat sein müssen ..."[53]. Popitz sagt, daß „den Wirkungen der Besteuerung besondere Aufmerksamkeit zugewendet werden (muß), für die nach der konkreten Wirtschaftslage ein(e) besondere Empfindlichkeit besteht". Es muß vermieden werden, daß „die falsche Anlage eines Steuersystems stärkere Hemmungen" hervorruft, „als es nach der Gesamthöhe des Steuerbedarfs schon ohnehin unvermeidbar ist"[54].

Als prophylaktisches Mittel zur Verhinderung „einer wirtschaftsschädlichen Überspannung" der Besteuerungsmöglichkeiten sieht Popitz die „Einschaltung von Hemmungen", die „darin bestehen, daß" einerseits „bei der Festsetzung der Steuersätze eine Grenze gesetzt wird"[55, 56] und andererseits die Höhe einer Steuer „in Relation mit der Anspannung anderer Steuern gesetzt" [57] wird. Dem Gedanken einer Abstimmung von

---

[50] Johannes *Popitz:* Der künftige Finanzausgleich zwischen Reich, Ländern und Gemeinden. Gutachten, erstattet der Studiengesellschaft für den Finanzausgleich, Berlin 1932, S. 114.

[51] Ebenda.

[52] J. *Landmann:* Referat, gehalten auf der Konferenz von Eilsen. In: Kapitalbildung und Steuersystem, Verhandlungen und Gutachten der Konferenz von Eilsen. Veröffentlichungen der Friedrich-List-Gesellschaft e. V., Erster Teil, 3. Bd., Berlin 1930, S. 171—187.

[53] Ebenda, S. 186 f.

[54] Johannes *Popitz:* Der künftige Finanzausgleich zwischen Reich, Ländern und Gemeinden, a.a.O., S. 114.

[55] Johannes *Popitz:* Der künftige Finanzausgleich zwischen Reich, Ländern und Gemeinden, a.a.O., S. 114.

[56] Obwohl der Staat über das „Monopol legitimen physischen Zwanges" verfügt. Vgl. Max *Weber:* Wirtschaft und Gesellschaft. In: Grundriß der Sozialökonomik, Bd. III, 1. Halbband, 3. Auflage, Tübingen 1947, S. 29.

[57] Johannes *Popitz:* Der künftige Finanzausgleich ..., a.a.O., S. 114.

Einzelsteuern mit dem Steuersystem sind wir oben schon einmal bei der Erörterung des Prinzips der fiskalischen Rationalität begegnet. In neuerer Zeit hat Anton *Tautscher* wieder Überlegungen dieser Art angestellt und als „Gesetz der Interdependenz der Steuererträge" vorgetragen[58]. Nach diesem Gesetz werden der Besteuerung Grenzen gesetzt und derart gezogen, daß zunächst „die Steuererträge der einen Steuer die Steuererträge der anderen nicht vermindern"[59]. Darüber hinaus darf „der gegenwärtige Steuerentzug das Steueraufkommen der Zukunft nicht" verringern[60]. Es gilt also, den Grundsatz der Reproduktivität der öffentlichen Einnahmen[61] zu respektieren, d. h. die Fähigkeit einer Volkswirtschaft, Staatseinnahmen aufzubringen, nicht zu schwächen, sondern zu stärken und auf diese Weise den Postulaten der Widerspruchslosigkeit und Systemhaftigkeit der Besteuerung Geltung zu verschaffen[62]. Daraus erhellt, daß der Steuergrundsatz der Rationalität und der Steuergrundsatz der wirtschaftlichen Angemessenheit komplementär sind. Der Forderung nach Rationalität der Steuergesetzgebung zu entsprechen, heißt zugleich, dem Grundsatz der Verhältnismäßigkeit im weitesten Sinne Rechnung tragen. Dieses gilt für die Wirtschafts- und Finanzpolitik ebenso wie für Gesetzgebungspolitik, wo „(d)er Grundsatz der Verhältnismäßigkeit ... eine Relation zwischen Zweck und Mittel herzustellen" fordert[63]. Wie beispielsweise ein Eingriff in das Grundrecht „im engeren oder eigentlichen Sinne verhältnismäßig sein" muß, so dürften letztlich auch bei Steuermaßnahmen „Zweck und Mittel nicht außer Verhältnis zueinander stehen"[64]. Steuerwirtschaftlich betrachtet bildet der Grundsatz der Verhältnismäßigkeit der Besteuerung schon eine ausreichende Begründung für eine Besteuerung nach der wirtschaftlichen Leistungsfähigkeit, ohne daß man noch den Gedanken der Steuergerechtigkeit heranzuziehen braucht.

4. Fiskalische Rationalität — Wirtschaftliche Angemessenheit

Da die Würdigung steuerwirtschaftlicher Tatbestände sich in jedem Falle an Kriterien orientieren sollte, die in den qualifizierenden Be-

---

[58] Anton *Tautscher:* Grenzen der Besteuerung, Berlin 1954, S. 92 f.

[59] Ebenda, S. 92 ff.

[60] Ebenda, S. 93.

[61] Siehe unten § 4 Ziff. 2, lit. g, Beachtung der Wechselwirkungen.

[62] Vgl. dazu die Ausführungen zum Haller-Neumarkschen Grundsatz der Widerspruchslosigkeit oder Systemhaftigkeit der Besteuerung sowie die angestellten Überlegungen zu einer steuerlichen Schonung des Vermögensstocks.

[63] Manfred *Gentz:* Zur Verhältnismäßigkeit von Grundrechtseingriffen. In: Neue Juristische Wochenschrift, 21. Jg., Heft 35, München und Frankfurt/Main 1968, S. 1601 (II).

[64] Ebenda, S. 1604 (II).

steuerungsprinzipien verankert sind, gilt es, für jede steuerwirtschaftliche Betrachtung folgende Erwägungen anzustellen:

1. Eine steuerwirtschaftiche resp. steuerpolitische Entscheidung ist so zu fällen, daß sie *dem Zwecke angemessen* ist, der mit ihr verfolgt wird *(Grundsatz der Zweckmäßigkeit)*.
2. Eine steuerwirtschaftliche resp. steuerpolitische Entscheidung muß den gegebenen *äußeren Umständen* des nationalen Abgabensystems und/oder des (harmonisierten) Steuersystems einer Wirtschaftsgemeinschaft *angemessen* bzw. auf diese abgestimmt sein *(Grundsätze der Bezugsorientierung)*.
3. Eine steuerwirtschaftliche resp. steuerpolitische Entscheidung soll sachgemäß, d. h. *der Sache gemäß* erfolgen *(Grundsatz der Sachgemäßheit)*.
4. Eine steuerwirtschaftliche resp. steuerpolitische Entscheidung muß „effektiv anwendbar und durchsetzbar" sein *(Grundsatz der Praktikabilität)*[65]

§ 2 Zweckmäßigkeit und Bezugsorientierung der Besteuerung

1. Der Grundsatz der Zweckmäßigkeit

Besonders zu betonen, daß Überlegungen der Zweckmäßigkeit bei der Beurteilung steuerwirtschaftlicher Probleme in den Vordergrund zu stellen sind, mag banal klingen. Man sollte in der Tat davon ausgehen können, daß „der *oberste* Grundsatz bei der Ordnung des öffentlichen Lebens ... nur der der politischen, sozialen und wirtschaftlichen Zweckmäßigkeit" sei[1], zumal es auch „oberste(r) Grundsatz der Verwaltung" sein sollte, „nach Zweckmäßigkeitsgesichtspunkten zu handeln"[2]. Die Steuerrechtsprechung hat denn auch schon seit eh und je auf dem Boden teleologischer Rechtsauslegung gestanden[3].

[65] Fritz *Neumark:* Grundsätze der Besteuerung, a.a.O., S. 31.

[1] Alfred *Amonn:* Gerechtigkeit und Zweckmäßigkeit in der Besteuerung. In: Probleme der öffentlichen Finanzen und der Währung. Festgabe für Eugen Grossmann, Zürich 1949, S. 14. Im betriebswirtschaftlichen Bereich hat vor allem Walter *Le Coutre* die Zweckmäßigkeit als Beurteilungskriterium herangezogen und spezielle Sachverhalte, wie beispielsweise die Bilanzvorschriften für die Aktiengesellschaften auf „(i)hre allgemeine Bedeutung und Zweckmäßigkeit" hin, abgeklopft. Walter *Le Coutre:* Bilanzrecht und Gesellschaftsbilanzen. In: Die Handelshochschule — Die Wirtschaftshochschule, Bd. 3 — Betriebswirtschaft, Wiesbaden (1950), S. 15.

[2] Günther *Felix:* Praktikabilitätserwägungen als Auslegungsgrundsatz im Steuerrecht. In: Von der Auslegung und Anwendung der Steuergesetze, Festgabe für Armin Spitaler zum 60. Geburtstag, hrsgg. von Günther Felix, Stuttgart 1958, S. 125.

[3] Ebenda, S. 128.
Die Rolle der Zweckmäßigkeit erhellt auch aus der jüngst von M. J. C.

Die Erfahrungen, die in der Praxis gesammelt wurden, lehren uns jedoch, daß die Forderung, vornehmlich nach Zweckmäßigkeit zu entscheiden und zu handeln, nicht beachtet und sogar bewußt interessentenpolitischen Überlegungen oder sachfremdem Opportunitätsdenken geopfert wird. Man findet immer wieder bestätigt, daß „die politischen Machtverhältnisse einen einschneidenden Einfluß ausübten. Jede wirtschaftliche Gruppe[4] bemühte sich, ihre steuerrechtliche Belastung auf Kosten der anderen möglichst abzuschwächen und formulierte vom Standpunkt dieses Interesses aus die für sie — und nach ihrer Ansicht auch für das Gemeinwesen — maßgebenden Axiome der Steuerpolitik und der Steuergesetzgebung“[5]. Von einer gesamtwirtschaftlichen Bezugsorientierung ist hier also nichts, oder doch nur sehr wenig zu merken! Dabei könnte dieser Grundsatz der Zweckmäßigkeit, würde er stets beachtet, leicht dazu beitragen, Staat und Wirtschaft vor unliebsamen Überraschungen zu bewahren. *Amonn*[6] hat, wie wir noch näher erfahren werden, in erster Linie im Hinblick auf den problematischen Grundsatz der Gerechtigkeit den Begriff „Zweckmäßigkeit“ in die Diskussion gebracht.

Wir möchten diesen Grundsatz der Zweckmäßigkeit allgemein fassen und in ihm ein allen Steuergrundsätzen übergeordnetes Leitprinzip sehen. Derartige Überlegungen zur „wirtschaftlichen Zweckmäßigkeit“ hat *Amonn* auch im anderen Zusammenhange vorgetragen und der Zweckmäßigkeit eine zentrale Rolle als eines Beurteilungskriteriums einräumt. Er schreibt: „Wir können an die Beurteilung aller Lebensfragen und Lebensverhältnisse prinzipiell unter zwei verschiedenen Gesichtspunkten herantreten, unter einem ethischen und unter einem praktisch-zweckmäßigen, ‚utilitarischen‘. So können wir insbesondere auch die wirtschaftlichen Dinge und Verhältnisse betrachten und beurteilen — und sie werden auch unter diesem doppelten Gesichtspunkt betrachtet und beurteilt — vom Standpunkt der *Gerechtigkeit* aus einerseits und andererseits vom Standpunkt der *wirtschaftlichen Zweckmäßigkeit* aus. Aus dieser zweiseitigen Betrachtung ergeben sich verschiedene Forderungen, die unter Umständen *einander entgegengesetzt*

Vile gegebenen Darstellung. Danach spiegelt die „Herausbildung von drei wichtigen Verfahrensarten der staatlichen Tätigkeit in unserer Zeit ... die Wichtigkeit wider, die den herrschenden Werten der westlichen Welt zugeschrieben wurde — Zweckmäßigkeit, Demokratie und Gerechtigkeit“. Vgl. M. J. C. *Vile:* Constitutionalism and Separation of Powers, Oxford 1967, S. 347.

[4] Siehe hierzu auch bei Fritz *Neumark:* Grundsätze der Besteuerung, a.a.O., S. 5/6.

[5] Ernst *Blumenstein:* Ein schweizerisches Steuersystem, a.a.O., S. 6.

[6] Alfred *Amonn:* Grundsätze der Finanzwissenschaft, Teil 1, a.a.O., S. 225 und S. 223 sowie *ders.:* Gerechtigkeit und Zweckmäßigkeit in der Besteuerung, a.a.O.

sein können. Dann müssen wir uns im praktischen Leben für die eine *oder* die andere entscheiden ..."[7]. Amonn hat interessanterweise in einer Ende der zwanziger Jahre verfaßten „Gelegenheits"schrift[8] den Standpunkt vertreten, daß bei einer „Entscheidung ..., wenn sie ‚praktisch' sein soll, Gerechtigkeitsforderungen nicht über Zweckmäßigkeitsforderungen, sondern nur, soweit sie miteinander vereinbar sind, neben sie gestellt"[9] werden. Im Laufe der Zeit (1949) gelangt er dann aber zu der Ansicht, daß „(d)er oberste Grundsatz bei der Ordnung des öffentlichen Lebens ... nur der der politischen, sozialen und wirtschaftlichen *Zweckmäßigkeit* sein" kann[10]. Offensichtlich weist Amonn nach dem Zweiten Weltkrieg Zweckmäßigkeitserwägungen eine übergeordnete und zentrale Rolle zu. So schreibt er im Zusammenhang mit den volkswirtschaftlichen Steuerwirkungen, daß „die Wirtschaftlichkeit, die wirtschaftliche Zweckmäßigkeit der Steuern" nach drei Richtungen hin zu untersuchen sei[11]. Hinsichtlich des Einflusses der Steuern auf die Arbeitskraft und Sparfähigkeit erklärt Amonn, daß es in den Fällen, in denen die Einkommen unter der Besteuerungsgrenze liegen, „*zweckmäßig*[12] sei, solche Güter zu besteuern, von denen man erwarten kann, daß wenigstens eine teilweise Verbrauchseinschränkung (des) nicht für die Leistungsfähigkeit vorteilhaften, sondern eher nachteiligen Konsums stattfindet"[13]. An anderer Stelle vertritt er bezüglich der Wirkungen der Besteuerung auf die Einkommensverteilung die Ansicht, daß es sich darum handele, „festzustellen, welche Veränderung in der Einkommensverteilung durch die Besteuerung unter finanzwirtschaftlichem Gesichtspunkt *zweckmäßig*[14] ist und welche Grundsätze für die Art der Besteuerung maßgebend sind, wenn diese in Bezug auf die Verteilung das finanzwirtschaftlich wünschenswerteste oder *zweckmäßigste*[15] erreichen soll"[16].

---

[7] Alfred *Amonn:* Das Lohnproblem, zweite, erweiterte Auflage (erste Auflage 1929 mit dem Datum von 1930), Bern 1945, S. 10.

[8] Ebenda, Vorwort zur 2. Auflage, S. 3.

[9] Ebenda, S. 10/11.

[10] Alfred *Amonn:* Gerechtigkeit und Zweckmäßigkeit in der Besteuerung, a.a.O., S. 14.

[11] Alfred *Amonn:* Grundsätze der Finanzwissenschaft, Teil 1, a.a.O., S. 191. „Wir haben ... dreierlei Wirkungen bzw. Wirkungen nach dreierlei Richtung in Betracht zu ziehen: 1. Wirkungen auf die Finanzwirtschaft oder finanzwirtschaftliche Wirkungen; 2. Wirkungen auf die Volkswirtschaft oder volkswirtschaftliche Wirkungen; 3. Wirkungen auf die Privatwirtschaften, ... privatwirtschaftliche Wirkungen." Ebenda, S. 190.

[12] Hervorhebung von uns.

[13] Alfred *Amonn:* Grundsätze der Finanzwissenschaft, Teil 1, a.a.O., S. 198.

[14, 15] Hervorhebung von uns.

[16] Alfred *Amonn:* Grundsätze der Finanzwissenschaft, Teil 1, a.a.O., S. 207.

Amonn gelangt zu der Feststellung, daß „dieses Kapitel zu den wichtigsten und schwierigsten der Finanzwissenschaft" gehöre[17]. Er wirft folgende Fragen auf:

„1) Was ist in Bezug auf die Verteilung der Steuerlast zwischen den besteuerten Individuen eines Gemeinwesens überhaupt als *wirtschaftlich zweckmäßig*[18] zu betrachten, ... ?

2) Welche *Grundsätze der Besteuerung*[18] ergeben sich aus der Antwort auf jene erste Frage?"[19].

Adolph Wagner unterstellt nicht nur bei seiner Überlegung, daß neben dem rein „finanziellen" Zweck der Steuer auch noch ein zweiter, ein „socialpolitischer" Zweck zu unterscheiden sei, sondern auch bei seiner Analyse von Einzelsteuern[20].

Paul *Mombert* sieht im Grundsatz der Besteuerung nach der wirtschaftlichen Zweckmäßigkeit einen wichtigen selbständigen Grundsatz, der „(n)eben dem Grundsatze der Besteuerung nach der Leistungsfähigkeit ... in ganz anderem Maße als bisher ... zur Geltung kommen"[21] müsse. Mombert begründet die Einführung einer Verbrauchseinkommensteuer als Ergänzung zur Vermögenszuwachssteuer damit, daß „(n)eben der Besteuerung nach der Leistungsfähigkeit ... auch diejenige nach der wirtschaftlichen Zweckmäßigkeit stehen"[22] soll. Wir rücken dieses Prinzip bewußt in den Mittelpunkt unserer Betrachtungen. Das bedeutet nicht mehr und nicht weniger, als daß sämtliche Besteuerungsgrundsätze durch den Grundsatz der Zweckmäßigkeit „qualifiziert" und modifiziert werden. Der Grundsatz der Zweckmäßigkeit sollte wie das Prinzip der fiskalischen Rationalität zum *ceterum censeo* nicht nur der Steuer- und Finanzwirtschaftslehre, sondern auch der Steuerpolitik werden. Beide haben im Grunde genommen für jedes wirtschaftliche Handeln gleichermaßen Geltung[23].

---

[17] Ebenda.

[18] Hervorhebung von uns.

[19] Alfred *Amonn:* Grundsätze der Finanzwissenschaft, Teil 1, a.a.O., S. 208.

[20] So schreibt *Wagner* u. a.: „Von besonderer Bedeutung für die Steuerlehre ist dabei ..., daß eine objective Ertrags-, bzw. Ertragsquellenbesteuerung (einerlei, ob dieselbe als reelle Einkommen- oder als reelle Vermögensbesteuerung fungiert) gerade auch vom Standpuncte der Gerechtigkeit oder der Allgemeinheit der Steuer betrachtet steuertechnisch zweckmäßig erscheint und insofern zu fordern ist." Adolph *Wagner,* Finanzwissenschaft, a.a.O., S. 425 f.

[21] Paul *Mombert:* Eine Verbrauchseinkommensteuer für das Reich als Ergänzung zur Vermögenszuwachssteuer, Tübingen 1916, S. 8.

[22] Paul *Mombert:* Eine Verbrauchseinkommensteuer für das Reich als Ergänzung zur Vermögenszuwachssteuer, a.a.O., S. 31.

[23] Ein Beispiel für eine finanzwirtschaftliche Untersuchung, die eine Prüfung steuerlicher Sachverhalte nach Gesichtspunkten einer betont „wirt-

Neben A. *Amonn*, P. *Mombert* und G. *Zeitel* haben sich auch B. *Moll*[24] und E. *Werlé*[25] von Zweckmäßigkeitserwägungen leiten lassen.

Dem Prinzip der Zweckmäßigkeit hat der deutsche Gesetzgeber im Steueranpassungsgesetz vollauf Rechnung getragen. Er bekennt sich zu diesem zweck-rationalen Verhaltensprinzip expressis verbis. Er schreibt vor, daß sog. Ermessensentscheidungen innerhalb der Grenzen, die durch das Gesetz gezogen werden[26], nach Billigkeit und Zweckmäßigkeit zu fällen sind[27]. Das, was steuerwirtschaftlich und steuerpolitisch „zweckmäßig ist und wie einzelne steuerliche Prinzipien materiell zu definieren sind, hängt entscheidend von dem ordnungs- und prozeßpolitisch Gewollten ab“[28].

Bei der Beurteilung einer einzelnen Steuer wie eines ganzen Steuerbündels sollte die *Zweckmäßigkeit* das *Primat* haben und nicht die fiskalische Ergiebigkeit, — selbst in den Fällen, in denen letztere groß wäre und eine verlockende Rechtfertigung abgäbe. Ebenso kann es in erster Linie nur „eine Frage der Zweckmäßigkeit“ sein, „(w)ie weit die einzelnen Steuern (einen) wirtschaftspolitischen Zweck als Haupt- oder Nebenzweck zu verfolgen haben“[29].

2. Grundsätze nationaler und internationaler Bezugsorientierung (Grundsätze der Steuerharmonie)

a) Der Gedanke der Bezugsorientierung

Der Gedanke der Bezugsorientierung, auf den wir bei der Würdigung des Blumensteinschen Grundsatzes von der fiskalischen Rationalität gekommen waren, soll hier als selbständiger Besteuerungsgrundsatz geprüft werden.

---

schaftlichen Zweckmäßigkeit“ zum Gegenstand der Erörterungen hat, ist das „Gutachten über die wirtschaftliche Zweckmäßigkeit und rechtliche Zulässigkeit der Zusatzbesteuerung, erstattet von Georg *Gast* und Friedrich *Klein*. Vgl. Schriftenreihe: Institut „Finanzen und Steuern“, Heft 18, Bonn (1952).

[24] Bruno *Moll:* Probleme der Finanzwissenschaft. Methodologische und finanztheoretische Untersuchungen. Leipzig 1924 (u. a. S. 153).

[25] Eduard *Werlé:* Konjunkturbewußte Steuerpolitik. In: Beiträge zur empirischen Konjunkturforschung. Festschrift zum 25jährigen Bestehen des Deutschen Instituts für Wirtschaftsforschung (Institut für Konjunkturforschung), Berlin 1950, S. 255 ff.

[26] Gemäß § 2 Abs. 1 Steueranpassungsgesetz, a.a.O.

[27] Gemäß § 2 Abs. 2 StAnpG, a.a.O.

[28] Gerhard *Zeitel:* Die zweckmäßige Struktur des kommunalen Steuersystems, a.a.O., S. 178.

[29] Anton *Tautscher:* Die Steuer als Gestaltungsmittel der Volkswirtschaft bei den deutschen Merkantilisten. In: Finanzarchiv, N. F., Bd. 9, Tübingen 1943, S. 315 f.

Eine Notwendigkeit zur Bezugsorientierung kann sich in doppelter Hinsicht ergeben:

1. auf nationaler Ebene und
2. auf übernationaler Ebene.

Die Berücksichtigung des Prinzips der Bezugsorientierung auf einer dieser beiden Ebenen verlangt zunächst, daß ein bestehendes nationales Steuersystem resp. die Steuern einer Wirtschaftsgemeinschaft oder einzelne Abgaben in einem nationalen Steuersystem oder einer Gemeinschaft daraufhin geprüft werden, wie sie in das jeweilige (nationale oder internationale) System eingordnet sind resp. eingeordnet werden können. Zum anderen ist zu untersuchen, ob eine Koordination und Kombination sämtlicher Abgaben derart erfolgt ist, daß von einem harmonischen, konsistenten, in sich abgestimmten Steuersystem gesprochen werden kann.

aa) Nationale Bezugsorientierung

Die nationale Bezugsorientierung kann sich sowohl bilateral als auch multilateral als notwendig erweisen. Durch sie kann — auf die Gegebenheiten einer Volkswirtschaft bezogen — den vielseitigen Interdependenzen[30], die in einem ökonomischen System bestehen, entsprochen werden. Ziel ist es dabei, eine volkswirtschaftliche Harmonie zwischen den die Gesamtwirtschaft bestimmenden Komponenten und den diese beeinflussenden Faktoren herzustellen bzw. zu bewahren. Schmölders meint, daß „(z)um Begriff des Steuersystems ... (auch) eine gewisse Abstimmung der einzelnen Steuern aufeinander und auf die insgesamt mit der Besteuerung verfolgten Zwecke fiskalischer oder außerfiskalischer Art“ gehört[31].

ab) Internationale Bezugsorientierung

Die Beachtung international relevanter Abgaben läuft darauf hinaus, Abgabenharmonie einer Staatengemeinschaft anzustreben oder sicherzustellen. Hierbei handelt es sich vor allem darum, die Steuern in den Mitgliedstaaten der EWG aufeinander abzustimmen. Hartmut *Görgens* spricht in diesem Zusammenhang von einer „Internationale(n) Ab-

---

[30] Vgl. u. a. die dem 2. Kapitel im ersten Teil über die der Einordnung der Vermögensteuer in das bundesdeutsche Finanz- und Steuersystem der Gegenwart vorangestellten Bemerkungen.

[31] Günter *Schmölders:* Um ein rationales Steuersystem. In: Finanzarchiv, N. F., Bd. 11, Tübingen 1949, S. 480.

gestimmtheit der Steuern“[32], die er wegen „der internationalen Wettbewerbsneutralität“[33] befürwortet. Besonders bei Einführung neuer Steuern sei darauf zu achten, daß diese „nicht den Steuerharmonisierungsbestrebungen innerhalb der EWG zuwiderlaufen“[34].

Wie aktuell und problematisch zugleich eine wirtschaftliche Integration und damit die Harmonisierung der verschiedenen nationalen Steuersysteme ist, läßt sich an einem Länderbeispiel veranschaulichen. Obgleich die *Schweiz* nicht Mitglied der Europäischen Wirtschaftsgemeinschaft (EWG) ist, hat sie den auf sie einwirkenden Ausstrahlungen des Gemeinsamen Marktes Rechnung zu tragen. Sie muß ihre nationale Wirtschaftspolitik resp. ihre Überlegungen als Mitglied der Europäischen Freihandelszone (EFTA) auch am EWG-Konzept orientieren. Der Vorsteher des Eidgenössischen Finanz- und Zolldepartementes, Bundesrat N. *Celio,* führte dazu kürzlich u. a. aus: „Die *Bankgeschäfte* sind ein Beispiel dafür, daß das Steuerrecht der *internationalen Entwicklung* angepaßt werden muß, wenn wir außer einem Verlust an Einnahmen nicht auch noch Märkte verlieren wollen, die uns traditionellerweise gehörten. Ich bin der Ansicht, daß wir ... die Vorgänge auf dem Gebiete der Steuern und Finanzen vor allem in den Ländern des *Gemeinsamen Marktes*[35] sorgfältig verfolgen müssen, um unsere Maßnahmen nach und nach *anzupassen*“[36].

Vom Ziel der Bezugsorientierung auf nationaler und inter- bzw. übernationaler Ebene ausgehend, könnte man von einem „Grundsatz der Steuer-(Abgaben-)harmonie des Wirtschaftsraumes“ sprechen. Während die Forderung nach einer Abgabenharmonie innerhalb eines nationalen Wirtschaftsraumes den Grundsätzen der Rationalität und der Zweckmäßigkeit der Besteuerung entspricht, wird sie auf internationaler Ebene dadurch noch konkretisiert, daß die spezifischen Momente, die beispielsweise die Bildung des Gemeinsamen Marktes (EWG) charakterisieren, in die Betrachtung mit einbezogen werden.

Das Postulat der Bezugsorientierung rechtfertigt sich nicht zuletzt deshalb, weil „als oberstes Postulat für jede Steuer (gilt), daß sie den wirtschaftsgestaltenden Zweck mit umfassen muß“[37]. Der Gedanke der

---

[32] Hartmut *Görgens:* Gemeindeeinkommensteuer versus Gemeindeumsatzsteuer. Kölner Dissertation 1968, S. 103.

[33] Ebenda.

[34] Ebenda.

[35] Gemeint ist hier der Gemeinsame Markt der Europäischen Wirtschaftsgemeinschaft (EWG).

[36] Nello *Celio:* Grundsätze der Finanz- und Steuerpolitik. Vortrag, gehalten auf dem Schweizerischen Bankiertag 1968. Zitiert nach: Neue Zürcher Zeitung, Fernausgabe Nr. 262 vom 24. September 1968, S. 37.

[37] Anton *Tautscher:* Die Steuer als Gestaltungsmittel der Volkswirtschaft bei den deutschen Merkantilisten, a.a.O., S. 316.

Bezugsorientierung impliziert also immer das Postulat nach einer Gesamtschau wirtschaftlicher Sachverhalte, die es im konkreten Einzelfalle gestattet, „bei der Vereinigung verschiedener Steuerquellen zu einem Steuersystem auch Gesichtspunkte einer *Ermöglichung und Vereinfachung gegenseitiger Kontrollierung*"[38] zu beachten.

§ 3 Sachgemäßheit und Praktikabilität der Besteuerung

Während die Grundsätze der Rationalität und der Zweckmäßigkeit für sämtliche übrigen Besteuerungsgrundsätze als Leitmaximen uneingeschränkt gültig und anwendbar sind, handelt es sich bei den Grundsätzen der Sachgerechtigkeit und Praktikabilität mehr um technische Prinzipien. Sie sind akzessorisch im Sinne einer Handlungsmaxime, d. h. sie beziehen sich primär auf die Handhabung wirtschaftlicher oder steuerpolitischer Maßnahmen. Sie treten zu den übrigen Grundsätzen der Besteuerung hinzu.

1. Der Grundsatz der Sachgemäßheit der Besteuerung

Nach dem Grundsatz der Sachgemäßheit ist für steuerwirtschaftliche Entscheidungen stets zu prüfen, ob diese der Sache gemäß (sachgemäß) durchführbar sind. Bei der Vorbereitung und bei der Durchführung derartiger Entscheidungen ist darauf zu achten, daß sie sachgemäß erfolgen. Vollzogene Entscheidungen schließlich sind daraufhin zu prüfen, ob sie der Sache gemäß (fachgemäß) durchgeführt werden.

Damit schließt dieses Prinzip auch die Möglichkeit zur Beurteilung eines bestehenden spezifischen Sachverhaltes ein. So kann etwa geprüft werden, ob eine einzelne Steuer (oder eine einzelne steuerwirtschaftliche Maßnahme) auf eine sachgemäße Art und Weise zur Anwendung gelangt. Es läßt sich dann beispielsweise auch feststellen, ob eine einzelne Abgabe sachgemäß in ein Steuersystem eingebaut worden ist oder ob sich die Funktion einer Steuer in einem gegebenen System im Laufe der Zeit so verändert hat, daß sie nicht mehr den Kriterien der Sachgemäßheit entspricht. Das heißt: Eine bestimmte Steuer erzeugt Effekte, die nicht mehr mit denen, die mit ihr ursprünglich angestrebt wurden, identisch sind, — vielleicht sogar in eine falsche Richtung gehen. Funktionswandel der Steuer und Veränderungen der angestrebten Ziele stehen hier im Vordergrund.

In diesem Zusammenhang ist aber folgendes zu bemerken: Die Beantwortung der Frage, ob beispielsweise eine bestimmte Steuer eine

---

[38] Ernst *Blumenstein:* Ein schweizerisches Steuersystem, a.a.O., S. 12.

sachgemäße Einordnung in ein bestehendes Steuersystem gefunden hat, ist im Grunde genommen ein Problem, das primär nach den Kriterien der Zweckmäßigkeit und der Bezugsorientierung zu prüfen ist. Der Grundsatz der qualifizierenden Sachgemäßheit — so wie wir ihn postulieren — konzentriert sich auf eine gegenwarts- oder zukunftsbezogene Betrachtung, d. h. auf die Frage: Findet ein steuerwirtschaftlich relevanter Tatbestand eine sachgemäße, d. h. eine nach dem gegenwärtigen Stand des Wissens um die Wirkungszusammenhänge angemessene Behandlung.

Auf die Problematik der Sachgemäßheit weist auch Egon *Tuchtfeldt*[1] bei der Begründung einer wissenschaftlichen Absicherung wirtschaftspolitischer Entwicklung hin. Er spricht in diesem Zusammenhang von einer „Hinwendung zu ‚sachgerechten' Lösungen", einem anzustrebenden Prozeß, bei dem dem „ausgebildeten Nationalökonomen" eine wichtige Aufgabe zufalle, um zu der gewünschten „Entideologisierung" beizutragen, damit „ein besseres Klima und eine breitere Basis für sachliche Erörterungen entstehen"[2]. Dabei geht es um die „‚Objektivierung' der politischen Willensbildung"[3]. Eine finanzpolitische Maßnahme wird man vom Standpunkt einer steuerwirtschaftlichen Betrachtungsweise „nur dann als ‚sachgerecht' ansehen können, wenn sie keine Effekte auslöst, bei deren vorheriger Kenntnis die betreffende Entscheidung anders ausgesehen hätte oder gar unterblieben wäre". Dies gilt selbst unter der einschränkenden Erkenntnis, daß eine derartige Forderung „bestenfalls nur annäherungsweise realisierbar ist"[4]. Besser ist es, ein wirtschaftspolitisches Ziel nur knapp oder gar nicht zu erreichen, als es überhaupt nicht anvisiert zu haben.

Die praktische Bedeutung der Sachgemäßheit der Besteuerung wird unterstrichen, wenn wir die Ausführungen Frickhöffers in diesen Zusammenhang stellen. *Frickhöffer* weist auf die große Mühe hin, „die es bereitet, in der Politik etwas als sachgerecht Erkanntes[5] durchzusetzen", oder auch nur sachgerechte Lösungen vorzuschlagen, mit dem Ziel, „in dem Gesamtkonzert der Meinungen in einer pluralistischen Gesellschaft doch noch etwas Sachgerechtes zustande" zu bringen[6].

---

[1] Egon *Tuchtfeldt:* Die wissenschaftliche Fundierung der Wirtschaftspolitik, a.a.O., S. 303 ff.

[2] Ebenda, S. 311.

[3] Heinz *Haller:* Finanzpolitik, a.a.O., S. 237.

[4] Egon *Tuchtfeldt:* Die wissenschaftliche Fundierung der Wirtschaftspolitik, a.a.O., S. 304.

[5] Zur Problematik „sachgerechter" Empfehlungen vergleiche vor allem die aufschlußreichen Klarstellungen bei Egon *Tuchtfeldt:* Die wissenschaftliche Fundierung der Wirtschaftspolitik, a.a.O., S. 298 ff. (308).

[6] Wolfgang *Frickhöffer:* Erwiderung an Franz Josef Strauß — die Stunde der Wahrheit für die Finanzpolitik. In: Marktwirtschaft meistert die Zu-

2. Der Grundsatz der Praktikabilität der Besteuerung

Nach dem „Prinzip der Praktikabilität der Besteuerung", das Fritz *Neumark* unter den steuerrechtlichen und steuertechnischen Grundsätzen subsumiert, ist *„die Steuerpolitik im einzelnen wie im ganzen so zu gestalten, daß ihre Maßnahmen dem Verständnis und den Neigungen des durchschnittlichen (typischen) Pflichtigen einerseits, den institutionellen und intellektuellen Kapazitäten des Steuerveranlagungs-, -erhebungs- und -kontrollapparates andererseits bestmöglich entsprechen, mit der Konsequenz, daß sie effektiv anwendbar und durchsetzbar sind"*[7].

Dieses erstmals von Fritz Neumark formulierte Postulat, nach dem steuerwirtschaftlich ebenso wie steuerpolitisch relevante Aktivitäten nur sinnvoll sein können, wenn sie — nach rationalen Gesichtspunkten beurteilt — auch anwendbar und durchsetzbar sind[8], vereinigt in sich Elemente der Rationalität, der Zweckmäßigkeit und der Bezugsorientierung, als auch solche der Sachgemäßheit in dem von uns oben umschriebenen Sinne[9].

Erwägungen über Rationalität, Zweckmäßigkeit und Bezugsorientierung, über Sachgemäßheit und Praktikabilität haben sowohl bei der Deutung finanz- und steuerwirtschaftlicher Phänomene im allgemeinen, als auch bei der Auslegung, Beurteilung und Anwendung der Grundsätze der Besteuerung im besonderen im Vordergrund zu stehen. Das bedeutet, daß die Grundsätze der Besteuerung durch diese Prinzipien „qualifiziert" werden.

B. QUALIFIZIERTE GRUNDSÄTZE DER BESTEUERUNG

§ 4 Politische Grundsätze der Besteuerung

Eine steuerwirtschaftliche Betrachtung kann nicht umhin, auch das *politische Element* in das Kalkül mit einzubeziehen, wenn sie realistisch sein, d. h. nicht nur aus der Sicht der Theorie, sondern auch vom Standpunkt praktischer Nutzanwendung ernstgenommen werden will.

---

kunft, Aktionsgemeinschaft Soziale Marktwirtschaft, Tagungsprotokoll Nr. 29, Lugwigsburg 1968, S. 141.

[7] Fritz *Neumark:* Grundsätze der Besteuerung, a.a.O., S. 31.

[8] So haben wir auch hier „nicht zwischen logisch möglichen utopischen Zuständen zu entscheiden, sondern zwischen (realistischen) praktikablen Alternativen". Hans *Albert:* Rationalität und Wirtschaftsordnung, a.a.O., S. 104.

[9] Anders jedoch *Felix,* der zwar in der Praktikabilitätsforderung bei der Auslegung von Steuergesetzen einen bedeutsamen Hilfsgesichtspunkt erachtet, diese jedoch zum einen viel enger faßt und zum anderen als Postulat sieht, das dem Prinzip der Zweckmäßigkeit Rechnung tragen soll. Günther *Felix:* Praktikabilitätserwägungen als Auslegungsregel . . ., a.a.O., S. 129.

Diese Zusammenhänge deutet u. a. Franz-Josef *Strauß* an, wenn er sagt, daß die Exekutive nicht nur den guten Willen habe, sondern auch wisse, „was politisch erreicht werden muß und was finanziell möglich ist“[1]. Unter Hinweis auf die wirtschaftliche Entwicklung und die sich dabei vollziehenden Strukturveränderungen meint Strauß sogar: „Das ist einfach auch ein Stück Stunde der Wahrheit, nämlich Ausdruck dessen, was technologische Entwicklung und politische Umwälzung hervorgerufen haben“[2].

Ausgehend von den wesentlichen Berührungspunkten, die eine steuerpolitische Betrachtung mit der *Politik* im weiteren Sinne hat, kann sich eine Rücksichtnahme auf die *Staatspolitik* ebenso als zweckmäßig oder sogar als zwingend erweisen wie eine solche auf die *Parteipolitik* als Ausdruck staatspolitischer Betätigung der Parteien. Dies ist nicht zuletzt im „Ausgangspunkt der Steuer“ begründet[3], der „an sich kein juristischer, sondern ein staats- und volkswirtschaftlicher“ ist[4].

Wirtschafts- und Finanzpolitik sowie wirtschaftlich relevante Probleme der Integrationspolitik sollen im Zentrum unserer Überlegungen stehen. Zunächst konnte man von einer „Ökonomisierung der Finanzpolitik“ sprechen. Ihr war „ein doppelter Gestaltwandel der Staatswirtschaft“ vorausgegangen: „Die ungemeine Vermehrung ihrer Pflichten erzwang teils eine Ausweitung ihrer eigenen Maße, teils eine Verlängerung ihres Arms durch Übertragung analoger Pflichten und Rechte auf zahlreiche stellvertretende Instanzen“[5]. Während sich dieser Wandlungsprozeß vollzog und „(m)it der Steuerforderung in der Hand ... der Staat in die Privatwirtschaften“[6] eindrang, kam auch neben „zunehmender ‚Ökonomisierung‘ der gesellschaftlichen Strukturen moderner sozialer Systeme“[7] ein Prozeß der *Politisierung* der Finanzpolitik in Gang. Die Politisierung der Finanzpolitik dringt auch in die Zentren der Wirtschaftspolitik ein und bestimmt die Entscheidungen, die hier zu treffen sind, maßgeblich mit. Im Grunde genommen ist dieses aber gar nicht so verwunderlich, „weil ‚Staat‘ und ‚Steuer‘ ... sehr viel mit-

---

[1] Franz Josef *Strauß:* Die Stunde der Wahrheit für die Finanzpolitik. In: Marktwirtschaft meistert die Zukunft, Aktionsgemeinschaft Soziale Marktwirtschaft, Tagungsprotokoll Nr. 29, Ludwigsburg 1968, S. 132.

[2] Ebenda, S. 131.

[3] Irene *Blumenstein:* Rechtsstaatliche Ausgestaltung und Anwendung der Steuer. In: Archiv für schweizerisches Abgaberecht, N. F. der Vierteljahrsschrift für schweizerisches Abgaberecht, 25. Bd., Heft 8, Bern 1957, S. 280.

[4] Ebenda, S. 273.

[5] Fritz Karl *Mann:* Die Staatswirtschaft unserer Zeit. Eine Einführung. Jena 1930, S. 29.

[6] Joseph A. *Schumpeter:* Die Krise des Steuerstaates. In: Aufsätze zur Soziologie, Tübingen 1953, S. 17.

[7] Günter *Hartfiel:* Wirtschaftliche und soziale Rationalität, a.a.O., S. 277.

einander zu tun haben"[8]. Die Politisierung der Finanzpolitik ist Ausdruck des Versuchs, den angestrebten Ausgleich von Interessengegensätzen innerhalb eines gesellschaftlichen Organismus durch Maßnahmen der Wirtschafts- und Finanzpolitik zu erreichen, da oftmals der Schlüssel zur Lösung dieser Probleme hier allein zu finden ist. Neben der „Ökonomisierung der Finanzpolitik" geht also die „Politisierung der Finanzpolitik" einher. Die Steuererhebung ist niemals Selbstzweck[9]. Die gesellschaftlichen Veränderungen, die sich nach dem Zweiten Weltkrieg in Deutschland vollzogen haben, insbesondere der föderative Aufbau seines Staatswesens, müssen auch hinsichtlich der Besteuerungsprinzipien berücksichtigt werden. Das heißt, „die herkömmlichen Formulierungen mancher Besteuerungspostulate ... bedürfen einer Präzision oder Ergänzung ..., wenn anders sie nicht ausschließlich auf die (zentral-)staatliche Steuerpolitik anwendbar sein sollen"[10]. Das ist notwendig, um wirksam den Schwierigkeiten entgegentreten zu können, die in Bundesstaaten „sich aus dem Vorhandensein einer dritten politischen ‚Ebene' ergeben"[11]. Das ist das Problem der „Abstimmung des Steuersystems mit der staatsrechtlichen Struktur der Bundesrepublik"[12]. Diese Aufgabe „erfordert es manchmal, Ziele anzustreben, bei deren Verfolgung die Einheitlichkeit des politisch aufgeteilten Wirtschaftsgebietes übergangen oder als zweitrangig behandelt werden muß, also das wirtschaftlich oder steuertechnisch Gebotene zugunsten des politisch Notwendigen zurückzusetzen. Je mehr ‚politische Daten' dieser oder jener Art gegeben sind, um so schwieriger ist es aber, ein in sich wirklich abgestimmtes Steuersystem zu erreichen"[13].

In diesem Zusammenhang ist auch die *Interessentenpolitik* zu erwähnen. Wir wollen uns darauf beschränken, das politische Element in seinem staatspolitischen Kern zu fassen. Wirtschafts- und Finanzpolitik sind selbstverständlich hierunter subsumiert.

Die politischen Besteuerungsgrundsätze bringen die „Relativität"[14] der steuerwirtschaftlichen Grundsätze zum Ausdruck. Auch letztere

---

[8] Joseph A. *Schumpeter:* Die Krise des Steuerstaates, a.a.O., S. 18.

[9] Ernst *Blumenstein:* Ein schweizerisches Steuersystem, a.a.O., S. 12.

[10] Fritz *Neumark:* Grundsätze der Besteuerung, a.a.O., S. 8.

[11] Ebenda.

[12] *Bundesministerium der Finanzen* (Hrsg.): Organische Steuerreform. Bericht des Wissenschaftlichen Beirats beim Bundesministerium der Finanzen an den Herrn Bundesminister der Finanzen, Bonn 1953, S. 14 (Terhalle-Gutachten).

[13] Ebenda.

[14] Fritz *Neumark* verweist ausdrücklich auf eine „örtlich-zeitliche Relativität der Geltung" der Grundsätze, die schon Adolf Wagner betont habe. Vgl. Fritz *Neumark:* Grundsätze der Besteuerung in Vergangenheit und Gegenwart, a.a.O., S. 6.

sind einem Wandel unterworfen und geraten durch die Politisierung der Steuern mit ins Wanken. Hierin offenbaren sich deutlich die „Wandlungen unserer ‚Gesellschaftsformation' in (den) dreiviertel Jahrhunderten"[15], seit Adolf Wagner sein Grundsätzeschema entworfen hat.

Das politische Element hat sich im Laufe des steuerwirtschaftlichen Entwicklungsprozesses derart in den Vordergrund geschoben, daß man neben den „historischen" und den „wissenschaftlichen oder theoretischen" Steuersystemen auch „politische Steuersysteme" kennt, die „in dem Maße, wie die Besteuerung Gegenstand der politischen Kritik" wurde[16], Bedeutung erlangen. Vorstellungen von solcherart planvoll aufeinander abgestimmten Steuern haben die Diskussion von jeher stark beeinflußt[17]. Jedes Steuersystem ist daher nicht nur „Ausdruck der wirtschaftlichen, (sondern auch, d. Verf.) der sozialen und der *politischen* Verfassung eines Landes in einem gegebenen Zeitpunkt. Es ist teils durch die Verhältnisse aufgezwungen, teils aber nach *politischem* Gutdünken oder Geboten gestaltet"[18]. „Partei- oder interessentenpolitische Einflüsse" sind gerade „bei der Ausgestaltung der einzelnen Steuern" eindeutig nachweisbar[19]. Dementsprechend haben sich auch „politische Steuerprinzipien" herausgebildet, die, wie *Gerloff* sagt, „meist eine negative Formulierung" aufweisen[20].

Positiv ist der Umstand zu werten, daß durch die Steuererhebung das „Verantwortungsgefühl des an der Ausgestaltung und Handhabung öffentlicher Einrichtungen mitwirkenden Bürgers ... gesteigert wird"[21,22].

---

[15] Woldemar *Koch:* Eine neue Deutung der Steuergrundsätze. In: Finanzarchiv, N. F., Bd. 25, Tübingen 1966, S. 316.

[16] Wilhelm *Gerloff:* Steuerwirtschaftslehre. In: Handbuch der Finanzwissenschaft, Bd. 1, Tübingen 1926, S. 479. Gerloff definiert politische Steuersysteme als „solche, welche die beste Gestaltung des Steuerwesens mit Rücksicht auf bestimmte politische (wirtschafts-, sozialpolitische usw.) Programme erstreben ..." (ebenda, S. 479), sowie *ders.:* Die öffentliche Finanzwirtschaft, Bd. II, a.a.O., S. 167 f.

[17] Günter *Schmölders:* Allgemeine Steuerlehre, a.a.O., S. 192.

[18] Fritz *Terhalle:* Die Finanzwirtschaft des Staates und der Gemeinden. Eine Einführung in die Staatsfinanzwirtschaft. Berlin 1948, S. 149 (Hervorhebung von uns).

[19] Ebenda, S. 151.

[20] Wilhelm *Gerloff:* Steuerwirtschaftslehre, a.a.O., S. 453/454. Als solche Prinzipien nennt Gerloff solche, die uns heute schon geradezu antiquiert anmuten, wie etwa: Die Steuer soll „das Wahlrecht, die Freizügigkeit, überhaupt die staatsbürgerlichen Rechte nicht beschränken" (ebenda, S. 454).

[21] Ernst *Blumenstein:* Ein schweizerisches Steuersystem, a.a.O., S. 15. Blumenstein empfiehlt hier eine mäßige *Aktivbürgersteuer,* welche auch denjenigen trifft, welcher keine Abgabe von Vermögen und Einkommen zu entrichten hat" (ebenda, S. 15).

[22] So meint G. *Zeitel,* daß im Hinblick darauf, Zweckmäßigkeitskriterien für die Gestaltung des *kommunalen* Abgabensystems zu formulieren, „(g)erade auf dieser staatlichen Ebene ... die Möglichkeit (besteht), ein ver-

Ernst Blumenstein faßt diesen Gedanken umfassender, wenn er sagt, es entspreche „auch einem Gebot der Gerechtigkeit, daß, wer mitbefiehlt, auch einen gewissen Beitrag an die Ausgaben leistet, welche er beschließen hilft“[23].

Daß den politischen Grundsätzen Eigenschaften innewohnen, die sie in die Nähe der qualifizierenden Prinzipien rücken, ist nicht zu leugnen. Mit weiter zunehmender Politisierung der Steuern dürfte sich diese Entwicklung sogar noch verstärken. Sie ist im Popitz'schen Prinzip der Rücksichtnahme auf die politische Kräfteverteilung erkennbar. Diese Grundsätze bilden die Nahtstelle zwischen den „qualifizierenden“ und den „qualifizierten“ Besteuerungsprinzipien.

1. Staatspolitische Grundsätze der Besteuerung

a) Der Grundsatz der Rücksichtnahme auf die jeweilige politische Kräfteverteilung

aa) Die politische Kräfteverteilung

Den Grundsatz der Rücksichtnahme auf die politische Kräfteverteilung hat Johannes *Popitz* im Jahre 1932 in einem Gutachten[24] über den Finanzausgleich aufgestellt. Die Zusammenhänge, die hier für eine Reform des Gemeindesteuersystems dargestellt werden, beanspruchen auf den höheren „politischen ‚Ebenen'“ (F. Neumark)[25] erst recht Beachtung.

Dieser Grundsatz besagt (verallgemeinert), daß das jeweils herrschende Steuersystem der „politischen Kräfteverteilung“ entsprechen sollte, um der Gefahr entgegenzuwirken, „daß dem Grundsatz der Rücksichtnahme auf die Wirtschaft ... nicht Genüge geleistet wird ...“[26].

Unter „politischer Kräfteverteilung“ ist nicht eine parteipolitische zu verstehen, die häufig kurzfristigen Änderungen unterworfen ist, sondern die Kräfteverteilung, die sich aus einer Veränderung der gesellschaftspolitischen Machtverhältnisse innerhalb einer gesellschaftlichen und ökonomischen Gemeinschaft (längerfristig) ergibt.

---

antwortungsbewußtes Mitwirken der Bürger und das Interesse (dieser, d. Verf.) an den demokratischen Institutionen zu fördern“. Gerhard *Zeitel:* Die zweckmäßige Struktur des kommunalen Steuersystems, a.a.O., S. 179.

[23] Ernst *Blumenstein:* Ein schweizerisches Steuersystem, a.a.O., S. 15.

[24] Johannes *Popitz:* Der künftige Finanzausgleich zwischen Reich, Ländern und Gemeinden. Gutachten, erstattet der Studiengesellschaft für den Finanzausgleich, Berlin 1932, S. 116 f.

[25] Fritz *Neumark:* Grundsätze der Besteuerung, a.a.O., Seiten 8, 13, 14 sowie 33.

[26] Johannes *Popitz:* Der künftige Finanzausgleich, a.a.O., S. 116/117.

Auf die interessen- vor allem machtpolitischen Implikationen hat *Popitz* an Hand von Beispielen[27] aufmerksam gemacht. In der ungenügenden Rücksichtnahme auf die Wirtschaft sieht Popitz die Folge eines Nichtbeachtens der politischen Kräfteverteilung. Diese fehlende Rücksichtnahme kann sich in der Festsetzung der Steuersätze äußern oder in einer Ausgabenpolitik des Staates, die die Deckungsfragen vernachlässigt[28].

Eine Kollission des Prinzips der Rücksichtnahme auf die politische Kräfteverteilung mit dem Postulat der Stetigkeit der Steuer braucht nicht unbedingt befürchtet zu werden, Wandlungen dieser Art kann, weil sie sich nur sehr langsam vollziehen, im Rahmen der Modernisierung der Gesetzesnormen Rechnung getragen werden.

ab) Die parteipolitische Kräftekonstellation

Es ist nicht zu verkennen, daß mit dem „Übergreifen der Parteipolitik" (Popitz) in Bereiche, in die ihr Eindringen zwar unerwünscht ist, aber wegen der erhofften finanziellen Brosamen nicht nur geduldet, sondern bisweilen sogar herbeigesehnt wird, eine Situation entstehen kann, in der eine Rücksichtnahme auf die wechselnden parteipolitischen Kräftekonstellationen verlangt werden muß. Der Erfolg steuerwirtschaftlicher Entscheidungen und finanzpolitischer Empfehlungen der Fachleute wird im Zuge der Politisierung des gesellschaftlichen Lebens durch Rücksichtnahme auf die partei- und sonstige interessenpolitische Konstellation bestimmt. Die nach Prinzipien der Zweckmäßigkeit und Sachgemäßheit von Sachverständigen gemachten Vorschläge zur Lösung wirtschafts- und finanzpolitischer Probleme werden in der Regel durch die Rücksichtnahme auf sachfremde Argumente beeinträchtigt. Bisweilen können Sachargumente von Interessenargumenten völlig überdeckt werden. Dies wird klar, wenn man sich vergegenwärtigt, „wie stark die Interessentengesichtspunkte an der politischen Willensbildung und bei den gesetzgeberischen Entscheidungen der parlamentarischen

---

[27] Johannes *Popitz:* Der künftige Finanzausgleich zwischen Reich, Ländern und Gemeinden, a.a.O., S. 117.

[28] Ebenda.

[29] Nur so läßt sich auch erklären, daß die Ergebnisse jahrelanger gewissenhafter (und kostspieliger) Tätigkeit von Sachverständigenkommissionen in der Gesetzgebung oft nur sehr geringen — ja, bisweilen gar keinen Eingang gefunden haben. Erinnert sei hier nur an den gesetzgeberischen Widerhall der Arbeit der sog. „Durchforstungskommission", der bis heute gleich Null ist. Vgl. *Bundesministerium der Finanzen* (Hrsg.): Untersuchungen zum Einkommensteuerrecht unter besonderer Berücksichtigung textkritischer, rechtssystematischer und verfassungsrechtlicher Gesichtspunkte. Bericht der Einkommensteuerkommission. Schriftenreihe des Bundesministeriums der Finanzen, Heft 7, Bonn (1963).

Demokratie beteiligt sind“[30]. Fritz *Terhalle* sagt daher zu Recht: „Wem die Steuerlasten zudiktiert werden, (ist)... auch wesentlich davon abhängig..., wie die innerpolitische Verfassung eines Landes ist“[31].

Diese Rücksichtnahme auf die parteipolitische Kräftekonstellation ist in der Bundesrepublik Deutschland deshalb von großer Realität und Aktualität, weil der Verfassungsgesetzgeber den politischen Parteien eine so starke verfassungsrechtliche Position eingeräumt hat, daß ihnen faktisch die Rolle des zentralen Trägers bei der politischen Willensbildung des Volkes[32] zugefallen ist. Der Verfassungsgesetzgeber war der Auffassung, daß der Volkswille „in der Wirklichkeit des modernen demokratischen Staates nur in den Parteien als politischen Handlungseinheiten erscheinen“ kann[33]. Demgemäß wird in Art. 21 Abs. I GG anerkannt, daß die politischen Parteien „aus dem Bereich des Politisch-Soziologischen in den Rang einer verfassungsrechtlichen Institution“ gehoben werden[34].

Auf hieraus erwachsende Gefahrenmomente hat in neuerer Zeit Irene *Blumenstein* hingewiesen. Die Autorin sieht sogar eine „Abwertung des Steuerrechts“[35] sich vollziehen. Diese Abwertung wird dadurch hervorgerufen, daß — neben der Unruhe im Steuerrecht — „die parteipolitischen und klassenbedingten Leidenschaften“ es seien, die „zunächst das Steuerrecht wenig zu Worte kommen“ ließen[36].

Ein (trauriges) Beispiel für derartige Gefahrenmomente liefert die jüngste Vergangenheit: verantwortliche parlamentarische Träger der Wirtschafts-, Konjunktur- und Fiskalpolitik verlangten im Deutschen Bundestag und im Bundesrat Entscheidungen, die dann zu der gefährlichen Wirtschaftsflaute beitrugen, die die Bundesrepublik Deutschland 1966/1967 durchlaufen hat. Durch diese Rezession hat die bundesdeutsche Volkswirtschaft allein im Jahre 1967 mindestens eine Einbuße von „etwa 25 Milliarden DM an Sozialprodukt“ erlitten, die „bei ausreichender Nutzung der Produktivität der Versorgung und der Vermögensbildung real zugewachsen wären“[37]. Darüber

---

[30] Heinz *Haller:* Finanzpolitik. Grundlagen und Hauptprobleme, 3. überarbeitete und ergänzte Auflage, Tübingen und Zürich 1965, S. 237.

[31] Fritz *Terhalle:* Die Finanzwirtschaft des Staates und der Gemeinden, a.a.O., S. 151.

[32] Art. 21 Abs. 1 GG, a.a.O.

[33] *Leibholz/Rinck:* GG, a.a.O., S. 275. Vgl. dazu auch BVerfGE 11, 273.

[34] Ebenda, S. 275; vgl. dazu u. a.: BVerfGE 1, 225, 273; 4, 28; 5, 133; 11, 241, 273.

[35] Irene *Blumenstein:* Rechtsstaatliche Ausgestaltung und Anwendung der Steuer. In: Archiv für schweizerisches Abgaberecht, N. F. der Vierteljahrsschrift für schweizerisches Abgaberecht, Bd. 25, Heft 8, Bern 1957, S. 279.

[36] Ebenda, S. 281.

[37] Bruno *Gleitze:* Verbesserte Ausgangslage für Konjunktur 1968. In: WWI-Mitteilungen, XX. Jg., Heft 12, Dezember 1967, S. 310. Vergleiche dazu auch meine Aufsätze: Gesamtwirtschaftliche Entwicklung im Jahre 1967. In: WWI-Mitteilungen, XXI. Jg., Heft 3, März 1968, S. 83 ff., sowie „Das Natio-

hinaus wurden auch haushaltswirksame Entscheidungen der Bundesregierung sanktioniert, die noch auf Jahrzehnte hinaus einer wachstumsorientierten Stabilitätspolitik hinderlich im Wege stehen werden.

Wir sind offenbar noch sehr weit von einer parlamentarischen Vertretung der Volksmeinung entfernt, die als „ein ‚repräsentatives Abbild' des Volkes“[38] angesehen werden kann. Wunsch bleibt das Bild *v. Hayeks*, wo „Männer und Frauen, die auf Grund ihrer Redlichkeit und Weisheit geachtet sind“[39], eine gesetzgebende Versammlung verkörpern, „die nicht Interessen, sondern eine Meinung darüber repräsentiert, was gerecht ist“[40].

Ernst Blumenstein hat bereits im Jahre 1920 in seinen Betrachtungen zum schweizerischen Steuersystem auf das politische Moment hingewiesen. Mit vollem Recht hat er hervorgehoben, daß auf die Gestaltung und Entwicklung der Steuerpolitik und Steuergesetzgebung „die politischen Machtverhältnisse einen einschneidenden Einfluß“[41] ausüben können.

Die Steuer untersteht „wie jede andere staatliche Zwangsmaßnahme ... ungeschriebenen und geschriebenen politischen Gesetzen“[42]. Wir sollten deshalb sowohl bei der Konzeption als auch bei der Durchführung von Steuerreformen diesem Faktum unser besonderes Augenmerk widmen, um einer weiteren „Abwertung des Steuerrechts“ (I. Blumenstein) schon in den Anfängen zu wehren.

b) Der Grundsatz der staatspolitischen Sozialität

Der Gedanke, der „staatspolitischen Sozialität“ im Steuersystem Beachtung zu schenken, erscheint uns gerechtfertigt, weil er unausgesprochen schon längst in gewisser Weise existiert und sogar in praxi angewendet wird. Er gilt nicht nur für steuerpolitische Überlegungen ebenso wie für die Haushaltsgebarung des Fiskus, sondern auch für

---

nalbudget — ein Mittel planvoller Wirtschaftspolitik. In: Gewerkschaftliche Monatshefte (Zeitschrift für soziale Theorie und Praxis), Heft 6, Köln 1968, S. 325 ff.

38 Friedrich A. *v. Hayek:* Die Verfassung eines freien Staates. In: ORDO, Jahrbuch für die Ordnung von Wirtschaft und Gesellschaft, Bd. XIX, Düsseldorf und München 1968 (Separatum), S. 9.

39 Ebenda.

40 Ebenda. Zur Frage der Besteuerung in der von Prof. v. Hayek vorgeschlagenen Staatsform einer „Demarchie“ siehe ebenda, S. 10 f.

41 Ernst *Blumenstein:* Ein schweizerisches Steuersystem. Juristische Betrachtungen zur eidgenössischen Finanzreform. In: Vierteljahrsschrift für Schweizerisches Abgaberecht, Bd. I, Heft 1, Bern 1920, S. 6.

42 Fritz *Terhalle:* Die Finanzwirtschaft des Staates und der Gemeinden, a.a.O., S. 152.

Entscheidungen und Verhaltensregeln in anderen Bereichen von Wirtschaft und Wirtschaftspolitik. Aus der wirtschaftlichen Realität abgeleitet, könnte dieser Grundsatz steuerwirtschaftlich etwa folgendermaßen lauten:

Steuerliche Probleme sind stets daraufhin zu prüfen, ob sie für die staatspolitischen Notwendigkeiten der Erhaltung des Wirtschaftswachstums relevant sind.

Dies ist die mildeste Form der Berücksichtigung[1] dieses Grundsatzes. Sie läßt sich in wirtschafts- und finanzpolitischer Hinsicht durchaus rechtfertigen und ist sogar als ein Gebot der Zweckmäßigkeit zu verstehen. Mit diesem Grundsatz wird versucht, dem besonderen Verhältnis zwischen Staat und Gesellschaft Rechnung zu tragen. Er bringt zum Ausdruck, daß der *demokratische* Staat letztlich die Gesellschaft verkörpert und umgekehrt die Gesellschaft es ist, die den Staat bildet. Der Staat darf somit stets nur Ausdruck des Willens derjenigen Gesellschaft sein, die ihn trägt. Die *Reichweite* des Gedankens der staatspolitischen *Sozialität* findet die Grenzen in der *verfassungsmäßigen Grundordnung.*

In Wirklichkeit zeigt sich aber, daß dieses Stadium längst überschritten wurde bzw. wieder eine Rückkehr in diese Richtung erfolgt ist. Man denke an die „Wiederbelebung der ständischen Steuerprivilegien"[2], indem durch eine Sonderbehandlung ganzer Berufsgruppen, wie der Landwirte und Kleingewerbetreibenden bei der Einkommensbesteuerung, den freiberuflich Tätigen bei der Gewerbesteuer sowie den Selbständigen bezüglich des ihnen zuerkannten Gestaltungsrechtes[3], Steuerprivilegien geschaffen oder geduldet werden. Außerdem sollen Entscheidungen von Finanzbehörden, die einen bestimmten Pflichtigen angehen, in angemessenem Umfange von der im allgemeinen geltenden Norm abweichen, wenn dies aus gesellschaftlich-gesamtwirtschaftlichen Gründen als zweckmäßig und geboten erscheint[4]. Diese sachbezogen-individuelle Differentiation kann einmal damit begründet werden, daß aus gesamtwirtschaftlich-gesellschaftspolitischen Erwägungen heraus bestimmte *Wirtschaftssubjekte* oder auch *-gruppen* „gefördert" werden sollen. Zum anderen kann ihre Rechtfertigung darin liegen, daß bestimmte *Leistungsergebnisse* (Ertrag, Einkommen) oder bestimmte

---

[1] Im Sinne einer différentiation individuelle pour des raisons d'opportunité sociale.

[2] Günter *Schmölders:* Der fehlende Einkommensbegriff. In: Steuer und Wirtschaft, Bd. 37, 1960, Sp. 75 ff.

[3] Burkhard *Strümpel:* Steuersystem und wirtschaftliche Entwicklung, a.a.O., S. 189.

[4] Siehe dazu auch meine Ausführungen bei der Beurteilung der bemerkenswerten Studie von Franz *Klein:* Gleichheitssatz und Steuerrecht. In: WWI-Mitteilungen, XXI. Jg., Heft 12, Köln (Dezember) 1968, S. 348.

Formen der Vermögensanlage im Interesse wirtschaftlicher Zielsetzungen steuerlich bevorzugt werden. Letzteres nicht zuletzt auch deshalb, weil ein bestimmtes *Steuersubstrat,* z. B. der Vermögensstock, steuerlich aus Gründen der wirtschaftlichen Vernunft zu schonen ist.

Art und Ausmaß dieser individuellen Differentiation von der Norm dürfen dabei jedoch nicht in einem unangemessenen Verhältnis zum Erfolg stehen. Sie müssen — selbst dann, wenn es steuertechnisch zu rechtfertigen oder sogar geboten wäre, eine nicht zu vertretene Ungleichbehandlung unbedingt ausschließen. Ziel des Sozialitätsgrundsatzes ist es, den einzelnen (resp. ganze Personengruppen) „zu bestimmten Reaktionen zu ‚reizen'[5], damit er seine Orientierungsdaten gezielt verändert". Dabei versteht es sich in einem sozialen Rechtsstaat von selbst, daß es nicht angeht, einen Zensiten nicht nur anders als in allen vergleichbaren (gleichgelagerten) Fällen zu behandeln, sondern darüber hinaus noch zu benachteiligen. Die Möglichkeit einer individuellen Differentiation aus gesellschaftspolitischer Opportunität gestattet eine zweckorientierte Besteuerung, die sich nach der Nützlichkeit des Zensiten ausrichtet. In der gleichen Weise wie man von einem staatspolitischen Zweck der „Steuer" sprechen kann, könnte man — die Praxis liefert uns hierzu die Anregungen — von einem „staatspolitischen Zweck des Steuerpflichtigen" reden. Dadurch soll die Frage nach der „staatspolitischen Nützlichkeit" des Staatsbürgers zum Ausdruck gebracht werden — die Rolle des Steuerpflichtigen, die er in der Gesellschaft spielt oder noch spielen könnte resp. spielen sollte (staatspolitisch relevante Rollenerwartung). Daß diese Vorstellungen nicht zu einer latent vorhandenen gesellschaftlichen Differenzierung von Staatsbürgern in Klassen führen dürfen, braucht nicht näher begründet zu werden.

Eine gewisse Bestätigung finden diese Vorstellungen zunächst bei Neumark, wenn dieser sagt: „Der einzige Fall, den ich mir theoretisch für eine positive allgemeine ‚incentive taxation' vorzustellen vermag, ist eine Steuerpolitik, die durch bewußte fiskalische Förderung (Vorzugsbelastung) überdurchschnittlich wachstumsintensiver Wirtschafts*sektoren* Veränderungen der Ressourcenallokation hervoruft, die eine sonst nicht zu gewärtigende Steigerung des allgemeinen Wirtschaftswachstums mit sich bringen"[6,7].

[5] Theodor *Pütz:* Theorie der allgemeinen Wirtschaftspolitik und Wirtschaftslenkung, Wien 1948, S. 238.

[6] Fritz *Neumark:* Grundsätze der Besteuerung, a.a.O., S. 28 (Hervorhebung von uns).

[7] „Weiter finden wir zu manchen Zeiten, so im Mittelalter, noch speziellere, politische und wirtschaftspolitische Gründe: Steuerliche Schonung oder Befreiung der Pferde, Waffen und Rüstungen, um zu eigener Bewaffnung zum Schutze der Stadt anzuregen u. a. m., Schonung von Häusern und Grund-

Analog einer „Vorzugsbehandlung überdurchschnittlich wachstumsintensiver Wirtschafts*sektoren*“ ist auch eine abgabewirksame Vorzugsbehandlung von Wirtschaftssubjekten (einzelnen Personen oder Gruppen) denkbar, die eine wichtige Rolle für die Entwicklung einer wachsenden Gesellschaft spielen: wenn sie z. B. wachstumsfördernde oder stabilisierende Funktionen haben.

Von ähnlichen Überlegungen hat sich der *Reichsfinanzhof* früher schon bei seinen Entscheidungen leiten lassen, als dieser die Leistungsfähigkeit „aus der ganzen Stellung, die ein Steuerpflichtiger im Wirtschaftsleben einnimmt“, würdigte[8]. *Steinberg* weist darauf hin, daß „bei Vorliegen von Gruppensituationen, in denen die Selbsthilfekräfte der Marktwirtschaft nicht mehr stark genug sind, die aus den wirtschaftlichen Entwicklungstendenzen notwendig gewordenen Folgerungen zu ziehen und durchzusetzen“[9], dann im Rahmen einer marktwirtschaftlichen Konzeption durchaus auch Maßnahmen einer Globalsteuerung systemkonform sein können. Das heißt für uns, daß auch Maßnahmen im Sinne staatspolitischer Sozialität ergriffen werden dürfen, solange „die der Wirtschaft innewohnenden regulierenden Kräfte“ (S. 22) dabei in ihrer Wirksamkeit im Falle zu beobachtender Behinderung wieder gestärkt oder diese dadurch insgesamt nicht noch zusätzlich beeinträchtigt werden. Hier werden sogar expressis verbis (Strukturpolitik) wirtschaftspolitische Maßnahmen für möglich und zweckmäßig gehalten und sogar als „wünschenswert angesehen“, die darin bestehen, Wirtschaftssubjekte steuerlich zu begünstigen, weil „damit zum mindesten ein Anstoß in die gewünschte Richtung gegeben werden“ (S. 35) kann, in die auch die wirtschaftspolitische Zielsetzung weist. Diese Maßnahmen für eine Steuerpolitik, die Ziele anvisiert, „die außerhalb der reinen Mittelbeschaffung liegen“ (S. 26), müssen jedoch „im Rahmen der Funktionen“ ergriffen werden, „die dem Steuerrecht innerhalb des verfassungsmäßigen Aufbaus der staatlichen Kompetenz sowohl in sachlicher als auch in formeller Beziehung zugewiesen sind“ (S. 32).

Verteilungs- wie entzugspolitische Überlegungen und Zielsetzungen dürfen sich u. E. nicht nur an den Kriterien der Gleichmäßigkeit und der Leistungsfähigkeit orientieren, sondern sollten primär das der staatspolitischen Sozialität berücksichtigen.

---

stücken, um zur Besiedlung anzuregen usw. —“. Bruno *Moll:* Probleme der Finanzwissenschaft. Methodologische und finanztheoretische Untersuchungen, Leipzig 1924, S. 105.

[8] RFH, Beschluß vom 25. Juli 1924, VI e B. 244[24].

[9] Wilhelm *Steinberg:* Wirtschaft und Steuerpolitik. In: Wirtschaft und Politik, Institut „Finanzen und Steuern“, Heft 93, Bonn 1969, S. 23.

Sind — wie *Lion*[10] dazu kritisch bemerkt — solche Gedanken des RFH auch zugebenermaßen „für eine konkrete Steuerfestsetzung“ “vage und wenig geeignet“, so entbehren sie für die hier vorgetragenen Vorstellungen doch nicht eines gewissen Reizes.

Der Grundsatz der Gleichmäßigkeit der Besteuerung verlangt, daß eine bestimmte gesellschaftlich-wirtschaftlich orientierte „Vorzugsbehandlung“ von Steuerpflichtigen sämtlichen Personen resp. Personengruppen zuteil wird, auf die die entsprechenden Merkmale resp. Voraussetzungen zutreffen. Dementsprechend muß es sich jeweils um einen Begünstigtenkreis handeln, der von anderen Zensiten durch klar abgrenzbare Merkmale unterscheidbar ist. (Personen, die sich in gleichen oder gleichartigen staatspolitischen relevanten Verhältnissen befinden.) Maßstab für diese Relevanz könnte beispielsweise ein zielorientiertes Programmbudget (Nationalbudget) sein[11], aus dem hervorgeht, welche wirtschaftspolitischen Verhaltensweisen innerhalb der Grenzen, die das Prinzip der staatspolitischen Sozialität der Besteuerung aufzeigt, steuerpolitisch relevant sind.

Wenn das richtig verstandene Postulat einer *gleichmäßigen Besteuerung* „eine formale Ungleichbehandlung nicht“ ausschließt, „wenn dies zur Realisierung einer materialen Gleichbehandlung erforderlich ist“[12], sollte auch die von uns befürwortete Besteuerung nach der *staatspolitischen Sozialität* vertretbar sein. Warum sollte nicht eine Form der Besteuerung gefunden werden können, die gesellschafts- und wirtschaftspolitisch für wertvoll erachtetes Handeln fördert. So hat das Postulat, „auch jenen, der sein ganzes Einkommen aufbraucht, mindestens ebenso stark zu belasten“ wie „denjenigen, der unter sonst gleichen Verhältnissen davon Vermögen bildet“[13], sicherlich seine Berechtigung[14]. „Irgendwie muß bevorzugt und benachteiligt werden“[15]. Das ist auch ein Gebot der Zweckmäßigkeit und Praktikabilität.

Das *Prinzip der Verhältnismäßigkeit* erscheint — so gesehen — in einem völlig anderen Lichte. Dann dürfte eine Besteuerung, die betont nur nach der individuellen Leistungsfähigkeit ausgerichtet ist, wie es

---

10 Max *Lion:* Die Steuer als wirtschaftliche Erscheinung, a.a.O., S. 665.

11 Vgl. dazu u. a. meinen Beitrag in den Gewerkschaftlichen Monatsheften: Das Nationalbudget — ein Mittel planvoller Wirtschaftspolitik, a.a.O., S. 332.

12 Fritz *Neumark:* Grundsätze der Besteuerung, a.a.O., S. 17.

13 Paul *Mombert:* Eine Verbrauchseinkommenssteuer für das Reich, a.a.O., S. 7.

14 Das hat jedoch nichts damit zu tun, daß u. U. „Gewissenlosigkeit ... belohnt, Gewissenhaftigkeit (dagegen, d. Verf.) mit Steuer bestraft“ werden können. Henry *George:* Fortschritt und Armut, Düsseldorf 1959, S. 132.

15 Emil *Küng:* Die Subventionen in nationalökonomischer Beleuchtung. In: Jahrbücher für Nationalökonomie und Statistik, Bd. 149, Jena 1939, S. 77.

lange Zeit Ausdruck der herrschenden Gerechtigkeitsvorstellungen war, im Interesse gesamtwirtschaftlicher Zielsetzungen in Zukunft nicht mehr aufrechtzuerhalten sein. Dennoch gilt das Verhältnismäßigkeitspostulat im „Normalfalle" uneingeschränkt weiter.

Der wirtschaftspolitische „Grundsatz der Vermeidung steuerdirigistischer Maßnahmen"[16], dessen Ziel es ist zu vermeiden, „bestimmte einzelne Wirtschaftsgruppen, Erzeugungszweige" etc. „mittels einer differenzierenden Belastung relativ zu begünstigen oder zu benachteiligen"[17], scheint dem Postulat der staatspolitischen Sozialität entgegenzustehen. In der Tat sind „dirigistische" Steuermaßnahmen, „die ausschließlich oder primär darauf abzielen, einzelne Wirtschaftsgruppen ... mehr aus metaökonomischen (spezifisch politischen, sozialen, militärischen usw.) Gründen mittels einer differenzierenden Steuerbelastung relativ zu begünstigen oder zu benachteiligen"[18], abzulehnen. Das Sozialitätsprinzip kann jedoch kaum steuerwirtschaftlich abgelehnt werden, wenn es ein gesamtgesellschaftlich und volkswirtschaftlich rationales Zweckmäßigkeitsverhalten beinhaltet: Eine (individuelle) Differentiation aus gesellschaftspolitischer Opportunität[19] läßt sich steuerpolitisch rechtfertigen, wenn die individuellen Sonderbehandlungen sich nur als *Vorzugsbehandlungen*[20] erweisen und sich nicht unmittelbar auf andere Steuerpflichtige diskriminierend auswirken. Relative Begünstigungen sind zudem nur dann zulässig, wenn damit gesellschaftsstabilisierende oder wachstumsstimulierende Zielsetzungen unterstützt werden (können).

In jedem Falle muß gesamtwirtschaftliches vor einzelwirtschaftliches Interesse gehen. Die Ausrichtung des Handelns nach „den obersten

---

[16] Fritz *Neumark:* Grundsätze der Besteuerung, a.a.O., S. 22.

[17] Fritz *Neumark:* Interventionistische und dirigistische Steuerpolitik. In: Wirtschafts- und Finanzprobleme des Interventionsstaates, Tübingen 1961, S. 281.

[18] Ebenda.

[19] Auf die Probleme, die sich ergeben können, wenn aus staatspolitischer Opportunität zur Anlage von *Steuerreserven* „gewisse Steuerobjekte als Finanzquellen für die Zukunft" aufgespart wurden, hat Ernst *Blumenstein* hingewiesen. Da aus dieser „Reservestellung" eine stärkere Belastung bereits im Gebrauch befindlicher Steuerquellen folgt, stehe dieses Gebaren im Widerspruch zum Grundsatz einer gerechten Verteilung der Lasten. Ernst *Blumenstein:* Ein schweizerisches Steuersystem, a.a.O., S. 6. Überlegungen staatspolitischer Sozialität in Verbindung mit Zweckmäßigkeitserwägungen können derartige Situationen jedoch durchaus gerechtfertigt erscheinen lassen.

[20] So darf „(n)ach einer weit verbreiteten Auffassung, die auch in fast allen Entscheidungen des BVerfG zur Verhältnismäßigkeit zum Ausdruck kommt, der Staat die Freiheit seiner Bürger (auch, d. Verf.) nur im *öffentlichen Interesse*, im Interesse der Allgemeinheit, nur zugunsten des Gemeinwohls einschränken". Manfred *Gentz:* Zur Verhältnismäßigkeit von Grundrechtseingriffen. In: Neue Juristische Wochenschrift, 21. Jg., 35. Heft, München und Frankfurt/Main (29. August) 1968, S. 1602 (I).

Maximen der Wirtschafts- und Sozialpolitik"[21] muß im Vordergrund der Überlegungen stehen. Die Art und das Ausmaß solcher individuellen Differentiationen dürfen außerdem nicht in einem unangemessenen Verhältnis zum angestrebten Erfolg stehen und den Zensiten bzw. eine Gruppe von Zensiten nur begünstigen. Eine begünstigende Differentiation ist — ohne dem Grundgehalt des Gleichheitssatzes zu widersprechen — nur dann zu vertreten, wenn die zu begünstigenden Personengruppen durch einfache und klare Merkmale unterschieden werden können.

Das kann für Individuen, die im Gemeinwesen eine gesunde wirtschaftliche Stärke besitzen, ebenso wie für Gruppen von Individuen, die zwar einzeln genommen kein ökonomisch-spezifisches Eigengewicht darstellen, die aber als Gruppe ein solches repräsentieren, gelten[22]. Voraussetzung für die Aufnahme in den Kreis derer, die in den Genuß solchermaßen gezielter Vorzugsbehandlung gelangen, ist, daß sie sich durch angemessene Eigenanstrengungen[23] als fähig erwiesen haben, die für förderungswürdig erachteten Ziele auch zu erreichen.

Diese differenzierte Behandlung, die langfristig gesehen im Interesse des Staates und damit der Gesellschaft liegt, muß also an das Eigeninteresse des einzelnen oder der Gruppe anknüpfen. Eigen- und Gemeininteresse laufen hier (weitgehend) parallel. Eine differenzierte Behandlung der Zensiten kann u. U. zu einem staatsbürgerlich erwünschten Verhalten anregen und „ein verantwortungsbewußtes Mitwirken der Bürger und das Interesse an den demokratischen Institutionen ... fördern"[24]. Eine steuerliche Sonderbehandlung bestimmter Einkommen und Vermögen läßt sich u. U. rechtfertigen, weil dies im wohlverstandenen staatspolitischen — z. B. das wirtschaftliche Wachstum fördernden — Interesse liegt. Die *Einkommensteuer* dient nicht nur dazu, „den öffentlichen Finanzbedarf nach dem Merkmal des Mittelzuflusses zu repartieren", sondern auch dem Zweck, „Private zur Erfüllung von Staatsaufgaben anzureizen"[25]. Sie basiert ebenso auf dem Leistungsfähigkeitsprinzip wie auf dem Äquivalenzprinzip[26].

---

[21] Fritz *Neumark:* Grundsätze der Besteuerung, a.a.O., S. 23.

[22] Beispiele: Förderung der Vermögensbildung in Arbeitnehmerhand; Erweiterung des allgemeinen oder fachlichen Bildungshorizontes.

[23] Ein eindeutiges Verhalten, selbst mit dazu beizutragen, bestimmte gesellschafts- und wirtschaftspolitisch förderungswürdige Ziele zu erreichen, ist schon genügend.

[24] Gerhard *Zeitel:* Die zweckmäßige Struktur des kommunalen Steuersystems. In: Kommunale Finanzen und Finanzausgleich, Schriften des Vereins für Sozialpolitik, N. F., Bd. 32, Berlin 1964, S. 179. In diesem Sinne auch Theo *Keller:* Merkliche oder unmerkliche Steuern? In: Finanzarchiv, N. F., Bd. 27, Tübingen 1968, S. 120.

[25] Burkhard *Strümpel:* Steuersystem und wirtschaftliche Entwicklung, a.a.O., S. 204.

[26] Ebenda.

Es kann auch vorkommen, daß derjenige, der zu fiskalischen Leistungen in der Lage wäre und zu bestimmten Aufgaben nach dem Prinzip der Gleichmäßigkeit verpflichtet werden müßte, vom Fiskus nicht nur von Abgabepflichten teilweise oder völlig befreit wird, sondern sogar noch versteckte oder offene Steuervergünstigungen oder Subventionen[27] erhält. So hat derjenige, der „sein Vermögen riskiert, um als wirklicher Unternehmer in einem kleinen, von ihm selbst geleiteten Betrieb Pionierarbeit zu leisten, ... eine andere Funktion in der Wirtschaft, als der Zinsgenießer, der die Überschüsse seines Besitzeinkommens in mündelsicheren Effekten anlegt“[28].

Daß der Steuergesetzgeber alles unterlassen sollte, was die „staatserhaltende Kraft in der Wirtschaft“[29] schwächen könnte, indem er Gesetze erläßt, „die die persönliche Initiative abtöten“[30], durch die „Leistungswille oder Steuermoral beeinträchtigt werden“[31], ist selbstverständlich. Eine Abnahme des Leistungswillens würde unweigerlich zu einer Verringerung des Sozialproduktes führen[32]. Derartige Gefahren hat Adam *Smith* vor nahezu 200 Jahren schon gesehen. Sie haben ihn zur Forderung veranlaßt, daß eine Steuer (not) „may obstruct the industry of the people, and discourage them from applying to certain branches of business which might give maintenance and employment to great multitudes“[33]. Wie sehr sich die Steuerpflichtigen dieser Zusammenhänge bewußt sind, zeigt die milde Beurteilung bestimmter Verhaltensweisen, die darauf gerichtet sind, von der Steuerbehörde durch Manipulationen etwas „herauszuholen“. *Strümpel* erblickt hierin sogar „eine gewisse Frontstellung gegen den Totalitätsanspruch des Fiskus“, der selbst „... von dem Lohn außergewöhnlicher Anstrengungen nach

---

[27] Zum Begriff der Subventionen vgl. u. a. Ernst *Alexander-Katz:* Öffentliche Subventionen und Zuwendungen. In: Finanzarchiv, N. F., Bd. 20, Tübingen 1959/60, S. 234—249; Wilhelm *Meinhold:* Subventionen. In: Handwörterbuch der Sozialwissenschaften, Bd. 10, Stuttgart, Tübingen, Göttingen 1959, S. 236—247; Emil *Küng:* Die Subventionen in nationalökonomischer Beleuchtung, a.a.O., S. 54—77.

[28] Carl *Föhl:* Das Steuerparadoxon. In: Finanzarchiv, N. F., Bd. 17, Tübingen 1956/57, S. 37.

[29] Kurt *Pentzlin:* Wirtschaftspolitische Grundsätze einer organischen Steuerreform, a.a.O., S. 27.

[30] Ebenda.

[31] Eduard *Werlé:* Konjunkturbewußte Steuerpolitik. In: Beiträge zur empirischen Konjunkturforschung, Festschrift zum 25jährigen Bestehen des DIW, a.a.O., S. 261. In diesem Sinne auch S. 276, a.a.0.

[32] So u. a. Wilhelm *Bickel:* Die Steuer als Instrument des Einkommens- und Vermögensausgleichs. Eine dogmenhistorische Betrachtung. In: Probleme der öffentlichen Finanzen und der Währung, Festgabe für Eugen Grossmann, Zürich 1949, S. 27.

[33] Adam *Smith:* An Inquiry into the Nature and Causes of the Wealth of Nations, a.a.O., S. 167.

Feierabend seinen Teil fordert"[34]. Ähnliche Überlegungen können sogar eine Rechtfertigung dafür liefern, daß „auch unter bestimmten Bedingungen ein mittelbares Interesse daran (besteht, d. Verf.), daß Eigentum ungleich verteilt wird"[35]. Bedenkt man die „Spornungswirkung des Besitzes an eigentumsmäßig gesicherten Bedarfsdeckungsmitteln und zieht ferner die Erwägung heran, daß an einer Steigerung des Sozialproduktes unter Umständen alle Gesellschaftsmitglieder interessiert sind, so ergibt sich hieraus ein mittelbares Interesse an einer bevorzugten Eigentumszuteilung an diejenigen Gesellschaftsmitglieder, die fähig und bereit sind, ihre produktive Leistung zu erhöhen"[36].

Über das „produktive" Moment hinausgehend kommt aber der Eigentumsbildung auch eine wirtschafts- und gesellschaftspolitische Bedeutung zu, deren hoher Wert in einem kapitalistischen Wirtschaftssystem unbestritten ist. Es fragt sich daher, ob nicht bestimmte Vermögen steuerlich eine Vorzugsbehandlung erfahren sollten sowohl zum Zweck, das bestehende Vermögen weiter wachsen zu lassen, als auch zum Anreiz für die Bildung von neuem Vermögen. Diese Ansicht, die sicherlich bestimmten Vorstellungen über die Vermögensverteilung konträr verläuft, bringt letztlich *einen Konflikt* zum Ausdruck: den zwischen dem Ziel der Dekonzentration der Vermögen und der Sicherung eines gesellschaftlichen Wohlstandsstatus und dem Ziel der Sicherung einer bestimmten Wachstumsrate des Sozialproduktes. Letzteres Ziel hat aber bestimmte Vermögensgrößen zur Voraussetzung, damit ein wachstumsstimulierender Produktivitätsfortschritt sichergestellt werden kann. Denn die Vermögen sind als Einheit nicht beliebig teilbar; sie setzen vielmehr eine gewisse Konzentration voraus[37].

Diese Vorstellungen müssen im Lichte des *Grundsatzes der Allgemeinheit* der Steuern ketzerisch wirken. Dieser Grundsatz besagt doch, daß ausnahmslos jeder, der über steuerliche Leistungsfähigkeit verfügt und die Voraussetzungen der subjektiven Steuerpflicht erfüllt, ohne Rücksicht auf außerökonomische Merkmale zur Steuer herangezogen werden muß. Befürchtungen, der Grundsatz der staatspolitischen Sozialität führe zur Aufhebung der Allgemeinheit der Besteuerung sind unbegründet: Einmal bezieht sich das Prinzip der staatspolitischen Sozialität auf ein

---

[34] Burkhard *Strümpel:* Die deutschen Selbständigen und die Steuer. In: Blätter für Genossenschaftswesen. 112. Jg., Heft 24, Bonn (Dezember) 1966, S. 347 (I).

[35] Gerhard *Weisser:* Die Stellung des Eigentums in der Steuerreform. In: Finanzarchiv, N. F., Bd. 13, Tübingen 1951/52, S. 537.

[36] Ebenda, S. 536.

[37] Vgl. dazu näher Carl *Föhl:* Über die Möglichkeit einer Beeinflussung der Vermögensbildung und ihrer Verteilung. In: Finanzarchiv, N. F., Bd. 19, Tübingen 1958/59, S. 145 ff.

ganz genau bestimmbares wirtschaftspolitisch erwünschtes Verhalten, das im Interesse übergeordneter gesellschafts- und wirtschaftspolitischer Zielsetzungen gefordert wird. Darüber hinaus handelt es sich hier um handfeste wirtschaftliche Belange. Was bedeutet eine formal wie material strikte Beachtung des Allgemeinheitsprinzips in einem Augenblick, wo die Grundfesten gesellschafts- und wirtschaftspolitischer Stabilität ins Wanken geraten. Zur Verhinderung derartiger Erschütterungen aber wird die Beachtung des Sozialitätsprinzips empfohlen. Das ist solange legitim, wie gesellschafts- oder gesamtwirtschaftlich für wünschenswert gehaltene Stimulierungs- und Steuerungseffekte im Rahmen einer rationalen, planvollen Wirtschafts- und Finanzpolitik nicht auf andere Art bewirkt werden können. Nach diesem Interessenprinzip hat der Staat sein Handeln auszurichten. Dieses Postulat findet seinen Ausdruck auch im „Mehrzweckdenken", von dem sich der Staat in den gesellschafts- und sozialpolitischen Bereichen leiten läßt. In dem Maße, wie die volkswirtschaftlichen Gesichtspunkte ein Korrektiv gegenüber den rein fiskalischen Motiven bilden[38], werden die Grundsätze der Besteuerung in ihrer Gesamtheit ein Korrektiv zum Grundsatz der staatspolitischen Sozialität bilden.

Zur Rechtfertigung und Fortführung dieser Gedankengänge liefert Burkhard *Strümpel* mit seinen Vorstellungen einer „dispositionsorientierten" Steuer- und Ausgabenpolitik einen sehr wertvollen Baustein[39]. *Strümpel* spricht von einem „dispositionsorientierten" Besteuerungsmodus[40], der es gestatte, via Steuerpolitik zur staatlichen Aufgabenerfüllung beizutragen „durch Anregung privater Dispositionen, die dem Staatszweck so nahe stehen, daß sie entsprechende öffentliche Ausgaben ersparen"[41]. Er gibt hierfür ein instruktives Beispiel: „Das Ziel, bestimmte private Vermögensteile im Sinne des Staates einzusetzen, wird nicht mehr nur vermittels Konfiskation und anschließender öffentlicher Verausgabung verfolgt, sondern auch dadurch, daß dem potentiellen Zensiten Steuer-, d. h. Eigentumsvorteile als Preis für das erwünschte Verhalten angeboten werden"[42]. Unter Hinweis auf Walter *Heller*[43] verweist *Strümpel* auf die administrativen Vorteile einer dispositionsorientierten Steuerpolitik gegenüber den direkten Transfers[44,45].

---

[38] Ernst *Blumenstein:* Ein schweizerisches Steuersystem, a.a.O., S. 12.

[39] Burkhard *Strümpel:* Steuersystem und wirtschaftliche Entwicklung. Funktion und Technik der Personalbesteuerung im sozioökonomischen Wandel, a.a.O., S. 180 ff.

[40] Ebenda, S. 180.

[41] Ebenda.

[42] Ebenda.

[43] W. W. *Heller:* Reflections on Public Expenditure Theory. In: E. S.

Strümpel führt die Gedanken F. K. Manns fort[46] und hebt die aktuelle Notwendigkeit hervor, das „einfache Modell der öffentlichen Finanzwirtschaft" zu erweitern[47].

Der Gedanke der staatspolitischen Sozialität findet in den Vorstellungen von einer dispositionsorientierten Steuerpolitik also eine Ergänzung. Das Prinzip der Dispositionsorientierung, nach welchem ein Zensit „belohnt" oder „bestraft" werden kann, je nach dem, ob — gemessen an den staatspolitischen Zwecksetzungen — sein wirtschaftliches Verhalten nützlich oder weniger nützlich erachtet wird, läßt sich auch als auf den *steuer*politischen Bereich zugeschnittener Grundsatz der staatspolitischen Sozialität umschreiben.

Die dispositionsorientierte Steuerpolitik findet, ihrem Wesen gemäß, ihr Aktionsgebiet vorwiegend im Bereich der „meritorischen" Bedürfnisse[48] (merit wants, R. A. Musgrave).

Die Dispositionsorientierung des modernen Personalsteuersystems äußert sich in zwei Formen[49]:

— In der Differenzierung der Belastung der Einkommens*erzielung* und
— in der Differenzierung der Belastung der Einkommens*verwendung*.

Dabei sind die Fragen einer sachgemäßen Vermögensbesteuerung innerhalb der ersten Form zu diskutieren.

Durch eine Belastungsdifferenzierung der Einkommensverwendung können die Verbraucher angehalten werden, sich als Konsumenten im Sinne staatspolitischer Sozialität zu verhalten. In diesem Zusammenhang ist an eine „Besteuerung der Einkommen nach der Einkommensver-

---

Phelps (Hrsg.): Private Wants and Public Needs, Revised Edition, New York 1965, p. 164.

44 Burkhard *Strümpel:* Steuersystem und wirtschaftliche Entwicklung, a.a.O., S. 201.

45 Demgegenüber hielt *Landmann* unter allen Mitteln die Steuer als das am wenigsten geeignete, die „Triebkräfte des Wirtschaftskörpers" „durch politische Einwirkungen auf die Struktur des Produktionsprozesses zu stärken". Vgl. die Ausführungen von Prof. *Landmann* dazu auf der Konferenz von Eilsen. In: Kapitalbildung und Steuersystem. Verhandlungen und Gutachten der Konferenz von Eilsen. Erster Teil. Veröffentlichungen der Friedrich-List-Gesellschaft e. V., 3. Bd., Berlin 1930, S. 186.

46 Fritz Karl *Mann:* Steuerpolitische Ideale. Vergleichende Studien zur Geschichte der ökonomischen und politischen Ideen und ihres Wirkens in der öffentlichen Meinung 1600—1935. Jena 1937, S. 342. *Mann* spricht dabei von einem „Übergang zur Aktivität der Besteuerung auf einer breiten politisch-gesellschaftlich-wirtschaftlichen Front".

47 Burkhard *Strümpel:* Steuersystem und wirtschaftliche Entwicklung, a.a.O., S. 180.

48 Ebenda, S. 199.

49 Vgl. zu den „Formen und Voraussetzungen dispositionsorientierter Steuerpolitik" ebenda, S. 189.

wendung als Mittel der Kaufkraftlenkung"[50] zu denken, anstelle eines Um- oder Ausbaues der Verbrauchsbesteuerung. Eine solche Belastungsdifferenzierung läßt sich teilweise auch durch eine Belastungsdifferenzierung der Einkommenserzielung erreichen, insoweit nämlich, als schon bei der steuerlichen Behandlung der Einkommenserzielung Momente der Dispositionsorientierung und der staatspolitischen Sozialität berücksichtigt werden können. So erkennt der Fiskus die steuerliche Abzugsfähigkeit verschiedener Arten von Werbungskosten (z. B. Beiträge zu Berufsverbänden) an, oder er gewährt einen Sonderabzug für bestimmte Arten von Spenden, z. B. die Ausgaben für mildtätige, religiöse oder wissenschaftliche sowie für staatspolitische Zwecke. Nicht zuletzt liegen auch beim gesetzlich zulässigen Abzug der Kirchen- und der Vermögensteuer vom Einkommen bei der Einkommensteuer Überlegungen staatspolitischer Natur zugrunde.

Das „Vordringen der Dispositionsorientierung in der Besteuerung"[51] hat vermutlich seine Ursache in dem Zwang, dem Prozeß der Politisierung der Steuer eine zweckmäßige und erträgliche Richtung zu geben.

Dieser Prozeß einer politischen Aushöhlung des einst so mächtigen Gleichheitspostulates verwehrt oftmals dem kritischen Beobachter den klaren Blick. Diese Entwicklung ist schon weit gediehen. Das zeigt sich u. a. darin, daß man heute bemüht ist, sogar offensichtlich vorhandene Ungerechtigkeiten mit der Behauptung einer bestehenden „Gleichheit" der Steuerzahler zu beschönigen.

Ein der staatspolitischen Sozialität angemessenes steuerpolitisches Verhalten ist aber ohne Berücksichtigung des *Leistungsmotivs* nicht denkbar. Es ist dementsprechend eine „leistungsbetonte und produktionssteigernde Steuerpolitik"[52] zu treiben. Dies wiederum ist nur in einem Steuersystem sinnvoll, „welches ... echte Leistungen und auf Leistungen beruhende Differenzierungen prämiiert"[53].

Im Zusammenhang mit der „Dispositionsorientierung" des modernen Personalsteuersystems, die *Strümpel* aufgezeigt hat, ist zu versuchen, bei der Besteuerung stärker die unterschiedliche Wertigkeit volkswirtschaftlicher Leistungen vom Aspekt der individuellen Fazilitäten her zu beurteilen, die einem Individuum zur Erbringung bestimmter Leistungen zur Verfügung stehen. Dieses deshalb, weil gleiche Leistungen nicht immer aus einer gleichwertigen Leistungssubstanz heraus entstehen. So

---

[50] Eduard *Werlé:* Konjunkturbedingte Steuerpolitik, a.a.O., S. 274.

[51] Burkhard *Strümpel:* Steuersystem und wirtschaftliche Entwicklung a.a.O., S. 201.

[52] Kurt *Pentzlin:* Wirtschaftspolitische Grundsätze einer organischen Steuerreform, a.a.O., S. 22.

[53] Ebenda.
Eduard *Werlé:* Konjunkturbewußte Steuerpolitik, a.a.O., S. 275.

ist die Ersparnis einer gleichgroßen Summe durch den Empfänger eines kleinen Einkommens effektiv eine größere Leistung als bei einem Großverdiener. So sagt *Werlé* zu Recht, daß „eine Sparquote von beispielsweise 15 v. H. bei einem Bezieher von niedrigem Einkommen oder bei Flüchtlingen und Bombengeschädigten als volkswirtschaftliche Leistung höher zu werten ist als eine ebenso hohe Sparquote bei einem Bezieher von sehr hohem Einkommen“[54].

Tautscher liefert mit einigen von ihm aufgestellten „Maximen für die Steuergrenzen“[55] einen weiteren Hinweis, wann die Vorstellungen staatspolitischer Sozialität zu berücksichtigen sind:

„8. Die volkswirtschaftliche Erziehungspolitik setzt die Steuergrenze dort, wo *neu aufstrebenden* Wirtschaftszweigen und Unternehmen nur das geringst mögliche Steuergeld entnommen werden darf“[56].

„11. Die Standortpolitik setzt die Steuergrenzen so, daß standortbenachteiligten, aber *volkswirtschaftlich richtig gelagerten* Unternehmen und Betrieben nicht mehr an Steuergeld entnommen werden darf und standortbegünstigten, aber volkswirtschaftlich unrichtig gelagerten Unternehmen und Betrieben mehr an Steuergeld entnommen werden kann“[57].

„20. Die steuerliche Preispolitik setzt die Steuergrenzen so, daß die zu *fördernden* Wirtschaftszweige weniger belastet werden und überentwickelte Wirtschaftszweige mehr belastet werden“[58].

„22. Die Leistungspolitik setzt die Steuergrenzen so, daß *Mehrerträge* aus Unternehmerrenten für *überdurchschnittliche Initiative* und Erträge aus *Mehrarbeit* und größerer *Leistung* zur *überdurchschnittlichen* Arbeit nicht gänzlich weggesteuert werden dürfen“[59].

„43. Die Progression der Einkommensteuer darf nicht so stark ansteigen, daß jede *Vermögensbildung* verhindert und der *soziale Aufstieg* gehemmt wird“[60].

„46. Bei der Einkommensteuer müssen sowohl die Steuersätze als auch die Institutionen für die *Begünstigung* und Hemmung der Steuerpflichtigen *beweglich* sein“[61].

---

[55] Anton *Tautscher:* Grenzen der Besteuerung, a.a.O., S. 90 ff.

[56] Ebenda, S. 90. Hervorhebungen von uns.

[57] Ebenda, S. 91. Hervorhebungen von uns.

[58] Ebenda, S. 92. Hervorhebungen von uns.

[59] Ebenda. Hervorhebungen von uns.

[60] Ebenda, S. 93. Hervorhebungen von uns.

[61] Ebenda, S. 94. Hervorhebungen von uns.

„48. Die Steuergrenzen der Einkommensteuer müssen nach der *gesellschaftlichen Verpflichtung* der Steuerpflichtigen verschieden gesetzt werden“[62].

Die Fragestellung *Neumarks,* ob es sich bei der heutigen Steuerpolitik noch immer „darum handelt, den Grundsatz der ‚Opfergleichheit‘ zu verwirklichen, oder ob ... nicht ... darüber hinaus das Ziel ... verfolgt (werden, d. Verf.) sollte, aus sozialen und/oder politischen Gründen eine gewisse Umverteilung (Nivellierung) der Einkommen und Vermögen zu bewirken“[63], ist ein weiterer Hinweis auf die Bedeutung der Sozialität.

Auch „soziale Steuergestaltung“ („Sie macht die Reichen zwar ärmer, die Armen aber nicht reicher“[64]) und die Vorstellungen von Adolph *Wagner*[65] von einer anzustrebenden Steuerlastverteilung sind von dem Gedanken einer staatspolitischen Sozialität getragen. Hier zielt es allerdings noch mit der Wirkung nach „unten“. Es kann aber aus der Sicht staatspolitischer Sozialität genauso gerechtfertigt sein, eine differenzierte Ausrichtung auch nach „oben“ anzustreben, d. h. zugunsten kapital- und leistungsstarker Wirtschaftsgruppen. Eine sachgerechte Durchsetzung des Sozialitätsprinzips setzt voraus, „die Grenzen sozialökonomisch-theoretischer Kritik der nichtfiskalischen Besteuerung“[66] zu überschreiten, — ein Schritt, den *Lampe* noch als unzulässig erachtete[67].

Unter dem Aspekt staatspolitischer Sozialität kann eine Verringerung bestehender Einkommens- und Vermögensunterschiede vermittels geeigneter Einkommens-, Vermögens- und Erbschaftsbesteuerung ebenso gerechtfertigt sein wie eine Vorzugsbehandlung kapital- und leistungsstarker Wirtschaftsgruppen im Sinne einer „positive(n) Wirtschaftsförderung“ (A. Lampe). Vorstellungen von „einer besitz- und kapitalfeindlich ausgerichtete(n) Überspannung der Einkommens- und Vermögensbesteuerung“[68] weichen einer besitz- und kapitalbewußteren Besteuerung, die Besitz und Kapital genauso in den wirtschaftlichen Zusammenhang stellt wie die Arbeit.

---

[62] Ebenda. Hervorhebungen von uns.

[63] Fritz *Neumark:* Wirtschafts- und Finanzprobleme des Interventionsstaates, a.a.O., S. 392.

[64] A(dolf) *Lampe:* Die wirtschaftlichen Voraussetzungen der nichtfiskalischen Steuergestaltung insbesondere der Steuerbegünstigung. In: Beiträge zur Finanzwissenschaft, Festgabe für Georg von Schanz, Bd. 1, Tübingen 1928, S. 188.

[65] Adolph *Wagner:* Finanzwissenschaft, 2. Aufl., a.a.O., S. 499.

[66] A(dolf) *Lampe:* Die wirtschaftlichen Voraussetzungen der nichtfiskalischen Steuergestaltung ..., a.a.O., S. 188.

[67] Ebenda.

[68] Günter *Schmölders:* Finanzpolitik, 2. Aufl., Berlin, Heidelberg, New York 1965, S. 353.

Vom Standpunkt staatspolitischer Sozialität läßt sich „eine steuerliche Begünstigung nicht sowohl der Arbeits- als vielmehr auch der fundierten Einkommen (bei gleicher Höhe)“[69] rechtfertigen. Den Erwägungen, die den Fiskus dazu veranlassen, die Bezüge seiner Beamten nicht nur nicht als quasi „fundierte Arbeitseinkommen“[70] zu behandeln und gegenüber den übrigen Arbeitseinkommen steuerlich mehr zu belasten, sondern den Beamtengehältern „bisweilen gerade umgekehrt (noch, d. Verf.) eine Vorzugsbehandlung im Vergleich zu entsprechenden Einkommen privater Arbeiter und Angestellter“[71] angedeihen zu lassen, ist Ausdruck dieser staatspolitischen Sozialität.

Entsprechend der Ausprägung der Sozialitätsvorstellung wird sich auch die Haltung der Gesellschaft gegenüber der Rolle der Produktionsfaktoren Arbeit und Kapital im gesellschaftlichen Organismus ändern und damit auch die Einstellung gegenüber der Frage der Zumutbarkeit fiskalischer Belastung von Arbeits- und Kapitaleinkünften. Diese Neuorientierung wird um so leichter fallen, als der lange für unüberwindbar geglaubte Gegensatz zwischen Kapital und Arbeit seine exzentrische Ausformung verloren hat. Zwei Beispiele mögen diese Überlegungen illustrieren und zugleich stützen:

Neumark weist darauf hin, daß die Notwendigkeiten einer steuerlichen „Differentiation weitgehend durch das Verhältnis bestimmt werden, in dem ‚Kapital‘ und ‚Arbeit‘ von den Staatsleistungen profitieren“[72].

Empirische Untersuchungen[73] haben die Vermutung bestätigt, daß diejenigen, die in den Genuß von „redistributive expenditures“ gelangen, in höherem Maße von diesen Staatsausgaben profitieren, „als diese Schichten zu ihrer steuerlichen Finanzierung beitragen“[74], was für einen gewissen redistributiven Effekt spricht.

Als vergleichbare Staatsausgaben sind hier die Aufwendungen zu erachten, die der Staat in wirtschaftlichen Schwächeperioden für die private Wirtschaft macht. Damit können dem einzelnen Unternehmer weit

---

[69] Fritz *Neumark:* Wirtschafts- und Finanzprobleme des Interventionsstaates, a.a.O., S. 395.

[70] Hans *Teschemacher:* Die Einkommensteuer. In: Handbuch der Finanzwissenschaft, Bd. 2, Tübingen 1927, S. 70 sowie S. 75.

[71] Fritz *Neumark:* Wirtschafts- und Finanzprobleme des Interventionsstaates, a.a.O., S. 396.

[72] Ebenda, S. 405.

[73] Vgl. u. a. Henry *Laufenburger:* Revenue, capital et impôt. In: Précis d'Economie de Legislation Financière, t. I, 3e édition, Paris 1947, Hamdi *Özgürel:* La discrimination des revenue au point de vue fiscal, Paris 1939.

[74] Fritz *Neumark:* Wirtschafts- und Finanzprobleme des Interventionsstaates, a.a.O., S. 405.

größere Vorteile zugute kommen, als er allein unmittelbar zur Konjunkturbelebung beizutragen imstande ist. Letzteres wird von den Arbeitnehmerorganisationen nun nicht etwa als unausweichliches, aber notwendiges Übel gebilligt, sondern im Gegenteil als probates wirtschaftspolitisches Mittel empfohlen.

An dieser Stelle ist bereits darauf hingewiesen worden, daß auch der *Reichsfinanzhof* Gedanken einer gewissen staatspolitischen Sozialität geäußert hat. Es ist sehr interessant, daß in einem Urteil des *Bundesfinanzhofes* vom 28. Juni 1967[75] derartige Vorstellungen wiederkehren. Der erkennende Senat ist der Auffassung, „daß dort, wo der Gesetzgeber eine Ermessungsentscheidung und damit eine Interessenabwägung zuläßt, unter Wahrung rechtsstaatlicher Grundsätze gegenüber den Interessen des Einzelnen auch die fiskalischen Interessen der *Allgemeinheit* berücksichtigt werden können und müssen“[76].

Das Sozialitätsprinzip ist Ausdruck des Willens, in einer sozialen Marktwirtschaft durch eine rationale und planvolle Wirtschafts- und Finanzpolitik einen regulierten Wirtschaftsablauf zu erreichen, der zugleich die Grundlage einer sich selbst regenerierenden gesunden Gesellschaft ist. Um das zu erreichen, bedarf es geeigneter Mittel, die eine „positive Wirtschaftsförderung“[77] gewährleisten. Eine dispositionsorientierte Steuerpolitik kann hier u. E. einen gangbaren Weg weisen, der zu einer qualitativ verbesserten und stabileren Ordnung führt[78].

Viel stärker, als es früher der Fall war, wird das Individuum als Teil eines Organismus betrachtet, dessen gesellschaftliche Position es selbst bestimmt. Es wird daher nach der Rolle beurteilt, die es „einer notwendigen sozialen Funktion“[79] gemäß, innehat. Das Prinzip der Besteuerung nach der wirtschaftlichen Leistungsfähigkeit wird hier in seiner umfassenden Bedeutung erstmals sichtbar und gibt sich zudem als ein mehrdimensionaler Maßstab zu erkennen. Gleichzeitig verlieren die Postulate der Gerechtigkeit und Gleichmäßigkeit an Leuchtkraft, ohne jedoch ihre Bedeutung völlig zu verlieren.

---

[75] Beschluß VII B 12/66 vom 28. 6. 1967. In: BStBl. 67 III, S. 513 ff.

[76] Ebenda, S. 515 (I), kommentiert von Wolfgang *Klien:* Individualismus oder Gemeinschaftsdenken im Steuerrecht? In: Neue Juristische Wochenschrift, 21. Jg., Heft 19, München und Frankfurt/Main 1968, S. 881 (II).

[77] A(dolf) *Lampe:* Die wirtschaftlichen Voraussetzungen der nichtfiskalischen Steuergestaltung . . ., a.a.O., S. 196.

[78] Insofern dient auch der Grundsatz der staatspolitischen Sozialität genauso wie die wirtschaftspolitischen Grundsätze der Besteuerung „der Aufrechterhaltung bzw. Festigung . . . der als erwünscht vorausgesetzten Wirtschafts- und Gesellschaftsordnung“. Fritz *Neumark:* Grundsätze der Besteuerung, a.a.O., S. 22.

[79] Hans *Ritschl:* Theorie der Staatswirtschaft und Besteuerung, a.a.O., S. 197.

2. Wirtschaftspolitische Grundsätze der Besteuerung

In der Gruppe der wirtschaftspolitischen Grundsätze der Besteuerung wollen wir, wie *Neumark*, alle Besteuerungsprinzipien zusammenfassen, deren Befolgung „der Aufrechterhaltung bzw. Festigung der ... hypothetisch als erwünscht vorausgesetzten Wirtschafts- und Gesellschaftsordnung[1] zu dienen bestimmt ist“[2].

a) Grundsatz der Vermeidung steuerdirigistischer Maßnahmen

Diesem Prinzip sind wir im Zusammenhang mit dem Grundsatz der staatspolitischen Sozialität schon einmal begegnet. Dieser Grundsatz besagt, „daß die Steuerpolitik sich solcher differenzierender bzw. diskriminierender Eingriffe in die Marktwirtschaft zu enthalten hat, die nicht die für Erzeugung und Verteilung entscheidenden Makrogrößen gemäß den obersten Maximen der Wirtschafts- und Sozialpolitik zu beeinflussen suchen, sondern in unsystematisch-punktueller Form größere oder kleinere Ausschnitte des Wirtschaftslebens in ihrer Entwicklung oder/und formalen Gestaltung einschließlich der Rechtsform begünstigen oder benachteilen und auf diese Weise über eine Verfälschung der Wettbewerbsbedingungen zu einer suboptimalen Allokation der volkswirtschaftlichen Ressourcen führen“[3].

Das Prinzip der Vermeidung steuerdirigistischer Maßnahmen findet praktisch seine Begrenzung im Prinzip der staatspolitischen Sozialität und wird durch dieses Postulat relativiert.

b) Wettbewerbsneutralität der Besteuerung

Das Prinzip der Wettbewerbsneutralität der Besteuerung „schließt das Postulat ein, *die Bedingungen des Wettbewerbes zwischen verschiedenen Wirtschaftszweigen im Inland, zwischen gleichen in- und ausländischen Wirtschaftszweigen sowie schließlich zwischen (in- oder ausländischen) Unternehmungen desselben Wirtschaftszweiges nicht durch differenzierende Steuermaßnahmen bewußt oder bloß faktisch zu verfälschen oder zu verzerren*“[4].

---

[1] Vgl. Zweiter Teil, erstes Kapitel. 1. Besteuerung in einer „Sozialen Marktwirtschaft“.

[2] Fritz *Neumark*: Grundsätze der Besteuerung, a.a.O., S. 22.

[3] Fritz *Neumark*: Grundsätze der Besteuerung, a.a.O., S. 23.

[4] Fritz *Neumark*: Grundsätze der Besteuerung, a.a.O., S. 23.

c) *Persönliche und betriebliche Startgleichheit durch die Besteuerung*

Neumark verzichtet auf die Formulierung eines Grundsatzes, der das „Postulat der steuerlichen Verringerung persönlicher und betrieblicher Startungleichheiten“[5] beinhaltet. Ihm „scheint, daß die damit gemeinte Forderung bei entsprechender Interpretation des ... Umverteilungsgrundsatzes in diesen eingeschlossen werden kann“[6].

Wenn dem auch zugestimmt werden kann, könnte diesem Grundsatz jedoch vom Standpunkt einer einzelsteuerwirtschaftlichen Betrachtung aus gesehen, mehr Bedeutung beigemessen werden. So kann einzel*steuer*wirtschaftlich über eine geeignete Vermögensbesteuerung (oder/und Erbschaftsbesteuerung) ein Einfluß ausgeübt werden, um eine persönliche Startgleichheit herbeizuführen. Diese Vorstellungen müssen aber nicht mit denen des Redistributionsgrundsatzes harmonieren, sie brauchen ihn nicht einmal zu tangieren. Das Ziel gleicher ökonomischer Startchancen[7] kann nämlich auch erreicht werden, ohne gleichzeitig eine gleichmäßigere „Verteilung von Einkommen und Vermögen“ vermittels einer zweckentsprechenden Gestaltung des Steuersystems anzusteuern.

d) *Größtmögliche steuerliche Rücksichtnahme auf die wirtschaftliche „Dispositionsautonomie“ der Individuen*

Unter Hinweis auf Überlegungen von Heinz *Haller*[8] formuliert Fritz *Neumark* ein neues steuerpolitisches Postulat, — den „Grundsatz der größtmöglichen steuerlichen Rücksichtnahme auf die wirtschaftliche Dispositionsautonomie der Individuen“[9]. Dieser Gedanke wurde u. W. erstmals von Ernst *Blumenstein*[10] im Jahre 1920 geäußert, als er bei der Erörterung des Grundsatzes der Besteuerung nach der Leistungsfähig-

---

[5] Ebenda, S. 24.

[6] Ebenda.

[7] Der Wert eines Erfolges derart dirigistisch (wenn überhaupt) erzielter Startgleichheit muß nicht in jeder Hinsicht positiv zu bewerten sein. Vorstellungen, leistungswilligen und leistungsfähigen Individuen Starthilfen zu gewähren, die sie in die Lage versetzen, vermeintliche oder tatsächliche Startungleichheiten zu überwinden, können praktisch von weitaus größerer ökonomischer — weil anspornintensiver Effizienz sein und wären zu dem auch systemkonform.

[8] Vgl. dazu Heinz *Haller:* Finanzpolitik, Grundlagen und Hauptprobleme, 3. überarbeitete und ergänzte Auflage, Tübingen und Zürich 1965, S. 241. „7. Forderung (an das Steuersystem): Die Besteuerung ist so zu gestalten, daß eine sich im Zusammenhang mit der Feststellung der steuerlichen ‚Leistungsfähigkeit‘ und der Vornahme steuerlicher Verteilungskorrekturen evtl. ergebende Offenlegung der persönlichen Verhältnisse auf das unumgängliche Maß beschränkt wird“.

[9] Fritz *Neumark:* Grundsätze der Besteuerung, a.a.O., S. 24.

[10] Ernst *Blumenstein:* Ein schweizerisches Steuersystem. Juristische Betrachtungen zur eidgenössischen Finanzreform, a.a.O., S. 14.

keit hervorhob: Dieses Prinzip „hat aber auch nach der Richtung hin zu wirken, *daß die dem Individuum auferlegten Steuerlasten die erfolgreiche Ausübung seiner Erwerbstätigkeit nicht hindern sollen*". Von hier aus lassen sich auch gewisse Verbindungslinien sowohl zum Grundsatz der *ansporn-* und *wachstumspolitischen Ausrichtung* der Besteuerung als auch zum Prinzip der *Wohlfeilheit* der Besteuerung ziehen. Während im ersten Falle nach Möglichkeit der Wille der Individuen sowohl zur Mehrarbeit und Mehrinvestition als auch zur Mehrproduktion nicht behindert werden soll, bezieht letztgenanntes Prinzip auch die Forderung in sich ein, dem „Gewerbefleiß" nicht hinderlich zu sein und Unternehmer nicht von Gewerbezweigen fernzuhalten, die vielen Menschen Beschäftigung bieten können, wie es A. *Smith* schon forderte.

Auf die dispositionsorientierte Betrachtungsweise sind wir schon einmal gestoßen, als wir Burkhart *Strümpels* Gedanken von einer „dispositionsorientierten Steuer- und Ausgabenpolitik" kennenlernten. Strümpels Vorstellungen von einer *Dispositionsorientierung* haben einen Besteuerungsmodus zum Gegenstand, der es gestattet, „unmittelbar durch Anregung privater Dispositionen, die dem Staatszweck so nahe stehen, daß sie entsprechende öffentliche Ausgaben ersparen"[41], zur staatlichen Aufgabenerfüllung beizutragen. Demgegenüber zielt Neumarks Gedanke einer *Dispositionsautonomie* auf einen Besteuerungsmodus ab, durch den die Zensiten bei der Besteuerung nur in einem vertretbaren Rahmen durch administrativ-diktierende Verhaltensweisen belästigt werden[12]. Das heißt, die Individuen sollen nur solchen administrativen Zugriffen ausgesetzt werden, die im Ergebnis sich als „eine ‚vernünftige' Anwendung"[13] steuerlicher Vorschriften erweisen.

---

[11] Burkhard *Strümpel:* Steuersystem und wirtschaftliche Entwicklung, a.a.O., S. 180.

[12] Unter Hinweis auf die Möglichkeiten einer „Publikation der Steuererklärungen bzw. -veranlagungen", die in manchen Ländern üblich oder üblich gewesen sind, denkt Neumark in erster Linie daran, „daß rationale Steuerpolitik zwar auf der einen Seite vermeiden muß, einen bestimmten Teil der Pflichtigen ‚Gestaltungsmöglichkeiten' zu geben, die es ihnen erlauben, ihren Verpflichtungen zu Lasten des Fiskus bzw. anderer Pflichtiger nicht voll nachzukommen, daß aber auf der anderen Seite willkürliche dirigistische Maßnahmen oder eine einseitige fiskalische Interpretation gesetzlicher Bestimmungen durch Organe der Steuerverwaltung nicht dazu führen darf, daß den Individuen faktisch vorgeschrieben wird, was sie wo und zu welchem Preise zu erzeugen oder/und zu konsumieren haben". Fritz *Neumark:* Grundsätze der Besteuerung, a.a.O., S. 25.

[13] Fritz *Neumark:* Grundsätze der Besteuerung, a.a.O., S. 25.

e) *Steuerliche Schonung und Stärkung des Vermögensstocks*

ea) Der Grundsatz der steuerlichen Schonung des Kapitalstocks

Das Prinzip der steuerlichen Schonung des Kapitalstocks — wie des gesamten Vermögensstocks — basiert auf einer Forderung, bei der es sich „im Grunde um eine wirtschaftliche Selbstverständlichkeit handelt“[14]. Diese Forderung zielt in erster Linie auf das (werbende) Produktiv-Kapital ab.

„Kapitalstock“ ist der „zu Beginn einer Periode vorhandene Bestand an dauerhaften Produktionsmitteln“[15]. Er wächst mit jeder Investition. „Die Investition ist mithin gleich der Änderungsrate des Kapitalstocks“[16].

Der „Kapitalstock“ ist eine sachlich-substantielle Größe. Er „ist die Summe der getätigten Investitionen“[17]. „Stellt man sich die Wirtschaft als große Maschine zur Erzeugung von Gütern vor, so wird die Größe der Maschine, nämlich der Kapitalbestand, in einer bestimmten Relation zum Strom der Produkte stehen, die damit erzeugt werden können. Diese Relation ist der Kapitalkoeffizient“[18]. Der Kapitalstock ist gewöhnlich der Gefahr, durch steuerliche Einwirkungen geschwächt zu werden, nicht unmittelbar ausgesetzt. Die übliche Form der Besteuerung kommt an diesen Stock gar nicht heran. Daß aus ökonomisch-rationalen Erwägungen heraus jede fiskalische Maßnahme, die geeignet sein könnte, den Kapitalstock zu schwächen, tunlichst zu vermeiden ist, bedarf keiner besonderen Begründung. Die Erfahrung lehrt, daß eine Besteuerung der Substanz — wenn überhaupt ernsthaft vorgetragen — nur sehr schwer zu begründen ist und nur bei Vorliegen ganz besonderer Verhältnisse diskutiert werden kann. Das gilt nach unserer Meinung nicht nur für den Kapitalstock, sondern für das Vermögen überhaupt.

eb) Der Begriff: Vermögen

Der Begriff „Kapitalstock“ findet in der einschlägigen Fachliteratur eine weite[19] oder eine enger[20] gefaßte Auslegung. Auch werden die Be-

---

[14] Fritz *Neumark:* Grundsätze der Besteuerung, a.a.O., S. 25.

[15] Alfred *Stobbe:* Volkswirtschaftliches Rechnungswesen, Berlin, Heidelerg, New York 1966, S. 186.

[16] Heinz *Sauermann:* Geld und Kredit. In: Handbuch der Wirtschaftswissenschaften, Bd. II — Volkswirtschaft, zweite, überarbeitete und erweiterte Auflage, Köln und Opladen 1966, S. 150.

[17] Ernst *Helmstädter*: Der Kapitalkoeffizient. Eine kapitaltheoretische Untersuchung. Stuttgart 1969, S. 19.

[18] Wilhelm *Krelle:* Verteilungstheorie. In: Die Wirtschaftswissenschaften, 39. Lieferung, Reihe B (Volkswirtschaftslehre), Beitrag 8, Wiesbaden 1962, S. 144.

[19] Vgl. Werner *Ehrlicher:* Probleme langfristiger Strukturwandlungen des

griffe Vermögen und Kapital hin und wieder für synonyme Begriffsinhalte[21] gebraucht[22]. Aus diesem Grunde erscheint eine begriffliche Klarstellung gerechtfertigt.

Unter *„Vermögen"* wollen wir „die Gesamtheit der in Geld schätzbaren Güter einer Person oder Personengruppe"[23] verstehen. Es ist „die Wertsumme ihrer Aktiva zu einem bestimmten Zeitpunkt, vermindert um den Wert ihrer Verpflichtungen". Es ist „eine Bestandsgröße von der Dimension DM und bezieht sich stets auf einen Zeit*punkt*. Je nach der Methode, mit der man die Aktiva bewertet, und je nach dem Umfang, den man dem Begriff ‚Aktiva' gibt, erhält man verschiedene Vermögensbegriffe"[24]. Der Begriff *„Kapital"*[25] soll zur Kennzeichnung von Produktivvermögen verwendet werden, „soweit es kinetisch oder stationär Erträge abzuwerfen vermag"[26]. Die Begriffe „Vermögen" und

---

Kapitalstocks. In: Schriften des Vereins für Socialpolitik, N. F., Bd. 30/II, Berlin 1964, S. 871 ff.

20 So u. a. Alfred *Stobbe:* Volkswirtschaftliches Rechnungswesen, Berlin, Heidelberg, New York 1966, S. 186.

21 So bei Werner *Ehrlicher:* Probleme langfristiger Strukturwandlungen des Kapitalstocks, a.a.O.
Bei der Erläuterung der Komponente des Kapitalstocks: „Immaterielles Produktionsvermögen", wird der Ausdruck „Immaterielles Produktivkapital" synonym verwendet (S. 82 f.). Gleiches gilt für die Erläuterung der Komponente „Reproduzierbares Produktivkapital", die dann als „reproduzierbares Produktivvermögen" erklärt wird (S. 872 bzw. 874). Zur begrifflichen Klarstellung vergleiche man auch E. *Helmstädter,* a.a.O., der neuerdings eine präzise Unterscheidung zwischen Kapital und Vermögen trifft.

22 Auf das *Problem der Begriffsbestimmung* weist Karl *Willenbrink* ausdrücklich hin: „Diese beiden Bezeichnungen (Vermögen und Kapital, d. Verf.) werden im alltäglichen Leben, in der Volkswirtschaftslehre und Betriebswirtschaftslehre, in Steuergesetzen und sonst noch vielfach gebraucht, und zwar durchaus nicht immer in derselben Bedeutung. Nicht einmal innerhalb eines Gebietes wird den beiden Wörtern immer derselbe Inhalt beigelegt." Karl *Willenbrink:* Von der Anfangsbilanz zur Schlußbilanz. Die doppelte Buchführung in systematischer Darstellung für Praxis und Studium. München und Berlin 1957, S. 10. Bruno *Moll* gibt zudem zu bedenken, „daß Begriffe, die man zum Rüstzeug der Wissenschaft wie des gewöhnlichen Sprachgebrauchs zählt, als selbstverständlich und eindeutig hingenommen werden, während bei dem Versuche der genauen Definition sich Schwierigkeiten und Streitfragen einstellen". Moll folgert schließlich: „Es entspricht dem Wesen der volks- und finanzwirtschaftlichen Begriffe, daß eine objektive Norm für sie vollends nicht gegeben ist, daß sie ohne Willkür, ohne subjektive Wertung seitens des Autors nicht zustande kommen können". Bruno *Moll:* Probleme der Finanzwissenschaft, a.a.O., S. 94.

23 Gerhard *Weisser:* Vermögen und Vermögenspolitik. In: Handwörterbuch der Sozialwissenschaften, Bd. II, Tübingen und Göttingen 1961, S. 163.

24 Wilhelm *Krelle:* Volkswirtschaftliche Gesamtrechnung einschließlich input-output-Analyse mit Zahlen für die Bundesrepublik Deutschland, 2., verbesserte Auflage, Berlin 1967, S. 120.

25 Zur Geld- und Realkapitalbildung siehe auch: Werner *Ehrlicher:* Geldkapitalbildung und Realkapitalbildung, Tübingen 1956, insbes. S. 162 ff. über die Geldkapitalbildung und S. 172 ff. über die Realkapitalbildung.

26 Gerhard *Weisser:* Vermögen und Vermögenspolitik, a.a.O., S. 164.

„Kapital“ lassen sich jedoch auch bilanztechnisch erklären; für die Bilanzgliederung ist zwischen Unternehmungsvermögen und Unternehmungskapital zu unterscheiden[27].

ec) Steuerliche Schonung der Vermögenssubstanz

Dem Grundsatz der steuerlichen Schonung des Kapitalstocks liegt u.E. ein in seinem Umfange viel weitreichender Gedanke zu grunde. Über den Bereich des werbenden Produktivkapitals resp. werbenden Vermögens hinaus, soll der gesamte *Vermögensstock* vor fiskalischen Zugriffen (in die Substanz) geschützt werden. Es sind nach Möglichkeit aber auch die Einkünfte von der Besteuerung auszunehmen, wenn sie zur Erhaltung oder Vergrößerung (Wachstum) des Vermögensstocks bestimmt sind. Dadurch wird ausgeschlossen, daß eine steuerliche Inanspruchnahme zu einer Verringerung des Vermögensstocks führt, weil seine Substanz nicht erhalten werden kann (Erschwerung der Vermögenserhaltung) oder ein unmittelbarer direkter Substanzverzehr (zur Erfüllung der Abgabepflicht) notwendig ist.

Die Ausdehnung der steuerlichen Schonung des Kapitalstocks auf den gesamten Vermögensstock geht von der Vorstellung aus, daß ein angemessenes gesamtwirtschaftliches Wachstum und eine gesunde konfliktfreie[28] gesellschaftliche Entwicklung gesichert werden kann. Wenn sich auch die Forderung „einiger Anerkennung erfreut, daß der Vermögensstamm geschont werden muß“[29], so sind dennoch die Probleme, die dieser Grundsatz beinhaltet, weder gelöst, noch die Wirkungen der steuerlichen Eingriffe voll erkannt. Beim Besitzeinkommen stehen die Größe des Besitzes und der Zinssatz zueinander in Beziehung[30]. Da das reale Sozialprodukt durch das „ ‚Sozialkapital‘[31], wie Brücken, Straßen usw.“[32] vermehrt wird, erfährt der Kreis unserer Betrachtungsweise

---

[27] Siehe hierzu u. a. die Bilanzgliederung bei Walter *Le Coutre:* Bilanzrecht und Gesellschaftsbilanzen. In: Die Handelshochschule — Die Wirtschaftshochschule. Wiesbaden o. J., S. 58/59, die vor allem wegen der Gliederung der Aktiva von Interesse ist.

[28] Auf daraus (möglicherweise) erwachsende Konfliktsituationen in der Gesellschaft weist u. a. Jan *Pen* in seinem bemerkenswerten Werk: Harmony and Conflict in Modern Society, London, New York, Toronto, Sydney 1966, hin.

[29] Bruno *Moll:* Lehrbuch der Finanzwissenschaft, Berlin 1930, S. 365.

[30] Wilhelm *Krelle:* Verteilungstheorie, a.a.O., S. 144.

[31] Dieser Begriff wird u. a. von Bruno *Gleitze* in einer anderen Bedeutung verwendet, nämlich als das in einem *Sozialfonds* sich „ansammelnde Vermögen“. Vgl. Bruno *Gleitze:* Sozialkapital und Sozialfonds als Mittel der Vermögenspolitik, a.a.O., S. 3 (Fortsetzung).

[32] Wilhelm *Krelle:* Verteilungstheorie, a.a.O., S. 144.

eine Erweiterung. Wir sehen keinen Grund, nicht sämtliche Vermögenswerte in unsere Überlegungen einzubeziehen. Wir gelangen dann zum Vermögensstock, der, wie der Kapitalstock selbst, vor steuerlichen Zugriffen geschont werden soll. Da „(e)ine Steuer auf das Kapital ... das gleiche (bedeutet) wie eine Steuer auf Kapitaleinkünfte, wenn sie nur ertragbringende Vermögensteile erfaßt und die Bewertung der Vermögensteile durch Kapitalisierung des Einkommens erfolgt“[33], heißt das auch, daß eine Steuer auf dem Vermögen dasselbe bedeutet wie eine Steuer auf den Vermögensertrag, wenn durch sie nur ertragbringende Vermögensteile erfaßt werden und die Bewertung dieser Vermögensteile durch Kapitalisierung des Vermögensertrages erfolgt. Wird eine Steuer auf ertragloses Vermögen erhoben oder ist sie bei ertragbringendem Vermögen so groß, daß sie den Ertrag verzehrt, so liegt eine echte Substanzbesteuerung (unmittelbarer Zugriff) vor, selbst dann, wenn andere Einkünfte zur Begleichung der Steuerforderung herangezogen werden.

Die Forderung: „Eine gute Steuer soll den Vermögensstamm schonen; sie muß aus dem Einkommen gezahlt werden“[34], wird mit Recht damit begründet, daß bei ihrer Nichtbeachtung „die Kapitalbildung zerstört wird und damit die Grundlage der Produktion und des Erwerbes zusammenstürzt, die in letzter Linie wieder Grundlage der Konsumtion ist“[35]. Damit wird nicht nur die Grundlage der Wirtschaft, sondern auch die Steuerkraft untergraben[36]. Eine solche Finanzpolitik aber, die einer Substanzbesteuerung das Wort redete, „würde sich selbst die Quelle zuschütten, aus der die zukünftigen Steuern fließen sollen“[37].

Aus diesen Überlegungen ergibt sich im weiteren, daß auch eine Besteuerung der Einkünfte, die zur Erhaltung des Vermögensstockes notwendig sind, zu unterbleiben hat. Nicht nur ein unmittelbarer, sondern auch ein mittelbarer fiskalischer Zugriff in das Vermögen sollte daher unterbleiben. Anderenfalls kann es dazu kommen, daß „ein erheblicher Teil der unheilvollen Wirkungen des Eingriffs in die Vermögenssubstanz sich bald“ zeigen kann[38]. Das „Postulat von der Erhaltung der privatwirtschaftlichen Vermögenssubstanz“ hat denn auch bei der Festsetzung der Steuersätze in der Regel „eine im wesentlichen mäßigende Rolle gespielt“[39]. *Moll* verweist auf „die Vorbelastung alles Vermögens

[33] Richard A. *Musgrave:* Finanztheorie, Tübingen 1966, S. 290.

[34] Bruno *Moll:* Lehrbuch der Finanzwissenschaft, Berlin 1930, S. 364.

[35] Ebenda.

[36] Ebenda.

[37] Hubertus *Herz:* Theorie der Substanzbesteuerung. In: Neue Deutsche Forschungen, Bd. 14, Berlin 1938, S. 7.

[38] Bruno *Moll:* Lehrbuch der Finanzwissenschaft, a.a.O., S. 365.

[39] Heinz *Kolms:* Finanzwissenschaft, Bd. III — Besondere Steuerlehre, 2., verbesserte und ergänzte Auflage, Berlin 1966, S. 54.

durch die kombinierte Wirkung von Vermögenssteuer, Erbschafts- und Schenkungssteuer, Kapitalverkehrs- und Grunderwerbssteuer, Wertzuwachssteuern, Industriebelastung u.a.m."[40]. In Anlehnung an Adolph *Wagner*[41] beantwortet *Moll* die Frage, ob eine gute Steuer nur das Nationalvermögen oder auch die Privatvermögen schonen solle, dahingehend, daß „der Grundsatz, ‚Schonung des Nationalvermögens' fast unbestritten" sei[42]. Das gleiche gelte zumindest für das selbst erarbeitete Vermögen[43].

Adolph *Wagner* hat 1880 „(d)ie ‚Schonung des Vermögens und Kapitals', das Verdict gegen (eigentliche) Vermögens- und Kapitalsteuern" als ein „Postulat der rationellen Praxis" bezeichnet[44], und damit „die Forderung der Entnahme der Steuer aus dem Einkommen"[45] begründet. Er hat jedoch auch auf „die Berechtigung von wirklichen Ausnahmefällen"[46] von dieser Regel hingewiesen. Wagner hat auch davor gewarnt, „eine reelle Besteuerung des Einzel- oder Privatkapitals" — beispielsweise in der Form nomineller Vermögen- oder Kapitalsteuern, die im Ergebnis auf eine reelle Vermögensbesteuerung hinauslaufen —, „ohne Weiteres mit einer reellen Besteuerung des Nationalkapitals" gleichzusetzen[47], das heißt, diese ohne weiteres abzulehnen. Adolph *Wagner* äußert hier Gedanken, die später von *Popitz* als allgemeine Forderung nach einer „wirtschaftlichen Angemessenheit der Besteuerung"[48] wieder aufgenommen werden. Es handelt sich um die Problematik der Vermögens- und Kapitalneubildung. Sie ist — wie u.a. Paul *Mombert* sagt[49] — von zwei Aspekten aus zu würdigen. „Einmal dreht es sich um das allgemeine Problem der *Grenzen der Besitzbelastung* überhaupt und dann um die allgemeinen Beziehungen von *Besteuerung und Kapitalbildung*"[50].

---

[40] Bruno *Moll:* Lehrbuch der Finanzwissenschaft, a.a.O., S. 365.

[41] Adolf *Wagner:* Lehr- und Handbuch der politischen Oekonomie, Vierte Hauptabteilung: Finanzwissenschaft, Zweiter Teil, Theorie der Besteuerung, Gebührenlehre und allgemeine Steuerlehre, 2. Auflage, Leipzig 1890, S. 314 bis 332.

[42] Bruno *Moll:* Lehrbuch der Finanzwissenschaft, a.a.O., S. 366.

[43] Ebenda.

[44] Adolph *Wagner:* Finanzwissenschaft, Teil 2, 2. Auflage, Leipzig 1890, S. 316.

[45] Wilhelm *Gerloff:* Steuerwirtschaftslehre, a.a.O., S. 453.

[46] Adolph *Wagner:* Finanzwissenschaft, Teil 2, a.a.O., S. 317. Zur näheren Begründung: a.a.O., S. 322.

[47] Ebenda, S. 317.

[48] Johannes *Popitz:* Der künftige Finanzausgleich zwischen Reich, Ländern und Gemeinden, a.a.O., S. 114.

[49] Paul *Mombert:* Eine Verbrauchseinkommensteuer für das Reich als Ergänzung zur Vermögenszuwachssteuer, Tübingen 1916.

[50] Paul *Mombert:* Eine Verbrauchseinkommensteuer für das Reich, a.a.O., S. 10.

Da die „Verwerfung der Besteuerung des Nationalkapitals ... nicht ohne Weiteres diejenige der Besteuerung des Einzel- oder Privatkapitals in sich" schließt[51], kann man, mit *Moll* auch weiter fragen: Soll eine gute Steuer „*jedes* Privatvermögen schonen oder aber nur das *selbst erarbeitete?*"[52]. Während es allgemein unbestritten ist, daß selbst erarbeitetes Privatvermögen „weitgehenden Anspruch auf Schonung"[53] hat, wird dies bei sog. „arbeitslos" erworbenen Vermögen in der Regel verneint. *Moll* fragt daher, wie es stehe, wenn „Privatvermögen sich überhaupt nur dadurch gebildet und vergrößert habe, weil die Besteuerung der Periode eine unzureichende war, so daß diese Vermögen gar nicht erfaßt wurden"[54]. „Sollen Vermögen, die sich so gebildet haben, den dauernden Anspruch auf Schonung behalten?"[55].

Nach *Moll* ist „auch dem offenbar nicht erarbeiteten Vermögen der Schutz des Postulates zuzuwenden"[56].

Diese Antwort gilt nicht nur „in unserer privatkapitalistischen Wirtschaftsordnung"[57], sondern hat überall Anspruch respektiert zu werden, wo rechtsstaatliche Verhältnisse herrschen und Wirtschaftsbürger in der Lage sind, auf legalem Wege Vermögen zu bilden. Denn nicht nur in einer privatkapitalistischen Wirtschaftsordnung bleibt „Privatvermögen ... Privatvermögen"[58], sondern überall dort, wo es (rechtmäßig) — durch Arbeit, Konjunkturgewinn, Spekulation, sog. „Zufall" usw. — erworben werden kann[59]. *Weisser* spricht von Gütern, die einer „Person *in einer gesellschaftlich anerkannten Weise* und für die Dauer ge-

---

[51] Adolph *Wagner:* Finanzwissenschaft, Teil 2, a.a.O., S. 318.

[52] Bruno *Moll:* Lehrbuch der Finanzwissenschaft, a.a.O., S. 366.

[53] Ebenda, S. 366.

[54] Bruno *Moll:* Lehrbuch der Finanzwissenschaft, a.a.O., S. 366.

[55] Ebenda, S. 366/367.

[56] Ebenda, S. 367.

[57] Ebenda.

[58] Ebenda.

[59] Eine andere Frage ist jedoch in diesem Zusammenhange die, ob für Vermögen, das durch Wucher, Raub, Schiebung oder ähnliche Manipulationen, die einen „Vermögenseffekt" zeitigen, gebildet wurde, nicht doch eine „Sonderbehandlung" gerechtfertigt ist. Ganz gewiß ist das aber keine Frage des Steuerrechtes. Einem Vermögen, das einer bestimmten Steuer unterworfen werden soll, sieht man letztlich (oder nur sehr selten) an, ob es u. U. nicht ganz legal oder sogar widerrechtlich in die Verfügungsgewalt eines Zensiten gelangte. Hier ist aber im jeweiligen Einzelfall das Strafrecht und/oder Wirtschaftsrecht zu konsultieren, zumal ja auch, was als „eine Besonderheit des Steuertatbestandes" anzusehen ist, „die Besteuerung nur an den Steuertatbestand anknüpft und nicht eine Regelung des Steuertatbestandes selbst ist". Werner *Flume:* Der gesetzliche Steuertatbestand und die Grenztatbestände in Steuerrecht und Steuerpraxis. In: Steuerberater-Jahrbuch 1967/68, Köln 1968, S. 64.

hören“[60]. Steuerwirtschaftlich betrachtet ist die „Schonung des Vermögens und Kapitals“ auch heute noch ein „allgemeinrichtiger und hochwichtiger Satz der neueren Steuertheorie“ (Adolph Wagner). Gestützt auf die Kenntnisse über die Funktion des Kapitals und Vermögens in einer Volkswirtschaft muß „(i)n dem jeweiligen Gegenwartsvermögen (auch) ... das potentielle Vermögen von morgen“ gesehen werden[61]. Die Annahme, daß in die Besteuerung der Vermögenssubstanz die Besteuerung nicht eingeschlossen zu werden braucht, bei der „zwar noch nicht das Vermögen verringert, sondern nur die Neubildung von Vermögensgütern erschwert, d.h. die Kapitalbildung ungünstig beeinflußt“[62] wird, ist u.E. in dieser uneingeschränkten Form nicht haltbar.

Einerseits würde zwar eine Besteuerung, die sich auf die „Neubildung von Vermögensgütern“ erschwerend auswirkt, noch keine Vermögenssubstanz treffen, aber u.U. doch — wenn schon ihr Wachstum verhindert wird — deren Erhaltung in Frage stellen können. Andererseits würde sich der Staat damit eines steuertechnisch und steuerpolitisch außerordentlich handlichen Instrumentes begeben. Auch in freiheitlich-demokratisch organisierten Rechtsstaaten ist es sinnvoll, auf den Prozeß der Vermögensbildung in der Form und Intensität regulierend einwirken zu können, wie es nach der jeweiligen gesellschaftspolitischen Konzeption für wünschenswert gehalten wird. Bedenklich ist aber auf jeden Fall, wenn infolge der Besteuerung eine Neubildung von Vermögen gar nicht mehr möglich wird. Daher bleibt es bei der Forderung an den Steuergesetzgeber, „die Schwachen, die selbst Eigentum bilden wollen, zu schonen“[63]. Von einer gesamtwirtschaftlichen Warte aus betrachtet, erscheint es durchaus möglich, daß die Vermögenden aus der Sicht staatspolitischer Sozialität leistungsfähiger werden, wenn die Nicht-Vermögenden (wenigstens) vom Status der Armut befreit werden und gleichzeitig von der Leistungsfähigkeit der Vermögenden profitieren. Da „(w)irtschaftliche Macht ... in der modernen Gesellschaft ... bereits ... über die Einflußnahme auf den Vermögenszuwachs“ regulierbar ist, liegt hierin nicht nur „eine wahrhaft revolutionäre Situation“[64]. Vielleicht bietet sich damit auch die Chance, nicht nur eine „Übereinstim-

---

[60] Gerhard *Weisser:* Vermögen und Vermögenspolitik. In: Handwörterbuch der Sozialwissenschaften, Bd. 11, Tübingen und Göttingen 1961, S. 163. Hervorhebung von uns.

[61] Bruno *Gleitze:* Sozialkapital und Sozialfonds als Mittel der Vermögenspolitik, a.a.O., S. 23.

[62] Hubertus *Herz:* Theorie der Substanzbesteuerung, a.a.O., S. 21.

[63] Gerhard *Weisser:* Die Stellung des Eigentums in der Steuerreform, a.a.O., S. 536.

[64] Bruno *Gleitze:* Sozialkapital und Sozialfonds als Mittel der Vermögenspolitik, a.a.O., S. 23.

mung von Steuersystem und Wirtschaftssystem“[65] mit herbeizuführen, sondern auch dafür zu sorgen, daß „die Wettbewerbsordnung als theoretisch ideale Verwirklichungsform“[66] sich weiterhin entfalten kann. Damit würde ein Beitrag dazu geleistet, die Leistungsfähigkeit, die einer Wettbewerbswirtschaft immanent ist, auch künftig zunutze zu machen[67].

Nicht zuletzt entscheidet die Neuverteilung des erst noch zu bildenden Vermögens auch über „die gesellschaftliche Struktur der kommenden Generation“[68]. Der Grundsatz der steuerlichen Schonung des Vermögensstockes hat seit der Entwicklung des kapitalistischen Wirtschaftssystems in Staaten, die eine freie Vermögensbildung gestatten, zunehmend an Ansehen gewonnen. Das gilt auch für die Bundesrepublik Deutschland.

f) „Radizierbarkeit“ der Besteuerungsmöglichkeiten auf das (vorbestimmte) Steuerobjekt

Der „Radizierbarkeit“ der Besteuerungsmöglichkeiten Aufmerksamkeit zu widmen, hat Johannes *Popitz* erstmals empfohlen. Er hält „solche Steuern für die Gemeinden besonders geeignet, bei denen eine starke örtliche Verknüpfung unmittelbar im steuerlichen Tatbestande selbst liegt“[69].

Man kann diesen Popitz’schen Grundsatz[70] verallgemeinernd auch als *Grundsatz der „Radizierbarkeit“ der Steuern* definieren.

---

[65] Günter *Schmölders:* Steuersystem und Wettbewerbsordnung. In: ORDO, Jahrbuch für die Ordnung von Wirtschaft und Gesellschaft, 3. Bd. 1950, S. 317.

[66] Ebenda, S. 141.

[67] Bodo B. *Gemper:* Das Nationalbudget — ein Mittel planvoller Wirtschaftspolitik, a.a.O., S. 335.

[68] Bruno *Gleitze:* Lohnpolitik und Vermögensverteilung, a.a.O., S. 55; *ders.:* Produktivität, Lohn, Arbeitszeit, a.a.O., S. 20, sowie *ders:* Die lohnpolitische Situation. In: Konjunkturpolitik. Zeitschrift für angewandte Konjunkturforschung, 3. Jg., Berlin 1957, S. 13. Diese strukturelle Beeinflussung ist nicht nur als einmaliger Vorgang, sondern vielmehr als ein Prozeß, der sich über Generationen hinweg erstreckt, zu sehen.

[69] Johannes *Popitz:* Der künftige Finanzausgleich zwischen Reich, Ländern und Gemeinden. Gutachten, erstattet der Studiengesellschaft für den Finanzausgleich. Berlin 1932, S. 114.

[70] Die beispielsweise von H. *Kuß* an Popitz’ Besteuerungsprinzip der Radizierbarkeit vorgetragene Kritik bezieht sich in ihrem Kern auf seinen Gehalt als Beurteilungskriterium, an Hand dessen geprüft werden soll, ob eine bestimmte Steuer als Gemeindesteuer geeignet erscheint. Das mindert jedoch die prinzipielle Bedeutung, die dem Popitzschen Gedanken zugrunde liegt, nicht. Vgl. zur Kritik: Helmut *Kuß:* Müssen Gemeindesteuern örtlich „radizierbar“ sein? Johannes Popitz und sein Einfluß auf die kommunale Finanz-

Bei der Verwirklichung steuerwirtschaftlicher oder steuerpolitischer Zielsetzungen sollte die Besteuerung des Einkommens einer *örtlich* bestimmbar ausgeübten Tätigkeit oder des Ertrages eines *räumlich* festlegbaren Vermögensgegenstandes immer nach einer *objektiven,* d.h. auf das Steuerobjekt bezogenen, sowie nach einer *subjektiven,* d. h. auf das Steuersubjekt bezogenen, Betrachtung erfolgen. Im Vordergrund der Überlegungen steht also die *Treffsicherheit,* mit der ein (vorbestimmtes) Steuerobjekt erfaßt wird. Der Grad dieser Treffsicherheit entscheidet darüber, ob die beabsichtigten Steuerwirkungen in Art, Ausmaß und Ausrichtung eintreten.

Das Postulat der „Radizierbarkeit" der Besteuerungsmöglichkeiten auf das (vorbestimmte) Steuerobjekt sollte etwa lauten:

In einem gegebenen Steuersystem ist bei verschiedenen Besteuerungsmöglichkeiten diejenige Steuer auszuwählen, bei der ein hoher Grad von *Treffsicherheit* besteht, das fiskalisch zu belastende Steuerobjekt auch tatsächlich zu erfassen.

g) Wechselwirkungen zwischen den verschiedenen Besteuerungsmöglichkeiten und alternative Heranziehung potentieller Steuerquellen

Popitz hatte mit seinem „Grundsatz der Wechselwirkungen zwischen den Besteuerungsmöglichkeiten und den Gemeindeausgaben" primär einen deckungspolitischen Gesichtspunkt im Auge. Er forderte, „daß die Besteuerungsmöglichkeiten der Gemeinden so ausgewählt werden müssen, daß sie möglichst auch in solchen Gemeinden die Deckung der Gemeindeausgaben bringen können, die nicht über eine wohlhabende Bevölkerung verfügen"[1]. Es erscheint gerechtfertigt, diesen Überlegungen einen grundsätzlicheren Charakter beizumessen.

Vom Standpunkt eines Steuersystems, das „die planmäßige Heranziehung der verfügbaren Steuerobjekte durch die abgabeberechtigten Gemeinwesen, unter zweckentsprechender Rücksichtnahme auf die bestehenden fiskalischen, volkswirtschaftlichen und rechtlichen Verhältnisse und Bedürfnisse eines Landes"[2] anstrebt, ist die Beachtung der Wechselwirkungen zwischen den (verschiedenen) Besteuerungsmöglichkeiten sehr wichtig. Ohne diese Rücksichtnahme ist eine systemgerechte Besteuerung, deren Ausgangspunkt die verfügbaren Steuerquellen[3]

---

verfassung in Deutschland. In: Archiv für Kommunalwissenschaften, 4. Jg., Stuttgart und Köln 1965, S. 47 ff. (65 ff.). (Keinesfalls kann man der Kritik beipflichten, Radizierbarkeit, Wechselwirkung und Äquivalenz seien im System von Popitz Synonyma. Ebenda, S. 73 [98].)

[1] Johannes *Popitz:* Der künftige Finanzausgleich zwischen Reich, Ländern und Gemeinden, a.a.O., S. 116.

[2] Ernst *Blumenstein:* Ein schweizerisches Steuersystem, a.a.O., S. 5.

[3] Ebenda, S. 6.

bilden, nicht — zumindest jedoch nur unzureichend — möglich. Der systemgerechte Aufbau eines Steuersystems ist aber notwendig, um dem „Gesichtspunkt der ‚Reproduktivität' der öffentlichen Einnahmen" Rechnung tragen zu können[4]. Deshalb ist der Auswahl der volkswirtschaftlich zweckmäßigsten Steuerquellen gebührende Aufmerksamkeit zu widmen. Die alternative Heranziehung der potentiellen Steuerquellen ist dabei von der mit der Steuer oder einem Steuerbündel verfolgten Zwecksetzung abhängig.

Die nun folgenden drei Grundsätze der Besteuerung bilden innerhalb der wirtschaftspolitischen Besteuerungsgrundsätze eine eigene Gruppe. Sie sind Postulate „einer stabilitätspolitischen Orientierung der Steuerpolitik"[5], also ‚ökonomisch motivierte Postulate'[6].

h) Konjunkturgerechte Flexibilität der Besteuerung

Dieser Grundsatz der konjunkturgerechten Flexibilität der Besteuerung, oder der „Grundsatz der aktiven Flexibilität", wie ihn Neumark auch nennt[7], gebietet, *„daß die Steuerpolitik durch*

a) *eine entsprechende Gestaltung der Steuersystemstruktur einerseits, der*

b) *politisch-rechtlichen Befugnisse zur konjunkturgerechten Variation der Steuerlasten (und damit der Erträge) andererseits in die Lage versetzt wird, stabilitätsgefährdenden Entwicklungstendenzen, sei es inflatorischer, sei es deflatorischer Natur, zu ihrem Teil rechtzeitig wirksam zu begegnen"*[8].

Dieses Postulat ist auch Indiz für den Wandel, der sich in der Wirtschaftspolitik vollzogen hat. Es spiegelt den „ausgeprägten Stilwandel"

---

[4] Gemäß dem Grundsatz der *Reproduktivität* der öffentlichen Einnahmen soll die Einnahme, „wie Lor. v. Stein es bezüglich der Steuern ausdrückte, wirtschaftlich ‚reproduktiv' sein, d. h. sie soll die Produktion und damit die Fähigkeit der Volksgemeinschaft zur Aufbringung von Einnahmen im Endergebnis nicht schwächen, sondern heben". Walter *Weddigen:* Allgemeine Finanzwissenschaft, a.a.O., S. 68, sowie *ders.:* Allgemeine Finanzwissenschaft nebst einem Überblick über das Steuersystem der BRD. 4., neu bearbeitete und ergänzte Auflage, Berlin 1964, S. 75 f. So auch bei Wilhelm *Gerloff,* der diesen Gedanken, „den *Stein* glücklich in dem Satze formuliert", zitiert: „Die Steuerkraft soll die Steuer, die Steuer die Verwaltung, die Verwaltung aber wieder die Steuerkraft erzeugen". Wilhelm *Gerloff:* Steuerwirtschaftslehre. In: Handbuch der Finanzwissenschaft, Bd. 1, Tübingen 1926, S. 453.

[5] Fritz *Neumark:* Grundsätze der Besteuerung, a.a.O., S. 25 ff.

[6] Ebenda, S. 27.

[7] Ebenda, S. 25.

[8] Ebenda, S. 25/26.

von der reaktiven zur aktiven Wirtschaftspolitik[9] wider. In Befolgung dieses Grundsatzes gilt es, sich rechtzeitig der Entwicklung der Wirtschaftskonjunktur anzupassen. Als Mittel dazu wird eine der Konjunkturlage entsprechende „steuerrechtlich bewirkte Erhöhung *oder Senkung* des (Steuer-)Aufkommens“[10] empfohlen. Richtig verstanden und angewendet verlangt dieser Grundsatz auch „ein aktives Eingreifen“, d. h. „eine konjunkturpolitisch orientierte Veränderung der steuergesetzlichen ... Vorschriften“[11].

Diese „Verträglichkeit (einer Steuer, d. Verf.) mit der steuerlichen Konjunkturpolitik des Staates“[12] ist in der Bundesrepublik — wie in jedem modernen Industriestaat, wo der Staat dazu neigt, sich auch „der Steuerpolitik als eines (seiner) Instrumente zur Konjunkturstabilisierung zu bedienen“[13] — bedeutsam. Erinnert sei an die Rolle, die die Einkommensteuer hier übernommen hat. So hat man sich auch in USA wiederholt zur Regulierung der Gesamtnachfrage der persönlichen und der korporativen Einkommensteuer bedient, die sich „hervorragend zur Regulierung der Nachfrage“ eignet[14].

Neumark weist darauf hin[15], daß dieser Grundsatz ebenso wie das Postulat der deckungspolitischen Elastizität „durchaus nicht im Widerspruch“ zu dem „richtig verstandene(n) Grundsatz der Stetigkeit des Steuerrechts“ zu stehen braucht[16].

i) Eingebaute Elastizität des Steuersystems

Der Grundsatz der automatisch wirksam werdenden Elastizität, beinhaltet ein Postulat, wonach ein Steuersystem so gestaltet werden sollte, *„daß sich automatisch, d. h. ohne steuerliche Modifikationen, eine ... konjunkturgerechte Anpassung von Steuerlasten und -erträgen an die wechselnden Wirtschaftssituationen realisiert“*[17].

---

[9] Egon *Tuchtfeldt:* Die volkswirtschaftliche Rahmenplanung im Widerstreit der Meinungen, a.a.O., S. 10.

[10] Fritz *Neumark:* Grundsätze der Besteuerung, a.a.O., S. 15.

[11] Ebenda, S. 26.

[12] Hartmut *Görgens:* Gemeindeeinkommensteuer versus Gemeindeumsatzsteuer, a.a.O., S. 77.

[13] Ebenda.

[14] John Kenneth *Galbraith:* Die moderne Industriegesellschaft, München und Zürich 1968, S. 256.

[15] Fritz *Neumark:* Einige neuere Probleme und Aspekte der Fiskalpolitik. In: Zeitschrift für Nationalökonomie, Bd. XXVI, Wien und New York 1966, S. 216.

[16] Ebenda.

[17] Fritz *Neumark:* Grundsätze der Besteuerung, a.a.O., S. 26.

Dieser Grundsatz steht „in schroffem Widerspruch zu dem früheren Ideal der ‚Krisenfestigkeit' von Steuern"[18]. Dieses früher vertretene Postulat der Stetigkeit des Steuerertrags[19] kann als „überholt gelten, ja, ... es werden gegenwärtig an eine rationale Steuer- und Haushaltspolitik Anforderungen gestellt, die (auf) das genaue Gegenteil"[20] hinauslaufen. Diese Änderung wurde möglich, nachdem der Übergang von nur haushaltsrechtlichem und fiskalischem Denken zu gesamtwirtschaftlichen Überlegungen vollzogen worden war und sich ein gestaltungsfreundlicheres Bewußtsein manifestierte. Die Ursache für dieses gewandelte Zuordnungsverhältnis liegt nicht zuletzt in dem „Doppelcharakter der öffentlichen Finanzwirtschaft" begründet, der sich darin äußert, daß „(d)ie öffentliche Finanzwirtschaft ... dadurch charakterisiert ... (ist), daß es sich bei ihr auf der einen Seite um ein ökonomisches Gebilde handelt, auf der anderen um ein Organ des Staates, der ihr durch seine spezifisch politischen Handlungsmotive, Ziele und Mittel ein besonderes Gepräge verleiht"[21].

Die Vorstellungen klassisch-liberaler Budgetpolitik wurden mit der Relativierung des Postulates des haushaltspolitischen Gleichgewichts, von Vorstellungen über „Cyclical budgeting", „Compensatory budgeting" und „Stabilizing budgeting" (Deckungspolitik zur Verwirklichung einer „Economic Stability") abgelöst.

Daß eine Diskussion um „deficit-spending", „spending without deficit" (Haavelmo- oder balanced budget theorem) sowie „deficit without spending" Bedeutung gewinnen konnte, ist ebenfalls Ausdruck des Überganges „vom Anteilsystem zum Kontrollsystem", wie es Fritz Karl *Mann* schon vor vier Jahrzehnten beschrieben hat[22].

Das Prinzip der „built-in flexibility" enthebt (gegenüber der aktiven Flexibilität) die Träger der Wirtschafts- und Steuerpolitik der Pflicht, Ermessensentscheidungen („discretionary measures") zu treffen[23].

---

[18] Ebenda.

[19] Vgl. ebenda, S. 10 f.

[20] Ebenda, S. 11. Fritz Karl *Mann* spricht sogar davon, daß „(d)ie Beziehungen von Finanzwirtschaft und Volkswirtschaft ... gewaltsam intensiviert" wurden. F. K. *Mann:* Steuerpolitische Ideale. Vergleichende Studien zur Geschichte der ökonomischen und politischen Ideen und ihres Wirkens in der öffentlichen Meinung 1600—1935. Finanzwissenschaftliche Forschungen, Heft 5, Jena 1937, S. 341 f.

[21] Fritz *Neumark:* Finanzpolitische Aufgaben. In: Die Deutsche Wirtschaft an der Jahreswende 1958/1959 — Konjunkturdämpfung und Vollbeschäftigung. Der Volkswirt, Wirtschafts- und Finanz-Zeitung, Nr. 51/52, Frankfurt (M) 1958, S. 81.

[22] Vgl. Fritz Karl *Mann:* Die Staatswirtschaft unserer Zeit. Eine Einführung. In: Finanzwissenschaftliche Forschungen, Heft 1, Jena 1930, S. 1 ff., sowie *denselben:* Steuerpolitische Ideale. Vergleichende Studien zur Geschichte der ökonomischen und politischen Ideen und ihres Wirkens in der öffentlichen Meinung 1600—1935, a.a.O., S. 342.

[23] Vgl. Fritz *Neumark:* Grundsätze der Besteuerung, a.a.O., S. 27.

Ist doch „ihr Wirksamwerden ... nicht von häufig mehr oder minder fragwürdigen Konjunkturdiagnosen und -prognosen abhängig"[24]. Das Prinzip der „eingebauten Flexibilität" muß jedoch in vielen Fällen anderen Forderungen weichen, weil „nach heute wohl vorherrschender Ansicht die automatische (eingebaute) Elastizität der Besteuerung jedenfalls bei schweren oder/und länger dauernden Wirtschaftsstörungen zu deren Beseitigung nicht ausreicht, sondern durch diskretionäre Maßnahmen ergänzt werden muß"[25].

Zur Regulierung der Gesamtnachfrage, deren Zweckmäßigkeit heute allgemein anerkannt wird[26], hat man sich beispielsweise in den USA „hauptsächlich auf ein gleichbleibend hohes Maß an Staatsausgaben verlassen (können), die von einem sich selbst regulierenden Steueraufkommen getragen werden"[27].

Auf der einen Seite sind die Diskussionen über solche „diskretionäre Maßnahmen" im Kreise um die Stabilität der Wirtschaft besorgter Wirtschafts- und Finanzpolitiker ernstzunehmen. Auf der anderen Seite gibt der zu beobachtende Prozeß der Politisierung der Finanz- und Steuerpolitik zu Besorgnis Anlaß. In weiten Bereichen werden aus metaökonomischen Motiven[28] für das störungsfreie Funktionieren einer Verkehrswirtschaft ideal zu bezeichnenden Lenkungs- und Steuerungsmechanismen ohne zwingenden Grund verdrängt oder stark behindert. Zum Ausgleich müssen dann später (institutionalisierte) Steuerungssurrogate installiert werden, die den gewünschten Ablauf des Wirtschaftsprozesses durch Interventionismen sicherstellen. Damit setzt man sich der Gefahr aus, ständig (dirigistisch) in den Wirtschaftsablauf intervenieren zu müssen mit allen damit verbundenen Risiken, die sich ergeben können bei der Bestimmung der Richtung, des Zeitpunktes und der Dosierung dieser Maßnahmen.

Unter solchen Umständen ist es ausgeschlossen, das Steuersystem ... so zu gestalten, damit es dem Postulat der passiven Elastizität „optimal zu genügen vermag"[29].

---

[24] Ebenda.

[25] Ebenda.

[26] John Kenneth *Galbraith:* Die moderne Industriegesellschaft, a.a.O., S. 252.

[27] Ebenda, S. 255 f.

[28] Diesem Begriff stehen die „rein fiskalischen Motive" in der Formulierung E. Blumensteins gegenüber. Ernst *Blumenstein:* Ein schweizerisches Steuersystem, a.a.O., S. 12.

[29] Fritz *Neumark:* Grundsätze der Besteuerung, a.a.O., S. 27.

k) Ansporn- und wachstumspolitische Ausrichtung der Besteuerung

Neumark formuliert dieses Prinzip bewußt „negativ“[30]. Er fordert, daß „das Steuersystem so zu gestalten (sei), daß es im einzelnen wie im ganzen keine wachstumshemmenden und den Anreiz zu Mehrarbeit, -produktion und -investition verringernden Wirkungen ausübt“[31]. Neumark hat Zweifel, ob „das *Gesamt*wirtschaftswachstum“ dadurch erhöht oder doch in einem Ausmaß aufrechterhalten werden kann, daß „durch differenzierende Fiskalbelastungen einzelne Wirtschaftszweige, -formen usw. zur Expansion angereizt werden“[32]. Die Zweifel lassen sich möglicherweise ausräumen, wenn die Gedanken einer Dispositionsorientierung und staatspolitischen Sozialität stärker berücksichtigt werden.

Aus der Sicht einer modernen Wirtschafts- und Finanzpolitik, die zunehmender „Politisierung“ unterworfen ist, dürfte „eine Steuerpolitik, die durch bewußte fiskalische Förderung (Vorzugsbehandlung) überdurchschnittlich wachstumsintensiver Wirtschaftssektoren Veränderungen der Ressourcenallokation hervorruft“, zweckdienlich sein[33].

Zusammenfassend läßt sich feststellen: Die Prinzipien der ‚aktiven Flexibilität‘ und der ‚passiven Elastizität‘ zielen auf das gleiche. „(E)ine Senkung der Steuererträge in Rezessions- bzw. Deflationszeiten, ihre Erhöhung in Boom- bzw. Inflationsperioden ... soll der Wiederherstellung des gesamtwirtschaftlichen Gleichgewichts und der finanziellen Stabilität dienen“[34]. Demgegenüber ist der Grundsatz der ansporn- und wachstumspolitischen Ausrichtung der Besteuerung dahingehend zu interpretieren, daß das gesamte Steuersystem so beschaffen sein soll, daß es eine Erhöhung, wenigstens aber die Erhaltung eines (bestimmten) gesamtwirtschaftlich für notwendig erachteten Wachstums gewährleistet. Zumindest muß aber erwartet werden, daß von ihm keine wachstumsverringernden oder -störenden Wirkungen ausgehen.

3. Ethisch-sozialpolitische Grundsätze der Besteuerung

Ethisch-sozialpolitische Grundsätze der Besteuerung zu formulieren, heißt Gefahr zu laufen, auf den schwankenden Boden des Wunschdenkens zu geraten.

---

[30] Vgl. ebenda, S. 27 f.

[31] Ebenda, S. 28.

[32] Ebenda, S. 27 f.

[33] Ebenda, S. 28.

[34] Ebenda, S. 26 f.

Bei diesen Besteuerungsprinzipien handelt es sich um Probleme der Gerechtigkeit, deren Lösung nur vor dem Hintergrund sehr engagiert subjektiver Vorstellungen möglich ist. Deshalb werden wir sie als Kriterien für die Prüfung der Vermögensteuer soweit wie möglich ausschalten. Da für sie „normative Vorstellungen eine außerordentlich große Bedeutung besitzen“[1], ist nicht zu erwarten, daß sie — vom Standpunkt der Zweckmäßigkeit und Sachgerechtigkeit aus beurteilt — zu einer nennenswerten Klärung steuer*wirtschaftlicher* Probleme beitragen. Aus diesem Grunde ist schon längst *„neben die Forderung nach gerechter Besteuerung als gleichberechtigt . . . diejenige nach volkswirtschaftlich bester Besteuerung getreten“*[2]. Die Frage: „Was ist Gerechtigkeit? ist . . . eine philosophische und eine religiöse Frage“[3], wenn nicht gar eine „Pilatusfrage“[4].

„Das *Prinzip der Gerechtigkeit* ist“ in der Tat „ein ethisches, kein finanzwirtschaftliches Prinzip“[5,6]. Seine Beantwortung ist nicht Sache des Wirtschaftswissenschaftlers.

---

[1] Fritz *Neumark:* Grundsätze der Besteuerung, a.a.O., S. 15.

[2] Fritz *Terhalle:* Steuerumbau als Aufgabe für morgen. In: Finanzarchiv, N. F., Bd. 9, Tübingen 1943, S. 192.

[3] Max *Weber* (Bern): Probleme der Sozialpolitik. In: Gewerkschaftliche Rundschau. Monatsschrift des Schweizerischen Gewerkschaftsbundes, Heft 7/8, Bern 1967, S. 227.

[4] Walter *Eckhardt:* Grundsatzfragen der Steuerpolitik aus der Sicht des steuerlichen Beraters, a.a.O., S. 251.

[5] Wilhelm *Gerloff:* Steuerwirtschaftslehre. In: Handbuch der Finanzwissenschaft, Bd. 1, Tübingen 1926, S. 452.

[6] Zur Frage der *Gerechtigkeit* in der Wirtschafts- und Finanz- resp. Steuerpolitik vergleiche ferner u. a.:

Alfred *Amonn:* Gerechtigkeit und Zweckmäßigkeit in der Besteuerung. In: Probleme der öffentlichen Finanzen und der Währung, Festgabe für Eugen Grossmann, Zürich 1949, S. 1—14.

Irene *Blumenstein:* Die Steuergerechtigkeit in der Rechtsordnung. In: Archiv für schweizerisches Abgaberecht, N. F. der Vierteljahrsschrift für schweizerisches Abgaberecht, Bd. 9., Heft 8, Bern 1940, S. 273—291.

Eugen *Grossmann:* Das Gerechtigkeitsproblem in der Steuerpolitik. In: Schweizerische Zeitschrift für Volkswirtschaft und Statistik, 83. Jg., Nr. 2, Bern 1947, S. 97—118.

Friedrich A. *von Hayek:* Wirtschaft, Wissenschaft und Politik. Freiburger Antrittsvorlesung am 18. Juni 1962. In: Freiburger Universitätsreden, Veröffentlichungen der Albert-Ludwigs-Universität und der Wissenschaftlichen Gesellschaft Freiburg, N. F., Heft 34, insbes. S. 11 ff.

Fritz Karl *Mann:* Grundsätze der Besteuerung. Ein Vortrag. In: Schmollers Jahrbuch für Gesetzgebung, Verwaltung und Volkswirtschaft im Deutschen Reiche, 50. Jg., I. Hbd., München und Leipzig 1926, insbes. S. 66—77.

Fritz Karl *Mann:* Beiträge zur Soziologie. In: Finanzarchiv, N. F., Bd. 2, Tübingen 1933/34, insbes. S. 302—310.

Volker *Paimann:* Zur Problematik der gerechten Vermögensverteilung. Untersuchungen zur Geschichte einer Idee in der Philosophie des 19. Jahrhunderts. Heidelberg 1964.

Die Beantwortung der Frage: „Was ist gerechte Besteuerung?“ ist nicht nur in Raum und Zeit, sondern auch innerhalb eines Landes — während einer bestimmten Zeitspanne — von einer gesellschaftlichen Gruppe zur anderen“[7] sehr verschieden. Daher erhält das Postulat der Gerechtigkeit „seine inhaltliche Bestimmung“ jeweils erst „durch dahinterstehende Staats- und Wirtschaftsideale“ (Jecht)[8]. Auf die „historische Relativität der ‚Steuer-Gerechtigkeit‘“ hat schon Adolph Wagner hingewiesen. Weil „das *‚Gerechte‘*, wie alles *‚Sittliche‘* überhaupt, nichts *Absolutes,* sondern etwas *zeitlich (historisch)* und *örtlich Relatives,* durch die *Cultur des Volks Bedingtes“*[9] sei, hat er vorgeschlagen, „die Frage der ‚gerechten‘ Besteuerung nur für“ eine bestimmte „Cultur- und Rechtsperiode ins Auge“[10] zu fassen[11].

Irene *Blumenstein* erachtet demgegenüber die Gerechtigkeit als „Ziel *rechtsstaatlicher Ausgestaltung* und *rechtsstaatlicher Anwendung* der Steuer“[12], der „zu dienen ... die vornehmste Aufgabe des Juristen, wie in jedem Rechtsgebiet so auch im Steuerrecht“[13] ist. Dieses Gerechtigkeitspostulat hat wohl in erster Linie die Aufgabe, die verfassungsmäßig garantierte *Gleichbehandlung gleicher Tatbestände* vor dem Gesetz zu sichern. In diesem Sinne ist der „Grundsatz der Gleichheit vor dem Gesetz“ in der Tat „Mittelpunkt einer verfassungsmäßigen Handhabung des Steuerrechtes“ und damit „juristischer Ausdruck der Steuer-

Hans *Peter:* Das Problem der Gerechtigkeit und die Theorie der Steuerverteilung. In: Finanzarchiv, N. F., Bd. 2, Tübingen 1933/34, S. 41 ff.

Adolph *Wagner:* Oberste Grundsätze der Besteuerung. In: Lehr- und Handbuch der politischen Oekonomie, vierte Hauptabteilung: Finanzwissenschaft, zweiter Teil: Theorie der Besteuerung, Gebührenlehre und allgemeine Staatslehre, 2. Aufl., Leipzig 1890, insbes. S. 379—425.

Oswald *von Nell-Breuning:* Über Wirtschaft und Gerechtigkeit. In: Finanzarchiv, N. F., Bd. 27, Heft 3, Tübingen 1968, S. 557—561.

Emil *Küng:* Wirtschaft und Gerechtigkeit. Sozialethische Probleme im Lichte der Volkswirtschaftslehre. St. Galler Wirtschaftswissenschaftliche Forschungen, Bd. 24, Tübingen 1967.

7 Fritz *Neumark:* Grundsätze der Besteuerung, a.a.O., S. 15 f.

8 Zitiert nach Fritz *Terhalle:* Die Finanzwirtschaft des Staates und der Gemeinden, a.a.O., S. 162.

9 Adolph *Wagner:* Oberste Grundsätze der Besteuerung, a.a.O., S. 379 f.

10 Adolph *Wagner:* Oberste Grundsätze der Besteuerung, a.a.O., S. 381. „Der ganze Begriff der ‚Gerechtigkeit‘ verändert sich und offenbart sich damit überhaupt ... als ein historischer Begriff“, bekräftigt Wagner diesen Standpunkt an einer späteren Stelle. A. Wagner, ebenda, S. 386.

11 Fritz *Neumark* spricht in diesem Zusammenhang völlig zutreffend auch von „den *herrschenden* Gerechtigkeitsvorstellungen“, denen man durch die Berücksichtigung der Grundsätze steuerlicher Gerechtigkeit entsprechen will. Fritz *Neumark:* Grundsätze der Besteuerung, a.a.O., S. 19 (Hervorhebung von uns).

12 Irene *Blumenstein:* Rechtsstaatliche Ausgestaltung und Anwendung der Steuer. In: Archiv für schweizerisches Abgaberecht, N. F. der Vierteljahrsschrift für schweizerisches Abgaberecht, 25. Bd., Heft 9, Bern 1957, S. 356.

13 Ebenda.

gerechtigkeit“[14]. Diese Gleichheit vor dem Gesetz, die hier als juristischer Ausdruck der Steuergerechtigkeit sich äußert, ist relativ zu verstehen. Der Gleichheitssatz im Steuerrecht ist Ausdruck einer Forderung nach formaler Gleichheit. So ist es auch zu verstehen, daß die konkrete Ausprägung des Steuerrechtes weitgehend von diesem Gleichheitssatz bestimmt wird[15]. Ernst Blumenstein hat den Grundsatz der Gleichheit vor dem Gesetz zu Recht in den „Mittelpunkt einer verfassungsmäßigen Handhabung des Steuerrechtes“[16] gerückt.

Steuerliche Gerechtigkeit bedeutet auch fiskalische Gleichbehandlung von Zugehörigen ganz bestimmter sozioökonomischer *Gruppen*, wenn letztere — durch klar abgrenzbare Merkmale — unterscheidbar sind. Die Forderungen nach Gleichheit aller vor dem Gesetz im Steuerrecht ist insofern nur formal realisierbar, weil tatsächlich eine Gleichbehandlung nur innerhalb bestimmter Wirtschaftsgruppen durchführbar ist. Denn der Grundsatz der Gleichheit aller vor dem Gesetz besagt, daß alle diejenigen, auf die ein im Gesetz gleicher Steuerrechtstatbestand zutrifft, gleich zu behandeln sind und in jedem anderen Falle — eine andere Regelung nicht nur erlaubt, sondern sogar notwendig ist. Sieht jedoch ein Gesetz Tatbestände vor, die eine wirtschaftlich differenzierende Behandlung in dem Sinne des oben erwähnten Grundsatzes der staatspolitischen Sozialität vorschreiben, so steht eine solche Behandlung nicht im Widerspruch zum Prinzip der Gleichbehandlung. Voraussetzung ist allerdings, daß alle Zensiten, die dem Prinzip der staatspolitischen Sozialität gemäß in den „Genuß“ steuerlicher Präferenzen gelangen sollen, diese ausnahmslos auch in Anspruch nehmen können. Eine derart an der wirtschaftlichen Zweckmäßigkeit ausgerichtete steuerliche Gleichbehandlung entspricht einer realistischen Auffassung von einer Differenzierung entsprechend den Prinzipien der steuerlichen Leistungsfähigkeit und der staatspolitischen Sozialität. Sie macht zugleich deutlich, daß es sich bei der Besteuerung immer nur um eine *relative* Gleichbehandlung der Zensiten handeln kann. Damit erklärt sich auch J. *Koulis'* Beobachtung der „Zurückdrängung des Prinzips der Steuergerechtigkeit in der Steuerpraxis durch fiskalwirtschaftliche Notwendigkeiten“[17].

---

[14] Ernst *Blumenstein:* Die Auslegung der Steuergestze in der schweizerischen Rechtsprechung. In: Archiv für schweizerisches Abgaberecht. N. F. der Vierteljahrsschrift für schweizerisches Abgaberecht, 8. Bd., Heft 5/6, Bern 1939, S. 186.

[15] Vgl. dazu Franz *Klein:* Gleichheitssatz und Steuerrecht. Eine Studie über Gleichheit und Gerechtigkeit der Besteuerung im System des Grundgesetzes, Köln - Marienburg 1966.

[16] Ernst *Blumenstein:* Die Auslegung der Steuergesetze in der schweizerischen Rechtsprechung, a.a.O., S. 186.

[17] Johannes *Koulis:* Soziale Gestaltung der Besteuerung oder Volkswirtschaftliche Steuerpolitik (Recht und Staat in Geschichte und Gegenwart, Sammlung: 136), Tübingen 1949, S. 6.

Wenn S. *Katterle* auffällt, „daß das dem Sachverständigenrat vorgegebene wirtschaftspolitische Zielsystem *keine verteilungspolitische Zielaussage enthält*" und „(a)uch das von Giersch vorgeschlagene ‚Ziel der sozialen Gerechtigkeit ganz außer acht' läßt"[18], so ist das u. a. als Anzeichen dafür werten, daß man in diesem Sachverständigengremium nach Möglichkeit Äußerungen vermeidet, die bloß *deklamatorischen Wert* besitzen. Das bedeutet eine deutliche Abkehr von einer Verabsolutierung des Gerechtigkeitsgedankens. Damit will man jedoch nicht dem Gebot der Gerechtigkeit bei der Deutung und Auslegung steuerlicher Tatbestände untreu werden. Dieses Gebot besteht nämlich, wie G. *Weisser* formuliert, „in dem Verbot, fremde Interessen anders zu berücksichtigen, als wären sie zugleich unsere eigenen"[19]. Im übrigen ist das Postulat der Gerechtigkeit ebenso wie auch das der Gleichmäßigkeit vieldeutig und muß jeweils „bei einer praktischen Bezugnahme inhaltlich präzisiert werden, wenn Mißverständnisse vermieden werden sollen"[20].

Wir versuchen daher die Fragen, die mit Gerechtigkeitsüberlegungen im Zusammenhang stehen, unter dem Aspekt der Zweckmäßigkeit zu sehen, — ein Standpunkt, den Alfred *Amonn* bisher sehr ausgeprägt vertreten hat: „‚Gerechtigkeit' ist nämlich viel mehr ein *Gefühl* denn ein Denkobjekt, und sofern sie ein solches ist, kann es doch nicht eines einer Einzelwissenschaft, sondern nur eines der Philosophie oder Sozialethik sein. Eine positive Wissenschaft kann nur *Zweckmäßigkeitsfragen* entscheiden. Sind darum die Folgerungen, die man vermeintlich aus dem ‚Gerechtigkeits'-Prinzip gezogen hat oder geglaubt hat, daraus ziehen zu können, hinfällig? Keineswegs! Im Gegenteil! Sie lassen sich viel besser — bzw. überhaupt nur allein — aus dem Gesichtspunkt der ‚wirtschaftlichen Zweckmäßigkeit' erklären und begründen"[21]. Ähn-

---

[18] Siegfried *Katterle:* Einkommenspolitik und Verteilungskonflikte in einer freiheitlichen Gesellschaft. Zur Kritik einer technokratischen Konzeption. In: Beiträge zur Wirtschafts- und Gesellschaftsgestaltung, Festschrift für Bruno Gleitze zum 65. Geburtstage, Berlin 1968, S. 305. Vgl. in diesem Zusammenhang zu *Giersch:* Rationale Wirtschaftspolitik in der pluralistischen Gesellschaft. In: Erich Schneider (Hrsg.): Rationale Wirtschaftspolitik und Planung in der Wirtschaft heute. Schriften des Vereins für Socialpolitik, N. F., Bd. 45, Berlin 1967, S. 116.

[19] Gerhard *Weisser:* Die Stellung des Eigentums in der Steuerreform, a.a.O., S. 537.

[20] Gerhard *Zeitel:* Die zweckmäßige Struktur des kommunalen Steuersystems, a.a.O., S. 178 (Fn. 20).

[21] Alfred *Amonn:* Gerechtigkeit und Zweckmäßigkeit in der Besteuerung, a.a.O., S. 10. Völlig gegenteiliger Auffassung ist hierin Adolph *Wagner,* der von einem prononciert „socialpolitischen Gesichtspunkt" aus meint: „*Ohne* eigene *Gerechtigkeits*prinzipien kommt man in der Besteuerungstheorie und Praxis sowenig als in der ganzen Finanz- Wirtschaftstheorie aus". Adolph *Wagner:* Oberste Grundsätze der Besteuerung, a.a.O., S. 296 f.

liches hatte schon *Mombert 1916*[22] bei der Begründung der von ihm vorgeschlagenen Verbrauchseinkommensteuer für das Reich betont. Trotzdem wollen wir die Prinzipien, die — zu ‚Ethisch-sozialpolitischen Besteuerungsgrundsätzen' zusammengefaßt — in der Lehre von den Steuergrundsätzen diskutiert werden, nicht völlig außer acht lassen. Im einzelnen werden diesem Obertitel die folgenden Grundsätze untergeordnet:

a) *Steuerliche Gerechtigkeit*

An erster Stelle sind die Grundsätze der *Allgemeinheit* und *Gleichmäßigkeit* der Besteuerung zu erwähnen, die sich nach der französischen Revolution durchsetzten. In Verbindung mit dem Prinzip der *Verhältnismäßigkeit* ist damit „die *Leistungsfähigkeit* zum *Leitmotiv der Besteuerung* erhoben"[23] worden.

aa) Der Grundsatz der Allgemeinheit

Dieses Prinzip, das Wagner als „keines weiteren Beweises bedürftiges Axiom"[24] ansah, führt zu unterschiedlichen Fragen, „je nachdem ob man es auf eine bestimmte Einzelsteuer oder auf das Gesamtsteuersystem bezieht, wobei im ersteren Fall je eine gesonderte Untersuchung unter dem Gesichtswinkel der subjektiven und der objektiven Steuerpflicht angezeigt ist"[25].

Der Grundsatz der Allgemeinheit ist (negativ) „identisch mit dem *Verbot einer* nach anderen als Leistungsfähigkeitsgesichtspunkten vorgenommenen *Steuerdiskriminierung*". Er besagt (positiv), „daß *alle Personen, soweit sie über steuerliche Leistungsfähigkeit verfügen und einer der gesetzlich fixierten Steuerverpflichtungsgründe auf sie zutrifft, ohne Rücksicht auf außerökonomische Merkmale wie (rechtliche) Staatsangehörigkeit, Stand, Klasse, Religion usw. zur Steuer heranzuziehen sind*"[26].

---

[22] Paul *Mombert:* Eine Verbrauchseinkommensteuer für das Reich als Ergänzung zur Vermögenszuwachssteuer, a.a.O., S. 8, 14 sowie 31 f.

[23] Vgl. Willi *Albers*: Die Berücksichtigung der Leistungsfähigkeit in der deutschen Einkommensteuer. Eine Auseinandersetzung mit dem Beschluß des Bundesverfassungsgerichts zur Ehegattenbesteuerung und dem Regierungsentwurf zur Änderung steuerlicher Vorschriften vom 7. März 1958. In: Finanzarchiv, N. F., Bd. 18, Tübingen 1957/58, S. 423.

[24] Adolph *Wagner:* Oberste Grundsätze der Besteuerung, Teil 2, a.a.O., S. 392.

[25] Fritz *Neumark:* Grundsätze der Besteuerung, a.a.O., S. 16.

[26] Ebenda.

ab) Der Grundsatz der Gleichmäßigkeit der Besteuerung

Der Grundsatz der Gleichmäßigkeit der Besteuerung, der mit den Grundsätzen der Allgemeinheit und der Verhältnismäßigkeit in einem gewissen Zusammenhange steht[27], besagt, „daß Personen, die sich in gleichen oder gleichartigen steuerlich relevanten Verhältnissen befinden, in bezug auf jede einzelne Steuer einer bestimmten Körperschaft gleich zu behandeln sind“[28].

Aus diesem Satz kann folgendes geschlossen werden:

Bei Vorliegen *steuerlich relevanter* Verhältnisse ist in bezug auf jede Steuer jede Person gleich zu behandeln.

1. *Kriterium* dafür, was unter steuerlich relevanten Verhältnissen zu verstehen sei, ist eine Betrachtung, die auf die Gleichheit oder Gleichartigkeit der einzelnen Tatbestände in der einzelwirtschaftlichen Sphäre gerichtet ist.

Vergleichsbasis sind das von den einzelnen Individuen erzielte wirtschaftliche Ergebnis (Ertrag, Einkommen, u. U. sogar die vorhandene Vermögenssubstanz) und die Beziehungen zueinander[29].

2. *Kriterium* dafür, was unter steuerlich relevanten Verhältnissen zu verstehen sei, können aber auch *gesamtwirtschafts-gesellschaftspolitische Aspekte* sein, die auf die Gleichheit oder Gleichartigkeit betrachteter Fälle abzielen.

Vergleichsbasis sind hier aber *nicht nur* die individuell erzielten Leistungsergebnisse (Ertrag, Einkommen, usw.), die in Relation zueinander gesetzt werden, *sondern auch* die Bedeutung, die dem Steuersubjekt oder Steuerobjekt hinsichtlich seiner gesamtwirtschaftlichen Nützlichkeit (vor dem Hintergrunde der wirtschafts- und gesellschaftspolitischen Konzeption resp. Programm) beizumessen ist.

In beiden Fällen handelt es sich um *steuerlich relevante* Verhältnisse, deren Gleichheit oder Gleichartigkeit zum Prüfstein für die geforderte steuerliche Gleichbehandlung herangezogen werden. Der Unterschied besteht lediglich darin, daß im einen Falle ausschließlich einzelwirtschaftliche Belange verglichen werden; während im zweiten Falle auch gesamtwirtschaftlich-gesellschaftspolitische Aspekte in die Beurteilung mit einbezogen werden (Kriterien zur Würdigung der staatspolitischen Sozialität).

---

[27] Vgl. hierzu bei Neumark, ebenda, S. 17 sowie S. 19.

[28] Fritz *Neumark:* Grundsätze der Besteuerung, a.a.O., S. 17.

[29] Ein Vergleich, der sich ausschließlich im einzelwirtschaftlichen Rahmen vollzieht.

ac) Der Grundsatz der Verhältnismäßigkeit der Besteuerung

Inhaltlich identisch mit dem Grundsatz der Besteuerung nach der individuellen *Leistungsfähigkeit*[30] gehört der Grundsatz der Verhältnismäßigkeit zu den „tragenden Säulen jeder Steuerpolitik, die den herrschenden Gerechtigkeitsvorstellungen entsprechen will“[31,32]. Im Laufe der Zeit rückten die Finanzwissenschaftler von der Vorstellung ab, eine Steuer beruhe auf dem Verhältnis von Leistung und Gegenleistung, man sah in der Steuer ein Opfer, das in seiner Höhe durchaus von Vorteilen, die ein Einzelner vom Staat habe, unabhängig sei. Damit drang „der Gedanke der Besteuerung nach der Leistungsfähigkeit in die Steuerlehre ein, die Auffassung, daß jeder die Steuer, d. h. das Opfer, das er dem Staate und damit der Gesamtheit zu bringen hat, als gleiche Last empfinden müsse, ein Grundsatz, der dann vor allem bei den sog. Personalsteuern, denjenigen auf Einkommen und Vermögen, sich durchgesetzt hat“[33]. Nach dem Prinzip: „‚Wer da hat, dem wird genommen‘, und zwar nach Maßgabe seiner persönlichen Steuerfähigkeit“[34], das als „the ideal ethical basis of taxation“ (St. S. Weston)[35] angesehen werden kann, versteht Neumark den Grundsatz der Besteuerung nach der individuellen Leistungsfähigkeit als das Postulat, *„die den Einzelnen zufallenden Steuertraglasten so zu gestalten, daß diese unter Berücksichtigung aller für die Steuerfähigkeitsindikatoren — d. h. in erster Linie das Einkommen, subsidiär das Vermögen — bedeutsamen persönlichen Momente das Verhältnis der individuellen Leistungsfähigkeiten widerspiegeln und demgemäß die durch die Besteuerung bewirkten Einbußen der Einzelnen an ökonomisch-finanzieller Dispositionsfreiheit relativ gleich schwer sind“*[36].

Neumark setzt also, wie es M. *Lion* einmal gefordert hat, „an Stelle dieses vagen Begriffes“[37] der Leistungsfähigkeit den *„der wirtschaftlichen Tragbarkeit* einer Abgabe“, indem er vor allem — „auf das

[30] Fritz *Neumark:* Grundsätze der Besteuerung, a.a.O., S. 19.

[31] Ebenda.

[32] Manfred *Gentz:* Zur Verhältnismäßigkeit von Grundrechtseingriffen. In: Neue Juristische Wochenschrift, 21. Jg. Heft 35, München und Frankfurt/Main 1968, S. 1600 (II), weist darauf hin, daß von diesem Grundsatz der „Grundsatz der Verhältnismäßigkeit als Mittel der Rechtsfindung und der Beschränkung staatlicher und privater Rechte“ zu unterscheiden ist.

[33] Paul *Mombert:* Eine Verbrauchseinkommensteuer für das Reich als Ergänzung zur Vermögenszuwachssteuer, Tübingen 1916, S. 4 f.

[34] Fritz *Neumark:* Grundsätze der Besteuerung, a.a.O., S. 19.

[35] Zitiert nach Neumark, ebenda, S. 19.

[36] Fritz *Neumark:* Grundsätze der Besteuerung, a.a.O., S. 20.

[37] Zum Begriffe der Leistungsfähigkeit hat selbst der *Reichsfinanzhof* bemerkt, daß dieser „sehr dehnbar“ ist. Vgl. Beschluß vom 19. Dezember 1924 I B 67/24. In: Sammlung der Entscheidungen und Gutachten des Reichsfinanzhofs, 15. Bd., München 1925, S. 154.

konkrete Verhältnis der einzelnen Steuerleistung zu dem objektiv vorhandenen Vermögen und Einkommen" abstellt. Bei dieser Betrachtung wird „die wirtschaftliche Bedeutung der einzelnen Abgabe"[38] nicht nur — wie *Lion* meint — aus der Sicht des Fortbestandes und der Entwicklung eines Unternehmens beurteilt werden. Es können auch die wirtschaftlichen Interessen natürlicher Personen in die Erwägungen über die „wirtschaftliche Tragbarkeit einer Abgabe" einbezogen werden. Damit können gesamtwirtschaftliche und einzelwirtschaftliche Interessenlagen, Belange der öffentlichen Hand und des Steuerpflichtigen miteinander in Einklang gebracht werden. Das ist allerdings nur möglich, wenn „wirtschaftlich, nicht fiskalisch"[39] gedacht wird und bei der Beurteilung steuerwirtschaftlich relevanter Tatbestände neben steuerwirtschaftlichen Überlegungen sowohl der konkreten wirtschaftlichen Ausgangslage als auch der individuellen Interessenlage der Pflichtigen Rechnung getragen wird.

b) Redistributionsorientierte Steuerpolitik

Den Redistributionsgrundsatz, von Neumark „ebenfalls als eine Forderung nach steuerlicher Gerechtigkeit aufgefaßt"[40], könnte man auch als wirtschaftspolitisch motiviertes Postulat auffassen.

Sicherlich kann man mit diesem Grundsatz der Forderung Ausdruck verleihen, wonach *„die Gesamtsteuerlast so zu gestalten* (ist), *daß sie zu einer gewissen Verringerung der durch den Marktmechanismus bewirkten Unterschiede in der Verteilung von Einkommen und Vermögen führt"*[41]. Unterschiede in der Verteilung von Einkommen und Vermögen brauchen jedoch nicht nur durch den Marktmechanismus im engeren Sinne hervorgerufen zu werden. Sie können beispielsweise Ausdruck und Ergebnis außergewöhnlicher individueller Anstrengungen sein. Nebenberufliche Tätigkeit oder der Erwerb einer Spezialqualifikation, die dem Erwerber die Möglichkeit bietet, überdurchschnittlich dotierte Stellungen zu bekleiden, seien hier erwähnt. Die persönlich aus solchen Engagements bezogenen Einkommen werden

---

[38] Max *Lion:* Die Steuer als wirtschaftliche Erscheinung. In: Vierteljahresschrift für Steuer- und Finanzrecht, 1. Jg., Berlin 1927, S. 665.

[39] Max *Lion:* Die Steuer als wirtschaftliche Erscheinung, a.a.O., S. 665.

[40] Fritz *Neumark:* Grundsätze der Besteuerung, a.a.O., S. 20. In diesem Sinne auch Wilhelm *Gerloff:* Steuerwirtschaftslehre, Grundsätze der Besteuerung, a.a.O., S. 452.

[41] Fritz *Neumark:* Grundsätze der Besteuerung, a.a.O., S. 21. Zur möglichen Kritik am Neumarkschen Grundsatzkatalog bezüglich einer Gegenüberstellung von Leistungsfähigkeitsprinzip und Redistributionsprinzip vgl. Woldemar *Koch:* Eine neue Deutung der Steuergrundsätze. In: Finanzarchiv, N. F., Bd. 25, Tübingen 1966, S. 318 f.

zwar via Markt erzielt (— einer großen Nachfrage nach Spezialisten bzw. qualifizierten Leistungen steht ein geringes Angebot gegenüber —). Das ist jedoch nur deshalb der Fall, weil einkommenswirksame Leistungen erbracht wurden, die nur möglich waren, weil zuvor relativ große Opfer physischer oder geistiger Kraft in der Freizeit aufgebracht wurden.

In solchen Fällen eine Redistribution der Einkommen oder Vermögen zu verlangen, hieße in letzter Konsequenz einer Gleichmacherei das Wort zu reden. Den Leistungsmaßstab würde man dann zugunsten eines formalen Verteilungspostulates entwerten. Die Folge wäre u. a. die, daß möglicherweise weniger Individuen ihre potentiellen Fähigkeiten aktivierten. Gesamtwirtschaftlich gesehen hätte das ferner zur Folge, daß zielstrebige Naturen von überdurchschnittlichen Leistungen abgeschreckt werden. Das hätte letztlich in einer Wirtschaft, die sich u. a. „weitgehend auf individuell-private Initiative“[42] stützt und die „zur Führung des Wettbewerbs ausschließlich auf der Grundlage des Leistungsprinzips“[43] verpflichtet ist (freie Verkehrswirtschaft), eine Diskriminierung des Leistungsgedankens, also auch des Leistungswettbewerbs und damit eine Schwächung des gesamten Systems der marktwirtschaftlichen Ordnung zur Folge. Wesen und Inhalt des Grundsatzes einer ansporn- und wachstumspolitischen Ausrichtung der Besteuerung gebieten, sich jeglicher fiskalischer Belastung zu enthalten, die sich negativ auf das Wirtschaftswachstum auswirken kann. Der Steuerzahler „wird sich mit Recht dagegen wehren, daß ihm eine höhere Steuerzahlung zugemutet werden soll, weil er klug, tüchtig, fleißig und sparsam ist, also im Gegenteil viel eher geschont werden müßte als ein träger oder verschwenderischer Steuerpflichtiger“[44]. Die Form der Besteuerung sollte also allgemein so beschaffen sein, „daß derjenige, der ohne Not sein Einkommen ganz aufbraucht, steuerlich nicht günstiger gestellt ist, als derjenige, der vielleicht unter mancherlei persönlichen Opfern, Teile davon zurücklegt“[45].

Fiskalisch formal vergleichbare Ausdrucksformen von Leistungsfähigkeit sind nicht immer das Resultat gleich starker personeller Anstrengungen. Ein Maßstab, der formal Leistungen objektiv vergleichbar macht und deshalb zur Grundlage für die Bemessung von Abgaben gewählt wird, kann niemals ein Kriterium für eine Differenzierung der

---

[42] Fritz *Neumark:* Grundsätze der Besteuerung, a.a.O., S. 12.

[43] Franz *Böhm:* Die Ordnung der Wirtschaft als geschichtliche Aufgabe und rechtsschöpferische Leistung, Stuttgart und Berlin 1937, S. 106.

[44] Max *Lion:* Die Steuer als wirtschaftliche Erscheinung. In: Vierteljahresschrift für Steuer- und Finanzrecht, 1. Jg., Berlin 1927, S. 665.

[45] Paul *Mombert:* Eine Verbrauchseinkommensteuer für das Reich, a.a.O., S. 7 f.

Leistungsergebnisse nach dem Grad der Schwierigkeit ihrer Erstellung sein. Für eine echte Besteuerung nach der Leistungsfähigkeit ist eine Differenzierung unerläßlich, die sich nicht formal nur am erfaßten Leistungsergebnis orientiert. Richtig verstanden schließt das Postulat der Gleichmäßigkeit der Besteuerung „eine formale Ungleichbehandlung nicht aus, wenn diese zur Realisierung einer materiellen Gleichbehandlung erforderlich ist“[46].

Eine Reform der Personalsteuern sollte sich an den Grundsätzen der Steuerbemessung orientieren, d. h. „vornehmlich auf das Maß der dem Einzelnen aufzuerlegenden Steuerlast“[47] abstellen und nicht Postulaten Rechnung tragen, die aus den Prinzipien der Steuerverteilung abgeleitet werden und sich damit „auf die Größe der den Steuerpflichtigen im Verhältnis zueinander aufzuerlegenden Last“ beziehen[48].

Die „Verteilung der Steuerlast ... ist ... (heute) in der kapitalistischen Gesellschaft“ *nicht (mehr)* „eine politische Machtfrage“[49]. Sie ist in erster Linie ein Problem der Differenzierung der Leistungen a) nach dem Umfang und der Intensität der Vorleistungen, und b) nach dem Wert der staatspolitischen Sozialität, der diesen Leistungen beigemessen werden kann. Die steuerliche Redistribution der Einkommen durch eine nach sozialpolitischen Gesichtspunkten angestrebte Verteilung der Steuerlast ist infolge der Überwälzungsmöglichkeiten weitgehend eine Fiktion gewesen[50]. Aber auch das „sozialpolitische Steuerprinzip“ selber, „demzufolge die Steuer ‚regulierend‘ in die Verteilung des Volkseinkommens und Volksvermögens eingreifen soll, ist“ stark umstritten[51].

Das Wesentliche des Redistributionsgedankens scheint uns in einer freiheitlich demokratischen Gesellschaftsordnung nicht so sehr eine Frage zu sein, wie man die Leistungsfähigkeit der einzelnen Einkommensbezieher „richtig“ erfaßt und mehr oder weniger fiskalisch „gerecht“ belastet, sondern vielmehr ein Problem der Vermögenspolitik in dem Sinne, als allen unselbständig Erwerbstätigen Wege zur Vermögensbildung freigelegt werden sollten. Derartige Vorstellungen wurden in der Bundesrepublik Deutschland erstmals von Bruno *Gleitze*

[46] Fritz *Neumark:* Grundsätze der Besteuerung, a.a.O., S. 17.

[47] Wilhelm *Gerloff:* Steuerwirtschaftslehre, Grundsätze der Besteuerung, a.a.O., S. 452.

[48] Ebenda.

[49] „Leitsätze zur Resolution Wurm“. In Hanns Maximilian *Calmann:* Die Finanzpolitik der Deutschen Sozialdemokratie 1867—1914, München 1922, S. 244. (Einfügungen von uns.)

[50] Carl *Föhl:* Kreislaufanalytische Untersuchung der Vermögensbildung in der Bundesrepublik und der Beeinflußbarkeit ihrer Verteilung, Schriftenreihe des Instituts für Angewandte Wirtschaftsforschung, Tübingen 1964, S. 22.

[51] Wilhelm *Gerloff:* Steuerwirtschaftslehre, a.a.O., S. 452.

1957 entwickelt[52]. Gleitze geht bei seinen Überlegungen davon aus, daß man die primäre (funktionale) Verteilung nicht steuern kann und der Versuch ihrer Beeinflussung zu Störungen des Kreislaufs führen müßte, deren Auswirkungen in Art, Richtung und Ausmaß nicht übersehbar sind[53].

Vermögen, das einmal gebildet worden ist, sollte — abgesehen von Ausnahmesituationen (einmalige Vermögensabgabe, LAG o. ä.) — niemals zum Gegenstand einer *unmittelbaren* und merklichen Vermögensredistribution gemacht werden. Allein schon durch die Ankündigung derartiger Maßnahmen kann nicht nur der Leistungs- und Sparwille gehemmt werden — es können darüber hinaus auch nachteilige Wirkungen auf die gesellschaftspolitische Stabilität ausgehen. Die beiden Ideale: das einer gleichmäßigen Streuung des Vermögens und das einer freiheitlich-demokratischen Gesellschaftsordnung vertragen sich nicht naturgegeben miteinander. Wird ihre Kombination jedoch gesellschaftspolitisch als wünschenswert erachtet, bedarf es einer Verbindung beider, damit ihre gegenseitige Verträglichkeit gewährleistet wird. Nicht eine (einmalige) Vermögensabgabe oder eine Vermögensteuer, sondern eine Erbschaftsteuer — die aber die bisher in Deutschland genutzten Möglichkeiten übersteigen sollte, ohne in „robbery" auszuarten —, könnte in der Bundesrepublik Deutschland den Boden für eine volkswirtschaftlich optimale Vermögensbildung bereiten. Auf jeden Fall ist aber auch hier der echten Gefahr auszuweichen, die bei einer zu hohen Belastung durch die Erbschaftsteuer entstehen kann. So sind in Großbritannien durch die „starke Erhöhung der englischen Erbschaftsteuer im 20. Jahrhundert ... die großen ... Privatvermögen so stark geschwächt (worden), daß die für jede Demokratie und ihr Parlament so wichtigen ‚independent gentlemen' heute weitgehend fehlen"[54]. In der Tat kann

---

[52] Vgl. Bruno *Gleitze:* Produktivität, Lohn, Arbeitszeit. Vortrag auf der Landesbezirkskonferenz des DGB Hessen am 26. 1. 1957 in Heppenheim. Auszug in: WWI-Studie zur Wirtschaftsforschung Nr. 1, Sozialkapital und Sozialfonds als Mittel der Vermögenspolitik. Beiträge zur Frage der überbetrieblichen Ertragsbeteiligung für die Vermögensbildung der Arbeitnehmer, Köln 1968, S. 20, sowie *ders:* Lohnpolitik und Vermögensverteilung. In: Sozialer Fortschritt. Unabhängige Zeitschrift für Sozialpolitik, 6. Jg., H. 3, Berlin und München 1957, S. 55 f.

[53] Vgl. Bruno *Gleitze:* Die Möglichkeiten des institutionellen Sparens. Vortrag in der Evangelischen Akademie in Bad Boll am 9. 11. 1967. Abgedruckt u. a. in: Bruno *Gleitze:* Sozialkapital und Sozialfonds als Mittel der Vermögenspolitik, a.a.O., S. 29.

[54] Robert *Nöll von der Nahmer:* Lehrbuch der Finanzwissenschaft, Bd. 2, Spezielle Steuerlehre, Köln und Opladen 1964, S. 59. So ist die Zahl der britischen Millionäre, also der Personenkreis mit einem deklarierten Jahreseinkommen von £ 100 000 oder darüber allein im Steuerjahr 1968 um 91 auf 109 zurückgegangen, wie aus dem Jahresbericht der obersten Steuerbehörde zu entnehmen ist (1968).

„(t)axation according to wealth ... a seductive illusion" sein[55]. So schreibt Eisenstein über „the nature of the public interest", Anatole France Pinguinstory zitierend: „what it requires, what it demands, is not to ask much from those who possess much, for then the rich would be less rich and the poor still poorer"[56].

Das öffentliche Gemeinwesen hat keinen großen Nutzen „by taking from the rich, for they are very few in number; on the contrary you will strip yourself of all your resources and plunge the country into misery. Whereas if you ask a little from each inhabitant without regard to his wealth, you will collect enough for the public necessities and you will have no need to enquire into each citizen's resources, a thing that would be regarded by all as a most vexatious measure"[57].

§ 5 Fiskalisch — budgetäre Grundsätze der Besteuerung

1. Ausreichendheit der Besteuerung

Neumark erblickt das Wesen dieses Grundsatzes in der Beantwortung von drei Teilfragen: 1. Die Frage, „welche Beziehungen zwischen Steuererträgen und öffentlichen Ausgaben anzunehmen sind", 2. die Frage, „welche zeitliche Dimension zweckmäßigerweise zugrunde gelegt werden", soll und 3. die Frage, „ob der Grundsatz nur für *eine* politische ‚Ebene' oder aber für alle (Ebenen) Geltung beanspruchen soll"[1]. Neumark bezieht erstmals in dieses Prinzip den (vertikalen) Finanzausgleich mit ein, und mißt der deckungspolitischen Problematik, die sich zwischen den politischen Ebenen herausentwickelt, einen besonderen Wert bei. Der Grundsatz der Ausreichendheit besagt:

„(Z)ur Sicherung der Ausreichendheit der Besteuerung (ist es) erforderlich, *das Gesamtsteuersystem eines Landes quantitativ und qualitativ so zu gestalten, daß die Steuererträge auf jeder politischen ‚Ebene' die nachhaltige Deckung der steuerlich zu finanzierenden Ausgaben gestatten*"[2].

2. Deckungspolitische Anpassungsfähigkeit (Steigerungsfähigkeit) der Besteuerung

Der Grundsatz der deckungspolitischen Anpassungsfähigkeit wird schon von Adolf *Wagner* als „Grundsatz der ‚Beweglichkeit' der Be-

[55] Louis *Eisenstein:* The Ideologies of Taxation, New York 1961, p. 227.

[56] Ebenda, p. 226.

[57] Ebenda, p. 226/227.

[1] Fritz *Neumark:* Grundsätze der Besteuerung, a.a.O., S. 13.

[2] Ebenda, S. 13 f.

steuerung"[3] unter den finanzpolitischen Prinzipien genannt. Ihm liegt das Postulat zugrunde, „daß das Steuersystem so beschaffen sein muß, um im Bedarfsfalle zu gestatten, in relativ kurzer Frist die zur Deckung eines plötzlich auftretenden Mehrbedarfs erforderlichen zusätzlichen Einkünfte mittels Änderung des Steuerrechts zu realisieren"[4].

§ 6 Steuerrechtliche und steuertechnische Grundsätze der Besteuerung

Die steuerrechtlichen und steuertechnischen Grundsätze der Besteuerung zielen darauf ab, auch steuerrechtlich und steuertechnisch dem Ziele näher zu kommen, ein rationales Steuersystem aufzubauen. Die Steuer ist nicht nur eine wirtschaftliche, sondern auch eine rechtliche Erscheinung. Sie bedarf eines rechtlichen Rahmens, innerhalb dessen sich die Besteuerung nach rechtsstaatlichen Grundsätzen vollziehen muß. Dabei sind für den wirtschaftlichen Erfolg der Besteuerung und für die Sicherung des Steuerertrages administrative und technische Maßnahmen von erheblicher Bedeutung[5].

1. Bequemlichkeit der Steuerentrichtung (Erbringung der Steuerleistung)

Der Grundsatz der *Bequemlichkeit* besagt nach klassischer Formulierung: „Every tax ought to be levied at the time, or in the manner, in which it is most likely to be convenient for the contributor to pay it"[6]. Dem Steuerpflichtigen soll die Erfüllung seiner Steuerpflicht soweit als möglich erleichtert werden. Diesem Besteuerungsgrundsatz ständig Aufmerksamkeit zu schenken ist geboten, weil „(d)as gesicherte Erkenntnisgut der Finanzwissenschaft, namentlich die klassischen Grundsätze der Besteuerung, unter ihnen das Prinzip der Einfachheit und das

---

[3] Vgl. Adolph *Wagner:* Lehr- und Handbuch der politischen Oekonomie, Vierte Hauptabteilung: Finanzwissenschaft, Zweiter Theil, a.a.O., S. 308. „Der Grundsatz der ‚Beweglichkeit' der Besteuerung bedeutet, daß die letztere mindestens solche *Bestandteile* oder *Arten* enthalten muß, welche sich dem *Wechsel* des *Finanzbedarfs* bzw. dem Wechsel der von diesem durch Steuer zu bedeckenden Quote anpassen *und* die *etwaigen Ausfälle anderer Deckungsmittel* (wie namentlich der *privatwirtschaftlichen* Einnahmen) ersetzen können". Eine Untersuchung resp. Abgrenzung zu den Grundsätzen der „aktiven Flexibilität" sowie der „passiven (eingebauten) Elastizität" ist hier jedoch, worauf Neumark ausdrücklich hinweist, noch nicht vorgenommen worden. (Bezüglich der vorhandenen Beziehungen siehe im einzelnen: Fritz *Neumark:* Grundsätze der Besteuerung, a.a.O., S. 14 f.).

[4] Fritz *Neumark:* Grundsätze der Besteuerung, a.a.O., S. 14.

[5] Wilhelm *Gerloff:* Steuerwirtschaftslehre, a.a.O., S. 454.

[6] Adam *Smith:* An Inquiry into the Nature and Causes of the Wealth of Nations, Paris 1808, p. 166.

der Bequemlichkeit der Besteuerung, ... laufend ignoriert werden“[7]. Das ist auch ein Grund dafür, daß der Bundesfinanzhof versucht, bei der Auslegung von Steuergesetzen Korrekturen anzubringen, um die Versäumnisse des Gesetzgebers soweit wie möglich nachzuholen[8].

2. Wohlfeilheit (Billigkeit) der Besteuerung

Der Grundsatz der *Wohlfeilheit* ist auch als „Grundsatz der Billigkeit der Steuererhebung“ bekannt. Er besagt — in klassischer Formulierung —: „Every tax ought to be so contrived as both to take out and to keep out of the pockets of the people as little as possible, over and above what it brings into the public treasury of the state“[9].

Dieser Grundsatz ist, wie *Gerloff* sagt, das Prinzip der Wirtschaftlichkeit im eigentlichen Sinne, oder, wie Fritz Karl *Mann* formuliert, „eine Spezialisierung des ökonomischen Prinzips“[10], nämlich „möglichst geringe Erhebungskosten und Rücksichtnahme auf die Tendenz des Verkehrs, der Steuer auszuweichen“[11], zu beachten. Neben dem Postulat, den Taschen der Steuerzahler nicht mehr zu entnehmen, als dem Staatsschatz zugeführt wird, ist in diesem Grundsatz von *Smith* noch ein weiterer Aspekt enthalten, der erst relativ spät beachtet worden ist. Smith fordert nämlich zugleich, den Steuerzahlern nicht so viel abzuverlangen, daß „it may obstruct the industry of the people, and discourage them from applying to certain branches of business which might give maintenance and employment to great multitudes“[12]. Fritz Karl *Mann* hat diese Überlegungen eingehender interpretiert und ist zu der Ansicht gelangt, daß Smith „eine *wirtschaftspolitische* Ausrichtung des Steuersystems“ verlangt hat, in der Erwartung, „daß *entferntere Störungen* volkswirtschaftlicher Prozesse vermieden werden“[13]. Hierin kommt das Postulat der *Rücksichtnahme auf volkswirtschaftliche Zu-*

---

[7] Günther *Felix:* Praktikabilitätserwägungen als Auslegungsgrundsatz im Steuerrecht, a.a.O., S. 126.

[8] In diesem Sinne auch Günther *Felix,* a.a.O., S. 126, der sich auf *Hartz:* Die Auslegung von Steuergesetzen, 1957, S. 14, stützt.

[9] Adam *Smith:* An Inquiry into the Nature and Causes of the Wealth of Nations, a.a.O., p. 166.

[10] Fritz Karl *Mann:* Steuerpolitische Ideale, a.a.O., S. 152.

[11] Wilhelm *Gerloff:* Steuerwirtschaftslehre, a.a.O., S. 454. Auch Wilhelm Roscher erblickte in diesem Prinzip ausschließlich das der „Wirtschaftlichkeit“. Wilhelm *Roscher:* System der Finanzwissenschaft, 5. Aufl., Stuttgart 1901, S. 218 f.

[12] Adam *Smith:* An Inquiry into the Nature and Causes of the Wealth of Nations, a.a.O., p. 167.

[13] Fritz Karl *Mann:* Steuerpolitische Ideale, a.a.O., S. 153.

sammenhänge zum Ausdruck. *Mann* bezeichnet es als Prinzip der „Schonung volkswirtschaftlicher Zusammenhänge“[14].

3. Recht- und Gesetzmäßigkeit der Besteuerung

Der „Grundsatz der Recht- und Gesetzmäßigkeit der Steuerforderung“ ist von Neumark als „selbständiger Grundsatz“ aufgestellt worden[15]. Er ist im Zusammenhang mit der rechtsstaatlichen Ausgestaltung des Steuerrechts zu sehen und bezieht sich auf die „materiellrechtliche Äußerung des Steuerrechtsverhältnisses“[16]. Das bedeutet, „(d)aß bei Normierung einer bestimmten Steuerart nach rechtsstaatlicher Auffassung“[17] vorzugehen ist und die Steuerhoheit wie Steuerpflicht „als subjektive Elemente des Steuerrechtsverhältnisses“[18] „möglichst genau und eindeutig *im Gesetz* umschrieben sein müssen“[19]. „(U)nter rechtsstaatlichem Gesichtspunkt“ ist „der gesetzgeberischen Ausgestaltung der *Steuerforderung*“ „(b)esondere Sorgfalt“ zu widmen“[20]. Gedanken dieser Art finden sich auch schon bei *Weddigen,* der „Klarheit und Gesetzmäßigkeit der Besteuerung“ postuliert: „Gegen Willkür bei der Steuererhebung sichern den einzelnen Grundsätze des Rechtsstaates, wie sie heute in allen Kulturstaaten anerkannt sind[21,22]. Im Bonner Grundgesetz wurde der Grundsatz der Recht- und Gesetzmäßigkeit in Art. 20 Abs. III GG verfassungsmäßig verankert: „Die Gesetzgebung ist an die verfassungsmäßige Ordnung, die vollziehende Gewalt und die Rechtsprechung sind an Gesetz und Recht gebunden“.

---

[14] Vgl. dazu Günter *Schmölders:* Allgemeine Steuerlehre, a.a.O., S. 33, sowie die beispielhafte Arbeit von Paul *Mombert:* Der Finanzbedarf des Reiches und seine Deckung nach dem Kriege, Karlsruhe i. B. 1916, wo dieser „prinzipielle Erörterungen über den Zusammenhang zwischen Wirtschaft und Steuerpolitik“ darlegt.

[15] Fritz *Neumark:* Grundsätze der Besteuerung, a.a.O., S. 28 f.

[16] Irene *Blumenstein:* Rechtsstaatliche Ausgestaltung und Anwendung der Steuer. In: Archiv für schweizerisches Abgaberecht, N. F. der Vierteljahrsschrift für schweizerisches Abgaberecht, Bd. 25, Heft 8, Bern 1957, S. 289.

[17] Ebenda.

[18] Ebenda, S. 288.

[19] Ebenda, S. 289.

[20] Ebenda, S. 300.

[21,22] Walter *Weddigen:* Allgemeine Finanzwissenschaft (Finanztheorie), 2. Aufl., Leipzig 1943, S. 115 f. In diesem Sinne äußern sich u. a. auch B(ernhard) *Fuisting:* Grundzüge der Steuerlehre, Berlin 1902, S. 15 und Wilhelm *Gerloff:* Steuerwirtschaftslehre, a.a.O., S. 454 sowie *ders.:* Die öffentliche Finanzwirtschaft, Bd. 1, a.a.O., S. 181.

4. Vollständigkeit, Verständlichkeit und Eindeutigkeit der Steuerrechtsnormen

Eine besondere Ausprägung erfährt das Postulat der Recht- und Gesetzmäßigkeit der Steuerforderung im *Grundsatz der Vollständigkeit der Steuerrechtsnormen.* In Anlehnung an Irene *Blumenstein*[23] könnte der Grundsatz der Vollständigkeit und Eindeutigkeit der Steuerrechtsnormen[24] etwa wie folgt lauten: Steuerrechtsnormen sind so präzise zu formulieren, daß die aus ihnen hervorgehenden „Verpflichtungen des Bürgers gegenüber dem Staat in materieller und verfahrensrechtlicher Hinsicht *genau und eindeutig*“[25] umschrieben sind. „Die gesetzliche Umschreibung eines einzelnen Steuerobjektes im einzelnen Steuererlaß“[26] hat dabei nicht nur „in rechtsstaatlicher Sicht zu geschehen“[27], sondern es muß „vor allem ... auch hier eine möglichst *eindeutige* und *abschließende* Regelung gefordert werden“[28]. Das bedeutet für die praktische Anwendung: „Aus dem Gesetz muß sich ergeben, wer eine bestimmte Steuer schuldet (Steuersubjekt), an welchen äußeren Tatbestand die Steuererhebung anknüpft (Steuerobjekt), wie dieser zu bemessen und die Höhe der Steuerforderung festzustellen ist (Steuerbemessungsgrundlagen und Steuermaß), in welcher Weise der Steuerpflichtige bei der Feststellung mitzuwirken hat, welche Rechtsschutzmöglichkeiten ihm gegen Übergriffe zustehen und welche strafrechtlichen Folgen an ein nicht gesetzmäßiges Verhalten geknüpft werden (Steuerveranlagung, Steuerjustiz, Steuerstrafrecht)“[29]. Daraus erhellt, wie wichtig es ist, daß „sich der Steuergesetzgeber seiner Verantwortung für eine vollständige, den rechtsstaatlichen Postulaten entsprechende Normierung bewußt sein“ muß[30,31].

---

[23] Irene *Blumenstein:* Rechtsstaatliche Ausgestaltung und Anwendung der Steuer, a.a.O., S. 285; auch *Neumark* sieht die Notwendigkeit der „Eindeutigkeit der Steuernormen“, vornehmlich als Problem der „Steuertransparenz“, ein Aspekt, der zusammen mit der Forderung nach Verständlichkeit „zugleich für die ... Bestimmtheit Bedeutung besitzt, daneben in spezifisch politischer (staatsbürgerlicher) Hinsicht relevant ist und ... indirekt auch im Lichte des Gleichheitspostulats betrachtet werden muß“. Fritz *Neumark:* Grundsätze der Besteuerung, a.a.O., S. 29.

[24] Der Begriff „Steuerrechtsnorm“ ist hier im weitesten Sinne dieses Wortes Bedeutung zu verstehen. Er umfaßt neben Verfassungs- und Gesetzesnormen auch die Normen in Durchführungsverordnungen und Richtlinien etc.

[25] Irene *Blumenstein:* Rechtsstaatliche Ausgestaltung und Anwendung der Steuer, a.a.O., S. 285 (Hervorhebung von uns).

[26] Ebenda, S. 296.

[27] Ebenda.

[28] Ebenda, S. 296/297 (Hervorhebung von uns).

[29] Ebenda, S. 285 (Hervorhebung von uns).

[30] Ebenda, S. 300.

[31] Vgl. dazu im Schweizer Recht: „Rechtssätze im engeren Sinne, d. h. generelle abstrakte Normen im Sinne von Verhaltensrecht für Private (im

Die Forderungen nach „Bestimmtheit“, „Verständlichkeit“ und „Vollständigkeit“, die aus dem Grundsatz der Gesetzmäßigkeit abgeleitet werden können, haben den Zweck, den Gesetzgeber zu veranlassen, abschließende, *klare*, bestimmte Steuervorschriften zu erlassen. Damit sollen die Eingriffe des Fiskus in die Sphäre des Individuums berechenbar werden. Um diese Berechenbarkeit zu gewährleisten, ist es jedoch auch erforderlich, daß der einzelne — gemäß dem Grundsatz der Rechtsstaatlichkeit, als dem tragenden Grundprinzip der Verfassung — „vor unnötigen *Eingriffen der öffentlichen Gewalt* bewahrt bleibt“[32]. Dieses namentlich dann, wenn dieser Grundsatz „in Verbindung mit der allgemeinen Freiheitsvermutung zugunsten des Bürgers gesehen wird“[33]. Eingriffe in Gestalt von gesetzlichen Geboten oder Verboten, die unerläßlich sind, müssen hinsichtlich ihrer Voraussetzungen möglichst klar und für den Bürger erkennbar umschrieben werden. „Steuergesetze sind daher im Zweifel so auszulegen, daß sie leicht, sicher und verständlich gehandhabt werden können ...“[34]. Eine Verwaltung darf „in den Rechtskreis des einzelnen nur eingreifen ..., wenn sie dazu in einem Gesetz ermächtigt wird, und ... diese Ermächtigung nach Inhalt, Zweck und Ausmaß hinreichend bestimmt und begrenzt ist, so daß die Eingriffe meßbar und in gewissem Ausmaß für den Staatsbürger voraussehbar und berechenbar werden“[35]. In steuerlicher Hinsicht wird diesen Vorstellungen dadurch Rechnung getragen, daß „das Steuerrecht ... von der Idee der primären Entscheidung des Gesetzgebers über die Steuerwürdigkeit bestimmter generell bezeichneter Sachverhalte getragen (wird) und ... dementsprechend aus dem Diktum des Gesetzgebers“ lebt[36]. Aus dem Bestimmtheitsprinzip, das dem Rechtsstaatsgrundsatz (Art. 20 GG) immanent ist[37], folgt für die Gesetzgebung, daß unklare Gesetze u. U. „in extremen Fällen wegen Verstoßes gegen rechtsstaatliche Grundsätze nichtig sein können“[38].

Gegensatz zu Verwaltungsvorschriften, also für Beamte, d. Verf.), das ist von Vorschriften, die den Bürger verpflichten, bedürfen grundsätzlich der Form des Bundesgesetzes“. *Fleiner/Giacometti:* Schweizerisches Bundesstaatsrecht, Zürich 1965, S. 739.

[32] *Leibholz/Rinck:* GG, a.a.O., S. 253.

[33] Ebenda.

[34] Urteil des Reichsfinanzhofes, I A 192/27 vom 6. Juni 1928, Bd. 23, S. 326.

[35] *Leibholz-Rinck:* GG, a.a.O., S. 254; vgl. dazu auch BVerfGE 9, 147 unter Hinweis auf BVerfGE 8, 325.

[36] Ebenda, S. 260.

[37] Zum Rechtsstaatsprinzip als einer die einzelnen Sätze der Verfassung verbindenden Leitidee, die der Verfassungsgesetzgeber nicht in einem besonderen Rechtssatz konkretisiert hat, weil sie das verfassungsmäßige Gesamtbild schon geprägt haben, siehe bei *Leibholz/Rinck:* GG, a.a.O., S. 246 sowie die dort zitierte Entscheidung des Bundesverfassungsgerichts (2, 403).

[38] *Leibholz/Rinck:* GG, a.a.O., S. 247 (24).

a) Das Postulat der Steuertransparenz

In sehr enger Beziehung mit den Überlegungen über den Grundsatz der Vollständigkeit und Eindeutigkeit der Steuernormen steht die erstmals von Fritz *Neumark* erhobene Forderung „nach einer größeren ‚Steuertransparenz'"[39]. Dieses Postulat weist „zwei Aspekte auf", nämlich den von Smith geforderten Grundsatz der „Bestimmtheit der individuellen Steuerverpflichtungen"[40], sowie den der „Verständlichkeit und Eindeutigkeit der Steuerrechtsnormen"[41]. Der Grundsatz der Vollständigkeit und Eindeutigkeit der Steuerrechtsnormen müßte u. E. lauten: *Steuernormen sind so präzise aufzustellen, daß die aus ihnen erwachsenden abgabewirksamen Verpflichtungen eines Wirtschaftssubjektes gegenüber dem Staat in materieller und verfahrensrechtlicher Hinsicht genau, eindeutig und allgemeinverständlich zum Ausdruck kommen, und damit mehrdeutige oder gegensätzliche Interpretationsmöglichkeiten ausgeschlossen werden.* Dann hätten wir den Gedanken der „Verständlichkeit" und das Postulat der „Steuertransparenz" mit berücksichtigt.

Der Absicht, durch Verständlichkeit, Vollständigkeit und Eindeutigkeit zur Klarheit und Einfachheit[42] im Steuerrecht beizutragen, wurde im deutschen Rechtsgebiet schon relativ frühzeitig durch Schaffung eines allgemeinen Steuerrechts entsprochen. Im Jahre 1919 trat die „Reichsabgabenordnung" in Kraft[43], in der alle abgaberechtlichen

---

[39] *Europäische Wirtschaftsgemeinschaft,* Kommission (Hrsg.): Bericht des (von Fritz Neumark geleiteten) Steuer- und Finanzausschusses, a.a.O., S. 36.

[40] „The tax which each individual is bound to pay ought to be certain, and not arbitrary. The time of payment, the manner of payment, the quantity to be paid, ought all to be claer and plain to the contributor, and to every other person". Adam *Smith:* An Inquiry into the Nature and Causes of the Wealth of Nations, a.a.O., p. 165.

[41] Fritz *Neumark:* Grundsätze der Besteuerung, a.a.O., S. 29.

[42] In diesem Sinne Prof. *Bühler*, der darauf hinweist, daß schon oft der Ruf nach einer „Vereinfachung der Gesetze" laut geworden sei: Vgl. (Ottmar) *Bühler:* Diskussionsbeitrag zu (Hans) *Ritschl:* Begünstigung der Ersparnisse bei der Einkommensteuer. In: Kapitalbildung und Steuersystem. Verhandlungen und Gutachten der Konferenz von Eilsen, Erster Teil, (Veröffentlichungen der Friedrich-List-Gesellschaft e. V.), Berlin 1930, S. 425. So hat sich beispielsweise die CDU in ihrem neuen Parteiprogramm im November 1968 dafür ausgesprochen, daß die von ihr anvisierten Ziele der Steuerpolitik „bei höchstmöglicher Einfachheit der Gesetze" realisiert werden sollten. Vgl. CDU, Bundesgeschäftsstelle der... (Hrsg.): CDU, berliner programm, Bonn 1968, Programmpunkt 60.

[43] Vgl. die „Reichsabgabenordnung vom 13. Dezember 1919, nebst Einführungsverordnung und Gesetz über Steuernachsicht", hrsg. vom Reichsfinanzministerium, Berlin 1920. Der weitreichenden Bedeutung dieses Normenwerkes gemäß, erfährt die Abgabenordnung — über das Ausmaß einer Novellierung hinausgehend — gegenwärtig eine grundlegende Neugestaltung, die den Veränderungen nach 5 Jahrzehnten Rechnung trägt.

Grundsätze, die für die Gesamtheit oder Teile der Steuergesetzgebung verbindlich sind, zusammengefaßt wurden. Mit dem „Steueranpassungsgesetz“ aus dem Jahre 1934[44] ist ein weiterer Schritt in dieser Richtung getan worden.

Über ein allgemeines *Steuerrecht,* das zum Teil normierte Finanzwissenschaft ist[45], hinaus hat Walter *Weddigen* mit Blick auf die Einzelgesetzgebung unter dem Aspekt der Klarheit und Gesetzmäßigkeit der Einnahmegewinnung erklärt, daß „der Steuerpolitiker vor allem vom Steuerrecht eine einfache, für den Steuerschuldner klar verständliche Sprache der Steuergesetze und Steuerverordnungen“ fordern muß[46]. Die Forderung nach Einfachheit, die innerhalb der Steuergesetzgebung zunächst als ein finanzpolitisches Anliegen erscheint[47], steht in unmittelbarem „Zusammenhang mit dem Grundsatz der Klarheit und Bestimmtheit nach Inhalt, Zweck und Ausmaß“[48].

5. Stetigkeit des Steuerrechts

Der Grundsatz der Stetigkeit des Steuerrechts ist ein sehr aktuelles Postulat. Er besagt, *„daß jene steuerrechtlichen Bestimmungen, deren Umgestaltung nicht aus fiskalisch-budgetären oder konjunkturpolitischen Gründen geboten erscheint, nur in größeren Zeitabständen und nach Möglichkeit im Rahmen allgemein-systematischer Reformen geändert werden“*[49].

Die Forderung nach Konstanz im Steuerrecht wird in Deutschland schon lange erhoben[50], namentlich von Professor Ottmar *Bühler.* Es sollte versucht werden, „die in der Bundesrepublik eingewurzelte Unsitte, im Laufe eines Jahres die Budgetlage durch eine Fülle von Ausgaben- und Steuergesetzen weitgehend umzugestalten, durch die Be-

---

[44] Steueranpassungsgesetz vom 16. Oktober 1934. In: RGBl. I S. 925.

[45] Klaus *Tipke:* Fünfzig Jahre Finanzhof. In: Neue Juristische Wochenschrift, 21. Jg., Heft 45, München und Frankfurt/Main 1968, S. 2083, Fn. 32.

[46] Walter *Weddigen:* Allgemeine Finanzwissenschaft, a.a.O., S. 115.

[47] Heinrich Wilhelm *Kruse:* Steuerrecht, I., Allgemeiner Teil. Ein Studienbuch, München und Berlin 1966, S. 42.

[48] Walter *Eckhardt:* Grundsatzfragen der Steuerpolitik aus der Sicht des steuerlichen Beraters, a.a.O., Sp. 253.

[49] Fritz *Neumark:* Grundsätze der Besteuerung, a.a.O., S. 31.

[50] Um den Gemeinden die Möglichkeit zu bieten, eine Finanzpolitik betreiben zu können, die auf längere Sicht angelegt ist, hat Popitz gefordert, daß die Gemeinden zu diesem Zwecke „möglichst auf solche Steuern verwiesen werden, deren Gestaltung nicht einer ständigen Beeinflussung durch Veränderungen in der Reichs- und Landesgesetzgebung ausgesetzt sind“ („Grundsatz der Konstanz des Gemeindesteuersystems“). Johannes *Popitz:* Der künftige Finanzausgleich zwischen Reich, Ländern und Gemeinden, a.a.O., S. 117.

stimmung zu ersetzen, nach britischem Vorbild alle mit Ausgabenerhöhungen und Einnahmeminderungen verbundenen, sowie die eine Änderung des materiellen Steuerrechts bewirkenden Gesetze in *einem* jährlichen Finanzgesetz zusammenzufassen[51]. Auch der seinerzeitige Bundesfinanzminister Franz *Etzel* hat es als ein „Ziel der künftigen Steuerpolitik" angesehen, „ein für möglichst lange Perioden gleichbleibendes Steuerrecht" zu schaffen[52]. Das Problem der „Beständigkeit des Steuerrechts" hat Johannes *Popitz* bereits 1927 gesehen[53]. Er bemerkt, daß bezüglich der „Vorschriften, die rechtlich und technisch den Aufbau der einzelnen Steuern betreffen"[54], „mit allem Nachdruck die *Forderung der Gesetzgebungsdisziplin* aufgestellt werden" muß: „Soll das Steuerrecht sich wirklich als Recht bewähren, so muß es zur Ruhe kommen"[55]. In dem Streben nach Beständigkeit im Steuerrecht äußert sich der Wunsch, den Steuergesetzen auch eine „im *Vertrauen* der Bevölkerung begründete Geltung"[56] zu verschaffen und „unnütze Reibungen mit der Wirtschaft zu vermeiden und sie vor unverhofften und darum von ihr nicht erwarteten Lasten zu bewahren"[57].

Das Postulat der Stetigkeit im Steuerrecht findet seine wirtschaftspolitische Entsprechung[58] im Grundsatz der „Konstanz der Wirtschafts-

---

[51] Fritz *Neumark:* Finanzpolitische Aufgaben. In: Die deutsche Wirtschaft an der Jahreswende 1958—1959, Konjunkturdämpfung und Vollbeschäftigung. Der Volkswirt, Wirtschafts- und Finanz-Zeitung, Nr. 51/52, Frankfurt am Main 1958, S. 81 (II).

[52] Franz *Etzel:* Steuerreform und Haushaltsentwicklung. In: deutsche Wirtschaft an der Jahreswende 1958—1959, Konjunkturdämpfung und Vollbeschäftigung. Der Volkswirt, Wirtschafts- und Finanz-Zeitung, Nr. 51/52, Frankfurt am Main 1958, S. 37 (I).

[53] Irene *Blumenstein:* Rechtsstaatliche Ausgestaltung und Anwendung der Steuer, a.a.O., S. 279.

[54] Johannes *Popitz*: Gegenwartsprobleme der Steuergesetzgebung und Steuerverwaltung. In: Vierteljahresschrift für Steuer- und Finanzrecht, 1. Jg., Berlin 1927, S. 6.

[55] Johannes *Popitz:* Gegenwartsprobleme der Steuergesetzgebung und Steuerverwaltung, a.a.O., S. 6 (Hervorhebung von uns)

[56] Ebenda.

[57] Max *Lion:* Die Steuer als wirtschaftliche Erscheinung. In: Vierteljahresschrift für Steuer -und Finanzrecht, 1. Jg., Berlin 1927, S. 675.

[58] *Tuchtfeldt* weist als nachahmenswerte Beispiele auf Großbritannien und Skandinavien hin, wo die Vorbereitung bedeutsamer „ordnungs-, struktur- und sozialpolitischer Gesetze durch die Königlichen Kommissionen" dieser Länder „erfahrungsgemäß mehrere Jahre benötigen, um die von den politischen Instanzen in Auftrag gegebenen Gutachten und Gesetzentwürfe fertigzustellen, denen dann häufig die Parlamente ohne wesentliche Änderungen zustimmen. Auch bleiben solche Gesetze dann meist mehrere Jahre in Kraft, weil sie in jeder Beziehung ‚ausgefeilt' sind", was dann neben besseren Gesetzen auch weniger Eingriffe in die Wirtschaft zur Folge haben würde. Egon *Tuchtfeld:* Die wissenschaftliche Fundierung der Wirtschaftspolitik. In: Hamburger Jahrbuch für Wirtschafts- und Gesellschaftspolitik, 4. Jahr, Tübingen 1959, S. 304.

politik". Walter *Eucken* zählt ihn zu den „konstituierenden Prinzipien" der Wirtschaftsverfassung. „(W)enn ... die Wirtschaftspolitik nicht eine zureichende Konstanz besitzt" —, kann die Wettbewerbsordnung auch nicht voll funktionsfähig werden[59]. Das Streben nach *Konstanz* in der Wirtschaftspolitik drängt zur Stabilität und zur Ruhe und stellt sich ausgleichend den in einer Wettbewerbsordnung wirkenden Kräften der *Inkonstanz* gegenüber. „Die langfristige Festlegung von *Steuern,* von Handelsverträgen, von Währungseinheiten usw. ist von erheblicher Bedeutung"[60].

Bundesfinanzminister *Strauß* hat sich gegenüber Forderungen, weitere steuergesetzgeberische Maßnahmen in die Wege zu leiten, um gerade wirksam gewordene Steuergesetzesänderungen neuerlich abzuändern, nachdrücklich für eine Periode[61] der Ruhe im Steuerwesen ausgesprochen. Er wolle für die direkten Steuern „auf jeden Fall" eine Ruhepause bis zum Jahre 1969, dem Ende der laufenden Legislaturperiode, eintreten lassen[62]. Diesen Standpunkt hat *Strauß* später vor dem Deutschen Bundestag, insbesondere im Hinblick auf die entscheidend psychologische Wirkung der Wahrung von „Ruhe an der Steuerfront" zur Stabilisierung des Wirtschaftsaufschwunges[67] bekräftigt.

Die Forderung nach Konstanz in der Wirtschaftspolitik kann jedoch niemals das Ziel im Auge haben, die Kräfte der Wirtschaftsbewegung so zu zügeln, daß sie gehemmt werden. Im Gegenteil! Sie sind zu erhalten. Ihr Wirken ist aber in einer das organische Wirtschaftswachstum fördernden Weise *auszurichten.* Damit werden auch die Faktoren der

---

[59] Walter *Eucken:* Grundsätze der Wirtschaftspolitik, Bern und München 1952, S. 288.

[60] Walter *Eucken:* Grundsätze der Wirtschaftspolitik, a.a.O., S. 288 (Hervorhebung von uns).

[61] „Für die nächsten zwei bis drei Jahre brauchen wir endlich Ruhe im Steuerwesen", erklärte Strauß erstmals öffentlich am 20. November 1967 vor dem Verband des privaten Kreditgewerbes in Bayern. Zit. nach: Nürnberger Zeitung vom 21. November 1967 (Quelle: Presseausschnitte, gesammelt beim Bundesministerium der Finanzen, Bonn).

[62] Interview der Deutschen Presse-Agentur mit F. J. *Strauß* am 8. Dezember 1967. Zit. nach: Ruhr-Nachrichten, Dortmund, vom 9. November 1967 sowie Frankfurter Neue Presse vom 9. Dezember 1967 (Quelle: Presseausschnitte, gesammelt beim Bundesministerium der Finanzen, Bonn), sowie erneut am 24. Juni 1968. Vgl. Franz-Josef *Strauß:* Staatskredit und Konjunktursteuerung. In: Vortragsveranstaltung der Rheinisch-Westfälischen Börse zu Düsseldorf und der Industrie- und Handelskammer zu Düsseldorf. Hrsgg. von den Veranstaltern, Düsseldorf 1968, S. 15.

[63] Franz-Josef *Strauß:* Rede vor dem Deutschen Bundestag zum „Entwurf eines Gesetzes über die Feststellung des Bundeshaushaltsplans für das Rechnungsjahr 1968 (Haushaltsgesetz 1968), Berichte des Haushaltsausschusses, zweite Beratung, Geschäftsbereich des Bundesministers der Finanzen, (5. Wahlperiode, 167. Sitzung), Bonn, am 4. April 1968, Stenographischer Bericht, S. 8841 (A).

Instabilität, die besonders in einem rezessiven Stadium der Wirtschaftsentwicklung die Schwächeneigung eines Wirtschaftsablaufes verstärken, weitgehend neutralisiert. Hinter der Forderung nach Konstanz verbirgt sich *nicht der Ruf nach Starrheit,* sondern nach Stabilität, Ausgewogenheit, Stetigkeit und Sicherheit. Das entspricht den Forderungen, die im Programm der Europäischen Gemeinschaften für die Harmonisierung der direkten Steuern aufgestellt wurden: Die Geschlossenheit einer Steuer „muß gewährt und ihre Struktur darf nicht durch zu häufige Anpassungen oder Konzessionen an besondere Situationen gefährdet werden“[64]. Dieses Postulat steht nicht nur nicht im Widerspruch zum Prinzip der ansporn- und wachstumspolitischen Ausrichtung der Besteuerung, sondern bildet im Gegenteil eine wichtige Voraussetzung für ein gesundes ausgeglichenes Wirtschaftswachstum. Konstanz ist also „ein zentrales Erfordernis der Wirtschaftspolitik der Wettbewerbsordnung“[65]. *Neumark* hat wiederholt darauf hingewiesen, daß eine auf den ersten Blick auch möglich erscheinende Widersprüchlichkeit zwischen dem richtig verstandenen Grundsatz der Stetigkeit und den Grundsätzen der deckungspolitischen Elastizität sowie der aktiven Flexibilität der Besteuerung nicht vorliegt, weil „die beiden letztgenannten Postulate sich lediglich auf solche steuerrechtliche Bestimmungen beziehen, die aus budget- oder konjunkturpolitischen Gründen zwecks Variation des Steueraufkommens einer Änderung bedürfen, wie namentlich (wenn auch nicht ausschließlich) die über Steuersätze, die Freibeträge und dgl.“[66]. *Stetigkeit* im Steuerrecht und einkehrende *„Ruhe* an der Steuerfront“ könnten wesentlich dazu beitragen, die angestrebte Widerspruchslosigkeit und Systemhaftigkeit der Besteuerung zu verwirklichen.

6. Widerspruchslosigkeit oder „Systemhaftigkeit“ der Besteuerung

Auf Überlegungen von Heinz *Haller*[67] beruht der „Grundsatz der Widerspruchslosigkeit oder Systemhaftigkeit der Besteuerung“. Er besagt, daß die Steuerpolitik bemüht sein sollte, „durch eine *ent-*

---

[64] *Europäische Wirtschaftsgemeinschaft,* Generalsekretariat der Kommission der Europäischen Gemeinschaften (Hrsg.): Programm für die Harmonisierung der direkten Steuern, a.a.O., S. 7.

[65] Walter *Eucken:* Grundsätze der Wirtschaftspolitik, a.a.O., S. 289.

[66] Fritz *Neumark:* Grundsätze der Besteuerung, a.a.O., S. 30/31; ferner: Einige neuere Probleme und Aspekte der Fiskalpolitik, a.a.O., S. 216.

[67] Heinz *Haller:* Finanzpolitik. Grundlagen und Hauptprobleme, a.a.O., S. 242. 8. Forderung (an das Steuersystem): „Die Besteuerung ist so zu gestalten, daß die evtl. zu wählende Kombination von Steuern ein auf die verschiedenen Zielsetzungen abgestimmtes Ganzes bildet, so daß insbesondere keine ungerechtfertigten Überschneidungen und Lücken in der Besteuerung auftreten“.

sprechende Kombination von Maßnahmen", d. h. vor allem „durch eine bestimmte Struktur des Steuersystems — *zu erreichen, daß nicht infolge von Lücken dieses oder jenes Ziel bzw. Prinzip ganz oder großenteils vernachlässigt wird, während gleichzeitig anderen Zielen oder Grundsätzen eine einseitige (übergroße) Aufmerksamkeit zuteil wird, und zu vermeiden, daß zwischen einzelnen steuerlichen Maßnahmen offensichtliche Widersprüche bestehen*"[68].

Als Beispiel für Verstöße gegen diesen Grundsatz führt Neumark an, daß man zwar „mit immer größerer Raffinesse dem Leistungsfähigkeitsprinzip in Einkommen- und Vermögensteuern Geltung zu verschaffen" suche, aber gleichzeitig „regressiv, also höchst unsozial wirkende Abgaben wie die auf Salz, Leuchtmittel, Zucker usw." beibehalte[62]. Ferner werde „aus Unfähigkeit, zu einem rationalen Finanzausgleich zwischen den verschiedenen politischen ‚Ebenen' zu gelangen", zugelassen, „daß gewerbliche Gewinne nicht nur durch die Einkommensteuer- oder ggf. die Körperschaftsteuer und die Vermögensteuer, sondern darüber hinaus auch durch die Gewerbeertragsteuer getroffen werden, obwohl diese seit langem aufgehört hat, jene selbständige steuersystematische Funktion zu erfüllen, die ihr ursprünglich, d. h. im 19. Jahrhundert, einmal zukam"[70].

7. Ständige Kontrolle des Steuersystems

Dem Grundsatz der ständigen Kontrolle des Steuersystems sollte sowohl vom steuerrechtlichen und steuertechnischen Standpunkte als auch aus der Sicht der volkswirtschaftlichen Wirkungen der Steuern Beachtung geschenkt werden.

Es geht bei einem Steuersystem „um eine *planmäßige Auswahl und Vereinigung der verfügbaren Steuerquellen nach einheitlichen Gesichtspunkten*"[71]. Dabei stehen „dem Wesen der Steuer gemäß, die Rücksichten auf genügende und rationelle Befriedigung des Finanzbedarfs"[72] an erster Stelle. Alle Steuergesetze werden wegen der „örtlich-zeitlichen Relativität der Geltung" (Neumark) durch die Vergänglichkeit ihres Gebrauchswertes charakterisiert. Im Laufe der Zeit ändern sich die Voraussetzungen, die für das Zustandekommen und die Gültigkeit von derartigen Gesetzen maßgeblich waren. Damit ändern sich auch Art und Ausmaß des mit einer Steuer (im Gesetz) erfolgten Zweckes.

---

[68] Fritz *Neumark:* Grundsätze der Besteuerung, a.a.O., S. 32.

[69] Ebenda, S. 33.

[70] Ebenda.

[71] Ernst *Blumenstein:* Ein schweizerisches Steuersystem, a.a.O., S. 12.

[72] Ebenda, S. 12.

Damit wird aber die Erfüllung des mit der Abgabe ursprünglich verfolgten Zieles in Frage gestellt.

a) Zwang zu ständiger Kontrolle

Will man ein Steuersystem aufrecht erhalten, das den Kriterien der Rationalität und der Planmäßigkeit genügen soll, ergibt sich ein *Zwang, dieses System ständig auf die Zweckmäßigkeit der Kombination seiner einzelnen Komponenten hin zu überprüfen.* Diese Forderung verlangt zunächst eine Überprüfung der Wirkungen der einzelnen Komponenten des Steuersystems hinsichtlich ihrer (veränderten) *gesamtwirtschaftlichen* Auswirkungen. Wenn sich merkliche Wandlungen erkennen lassen, bedeutet das, daß das Steuersystem von unzweckmäßigen oder systemwidrigen Abgaben zu befreien oder durch neue zweckmäßige Abgaben zu ergänzen ist. Ferner sind Korrekturen in die Wege zu leiten, wenn die Abgaben nicht mehr genügend oder in unerwünschtem Ausmaß oder in falscher Richtung wirken, weil sich die ursprüngliche Zielsetzung nicht mehr oder nur noch ungenügend verfolgen läßt[73].

Neben dieser nach Zweckmäßigkeitsgesichtspunkten erfolgenden Anpassung des Steuersystems ist gleichzeitig auch das Normensystem, das die rechtliche Grundlage des Steuersystems bildet, anzupassen.

Es sollte daher regelmäßig eine systematische Überprüfung des geltenden Steuerrechts erfolgen. Dieses Postulat, das nicht im Widerspruch zum Grundsatz der Stetigkeit im Steuerrecht steht, zielt auf eine in regelmäßigen Abständen erfolgende *Steuernormenkontrolle.* Damit soll dem oft beklagten legislativen Beharrungsvermögen im Wirtschafts- und Finanzrecht entgegengewirkt werden.

Die Loslösung vom „Schwergewicht des Überkommenen“[74] soll jedoch nur soweit gehen, wie die Kräfte der Beharrung (inertiale Faktoren) der

---

[73] Das entspricht der „wirtschaftlichen Vernunft“, die, wie Bernhard *Pfister* sagt, „die wirtschaftlichen Zusammenhänge nach Ursache und Folge“ untersucht, die „den Kausalzusammenhang der wirtschaftlichen Daten und der wirtschaftlichen Taten“ bloßlegt, und sich dabei „an allen vorhandenen Gegebenheiten, welche wirtschaftlich im Markte wirksam sind, orientieren“ muß. „Sie kann und muß neue Daten, neue und d. h. in der Mehrzahl aller Fälle veränderte Zusammensetzungen der Produktionsfaktoren in allen ihren Abwandlungen erfinden und diese neuen, gedanklich zuerst vor der Durchführung in der Praxis entworfenen wirtschaftlichen Entwicklungsmöglichkeiten kausal aufdecken“. Bernhard *Pfister:* Wirtschaftliche Vernunft und wirtschaftliche Weisheit, Hamburg 1947, S. 5 f.

[74] Fritz *Terhalle:* Die Finanzwirtschaft des Staates und der Gemeinden, a.a.O., S. 151. In diesem Sinne auch Joseph A. *Schumpeter:* Konjunkturzyklen. Eine theoretische, historische und statistische Analyse des kapitalistischen Prozesses. Bd. 1, Göttingen 1961, S. 107.

Beseitigung bestehender Widersprüche im Wege stehen. Oder anders ausgedrückt: Soweit Systemwidrigkeiten in einem Steuerwesen „dank einem gerade im Bereich der Finanzverwaltung häufig anzutreffenden *Beharrungsvermögen* auch dann noch aufrechterhalten (d. h. also geduldet, d. Verf.) werden, wenn sie den materiellen und (oder) ideologischen Bedingungen der Realität nicht mehr adäquat sind“[75]. Ein positives Wirken im Dienste der Konstanz des Rechts muß dagegen soweit wie möglich erhalten bleiben.

Dem Postulat nach ständiger Kontrolle des Steuersystems (der permanenten Drainierung des Steuersystems), d. h. nach Änderung revisionsbedürftiger Normen, sollte jedoch immer nur unter Berücksichtigung der Forderungen des Prinzips „einer Ermöglichung und Vereinfachung gegenseitiger Kontrollierung“ „bei der Vereinigung verschiedener Steuerquellen zu einem Steuersystem“[76] entsprochen werden.

Dieser Grundsatz erhöht nicht nur die Steuertransparenz, sondern er dient zugleich einer Ergänzung der Prinzipien der aktiven Flexibilität und der automatisch wirkenden passiven Elastizität. Ihre Durchsetzung wird durch ihn positiv beeinflußt.

b) *Institutionalisierung*

Bei der Beurteilung steuerwirtschaftlicher und steuerpolitischer Sachfragen stellt man nicht selten fest, daß die Wandlungen der Verhältnisse eine Änderung des geltenden Abgaberechts nahelegen. Der Gesetzgeber hat bei der Schaffung einer Steuerordnung oft einzelne Bestimmungen nicht in jeder Hinsicht durchdacht und damit nicht „in jeder Beziehung ‚ausgefeilt‘“[77]. Einer der Gründe für diesen Zustand ist — neben dem weit verbreiteten *Ressortdenken* und dem *Zeitdruck,* unter dem Gesetzesvorlagen oftmals entstehen — der, daß die *elementaren* Grundsätze, nach denen ein Fiskalsystem aufgebaut wurde, unbeachtet bleiben bzw. falsch angewendet werden. Um solchen vermeidbaren Mängeln vorzubeugen, sollte man fogendes beachten:

Diejenigen *Besteuerungsprinzipien,* die wichtig sind, sollten in die Form eines besonderen Gesetzes gekleidet werden. Das gilt ganz besonders dann, wenn man das qualitative Niveau eines Steuersystems verbessern oder bewahren will. Die Gesetzesform ist hier anzustreben,

---

[75] Fritz *Neumark:* Systemwidrige Elemente im deutschen Steuerwesen. In: Die Steuerberatung, Sonderausgabe: Bundesfachtagung Essen 1960 (des Bundesverbandes der Helfer in Steuersachen e. V.), Bonn (1960), S. 12 (II).

[76] Ernst *Blumenstein:* Ein schweizerisches Steuersystem, a.a.O., S. 12.

[77] Egon *Tuchtfeldt:* Die wissenschaftliche Fundierung der Wirtschaftspolitik, a.a.O., S. 304.

weil die Durchsetzbarkeit dieser Grundsätze in der Praxis gewährleistet werden und das Parlament der Pflicht enthoben werden sollte, ständig über Sachzusammenhänge zu diskutieren, die einen unlösbaren Konflikt zwischen Sachentscheidung und Interessenentscheidung beinhalten. So entspringen Systemwidrigkeiten im Finanz- und Steuerwesen „oft auch der Tatsache, daß sich Parlament und Regierung *über den irrationalen Charakter gewisser Steuermaßnahmen* sowie die daraus resultierenden ökonomisch und (oder) sozial bedenklichen Wirkungen *nicht im klaren sind*“[78].

Den Parlamentariern in dieser Weise eine Entscheidungshilfe (in der Form einer lex fundamentalis des Abgaberechts) in die Hand zu geben, erscheint um so berechtigter, als die von *Schmölders*[79] „nachgewiesene Formelhaftigkeit und Widersprüchlichkeit der manifesten politischen Vorstellungen, ... selbst in den höchsten finanzpolitischen Gremien der Bundesrepublik — dem Bundestag und seinem Finanzausschuß — verbreitet sind“[80]. Schmölders sieht die Ursache dieses Zustandes im Mangel an Überblick und Sachverstand, wie er angesichts der Breite des Aufgabenbereichs der Politiker unvermeidlich ist[81].

In Gesetzesform gekleidete und mit Gesetzeskraft ausgestattete Besteuerungsprinzipien sollten den Kern eines Steuerrechts, den „Allgemeinen Teil“ des Abgaberechtes bilden.

Bei unseren Untersuchungen über Vollständigkeit und Eindeutigkeit der Steuergesetze sind wir bereits auf diesen Allgemeinen Teil des Abgaberechts gestoßen. Wir haben die Reichsabgabenordnung und das Steueranpassungsgesetz als Teile eines derartigen allgemeinen Steuerrechts kennengelernt. In diesem allgemeinen Teil auch den wichtigsten Grundsätzen der Besteuerung einen Platz zuzuweisen, würde dem „normativen“ Charakter dieser Grundsätze Rechnung tragen. Dann müßte man künftig in der Finanzwirtschaft und Finanzpolitik diese Grundsätze von Gesetzes wegen beachten. Die Widerstände, die sich einer „Steuerreform aus einem Guß“ in den Weg stellen, würden künftig wesentlich abgebaut, weil ein Steuersystem, das sich durch einen eingebauten „Drain“ ständig aus sich heraus reformiert und regeneriert, keiner so großen Reformakte mehr bedarf, um sein reibungsloses Funktionieren sicherzustellen.

---

[78] Fritz *Neumark:* Systemwidrige Elemente im deutschen Steuerwesen, a.a.O., S. 12 (II).

[79] Günter *Schmölders:* Die Politiker und die Währung. Bericht über eine demoskopische Untersuchung der Meinungsbildung in Finanz- und Währungsfragen im Dritten Deutschen Bundestag. Schriftenreihe zur Geld- und Finanzpolitik, Bd. 6, Frankfurt/M. 1959, S. 30 ff., S. 135 ff.

[80] Burkhard *Strümpel:* Steuersystem und wirtschaftliche Entwicklung, a.a.O., S. 187.

[81] Ebenda.

Dies anzuerkennen und gesetzlich zu verankern, heißt eine permanente „organische" Steuerreform institutionalisieren und garantiert eine ständige Anpassung des Steuerrechtes an die ökonomischen Gegebenheiten. So wird man dem ständigen Wandel gerecht und erhält die Gewähr, daß das Steuersystem sich ständig aus sich heraus modernisiert. Dadurch würde die erforderliche Leistungsfähigkeit des Systems mit verhältnismäßig geringem organisatorischem Aufwand erreicht und bewahrt werden können.

Auf diese Weise könnte sich — institutionell gesichert — der „finanzwirtschaftliche Fortschritt"[82] vollziehen, wonach — „(d)as Finanz- bzw. Steuersystem sich jeweils in fortschreitender Entwicklung mit der sich um- und neubildenden ökonomischen, politischen und gesetzlichen wirtschaftlichen Gestaltung in Einklang zu bringen sucht"[83,84].

---

[82] Wilhelm *Gerloff:* Steuerwirtschaftslehre, a.a.O., S. 245.

[83] Ebenda.

[84] Innerhalb der Europäischen Gemeinschaften wird eine „Angleichung oder Harmonisierung der nationalen Steuersysteme der Mitgliedstaaten" angestrebt, „durch welche die für das freie Spiel des Wettbewerbs unerläßliche Steuerneutralität gesichert, gleichzeitig aber *die ständige Anpassung des Steuerrechts an die Wirtschaftspolitik* der Gemeinschaft ermöglicht" wird. Vgl. *Europäische Wirtschaftsgemeinschaft,* Generalsekretariat der Kommission der Europäischen Gemeinschaften (Hrsg.): Programm für die Harmonisierung der direkten Steuer, a.a.O., S. 10 (I) (Hervorhebung von uns).

Zweiter Abschnitt

Würdigung der Grundsätze der Besteuerung

§ 1 Relativität der Besteuerungsprinzipien

Der Versuch, zu einem Beurteilungsmaßstab zu gelangen, der es erlaubt, eine Einzelsteuer, ein ganzes Steuerbündel oder aber ein Gesamtsteuersystem einer steuerwirtschaftlichen kritischen Beurteilung zu unterwerfen, hat gezeigt, daß sich mit dem Wandel, der sich in Wirtschaft und Gesellschaft vollzieht, auch die Maßstäbe verändern müssen, die zur Grundlage kritischer Betrachtungen gewählt werden. Wie schon von Adolph Wagner betont, springt die „*örtlich-zeitliche Relativität* der Geltung unserer Grundsätze in die Augen“[1].

Diese „Relativität“ der Besteuerungsgrundsätze ist demnach verständlich. Die „Gestaltung der Steuern“ ist in einem gewissen Sinne „ein Spiegelbild der sozialen und wirtschaftlichen Verhältnisse einer Epoche“[2], „(j)edes Steuersystem ... Ausdruck der wirtschaftlichen, der sozialen und der politischen Verfassung eines Landes in einem gegebenen Zeitpunkt“[3]. Deshalb weist „auch jedes Steuersystem wie jede Wirtschaftsverfassung Stilelemente verschiedener Epochen auf; es ist durchweg Ausdruck des vielseitig bedingten Seins und des so verschiedenen Gewordenseins seines Landes“[4].

Eine Rückschau auf Entwicklung und Wandel der Besteuerungsgrundsätze seit Adam *Smith* lehrt, daß *4 Kategorien* von Steuerprinzipien unterschieden werden können:

---

[1] Fritz *Neumark:* Grundsätze der Besteuerung, a.a.O., S. 6.

[2] (Franz Josef *Strauß*:) Ansprache des Bundesministers Franz Josef Strauß anläßlich der 1. Sitzung der Steuerreform-Kommission am 17. Dezember 1968. In: Finanznachrichten, hrsgg. vom Bundesministerium der Finanzen Nr. 46, Bonn (18. Dezember) 1968, Anhang 1, S. 1. Legislatives Beharrungsvermögen und Neigungen, an eingespielten Regelungen — und seien sie noch so reformbedürftig — so lange wie möglich festzuhalten, verbieten es aber, Bedeutung und Dauer solcher Epochen unmittelbar nach Merkmalen zu bestimmen, die mit derartigen inertialen „lags“ behaftet sind.

[3] Fritz *Terhalle:* Die Finanzwirtschaft des Staates und der Gemeinden, a.a.O., S. 149.

[4] Ebenda, S. 151 f.

1. Veraltete Prinzipien

Erstens gibt es Steuerprinzipien, deren Gehalt unter anderen sozioökonomischen, finanzwirtschaftlichen und finanzpolitischen Verhältnissen als den heutigen ursprünglich festgestellt wurde[5]. Sie machen keine brauchbaren Aussagen mehr. Besteuerungsgrundsätze dieser Art sind als veraltet zu betrachten. Man kann von einer „Obsoleszens" der betreffenden Grundsätze sprechen. Typische Beispiele bilden die Prinzipien der *verteilungspolitischen Neutralität* der Besteuerung sowie die Forderung, dem *Äquivalenz*gedanken bei der Besteuerung uneingeschränkt Rechnung zu tragen.

2. Interpretationsfähige (modifizierte) Prinzipien

Steuergesetze verlieren im Laufe ihrer Geltungsdauer an Wirksamkeit, wenn sich die Voraussetzungen, die bei der Herausbildung des Gesetzeswillens maßgeblich waren, gewandelt haben. Dann ist ein Gesetz nicht mehr zeitgemäß und es muß revidiert werden. Auch die Grundsätze der Besteuerung können aus dem Blickwinkel der zeitlichen Dimension an Aussagekraft einbüßen. Das Postulat nach ständiger Kontrolle des Steuersystems[6] gilt auch für die Besteuerungsgrundsätze selbst. Durch eine zeitgemäße Interpretation können einzelne Grundsätze wieder modernisiert werden. Weil diese Grundsätze bemerkenswerte Inhalte oder Probleme über die Zeit bewahrt haben und als Grundlage moderner, den gewandelten Verhältnissen angemessenen Formulierungen dienen, kann man von einer „partiellen Perseveranz" dieser Prinzipien sprechen und ihre enge Verwandtschaft zu den „klassischen Prinzipien" erkennen. In diesem Zusammenhang sind u. a. die von Adam Smith postulierten Forderungen nach *Bequemlichkeit* und *Wohlfeilheit* der Besteuerung zu erwähnen. „(W)enngleich sie z. T. etwas *anders auszudeuten* sind ..., sind sie auch heute noch von theoretischem und praktischem Interesse"[7], „aber doch im Vergleich zu anderen Forderungen an eine rationale Steuerpolitik von relativ geringer Bedeutung ... und (enthalten) weitgehend Selbstverständlichkeiten"[8].

3. „Klassische" Prinzipien

Es gibt Steuerprinzipien, die seit ihrer Aufstellung bis in die Gegenwart mehr oder weniger gültig geblieben sind. Sie haben unter ver-

---

[5] Fritz *Neumark* spricht daher auch von einer „relativen Gültigkeit". Vgl. Grundsätze der Besteuerung, a.a.O., S. 12.

[6] Vgl. oben S. 152 ff.

[7] Fritz *Neumark:* Grundsätze der Besteuerung, a.a.O., S. 9 (Hervorhebung von uns).

[8] Ebenda, S. 28.

änderten Bedingungen ihren ursprünglichen Aussagewert im wesentlichen behalten. Bei Grundsätzen, die unverändert ihren Wert bewahrt haben, wollen wir von einer „totalen Perseveranz“ sprechen. Es sind „klassische“ Grundsätze, die unabhängig von Raum und Zeit Gültigkeit bewahrt haben. Zu diesem „eisernen Bestand“ der Besteuerungsgrundsätze gehören der Grundsatz der *Ausreichendheit*, der gelegentlich als eine bare Selbstverständlichkeit bezeichnet worden ist[9], und die Grundsätze der steuerlichen *Gerechtigkeit*. Letztere sind, obgleich die Vorstellung, was als gerecht anzusehen ist, im Laufe der Jahrhunderte Schwankungen unterlag — zumindest was ihren sozialen Purpur anbelangt — nicht verblichen. Es wäre „staatswirtschaftlich und allgemein politisch ein verhängnisvoller Irrtum zu glauben, man könne auf die Dauer Steuerpolitik erfolgreich ohne Rücksicht auf die herrschenden Anschauungen darüber betreiben, was die Masse der Bevölkerung als ‚gerecht‘ ansieht“[10]. Deshalb haben Gerechtigkeitspostulate Zeitalter und Reiche überleben und sich in jeder Gesellschafts-, Wirtschafts- und Sozialordnung einen festen Platz sichern können. Das, was die breite Masse der Bevölkerung als „gerecht“ betrachtet, ist der Ausdruck für „das (jeweilige, d. Verf.) moralische Gefühl des Volkes“[11]. So kann „das moralische Gefühl des Volkes und das objektive Recht eine besondere Verteilungs-Gesetzgebung fordern“[12] und sich im Steuerrecht und auch in den Grundrechtsnormen niederschlagen[13].

Weisser gibt dafür ein Beispiel: Wird der Zeitgeist intensiv genug von dem im Volksempfinden geborenen moralischen Gefühl geprägt, neigt dieser „immer mehr dazu, aus dem Gefühl heraus bestimmte Grundwerturteile als objektiv gültig anzusehen“[14]. In engem Zusammenhang mit den Gerechtigkeitsprinzipien steht der Grundsatz der Verhältnismäßigkeit, der seinem Wesen nach neben der sachgemäßen Bildung des Verhältnisses des Mittels zum Zweck, auf eine Besteuerung nach der individuellen *Leistungsfähigkeit* abzielt. Seine Wurzeln rei-

---

[9] Ebenda, S. 13.

[10] Fritz *Neumark:* Grundsätze der Besteuerung, a.a.O., S. 16.

[11] Gerhard *Weisser:* Die Stellung des Eigentums in der Steuerreform, a.a.O., S. 531.

[12] Ebenda.

[13] So wurde, wie *Ritschl* zutreffend charakterisiert, „seit Aristoteles die Steuer als ein Problem der austeilenden Gerechtigkeit aufgefaßt“, eine Ansicht, mit der jedoch nicht auszukommen war, die aber die „Mehrheit oberster einander wohlmöglich entgegenstehender Grundsätze“ historisch erklärbar macht. Hans *Ritschl:* Theorie der Staatswirtschaft und Besteuerung, a.a.O., S. 134.

[14] Gerhard *Weisser:* Thesen zum Problem der Werturteile in der Lehre von der Politik, Köln (1951, vervielfältigtes Manuskript), S. 2.

chen bis auf Adam *Smith* zurück. Der Grundsatz der Besteuerung nach der persönlichen Leistungsfähigkeit gilt seit längerem „als eine der tragenden Säulen jeder Steuerpolitik“[15].

„Von den Regeln für die Steuererhebung, die der englische Nationalökonom Adam *Smith* vor fast 200 Jahren den zeitgenössischen Fürsten“ zu befolgen empfahl, „haben (auch, d. Verf.) die Grundsätze der ‚Bequemlichkeit‘ und der ‚Schonung volkswirtschaftlicher Zusammenhänge‘ ihre Aktualität voll bewahrt“[16]. Das gleiche gilt für den Grundsatz der Gleichmäßigkeit der Besteuerung. Zur Grundkategorie der „klassischen“ Grundsätze zählt auch das Prinzip der *deckungspolitischen Anpassungsfähigkeit* (Steigerungsfähigkeit) der Besteuerung, das in etwas allgemeinerer Form Adolph *Wagner* als finanzpolitische Maxime der „Beweglichkeit der Besteuerung“ erstmals formuliert hat[17], sowie der Grundsatz der *ansporn- und wachstumspolitischen Ausrichtung* der Besteuerung, dessen Grundgehalt auf merkantilistisches Gedankengut zurückzuführen ist.

4. Neue Prinzipien

Im Laufe der Zeit vollzog und vollzieht sich ein Wandel der Steuerfunktionen und der Ziele eines Gemeinwesens[18]. Es kommen zum Teil völlig neue Vorstellungen auf. Mit der „Ökonomisierung der Finanzpolitik“[19], der „zunehmenden ‚Ökonomisierung‘ der gesellschaftlichen Strukturen moderner sozialer Systeme“[20] und der „Politisierung der Finanzpolitik“ haben sich auch die finanzwirtschaftlichen und finanzpolitischen Anschauungen geändert. *Ritschl* spricht in diesem Zusammenhang von der „Dynamik des Steuersystems“[21]. Der Wechsel der Verhältnisse bedingt und erfordert auch einen Wechsel in der Besteuerung[22]. Folglich kann es auch keine „einmalige Einrichtung des Steuersystems“[23] geben. *Ritschl* leitet daraus zwei „Forderungen an die Dynamik des Steuersystems“ ab:

---

[15] Fritz *Neumark:* Grundsätze der Besteuerung, a.a.O., S. 19.

[16] Burkhard *Strümpel:* Die deutschen Selbständigen und die Steuer. In: Blätter für Genossenschaftswesen, 112. Jg., Nr. 24, Bonn (25. Dezember) 1966, S. 374.

[17] Adolph *Wagner:* Finanzwissenschaft, a.a.O., S. 304 sowie S. 308 f.

[18] Fritz *Neumark:* Grundsätze der Besteuerung, a.a.O., S. 6.

[19] Fritz Karl *Mann:* Die Staatswirtschaft unserer Zeit, a.a.O., S. 29.

[20] Günter *Hartfiel:* Wirtschaftliche und soziale Rationalität, a.a.O., S. 277.

[21] Hans *Ritschl:* Theorie der Staatswirtschaft und Besteuerung, a.a.O., S. 226 ff.

[22] Ebenda, S. 226.

[23] Ebenda, S. 229.

— Die Anpassung des Steuersystems an den wechselnden sozialen Wert der Einzelbedürfnisse[24] und

— die Beweglichkeit der Besteuerung[25].

Damit hat *Ritschl* gleichzeitig die Grundgedanken eines Postulats zur *ständigen Kontrollierung des Steuersystems* genannt.

Dieses dynamische Moment schlägt sich auch bei der Beurteilung der Rolle der Besteuerungsgrundsätze nieder. Ihre Position im Gesamtsystem der wirtschafts- und finanzpolitischen Grundsätze, ihre Stellung im System der Besteuerungsprinzipien selbst und — last but not least — Inhalt und Aussagefähigkeit der einzelnen Steuerprinzipien werden sich in Abhängigkeit von derartigen Wandlungen ändern.

Die Folge ist, daß einige Besteuerungsprinzipien gänzlich an Geltung verlieren und aufgegeben werden (Obsoleszenz), andere sich teilweise (partielle Perseveranz) oder auch völlig unverändert (totale Perseveranz) von einem Entwicklungsstadium zum anderen „hinüberretten" oder sich erneut in ihrer Funktion bestätigt finden. Gleichlaufend mit den sich wandelnden Ansichten, fundierteren Kenntnissen und neuen Einsichten werden an ein entwickeltes, modernes Steuersystem in jeder Hinsicht auch zeitgemäßige Anforderungen gestellt. Es werden neue Postulate diskutiert, die ihren Ausdruck in neu formulierten Grundsätzen finden und die bestehenden Prinzipien ergänzen oder aber völlig neuartig sind. Dabei kann man sehen, wie stark sich Einsichten und Ansichten zu wandeln vermögen. Steuergrundsätze, die wir als veraltet betrachten und dementsprechend in keinem „modernen" Grundsätzeschema mehr vorfinden, tauchen plötzlich mit völlig neuem Aussagewert wieder auf. Das ist oft als Ausdruck neuer vertiefter Einsichten in die Zusammenhänge der gesellschaftlichen und wirtschaftlichen Bewegungsabläufe und der gegenseitigen Wechselwirkungen zu werten. Die antiquierten Prinzipien der *verteilungspolitischen Neutralität* der Besteuerung und der Stetigkeit des budgetwirksamen Steuerertrags bzw. der *Krisenfestigkeit* finden ihr Pendant in den modernen Grundsätzen einer redistributionsorientierten Steuerpolitik bzw. der eingebauten (passiven) Elastizität des Steuersystems. Diese beiden Grundsätze stehen „in schroffem Widerspruch"[26] zu den einstigen Idealen. Wenn Forschung und Lehre gewisse Reifestadien erreicht haben, liegen neue Grundsätze manchmal geradezu „in der Luft". Das

---

[24] Ebenda, S. 227.

[25] Ebenda, S. 229. Hier findet sich auch die Begründung der u. E. berechtigten Kritik *Ritschls* an der Auslegung des Prinzips der Beweglichkeit, diese nämlich nicht, wie *Wagner* es tut, *nur* in dem „Sinne einer Fortbildungsfähigkeit des Saugvermögens des Staatsapparates aufzufassen".

[26] Fritz *Neumark:* Grundsätze der Besteuerung, a.a.O., S. 26.

zeigt sich, wenn völlig unabhängig voneinander zur selben Zeit gleichgerichtete Ansichten vertreten und auf ihre praktische Relevanz hin geprüft und diskutiert werden. Als Steuerprinzipien neueren Datums sind das der *Zweckmäßigkeit* (Mombert/Amonn), der *Radizierbarkeit* (Popitz) und der *Wechselwirkungen* zwischen den verschiedenen Besteuerungsmöglichkeiten (Popitz) anzusehen. Des weiteren sind zu nennen die Grundsätze der *Angemessenheit* (Popitz), der *Vollständigkeit* und *Eindeutigkeit* (I. Blumenstein). Im Grundsatz der *Stetigkeit* des Steuerrechts (Popitz/Bühler) und im Haller-Neumark'schen Prinzip der *Widerspruchslosigkeit* und *Systemhaftigkeit* der Besteuerung finden wir den Übergang zu neueren Gedanken über die Besteuerung. Hierzu zählen auch der Grundsatz der *Vermeidung steuerdirigistischer Maßnahmen* (Neumark), der Neumark'sche Grundsatz der *Praktikabilität* der Besteuerung und der Grundsatz der *Sachgerechtigkeit.* Ferner sind das Galbraith'sche Prinzip der *Folgerichtigkeit* sowie der Grundsatz der *Bezugsorientierung* zu erwähnen.

In dem Maße, wie sich der „Instrumentcharakter" der Steuer offenbarte, erfuhr der Wagnersche Gedanke der *„Beweglichkeit* der Besteuerung"[27] eine differenziertere Interpretation. Er wird im Grundsatz der *deckungspolitischen Anpassungsfähigkeit* (Steigerungsfähigkeit) der Besteuerung heute repräsentiert. Die beiden neuen Prinzipien: Der Grundsatz der konjunkturgerechten aktiven *Flexibilität* der Besteuerung und der Grundsatz der eingebauten (passiven) *Elastizität* des Steuersystems sind Ausdruck einer verfeinerten Differenzierung.

Mit den Gedanken über die *Dispositionsautonomie* (Haller/Neumark) resp. die Dispositionsorientierung (Strümpel) über die staatspolitische *Sozialität* und die *ständige Kontrollierung* des Steuersystems schließt sich der Kreis unserer Überlegungen.

Der Versuch einer generellen Überprüfung der Grundsätze der Besteuerung auf ihre Gültigkeit für heute ist nicht neu.

Dieses Verfahren erweist sich schon deshalb sinnvoll, weil man damit einen „Blick" für das Gesamtsystem bekommen kann und steuerwirtschaftliche und steuerpolitische Sachverhalte an Hand eines eigens für den Untersuchungszweck geschaffenen Grundsätzeschemas würdigen kann.

Fritz Neumark *unterscheidet* in diesem Sinne drei Kategorien von Grundsätzen:

1. Grundsätze, die „unter den ... vorausgesetzten Verhältnissen einer modernen Volks- und Staatswirtschaft westlicher Prägung keine Gültigkeit (mehr) beanspruchen können"[28];

[27] Adolph *Wagner:* Finanzwissenschaft, a.a.O., S. 304 sowie S. 308 f.
[28] Fritz *Neumark:* Grundsätze der Besteuerung, a.a.O., S. 9.

2. Grundsätze (ältere), die „abweichend von dem Sinn interpretiert werden müssen, der ihnen bei ihrer ursprünglichen Aufstellung gegeben wurde“[29];
3. Grundsätze, die Ausdruck dafür sind, daß „die in neuerer Zeit gemeinhin vorgetragen Lehren gewisser Ergänzungen bedürfen“[30].

§ 2 Die Bedeutung der Grundsätze der Besteuerung für die Beurteilung steuerwirtschaftlicher Sachverhalte

1. Richtlinien für den Aufbau eines modernen Steuersystems

Die *Steuerverfassung* baut auf Prinzipien auf, die den Charakter von Normen tragen. Durch sie wird das steuerwirtschaftiche Verhalten der Wirtschaftssubjekte im weitesten Sinne — vom Fiskus bis zum Wirtschaftsbürger — beeinflußt. Deshalb ist leicht einzusehen, daß bei entsprechender sachlicher Ausgestaltung die Besteuerungsgrundsätze dafür verwendet werden können, um ordnend oder gestaltend auf den Entwicklungsprozeß innerhalb eines Steuersystems Einfluß zu nehmen[31].

Der Normencharakter der Grundsätze der Besteuerung ist wichtig, weil diese Normen ein Maßstab sind, an dem sich die Zuordnung einzelner Abgaben oder ganzer Abgabengruppen ausrichtet. Im Idealfall können sie sich sogar zu einem harmonisch abgestimmten Steuersystem vereinen.

Es empfiehlt sich, daß der Gesetzgeber den Besteuerungsgrundsätzen mehr Aufmerksamkeit widmet, „stellen sie doch *Orientierungspunkte* dar, deren Beachtung die Chance bietet, wenn auch nicht zu der theoretisch optimalen, so doch zu einer rationalen Steuerpolitik als derjenigen zu gelangen, die das Ergebnis einer völlig prinzipienlosen, allein auf die Bedürfnisse des Augenblicks abgestellten Flick- und Stückwerksarbeit ist“[32]. Selbstverständlich sind — auf längere Zeiträume bezogen — diese Grundsätze selbst einer Überprüfung zu unterziehen, da bei veränderten Verhältnissen neue Einsichten gewonnen werden, die zu einer Änderung der Ansichten führen (können). Deshalb kann eine Steuer-

---

[29] Ebenda.

[30] Ebenda.

[31] Hier zeigt sich, daß eine *völlig wertneutrale Auseinandersetzung* in einer Fallstudie, die ökonomische gegenwartsbezogene Sachverhalte zum Gegenstand hat, *nicht möglich* ist, weil die Aussagen sich jeweils an einem *Beurteilungsschema* orientieren, mit dessen Aufstellung zwar eine objektive Analyse angestrebt wird, in dem jedoch bei Aufstellung — weil aus der wirtschaftlichen Wirklichkeit abgeleitet — wirtschafts- und finanzpolitisch Wünschenswertes Eingang gefunden hat. Vgl. auch Ziff. 3 dieses Paragraphen.

[32] Fritz *Neumark:* Grundsätze der Besteuerung, a.a.O., S. 34.

reform nur dann erfolgreich „vollendet“ werden, wenn *vorher* die Prinzipien und Richtlinien einer Überprüfung unterworfen werden, die als Kriterien für die Reform dienen sollen.

Gerade die Auslegung von Besteuerungsprinzipien ist in hohem Grade reflektierende Darstellung zeitgenössischer Vorstellungen. Die Frage nach den unterschiedlichen Wirkungen, die diese Grundsätze im Zeitablauf hervorgerufen haben, ist aber primär steuerhistorischer Natur. Diese haben wir uns nicht gestellt. *Strümpel* beklagt nicht ganz zu Unrecht den „Leerformelcharakter“[33] einiger Steuergrundsätze. Dies zeigt, daß es noch nicht gelungen ist, den Gehalt dieser Grundsätze zeitnahe zu deuten. Der Grund dafür ist, daß man sich der Steuerprinzipien als Entscheidungshilfen nicht sachgemäß bedient. Ein System von Grundsätzen der Besteuerung, die für alle Epochen und für alle Zwecke gleichermaßen Geltung haben, kann es nicht geben; wenngleich, wie oben nachgewiesen wurde, einzelne Steuerprinzipien schon beinahe zwei Jahrhunderte mehr oder minder gültig sind. Jedes System von Besteuerungsprinzipien wird sich sehr stark an den bestehenden Verhältnissen orientieren und die vorherrschenden Ansichten und Einsichten in sich aufnehmen. Die Besteuerungsprinzipien werden also durch die Zeitepoche, in der sie zur Diskussion stehen, mit geprägt[34]. Zwischen einem konkreten Steuersystem und dem System der Besteuerungsgrundsätze wird stets ein Wechselverhältnis bestehen. Von den Besteuerungsprinzipien werden Wirkungen auf das geltende Steuersystem ausstrahlen, während Einflüsse des geltenden Steuersystems in umgekehrter Richtung nicht auszuschließen sind. Seit langem werden finanzwissenschaftliche Besteuerungsgrundsätze bei der Auslegung von Steuerrechtsnormen berücksichtigt, „(d)a das Steuerrecht zum Teil normierte Finanzwissenschaft ist“[35].

Bei zweckentsprechender Ausgestaltung und sachgerechter Handhabung kann man so ein praktikables Instrument in die Hand bekommen, mit dem die ökonomischen Wirkungszusammenhänge klargelegt werden können.

---

[33] Burkhard *Strümpel:* Steuersystem und wirtschaftliche Entwicklung. Funktion und Technik der Personalbesteuerung im sozialökonomischen Wandel, a.a.O., S. 187.

[34] So gibt Fritz Karl *Mann* zu bedenken, „daß die Gesetzesbestimmungen Kodifikationen wechselnder Ideenrichtungen sind und daher kaum eine größere Einheitlichkeit aufweisen können als die von wissenschaftlichen Autoren entwickelten Begriffe“. Fritz Karl *Mann:* Die drei wirtschaftlichen Funktionen der Steuer. In: F. K. *Mann* (Hrsg.): Finanztheorie und Finanzsoziologie, Göttingen 1959, S. 54.

[35] Klaus *Tipke:* Fünfzig Jahre Finanzhof. In: Neue Juristische Wochenschrift, 21. Jahrgang, Heft 45, München und Frankfurt/Main 1968, S. 2083, Fn. 32.

Dem Wandel der Anschauungen trägt auch das geltende allgemeine Steuerrecht Rechnung. Es schreibt vor, daß bei der Auslegung von Steuergesetzen „die wirtschaftliche Bedeutung der Steuergesetze und die Entwicklung der Verhältnisse zu berücksichtigen" sind. Entsprechendes gilt auch „für die Beurteilung von Tatbeständen"[36].

2. „Organische" Steuerreform

Stellt man die Kriterien, die eine Steuerreform zu einer „organischen" Reform werden lassen, den Grundsätzen der Besteuerung gegenüber, ist zu erkennen, daß die Besteuerungsprinzipien sich inhaltlich im wesentlichen mit diesen Kriterien decken. Hier liegt also ein unmittelbarer Zusammenhang vor. Würden dann, wenn steuerpolitische Zielsetzungen verwirklicht werden sollen, die Grundsätze der Besteuerung beachtet und konsequent befolgt, so würde man „automatisch" auf den Weg gelangen, der zu einer „organischen" Steuerreform führt. Denn unter einer solchen Reform „ist ein System von steuerpolitischen Maßnahmen zu verstehen, welches insbesondere folgende Erfordernisse erfüllt:

a) Ausgestaltung des Steuersystems derart, daß der zu deckende Finanzbedarf auf möglichst ökonomische und in einer der herrschenden Rechtsüberzeugung und sozialen Kulturgesinnung gemäßen Weise aufgebracht wird;

b) Abstimmung der einzelnen Glieder auf das Ganze des Steuersystems... derart, daß sich die einzelnen Steuern in ihrer Ausgestaltung und ihren Wirkungen gegenseitig ergänzen und möglichst wenig beeinträchtigen[37];

c) Abstimmung sowohl mit dem grundsätzlich gewollten Wirtschaftssystem als auch mit den sich aus dem Wirtschaftsablauf ergebenden wirtschaftspolitischen Aufgaben — beides unter Nutzung der Besteuerung als wirtschafts- und sozialpolitisches Ordnungsmittel;

d) Anpassung des Steuersystems an die politische Struktur der Bundesrepublik, insbesondere an die Notwendigkeit einer hinreichenden und zweckmäßigen Ausstattung von Bund, Ländern und Gemeinden mit Finanzmitteln"[38].

Unausgesprochen wird damit den Grundsätzen der Besteuerung ein beachtlicher „reformatorischer" Wert zuerkannt. Die Güte eines Steuer-

---

[36] Vgl. § 1 Abs. 2 und 3 Steueranpassungsgesetz (StAnpG), a.a.O.

[37] So gebietet das „Gesetz der Interdependenz der Steuererträge", die Steuergrenzen so zu setzen, daß einerseits „die Steuererträge der einen Steuer die Steuererträge der anderen nicht vermindern und daß (andererseits, d. Verf.) der gegenwärtige Steuerentzug das Steueraufkommen der Zukunft nicht verringert". Anton *Tautscher:* Grenzen der Besteuerung, a.a.O., S. 92 f.

[38] *Bundesministerium der Finanzen* (Hrsg.): Organische Steuerreform. Bericht des Wissenschaftlichen Beirats beim Bundesministerium der Finanzen an den Herrn Bundesminister der Finanzen, Bonn 1953, S. 12/13.

systems wird daran gemessen, ob und inwieweit es den vielfältigen Anforderungen, die an dieses zu stellen sind, entspricht. *Schmölders* nennt dazu die wesentlichen Voraussetzungen: „Die einzelnen Steuern eines Systems müssen, soll dieses seinen Namen zu Recht tragen, in ihrer Wirkungsweise so aufeinander abgestimmt werden[39], daß sie sich entweder zur vollkommenen Erreichung des Steuerzwecks gegenseitig ergänzen oder sich doch wenigstens nach Möglichkeit nicht beeinträchtigen; weiterhin sollten die einzelnen Steuern sich in Ergiebigkeit und Vollzug gegenseitig kontrollieren, etwaigen von einer Steuer bewirkten Ausweich- und Umgehungsvorgängen zuvorkommen oder in anderer Weise den Wechselwirkungen Rechnung tragen, die zwischen Besteuerung und Volkswirtschaft, zwischen Steuerträgern und Steuerzahlern sowie zwischen den einzelnen Steuerformen und -arten bestehen“[40]. Die „systembildenden Kräfte“ kommen dabei sowohl aus der öffentlichen Wirtschaft als auch aus der „Volkswirtschaft und den für sie erforderlichen, wirtschaftspolitischen Maßnahmen“[41].

Bei der in der Bundesrepublik Deutschland angestrebten und gegenwärtig mit Nachdruck in Angriff genommenen Steuerreform geht es keinesfalls bloß „um die Harmonisierung der Teilsteuersysteme“, sondern „um eine solche des Gesamtsteuersystems“[42]. Diese Steuerreform ist in Verbindung mit den parallel laufenden Bemühungen einer Haushaltsreform als Versuch zu werten, in der Bundesrepublik Deutschland aus dem Teufelskreis herauszufinden, in dem „die Finanzsysteme (nur, d. Verf.) von einer Pseudoreform zur anderen“[43] geführt werden.

Die Grundsätze der Besteuerung bilden in einem Steuersystem als „Gesetze des Sollens“[44] den konstitutiven Kern. Ein Steuersystem ist, wie jedes System, ein nach Prinzipien geordnetes Ganzes (I. Kant), in welchem „die Ordnung von Erkenntnissen nach einem einheitlichen Gesichtspunkt“[45] erfolgt. Dabei sind die „zwei großen Fragen“: die „nach dem Ausmaß der Besteuerung“ sowie die „nach der Verteilung

---

[39] In diese Richtung laufen auch die Forderungen von *Ritschl:* „Die einzelnen Steuern müssen so ineinandergreifen, die eine Art muß die Lücken ausfüllen, welche die andere läßt, soweit es möglich ist“. Hans *Ritschl:* Theorie der Staatswirtschaft und Besteuerung, a.a.O., S. 226.

[40] Günter *Schmölders:* Allgemeine Steuerlehre, a.a.O., S. 193.

[41] Anton *Tautscher:* Grenzen der Besteuerung, a.a.O., S. 76.

[42] Klaus *Tiepelmann:* Die Problematik der Vermögensteuer, Finanzwissenschaftliche Forschungsarbeiten, Heft 26, Universität Köln, Berlin 1963, S. 31.

[43] Adolf *Lampe:* Reine Theorie der Finanzreform. In: Finanzarchiv, N. F., Bd. 2, Tübingen 1934, S. 219; zukunftsbezogen: Fritz *Neumark:* Steuerpolitik in der Überflußgesellschaft, a.a.O., S. 31.

[44] Wilhelm *Gerloff:* Steuerwirtschaftslehre, a.a.O., S. 449.

[45] Helmut *Coing:* Zur Geschichte des Privatrechtsystems, Frankfurt am Main 1962, S. 9.

der Steuerlast" zu stellen[46] und zu beantworten. Ein „richtiges" Steuersystem kann „nicht auf der einseitigen Durchführung *eines* Steuerprinzipes, sondern (nur, d. Verf.) auf der zweckmäßigen *Kombination* einer *Mehrheit* von Prinzipien" beruhen[47]. Von dieser Erkenntnis werden auch die Beratungen der neuen Steuerreform-Kommission getragen sein. Nach Auffassung des Bundesfinanzministers[48] wird sich die Steuerreform-Kommission bei ihrer Arbeit von Überlegungen leiten lassen, bei denen die wichtigsten Besteuerungsprinzipien im Mittelpunkt der Erörterungen stehen werden.

Nach den Vorstellungen des Bundesfinanzministeriums sollten die von der Reform-Kommission erwarteten Vorschläge „zu einem Steuerrecht führen, das — ohne Aufgabe der allgemein gültigen Grundsätze des Steuerrechts — insbesondere den Zielsetzungen einer modernen Finanzpolitik entspricht sowie den Grundsatz der Gleichmäßigkeit und sozialen Gerechtigkeit der Besteuerung berücksichtigt"[49]. In der Ministeransprache wird auf die „vier elementaren Grundsätze des Adam Smith"[50], die „teilweise etwas anders interpretiert werden müssen, als das 1776 richtig erschien"[51], sowie auf die *Grundsätze der Bezugsorientierung* hingewiesen. Strauß nimmt eine in Finanz- und Wirtschaftskreisen geäußerte Kritik am bestehenden Steuersystem auf und beklagt, daß „(bei) annähernd 50 Einzelsteuern ... ein überschaubares, *in sich abgestimmtes* Steuersystem" fehle[52]. Im Interesse einer Abstimmung sei auch „die Besteuerung von Einkünften aus einer Tätigkeit im Ausland neu zu regeln"[53]. Daneben sei das Augenmerk auf das Verhältnis der direkten zu den indirekten Steuern zu richten, die sowohl im Hinblick auf das Steuersystem der Bundesrepublik[54] als auch unter dem Aspekt

[46] Hans *Ritschl:* Theorie der Staatswirtschaft und Besteuerung, a.a.O., S. 137.

[47] Paul *Speiser:* Das Verbot der Doppelbesteuerung, eine steuerrechtliche Untersuchung, Basel 1886, S. 8 (Hervorhebungen von uns).

[48] (Franz Josef *Strauß*): Ansprache des Bundesministers der Finanzen, Franz Josef Strauß, anläßlich der 1. Sitzung der Steuerreform-Kommission am 17. Dezember 1968. In: Finanznachrichten, hrsgg. vom Bundesministerium der Finanzen, Nr. 46, Bonn (18. Dezember 1968), Anhang 1.

[49] *Bundesministerium der Finanzen* (Hrsg.): Steuerreform-Kommission. In: Finanznachrichten, Nr. 28, Bonn (15. November) 1968, S. 10.

[50] Ansprache des Bundesministers der Finanzen, Franz Josef Strauß, anläßlich der 1. Sitzung der Steuerreform-Kommission am 17. Dezember 1968, a.a.O., S. 3.

[51] Fritz *Neumark:* Grundsätze der Besteuerung, a.a.O., S. 28.

[52] Ansprache des Bundesministers der Finanzen, Franz Josef Strauß, anläßlich der 1. Sitzung der Steuerreform-Kommission am 17. Dezember 1968, a.a.O., S. 3 (Hervorhebungen von uns).

[53] Ebenda, S. 7.

[54] Ebenda, S. 9 sowie *Bundesministerium der Finanzen* (Hrsg.): Steuerreform-Kommission, a.a.O., S. 3.

der weiteren „Harmonisierungsbestrebungen innerhalb der EWG“[55] zu würdigen seien. Sodann wird auf die Postulate der *steuerlichen Gerechtigkeit* sowie der *Steuertransparenz* hingewiesen, indem auf den Umstand aufmerksam gemacht wird, daß, „(s)olange über die Steuergesetze Wirtschafts- und Sozialpolitik betrieben werde, ... wichtige Grundsätze, wie die Gerechtigkeit und Einfachheit, geschädigt“ würden[56].

Um dem „Ziel eines übersichtlichen und modernen Steuerrechts“[57] näherzukommen, ist im Interesse der Klarheit „(d)er Dschungel zahlreicher Extra- und Ausnahmevorschriften“, der zudem „die Finanzbehörden hoffnungslos“ überlastet[58], zu roden. Damit wird das *Prinzip der Wohlfeilheit (Billigkeit)* der Besteuerung erkennbar, das die Überlegungen des Ministers, besonders diejenigen, die auf eine Rationalisierung der Veranlagung abzielen[59], mitbestimmt. Auch das Smith'sche Steuerpostulat der *Gleichmäßigkeit* in der Besteuerung wird hervorgehoben[60].

Die Grundsätze der *Rationalität,* der *Folgerichtigkeit* und der *Widerspruchslosigkeit* oder *Systemhaftigkeit* der Besteuerung sind zu beachten, wenn dem Vorwurf, „(d)ie Steuern griffen unsystematisch in den Wirtschaftsablauf ein und wirkten wettbewerbsverzerrend“[61], begegnet werden soll. Mit Nachdruck wird die Beherzigung des Grundsatzes der *Stetigkeit des Steuerrechts* gefordert. Es soll dem atemberaubenden Tempo, „mit dem am laufenden Band Steuergesetze produziert“ werden[62], Einhalt geboten werden. Ferner wird darauf hingewiesen, daß das geltende Steuerrecht der Bundesrepublik Deutschland, das noch auf der Steuerreform aus dem Jahre 1925 beruht, das Produkt zahlreicher Korrekturen ist. Letztere seien aus staats-, währungs- und wirtschaftspolitischen Überlegungen vorgenommen worden, damit das Steuersystem den jeweiligen Veränderungen angepaßt werden konnte. Das Steurrecht sei „darüber hinaus als Instrument der Wirtschafts- und Sozialpolitik schnellen und häufigen Änderungen unterworfen

---

[55] Ebenda, S. 10 sowie *Bundesministerium der Finanzen* (Hrsg.): Steuerreform-Kommission, a.a.O., S. 3.

[56] Ebenda, S. 3 et passim resp. auch S. 3 der „Finanznachrichten Nr. 28, a.a.O.

[57] Ansprache des Bundesministers der Finanzen, Franz Josef Strauß, anläßlich der 1. Sitzung der Steuerreform-Kommission am 17. Dezember 1968, a.a.O., S. 12.

[58] Ebenda, S. 3.

[59] Vgl. ebenda, u. a., S. 7.

[60] Ebenda, S. 10 f. resp. S. 3 der „Finanznachrichten“ Nr. 28, a.a.O.

[61] Ansprache des Bundesministers der Finanzen, Franz Josef Strauß, anläßlich der 1. Sitzung der Steuerreform-Kommission am 17. Dezember 1968, a.a.O., S. 3.

[62] Ebenda, S. 3.

worden“[63]. Es sei daher „zum Teil nicht ohne Schwierigkeiten in Übereinstimmung mit dem Grundgesetz zu bringen“[64] gewesen. Hier wird ein Aspekt beleuchtet, der dem *Grundsatz der Recht- und Gesetzmäßigkeit Gewicht* verleiht.

Gleichzeitig werden hier Gedanken geäußert, die dem *Grundsatz der ständigen Kontrollierung des Steuersystems* Inhalt und Ausdruckskraft verleihen. Dies äußert sich in der geübten Kritik an der Gewerbesteuer, der das Attribut „antiquiert“[65] beigegeben wird. Schließlich weist die Forderung, „die kleinen Verkehr- und Verbrauchsteuern seien als ergänzende Steuern neben einer allgemeinen Umsatzsteuer entbehrlich“[66] und demzufolge abzuschaffen, auf die Zweckmäßigkeit einer ‚permanenten Drainierung‘ des Steuersystems hin.

Mit der Kritik, bestimmte Steuern, z. B. Gewerbe- und Körperschaftsteuern, führten ungewollt zu Doppelbelastungen[67], wird indirekt bestätigt, daß die *Prinzipien der Rationalität und Folgerichtigkeit,* wie die der *Widerspruchslosigkeit* oder *Systemhaftigkeit,* der *Gerechtigkeit* und der *Verhältnismäßigkeit* sowie der *wachstumspolitischen Ausrichtung der Besteuerung* verletzt werden. *Das Postulat nach Vollständigkeit der Steuerrechtsnormen* ist deutlich vernehmbar, wenn Strauß darauf verweist, daß „(d)as gegenwärtige Einkommensteuerrecht ... den Reinvermögenszuwachs nur unvollständig“[68] erfasse. Da die Vermögensteuer (als Ergänzungssteuer zur allgemeinen Einkommensteuer) die besondere Leistungsfähigkeit der Vermögensbesitzer zu erfassen habe, sei „(e)in Ausgleich durch eine Entlastung bei der Einkommensteuer, und zwar steigend mit der Höhe des Einkommens ... wenig sinnvoll“[69]. Damit wird der *Grundsatz der Verhältnismäßigkeit der Besteuerung* oder: der *Besteuerung nach der (individuellen) Leistungsfähigkeit* angesprochen. „Die Forderung nach geeigneten Maßnahmen zur Stärkung der Eigenkapitalbildung durch die Begünstigung des nicht entnommenen Gewinns“[70] befindet sich im Einklang mit dem *Grundsatz der steuerlichen Schonung (resp. Stärkung) des Kapitalstocks.* Wenn Strauß als wesentliche Aufgabe der Kommissionsarbeit ansieht, „die verschiedenen Zielsetzungen in ein ausgewogenes Verhältnis zu bringen und die Grenze zwischen Vereinfachung und nicht vertretbarer Beeinträchtigung der sozialen Gerechtigkeit und Gleichmäßigkeit der Besteuerung

[63] Ebenda, S. 2.

[64] Ebenda.

[65] Ebenda, S. 4.

[66] Ebenda.

[67] Vgl. ebenda, S. 4 sowie S. 8.

[68] Ebenda, S. 5.

[69] Ebenda, S. 6.

[70] Ebenda, S. 7.

zu verdeutlichen"[71], unterstreicht er die Bedeutung der Grundsätze *der Rationalität und Angemessenheit,* der *Zweckmäßigkeit und Bezugsorientierung* sowie die der *Sachgerechtigkeit und Praktikabilität* der Besteuerung. Sodann sind gewisse Aspekte *staatspolitischer Sozialität* zu erkennen, wenn Strauß zu bedenken gibt, daß sich „wirtschafts- und sozialpolitische Ziele ... in einer vielschichtigen Gesellschaft und bei den unterschiedlichen Formen moderner wirtschaftlicher Gestaltung nicht immer mit einfachen Gesetzen realisieren"[72] lassen. Der Hinweis auf „(d)ifferenzierende Vorschriften"[73] und die Möglichkeit, via Steuergesetze „wirtschaftliche und soziale Förderung"[74] zu betreiben, zielt darauf ab, auf eine bestimmte gesellschaftliche und/oder wirtschaftliche Entwicklung hinzuwirken, weil dies „as essential for our economic growth and prosperity"[75] erachtet wird.

Den Grundsätzen der Besteuerung wird also auch ex officio eine zentrale Stellung eingeräumt. Es sind im Verlaufe der Ansprache des Finanzministers den Kommissionsmitgliedern nahezu zwei Dutzend Besteuerungsprinzipien als Leitgedanken für die ihnen übertragene Aufgabe mit auf den Weg gegeben worden.

3. Grundlagen und Maßstab für die Kritik der Vermögensteuer

Als Beurteilungskriterien für die Vermögensteuer sind die Grundsätze maßgebend, die vom gegenwärtigen Standpunkt aus für eine moderne Besteuerung maßgeblich erachtet werden. Es sind Grundsätze, die eine zweckmäßige und zugleich auch eine sachgerechte Besteuerung gewährleisten[76]. Die Steuergrundsätze — zu verstehen dann als „Orientierungspunkte für ein rationales Steuersystem"[77] — erweisen sich bei sachgerechter Handhabung als praktisches Beurteilungsschema, wenn sie in ein mit der wirtschaftlichen Wirklichkeit abgestimmtes *Bezugssystem* eingeordnet werden. Auf dieser Grundlage soll nun der Versuch gemacht werden, die nominelle Vermögensteuer zu diskutieren[78].

---

[71] Ebenda, S. 11.

[72] Ebenda, S. 11.

[73] Ebenda, S. 11.

[74] Ebenda, S. 11.

[75] Louis *Eisenstein:* The Ideologies of Taxation, a.a.O., p. 225.

[76] Auf die praktische Steuerpolitik bezogen bedeutet das, daß die Steuerprinizipien vor allem „bei der *Wahl der einzelnen Steuern* und bei der *Aufstellung des ganzen Steuersystems"* diese Politik zu leiten haben. A. *Wagner:* Finanzwissenschaft, Zweiter Teil, Theorie der Besteuerung. Gebührenlehre und allgemeine Steuerlehre, Leipzig 1890, S. 302.

[77] Fritz *Neumark:* Grundsätze der Besteuerung in Vergangenheit und Gegenwart, a.a.O., S. 13.

[78] In ähnlicher Weise hat kürzlich Görgens nach dem Vorbild von Jo-

Mit dem Instrumentarium der Besteuerungsprinzipien, das eine wertneutrale objektive Kritik des Steuersystems ermöglichen soll, wollen wir versuchen, Gründe zu finden, die für oder gegen eine Steuer auf dem Vermögen natürlicher Personen als Ergänzung zur Einkommensteuer sprechen. Allerdings kann man, so wie es auch im *Krelle-Gutachten* der Fall ist, die Beurteilung ethischer und juristischer Fragen nicht völlig ausschließen[79]. Diese sollen aber bei einer wirtschaftswissenschaftichen Erörterung auf ein Mindestmaß beschränkt bleiben.

Bei einer praxisnahen Steuerkritik stellt sich heraus, daß die „Postulate für die Besteuerungsweise ... wertbezogene Normen (sind), die nicht allein aus dem ‚Wesen' der Steuern oder der Wirtschaft abgeleitet werden können“[80]. „Was steuerpolitisch zweckmäßig ist und wie einzelne steuerliche Prinzipien materiell zu definieren sind, hängt entscheidend von dem ordnungs- und prozeßpolitisch Gewollten ab“[81]. Gleiches gilt mutatis mutandis für eine steuerwirtschaftliche Betrachtung.

Insoweit wir das wertende Moment nicht ausschließen können, ist dieses jedoch sowohl qualitativ als auch intensitäts- und umfangmäßig zu begrenzen. Eine solche Grenzziehung ist dadurch erreichbar, daß man für die Konstruktion eines Beurteilungsschemas zwar zunächst in die für notwendig erachteten Einzelkriterien „wertbezogene Normen“ einfließen läßt. Bei der Anwendung des Kriterienkataloges ist jedoch dieses Schema als objektiver Maßstab zu betrachten, an dem die zu diskutierenden Sachfragen gemessen bzw. beurteilt werden können.

Neben diesen Prinzipien moderner Besteuerung sind in die Beurteilungsgrundlage auch Kriterien mit einzubeziehen, die

a) aus dem *Wirtschaftssystem* abzuleiten sind sowie solche, die sich

b) aus der gesamt-, insbes. finanzwirtschaftlichen „*Standortbestimmung*“ ergeben.

Damit konkretisieren wir die Problemstellung und finden uns zugleich in dem Raume, in welchem die *aktuelle Diskussion* stattfindet.

---

hannes *Popitz* versucht, Probleme der Gemeindeeinkommensteuer versus Gemeindeumsatzsteuer zu lösen.

Hartmut *Görgens:* Gemeindeeinkommensteuer versus Gemeindeumsatzsteuer. Kölner Dissertation 1968, a.a.O.

[79] Wilhelm *Krelle:* Vorwort zu Wilhelm Krelle, Johann Schunck, Jürgen Siebke: Überbetriebliche Ertragsbeteiligung der Arbeitnehmer. Mit einer Untersuchung über die Vermögensstruktur der Bundesrepublik Deutschland, Bd. 1, Tübingen 1968, S. VI.

[80] Gerhard *Zeitel:* Die zweckmäßige Struktur des kommunalen Steuersystems. In: Kommunale Finanzen und Finanzausgleich. Schriften des Vereins für Socialpolitik, N. F., Bd. 32, Berlin 1964, S. 178.

[81] Ebenda.

Hinsichtlich der Bedeutung von Grundsätzen in der Ordnung der Gesellschaft hat F. A. *v. Hayek* auf deren Eigendynamik hingewiesen. „Grundsätze haben ihre Art sich durchzusetzen, auch wenn sie nicht ausdrücklich anerkannt werden, sondern nur implicite in bestimmten Entscheidungen enthalten sind, oder wenn sie nur als unklare Ideen darüber gegenwärtig sind, was man tun oder unterlassen soll“[82]. Von Hayek bemerkt, die Erfahrung lehre es, daß wir im gesellschaftlichen Leben „ohne feste Grundsätze ein Spielball der Ereignisse sind“[83]. Es ist daher eine der Erleichterungen des Lebens, daß der Mensch in vorgedachten und vorgeprägten Formen und Bezügen denken kann (Arnold *Gehlen:* „Entlastung“)[84]. Von Hayeks These findet in der Gegenwart eine Bestätigung am *Strauß*'schen Postulat der „Ruhe an der Steuerfront“. Während Strauß sich erst Ende des Jahres 1967 für eine Periode der „Ruhe im Steuerwesen“ ausgesprochen hatte, konnte er sich schon einige Monate später auf diese allgemein anerkannte Maxime berufen und vor dem Deutschen Bundestag sagen: „Wenn man aus gutem Grunde, weil der Faktor Psychologie für die Wiederbelebung unserer Wirtschaft von einer größeren Bedeutung ist, als man sich früher einmal vorgestellt hat, *die Parole ausgibt: Ruhe an der Steuerfront,* dann muß ... nicht nur die Erhöhung von Steuersätzen ...“, sondern „auch der Abbau von Steuerbegünstigungen vermieden werden“[85].

Schlußbemerkung

Eine aktive Finanz- insbes. Steuerpolitik kann mit Aussicht auf Erfolg nur mit einem systemkonformen Instrumentarium betrieben werden. Um das zu können, ist u. a. eine vertiefte Kenntnis der Grundsätze der Besteuerung, eine realistische Deutung ihrer Aussagen sowie eine sachgemäße Übertragung ihres Gehaltes in aktuelle politische Forderungen und deren sachgerechte Durchsetzung in der Praxis ebenso wichtig, wie die Kenntnis vom Wirtschaftskreislauf und das Verständnis für

---

[82] Friedrich A. *v. Hayek:* Wahrer und falscher Individualismus. In: ORDO, Jahrbuch für die Ordnung der Wirtschaft und Gesellschaft, Bd. I (Düsseldorf und München), 1948, S. 19.

[83] Ebenda, S. 20.

[84] Zitiert nach Günter *Schmölders:* Die Politiker und die Währung. Bericht über eine demoskopische Untersuchung der Meinungsbildung in Finanz- und Währungsfragen im Dritten Deutschen Bundestag, a.a.O., S. 135, sowie *ders.:* Finanzpolitik, 2. Auflage, a.a.O., S. 95.

[85] Franz Josef *Strauß:* Rede vor dem Deutschen Bundestag zum „Entwurf eines Gesetzes über die Feststellung des Bundeshaushaltsplans für das Rechnungsjahr 1968 (Haushaltsgesetz 1968), Berichte des Haushaltsausschusses, zweite Beratung, Geschäftsbereich des Bundesministers der Finanzen (5. Wahlperiode, 167. Sitzung), Bonn, am 4. April 1968, Stenographischer Bericht, S. 8841 (A), Hervorhebung von uns.

die die Wirtschaft bewegenden und ordnenden Prinzipien. Die Grundsätze der Besteuerung sind also Kriterien, die es ermöglichen, die Komponenten der Steuerwirtschaft in den Rahmen einer Gesamtwirtschaft ein- und unterzuordnen. Auf dieser Grundlage wird es möglich, zur Lösung der Probleme finanz- insbes. steuerwirtschaftlicher Entwicklungs- und Kontrollabläufe beizutragen. „(D)ie Frage, ob und in welcher Form die Vermögensteuer in ein Steuersystem eingefügt wird", hängt „wie immer von zahlreichen Momenten volkswirtschaftlicher, steuerpolitischer, ja staatsrechtlicher Natur ab, die der Steuer ein den Zeitverhältnissen entsprechendes Gepräge aufdrücken"[86].

---

[86] Boleslav *Fux:* Die Vermögenssteuer, a.a.O., S. 140 f.

Dritter Teil

Würdigung der Vermögensteuer

Methodologische Vorbemerkung

Es stehen prinzipiell zwei Wege offen, die Vermögensteuer im Rahmen der modernen allgemeinen Einkommensteuer zu würdigen.

a) Zunächst bietet sich der Weg an, die Vermögensteuer an Hand der Grundsätze der Besteuerung zu prüfen.

b) Die andere Möglichkeit besteht darin, eine Problemskizze zu entwerfen und die Vermögensteuer nach Problemkreisen resp. Einzelproblemen zu diskutieren. Bei einer steuerwirtschaftlichen Betrachtung, die Einzelfragen vor dem Hintergrund der Gesamtzusammenhänge beleuchtet, werden verschiedene Beurteilungskriterien, also mehrere Besteuerungsgrundsätze immer gleichzeitig eine Rolle spielen. Wegen der Interdependenz der Probleme entscheiden wir uns für den zweiten Weg.

Erstes Kapitel

Das Wesen der Vermögensteuer im Rahmen der modernen allgemeinen Einkommensteuer

Vorbemerkung

Da die Steuer ganz allgemein an wirtschaftliche, soziale und politische Gegebenheiten[1] gebunden ist, haben „ihr Wesen, ihr Begriff, ihre Technik sowie ... ihre relative Bedeutung innerhalb der öffentlichen Finanzwirtschaft im Laufe einer langwährenden geschichtlichen Entwicklung zahlreichen und tiefgreifenden Wandlungen unterlegen“[2]. Andererseits lassen sich für einzelne Steuern typische, ihr Wesen bestimmende Merkmale herausarbeiten, die trotz dieser Wandlungen allgemein gültig

---

[1] Fritz *Neumark:* Theorie und Praxis der modernen Einkommensbesteuerung, Bern 1947, S. 21.

[2] Ebenda.

sind. Für die uns hier interessierenden Steuern, die allgemeine Einkommensteuer, die Vermögensteuer und die Erbschaftsteuer gilt beispielsweise, daß sie direkte Steuern sind, die „auf eine unmittelbare Erfassung individuell-persönlicher . . . Leistungsfähigkeit gerichtet sind“[3].

§ 1 Zur Geschichte der Vermögensteuer

Seit nunmehr 75 Jahren wird in Deutschland eine Vermögensteuer erhoben. Mit dem Ergänzungssteuergesetz vom 14. Juli 1893 gelangte erstmals in Preußen im Rahmen der Miquel'schen Steuerreform von 1892 eine periodisch vom Vermögen erhobene Steuer[4] zur Anwendung[5]. Die Vermögensteuern zählen mit zu den ältesten Abgaben. „Die frühesten veranlagten Steuern sind die Vermögensteuern auf Grund und Boden“[6]. Später ging die Vermögensteuer ihrer Stellung als Hauptsteuer aus überwiegend volkswirtschaftlichen und sozialpolitischen Gründen weitestgehend verlustig. Sie wurde entweder beseitigt oder aber in eine die Einkommensteuer ergänzende Nebensteuer verwandelt. Heute gilt die moderne allgemeine Einkommensteuer als die höchste Steuerform, der die Vermögensteuer „ihr Aufleben und ihre weitere Fortbildung und Entwicklung“[7] verdankt.

Zur Geschichte der deutschen Vermögensteuern hat Bruno *Moll*[8] eine Monographie verfaßt, die neuerdings in einem Aufsatz von Werner *Ehrlicher*[9] eine wertvolle Ergänzung gefunden hat. Die Entwicklung der Vermögensbesteuerung in Deutschland seit der Miquel'schen Steuer-

---

[3] Fritz *Neumark:* Theorie der Besteuerung. In: Handwörterbuch der Sozialwissenschaften, Bd. 10, Stuttgart, Tübingen und Göttingen 1959, S. 99 (I).

[4] 1. Gesetz vom 14. Juli 1893 betr. Aufhebung direkter Staatssteuern; 2. Gesetz vom 14. Juli 1893 betr. Einführung einer Ergänzungssteuer; 3. Gesetz vom 14. Juli 1893 betr. die Kommunalabgaben.

[5] Siehe dazu ausführlich bei Adolph *Wagner:* Finanzwissenschaft, Vierter Teil — Spezielle Steuerlehre (Praxis der Besteuerung), Leipzig 1901, S. 41 ff., sowie Bruno *Moll:* Lehrbuch der Finanzwissenschaft, a.a.O., S. 565—586. Zur Begründung der Ergänzungssteuer vergleiche u. a. Klaus *Tiepelmann:* Die Problematik der Vermögensteuer. Finanzwissenschaftliche Forschungsarbeiten, N. F., Heft 26, Berlin 1963, S. 27—32.

[6] Robert *Nöll von der Nahmer:* Lehrbuch der Finanzwissenschaft, Bd. 1, Köln und Opladen 1964, S. 22.

[7] Boleslav *Fux:* Die Vermögenssteuer. In: Handbuch der Finanzwissenschaft, 2. Bd., Tübingen 1927, S. 135.

[8] Bruno *Moll:* Zur Geschichte der Vermögenssteuer, Leipzig 1911.

[9] Werner *Ehrlicher:* Wandlungen der Steuerordnungen. In: Finanzarchiv, N. F., Bd. 27 (Festschrift für Hans Ritschl zum 70. Geburtstag), Tübingen 1968, S. 49 ff., insbes.: Die Vermögensbesteuerung im Mittelalter, S. 52 ff. Zu den „mittelalterlichen Vermögensteuern“ siehe auch Klaus *Tiepelmann,* a.a.O., S. 17—20.

reform in Preußen ist u. a. von Boleslav *Fux*[10], Heinz *Kolms*[11] und Klaus *Tiepelmann*[12] dargestellt worden. Einen geschichtlichen Rückblick über die Vermögensbesteuerung in der Schweiz gibt u. a. Wilhelm *Bickel*[13] im Überblick, über die allgemeine Entwicklung und Verbreitung der Vermögensteuern Eugen *Grossmann*[14,15]. Die Vermögensteuer in den europäischen Ländern — neben Deutschland — hat für die neuere Zeit Klaus *Tiepelmann*[16] skizziert. Einen Überblick über periodische Vermögensteuern im Ausland (bis 1927) gibt Boleslav *Fux*[17]. Der Aufgabe, Geschichte und Idee der Bildung des Objektes der Vermögensteuer, des privaten Vermögens, in seiner Entwicklung vom Altertum bis ins 19. Jahrhundert zu verfolgen, hat sich dankenswerterweise Richard *Schlatter*[18] gewidmet. Die Lektüre dieser Studie bildet einen ausgezichneten Hintergrund für das Studium der Geschichte der Vermögensbesteuerung.

§ 2 Wesen der geltenden Vermögensteuer

1. Die allgemeine nominelle Vermögensteuer

Einer Würdigung der Vermögensteuer muß zunächst eine qualitative Analyse dieser Steuer vorausgehen. Diese hat sich an dem Gesamtsteuersystem auszurichten, in das die Vermögensteuer eingebettet ist. Eine sachgerechte Würdigung ist von der tieferen Kenntnis „über den systematischen Zusammenhang der einzelnen Steuern untereinander"[19] und über die „wechselseitige Abstimmung der Steuern"[20] eines gesamten Steuersystems abhängig.

---

[10] Boleslav *Fux:* Die Vermögenssteuer, a.a.O.

[11] Heinz *Kolms:* Vermögensteuern. In: Handwörterbuch der Sozialwissenschaften, Bd. 11, Stuttgart, Tübingen und Göttingen 1961, insbes. S. 155—157.

[12] Klaus *Tiepelmann:* Die Problematik der Vermögensteuer, a.a.O., S. 20 bis 24.

[13] Wilhelm *Bickel:* Die Vermögenssteuern in der Schweiz. In: Public Finance, Bd. XV, Nr. 3—4, Den Haag 1960, S. 246—252.

[14] Eugen *Grossmann:* Die Vermögensteuer. In: Handbuch der Finanzwissenschaft, zweite, völlig neubearbeitete Auflage, Bd. 2, Tübingen 1956, S. 525—528.

[15] Ergänzend siehe Robert *Nöll von der Nahmer:* Lehrbuch der Finanzwissenschaft, Bd. 2 (Spezielle Steuerlehre), Köln und Opladen 1964, S. 9—11.

[16] Klaus *Tiepelmann:* Die Problematik der Vermögensteuer, a.a.O., S. 24 bis 27.

[17] Boleslav *Fux:* Die Vermögenssteuer, a.a.O., S. 146—150.

[18] Richard *Schlatter:* Private Property. The History of an Idea. London 1951.

[19] Hier hat Günter *Schmölders* mit der von ihm entwickelten „Beziehungslehre der Steuerformen" einen sehr fruchtbaren Ansatz hergestellt. „Allgemeine Steuerlehre", 3. Aufl., Berlin 1958, S. 193.

[20] Ebenda.

Ebenso wie die moderne allgemeine Einkommensteuer ist die Vermögensteuer eine Personensteuer. Bei beiden Steuern ist die Steuerpflicht an die Person des Zensiten geknüpft. Dementsprechend werden Beginn, Ausmaß und Dauer der Steuerpflicht von den die Vermögensbesitzer charakterisierenden Verhältnissen bestimmt. Neben dem rein personalen Status ist die individuell-persönliche Leistungsfähigkeit des Steuerpflichtigen maßgeblich.

In der Bundesrepublik Deutschland werden gegenwärtig folgende *Steuern nach dem Vermögen natürlicher Personen* bemessen:

1. Die *Vermögensteuer* (als Ergänzungssteuer zur allgemeinen Einkommensteuer)[21];

2. die *Erbschaftsteuer;*

3. die *Vermögensabgabe zum Lastenausgleich*[22].

Während die Vermögensteuer wie die Einkommensteuer eine wiederkehrende Abgabe ist, handelt es sich bei der Erbschaftsteuer und der LAG-Vermögensabgabe um einmalige Abgaben vom Vermögen. Die LAG-Gesamtabgabeschuld, deren Höhe 50 v.H. des am Bewertungsstichtag vorhandenen Vermögens beträgt, ist über einen Zeitraum von 30 Jahren zu tilgen und zu verzinsen[23]. Steuerwirtschaftlich betrachtet handelt es sich somit um eine entschärfte Vermögensabgabe, d. h. „um eine zusätzliche nominelle Vermögensteuer mit der Zweckbindung eines nach den Kriegsverlusten gezielten Transfers“[24]. Nur dann, wenn die Aufbringung dieser Abgabe nicht aus laufenden Vermögenserträgen möglich ist, führt sie zu einer echten Substanzbesteuerung. „Eine Substanzverflüssigung wird jedoch regelmäßig nicht notwendig, weil die durch die Erträge nicht gedeckten Teile der Abgabe aus dem übrigen Einkommen zu Lasten neuer Vermögensbildung gedeckt werden kön-

---

[21] Unter Einbeziehung der *juristischen Personen* in die Betrachtung heißt das natürlich, daß die Vermögensteuer auch die Funktion einer Ergänzungssteuer zur Körperschaftsteuer (der Einkommensteuer der juristischen Personen) innehat. Fragen dieser Art haben wir hier jedoch thematisch ebenso ausgeklammert wie die steuerliche Belastung des Vermögens durch *Gewerbekapital-* und *Grund*steuern. Die deutsche Grundsteuer zu den Vermögensteuer zu zählen, lehnt beispielsweise H. *Kolms* ab, weil bei ihr die den Pflichtigen belastenden Grundverbindlichkeiten nicht berücksichtigt werden. Nach *Kolms'* Meinung sollten Steuern, die sich zwar auf Vermögensteile des Zensiten beziehen, die aber die persönlichen Umstände (z. B. Schulden) vernachlässigen, nicht als Vermögensteuern gelten. Heinz *Kolms:* Finanzwissenschaft, Bd. 3, Besondere Steuerlehre (Sammlung Göschen), Berlin 1960, S. 52.

[22] Im weiteren als „LAG-Vermögensabgabe“ bezeichnet.

[23] Damit verwandelt „sich die Substanzbesteuerung faktisch in eine Sollertragsteuer“. Bruno *Molitor:* Vermögensverteilung als wirtschaftspolitisches Problem. Tübingen 1965, S. 146.

[24] Ebenda.

nen“[25]. Diese Wirkung ist aber nur möglich, weil der Gesetzgeber den zur Aufbringung dieser Vermögensabgabe Verpflichteten eine ratenweise Zahlung[26] gewährt. Der Steuergesetzgeber hat durch Verzicht auf Erhebung einer eigentlichen Vermögensabgabe von einem der „allergewagtesten Experimente auf dem Gebiete der Finanzpolitik“[27] abgesehen. Wenn schon bei der LAG-Vermögensabgabe der Möglichkeit einer Vermögenssubstanzbesteuerung ausgewichen worden ist, kann mit der wiederkehrenden Vermögensteuer erst recht keine reelle Vermögensteuer beabsichtigt sein. Die bundesdeutsche Vermögensteuer ist — bezogen auf die *Steuerquelle* — eine *nominelle* Vermögensteuer. Von einem Eingriff in die Vermögenssubstanz wird abgesehen. Die Steuer soll prinzipiell aus dem Vermögensertrag aufgebracht werden. In den Fällen allerdings, wo das Vermögen ertraglos ist, muß die Steuerleistung praktisch aus anderen Ertragsteilen resp. dem laufenden Einkommen des Steuerpflichtigen entrichtet werden. Die Vermögensteuer der Bundesrepublik Deutschland sieht also im Vermögen nur das Steuerobjekt, nicht die Steuerquelle. Eine solche Vermögensteuer ist daher im Grunde genommen auch „keine echte Steuer vom Vermögen“, sie wird nur *nach dem Vermögen bemessen*[28]. Sie ist eine *Steuer nach dem Vermögen*[29]. Die *Grenzen* der nominellen Vermögensteuer liegen dort, wo aus der nominellen eine reelle (effektive) Vermögensteuer würde. Eine laufende Vermögensteuer darf ex definitione immer nur eine nominelle Vermögensteuer sein, denn „(e)ine laufende reelle Vermögensteuer“ würde „sich zwangsläufig selbst“ aufheben[30].

---

[25] Robert *Nöll von der Nahmer:* Lehrbuch der Finanzwissenschaft, Bd. 2, Köln und Opladen 1964, S. 44 f. In diesem Sinne auch Bruno *Molitor:* Vermögensverteilung als wirtschaftspolitisches Problem, a.a.O., S. 146.

[26] Finanzierung dieser Schuld durch Zwischenschaltung eines Kreditinstitutes hätte freilich den gleichen Effekt, wäre aber — je nach der Kapitalmarktsituation — vermutlich etwas „teurer“ als die vom Gesetzgeber gewährte Stundung und die damit verbundene Tilgung und Verzinsung. Dennoch dürfte dieser Ausweg regelmäßig dem Zwang zu einer „Versilberung“, d. h. einer Substanzverflüssigung à fonds perdu vorzuziehen sein.

[27] Wilhelm *Röpke:* Finanzwissenschaft, Berlin und Wien 1929, S. 116.

[28] Hubert *Schmitt-Degenhardt:* Vermögensteuer. 2., erw. Auflage, Stuttgart 1953, S. 2.

[29] Wilhelm *Gerloff:* Die öffentliche Finanzwirtschaft, Bd. 2, praktischer Teil, Frankfurt am Main 1950, S. 58.

[30] *Klein:* „Harmonisierung der Vermögens- und Realsteuern in der EWG. In: Die Steuern im Europäischen Raum. Die neuen Pläne! — Auswirkungen auf die Unternehmungen! Deutsche Gesellschaft für Betriebswirtschaft (Hrsg.), Berlin o. J. (1968), S. 5.

2. Die Vermögensteuer im gegenwärtigen Steuersystem der Bundesrepublik Deutschland

a) Vermögensteuer — Einkommensteuer

Die Vermögensteuer hat die Funktion einer *Ergänzung zur allgemeinen Einkommensteuer*[1]. Es wird eine höhere wirtschaftliche Leistungsfähigkeit der Vermögensbesitzer gegenüber den Nicht-Vermögensbesitzern unterstellt. Durch die Vermögensteuer soll in erster Linie die besondere Leistungsfähigkeit des sog. „fundierten Einkommens" erfaßt werden. „Faktisch fällt ihr so die Funktion zu, die Einkommensbesteuerung mit der Wirkung zu ergänzen, daß die Besitzeinkommen stärker als die Arbeitseinkommen zur Staatsfinanzierung herangezogen werden"[2]. Der individuelle Vermögensbestand wird mit einem relativ geringen Steuersatz (im Normalfall 1 v.H. des steuerpflichtigen Vermögens) belastet.

Als Personensteuer ist die Vermögensteuer zwar gemäß § 12 Ziffer 3 EStG weder bei den einzelnen Einkunftsarten, noch vom Gesamtbetrag der Einkünfte, wohl aber gemäß § 10 Abs. 1 Ziffer 5 EStG als Sonderausgabe vom Gesamtbetrag der Einkünfte abzugsfähig[3]. *Die Vermögensteuer* ist bei weitem nicht so einheitlich strukturiert wie die Einkommensteuer[4].

b) Vermögensteuer — Erbschaftsteuer (Schenkungssteuer)[5]

Rein *äußerlich* erscheint die Erbschaftsteuer als eine Verkehrsteuer, „da sie gelegentlich des Eigentumsübergangs von Todes wegen erhoben wird"[6]. Man kann die Erbschaft-(Schenkungs-)steuer auch als eine — beim speziellen Anlaß der Erbfolge oder der Schenkung erhobene —

---

[1] Bei juristischen Personen hat die Vermögensteuer natürlich die Funktion einer Ergänzungssteuer zur Körperschaftsteuer.

[2] Bruno *Molitor:* Vermögensverteilung als wirtschaftspolitisches Problem, a.a.O., S. 150.

[3] Vgl. § 12 sowie § 10 EStG i. d. F. vom 10. Dezember 1965, a.a.O.

[4] Boleslav *Fux:* Die Vermögenssteuer, a.a.O., S. 137.

[5] Nach geltendem deutschen Erbschaftsteuerrecht unterliegt jeder Erwerb und jede (Zweck-)Zuwendung von Todes wegen sowie jede Schenkung und jede (Zweck-)Zuwendung unter Lebenden der Erbschaftsteuer. Vgl. § 1 Abs. 1 Ziff. 1—3 sowie §§ 2, 3, 4 ErbStG v. 22. August 1925 i. d. F. d. Bekanntmachung v. 1. April 1969. In: BGBl. I S. 188, ber. S. 667.

[6] Wilhelm *Röpke:* Finanzwissenschaft, a.a.O., S. 118. Ähnlich Paul *Mombert:* Der Finanzbedarf des Reiches und seine Deckung nach dem Kriege. Prinzipielle Erörterungen über den Zusammenhang zwischen Wirtschaft und Steuerpolitik. Karlsruhe i. B. 1916, S. 37.

Vermögensteuer[7] ansehen. So gesehen ergibt sich „eine doppelte Belastung des Steuerobjektes ‚Vermögen' "[8], weil dieses neben der laufenden Vermögensteuer auch durch die Erbschaftsteuer (Schenkungssteuer) getroffen werden kann.

Die Erbschaftsteuer ist also nach ihrem Ansatz und nach ihrer normalen Wirkung eine *reelle Vermögensteuer*[9]. Steuerquelle ist normalerweise das Vermögen[10]. Die Erbschaftsteuer ist „indes eine *einmalige Vermögensabgabe*, die das Vermögen beim Erbgang trifft und schmälert"[11]. „An inheritance tax, though levied at irregular intervals, may reasonable be called a tax on property ..."[12]. Daneben ist die Erbschaftsteuer ein sehr nützliches *Kontrollmittel*. Mit ihrer Hilfe kann „die ehrliche Versteuerung des Vermögens und des Vermögensertrages zu Lebzeiten des Erblassers" beurteilt werden[13].

c) *Vermögensteuer — LAG-Vermögensabgabe*

Eine unmittelbare Beziehung zwischen Vermögensteuer und LAG-Vermögensabgabe stellt das Vermögensteuerrecht selbst her. Nach geltendem Recht ermäßigt sich der normale Vermögensteuersatz (1 v.H.) für das steuerpflichtige Vermögen, das der Lastenausgleichsabgabe unterliegt, um 1/4 auf 0,75 %[14] resp. dann, wenn das steuerpflichtige Vermögen den Betrag, der nach § 31 LAG festgesetzten Vermögensabgabeschuld nicht übersteigt[15]. Ferner tritt eine Verminderung des steuerpflichtigen Vermögens dadurch ein, daß bei der Ermittlung des Gesamtvermögens die LAG-Vermögensabgabe als (abzugsfähige) Schuld behandelt wird[16]. Da die Vermögensabgabe über einen Zeitraum von 30 Jahren zu entrichten ist und es sich damit um eine „zusätzliche

---

[7] Klaus Peter *Kisker:* Die Erbschaftsteuer als Mittel der Vermögensredistribution. Eine empirische und theoretische Untersuchung. Volkswirtschaftliche Schriften, Heft 79, Berlin 1964, S. 116.

[8] Ebenda.

[9] Hans *Ritschl:* Erbschaftsteuer. In: Handwörterbuch der Sozialwissenschaften, 3. Bd., Stuttgart, Tübingen und Göttingen 1961, S. 276 (II).

[10] Ebenda, S. 274 (I).

[11] Ebenda.

[12] Hugh *Dalton:* Principles of Public Finance, a.a.O., p. 26.

[13] C(amille) *Higy:* Erbschaftssteuer und Kapitalverkehrssteuern in der Schweiz. In: Institut International de Finances Publiques: Impôts sur la Fortune y inclus Droits des Sucession ..., Congrès de Zurich 1960, Bruxelles 1962, S. 290.

[14] Gemäß § 8 VStG 7,5 vom Tausend.

[15] Gemäß § 8 VStG sowie § 31 LAG. Zur Vermögensabgabeschuld siehe oben die Ausführungn zum Steuersatz der geltenden Vermögensteuer.

[16] Gemäß § 4 Abs. 1 VStG sowie § 209 Abs. 1, Ziff. 1 LAG.

nominelle Vermögensteuer"[17] handelt, wird auch auf diese Weise eine Wesensverwandtschaft zur geltenden Vermögensteuer hergestellt[18]. Mit dieser „Verrentung" wurde die Abgabe praktisch „zu einer zweiten laufenden Vermögensteuer, deren Bemessungsgrundlage aber auf das 1948 vorhandene Vermögen eingefroren ist"[19]. Doch auch dann, wenn die LAG-Vermögensabgabe noch auf eine reelle Vermögensbesteuerung abzielte, trügen beide Fiskalabgaben „innerlich denselben Charakter"[20]. Sie unterscheiden sich „eigentlich bloß durch die Höhe der Steuersätze" voneinander[21], obgleich die Vermögensabgabe „ihrem Wesen nach eine einmalige, auf dem Stichtagsprinzip beruhende Abgabe (ist)"[22]. Eine weitere (indirekte) Beziehung zwischen diesen beiden miteinander verwandten Abgaben besteht insoweit, als die *Gläubiger der Vermögensteuer,* also die Länder, gesetzlich verpflichtet sind, unter gewissen Voraussetzungen[23] den Ausgleichsfonds durch Anteile aus den Vermögensteueraufkommen zu ergänzen[24].

d) Einkommensteuer — Vermögensteuer — LAG-Vermögensabgabe

Ein unmittelbarer Zusammenhang zwischen diesen drei Fiskalabgaben läßt sich an Hand folgender Kette ableiten: Wie mehrfach betont, kommt es in der Regel bei der Besteuerung nach der LAG-Vermögensabgabe nicht zu einer „Substanzverflüssigung" (Nöll v. d. Nahmer). Die Ausgleichsabgaben werden aus den Vermögenserträgen, allenfalls dem übrigen Einkommen der Zensiten bestritten. Die gezahlte Vermögensteuer[25] kann ihrerseits — wie auch teilweise die Ausgleichsabgabe[26] bei der allgemeinen Einkommensteuer als Sonder-

---

[17] Bruno *Molitor:* Vermögensverteilung als wirtschaftspolitisches Problem, a.a.O., S. 146.

[18] Über die Beziehungen der LAG-Vermögensabgabe zu den Ertragsteuern allgemein, vgl. Kurt *Stockert:* Die Vermögensteuer und die Vermögensabgabe unter Berücksichtigung ihrer Auswirkungen auf die Ertragsteuern. (Diss. rer. pol.) Mannheim 1962.

[19] W(illi) *Albers:* Vermögensbesteuerung, a.a.O., S. 236. Vgl. darüber, „Was vom Lastenausgleich noch gilt", Werner *Horowski:* Vermögensabgabe bis 1979. Zusammenstellung und Kommentierung aller nach der Veranlagung noch wichtigen Bestimmungen. 2., nach dem Stand vom März 1965 neubearbeitete Aufl., Stuttgart, München, Hannover 1965.

[20] Boleslav *Fux:* Die Vermögensteuer, a.a.O., S. 138 sowie S. 151.

[21] Ebenda, S. 138.

[22] Werner *Horowski:* Vermögensabgabe bis 1979, a.a.O., S. IX.

[23] Gemäß § 6 Abs. 1—3 LAG, a.a.O.

[24] Vgl. dazu weiter bei Friedrich *Käss:* Lastenausgleich. In: Handwörterbuch der Sozialwissenschaften, Bd. 6, Stuttgart, Tübingen und Göttingen 1959, S. 530 (II).

[25] Gemäß § 10, Abs. 1, Ziff. 5 EStG, a.a.O.

[26] Gemäß § 10, Abs. 1 Ziff. 6 EStG, ausgeführt in § 211 LAG, a.a.O.

ausgabe vom Gesamtbetrag der Einkünfte abgezogen werden. Damit wird eine direkte Beziehung von der Vermögensabgabe über die Vermögensteuer zur allgemeinen Einkommensteuer sichtbar[27].

[27] Diesen Sachverhalt bestätigend: Bruno *Molitor:* Vermögensverteilung als wirtschaftspolitisches Problem, a.a.O., S. 146.

Zweites Kapitel

Begründung der Vermögensteuer und ihre Problematik

Besteuerung des Vermögens natürlicher Personen: Absicht und Wirklichkeit

§ 1 Zielsetzungen

Aus welchem Motiv die Steuer vom Vermögen auch immer geschaffen wurde, dann handelt es sich darum,

1. ergänzende Mittel für die Finanzierung des laufenden Staatsbedarfs zu beschaffen,
2. die Mittel für außerordentliche Ausgaben zur Behebung einer staatlichen Notlage zu gewinnen,
3. eine Währungssanierung durch Kaufkraftabschöpfung zu versuchen oder
4. eine Vermögensredistribution anzustreben[1].

Bei allen diesen Begründungen spielen gesellschaftspolitische Aspekte eine wichtige Rolle.

Ganz gleich, ob es sich um eine bloße fiskalische Mittelbeschaffung dreht, um den Einsatz der Steuer als ordnungspolitischen Faktor (Ordnungssteuer) oder als ein Instrument, mit dem auf eine Vermögensredistribution hingewirkt werden soll, — stets werden die finanz- und wirtschaftspolitischen Überlegungen von einem staatserhaltenden Verhalten geleitet sein.

Wäre in Deutschland noch bis zum Zweiten Weltkrieg eine Begründung der Vermögensteuer dahin möglich gewesen, daß der Steuerpflichtige dem Staat quasi eine Gegenleistung dafür erbringt, daß die staatliche Ordnung dem Vermögensbesitzer sein Privateigentum schützt, so ist heute das Argument des „do ut des" als Ausdruck des Assekuranzgedankens bei der Vermögensbesteuerung unbrauchbar. So unwahrscheinlich es auch ist, daß der Gesetzgeber heute noch in einer Ver-

---

[1] Vgl. zu den Punkten (1) bis (4) bei Heinz *Kolms:* Vermögensteuern. In: Handwörterbuch der Sozialwissenschaften, Bd. 11, Stuttgart, Tübingen, Göttingen 1961, S. 154 f., sowie *dens.:* Finanzwissenschaft, Bd. 3, Besondere Steuerlehre, a.a.O., S. 53 ff.

mögensteuer eine Leistung zur Erhaltung der das Vermögen schützenden Eigentumsordnung erblickt, so werden gelegentlich doch noch Gedanken vorgetragen, die im Vermögensbesitz als solchem ein diese Steuer begründendes Element sehen. Solche Vorstellungen über den Schutz des Vermögens durch den Staat und die Vermögensteuer sind zwar nicht völlig belanglos, sie haben aber nur untergeordnete Bedeutung. Der Staat muß schließlich das gesamte Volksvermögen — öffentliches wie privates — schützen, und das marktwirtschaftliche „Prinzip von Leistung und Gegenleistung“ (F. K. Mann)[2] hat bei der Besteuerung keinen Platz. Die Grundaufgaben des Staates bestehen u. a. darin, sämtliche Staatsbürger — unabhängig vom individuellen Besitzstand — gleichmäßig zu schützen. Weshalb sollte der Staat sich dann von den Besitzenden noch eine Prämie vergüten lassen? Das gilt um so mehr, als man die Steuer heute nicht mehr „als Prämie für die privatwirtschaftliche Organisationsform in der Volkswirtschaft“[3] bezeichnen kann. Auch die assekuranztheoretische Begründung der Vermögensteuer hat ihren praktischen Wert völlig verloren. Daß „der Staatsschutz den größeren Vermögen mehr als den kleineren zugute kommt“, und deshalb „die Reichen stärker als die Minderbemittelten ... herangezogen werden“ müssen[4], dürfte u. E. nicht mehr als Argument für eine differenzierende Belastung des Vermögens vorgetragen werden. Das ist selbst dann nicht der Fall, wenn mit dem weiteren „Vordringen der Dispositionsorientierung in der Besteuerung“ eine weitgehende Rehabilitierung des Äquivalenzprinzips verbunden wäre[5]. Die Vermögensteuer kann — zumindest solange durch sie ertragbringendes wie ertragloses Vermögen unterschiedslos belastet werden soll — nur mit Vorbehalt „als Maßnahme(n) zur Anpassung an die ökonomischen und technischen Grenzen der Besteuerung“[6] angesehen werden, selbst dann, wenn „schon rein fiskalische Erwägungen“ es nahelegen würden, höhere Einkommen und Vermögen absolut und relativ höher zu besteuern“[7]. Ganz im Gegenteil: Der Gedanke der staatspolitischen Sozialität kann es sogar nahelegen, (bestimmte) Vermögen — selbst ertragbringende — im Interesse der Erhaltung und Stabilisierung unserer freiheitlich-demokratischen Gesellschafts- und Wirtschaftsordnung vor fiskalischen Belastungen weitgehend zu schützen und für bestimmte Vermögen oder

---

[2] Fritz Karl *Mann:* Steuerpolitische Ideale, a.a.O., S. 105.

[3] Fritz *Terhalle:* Die Finanzwirtschaft des Staates und der Gemeinden, a.a.O., S. 175.

[4] Fritz Karl *Mann:* Steuerpolitische Ideale, a.a.O., S. 106.

[5] Burkhard *Strümpel:* Steuersystem und wirtschaftliche Entwicklung, a.a.O., S. 201.

[6] Ebenda, S. 180.

[7] Ebenda.

Vermögensteile innerhalb exakt abgrenzbarer Bereiche eine differenzierte — von der im allgemeinen üblichen Behandlung abweichende — fiskalische Belastung vorsehen, wenn dieses im gesellschaftlich-gesamtwirtschaftlichen Interesse als zweckmäßig und geboten erscheint.

Daß Vermögensbesitz auch in breiteren Bevölkerungskreisen gebildet werden kann, ist gesellschaftspolitisch sehr wichtig. Das ist nicht nur eine Grundvoraussetzung dafür, daß ein hoher Grad volkswirtschaftlicher Effizienz bei entsprechender Wirtschaftspolitik auch erreicht werden kann[8], sondern auch dafür, daß unsere freiheitlich-demokratische Grundordnung nicht nur erhalten bleiben, sondern auch ihre Überlegenheit anderen Ordnungen gegenüber beweisen kann.

Der Gedanke des Vermögensschutzes hat nach 1945 im ideologischen Ringen „gegen den eigentumsfeindlichen Kommunismus"[9] eine zusätzliche Rechtfertigung erfahren. Er ließ „eine bewußte Eigentumsförderung als geboten erscheinen"[10].

Im gleichen Maße wie Vermögen steuerlich mit größter Umsicht belastet werden sollte, um den Grundsatz der Schonung des Vermögensstocks nicht zu verletzen, lassen es der garantierte Schutz des Eigentums geraten erscheinen, dem Vermögen eine besonders schonende steuerliche Behandlung angedeihen zu lassen.

§ 2 Grenzen der Besteuerung des Vermögens

Eine Vermögensteuer, die sich nicht aus einer echten Ertragsfähigkeit des steuerbaren Vermögens ableiten läßt, trägt die Züge einer *„gedopten" Abgabe:* Es wird eine Steuerleistung aus Einkommen vorgetäuscht, die in Wahrheit einem Substanzverzehr (oder anderen Leistungsträgern) zuzuschreiben ist.

Ein Steuersystem, das auf „gedopten" Steuerleistungen beruht, fordert vom Steuersubjekt, laufend mehr zu geben, als es die objektive Situation erlaubt. Eine Steuerordnung, die an solchen Steuerleistungen festhält, ist steuerwirtschaftlich nicht nur sachwidrig, sondern auch bedenklich. Damit wird einmal gegen den Grundsatz der steuerlichen *Schonung des Vermögensstocks* verstoßen. Nicht nur werden Einkünfte besteuert, die zur Erhaltung des Vermögensstocks notwendig sind. Es

---

[8] Vgl dazu meinen Aufsatz in den Gewerkschaftlichen Monatsheften: Das Nationalbudget — ein Mittel planvoller Wirtschaftspolitik, a.a.O., S. 335.

[9] Robert *Nöll von der Nahmer:* Lehrbuch der Finanzwissenschaft, Bd. 2, a.a.O., S. 10.

[10] Ebenda.

wird sogar der Vermögensstock selbst angegriffen[1], wenn die Steuerleistung anders nicht erbracht werden kann. Ein mittelbarer oder unmittelbarer fiskalischer Zugriff in die Vermögenssubstanz sollte aber tunlichst vermieden werden.

Eine Vermögensteuer, die nicht aus Einkünften bestritten werden kann, hält auch vor dem Kriterium der *Sachgemäßheit* nicht stand. Noch viel weniger vermag sie dem Prinzip der *wirtschaftlichen Angemessenheit* zu entsprechen, d. h. als angemessen empfundene Steuertraglast angesprochen zu werden.

Eine Steuer auf nicht ertragbringendes Vermögen gerät auch mit dem Grundsatz der Besteuerung nach der *staatspolitischen Sozialität* in Konflikt. Vermögen, die unter dem Aspekt der staatspolitischen Sozialität zu schonen oder sogar zu fördern sind, müssen von jeder Sonderbelastung ausgenommen werden.

Eine derartige Vermögenssubstanzsteuer mag zwar auf der Absicht des Steuergesetzgebers beruhen, Vermögende gemäß dem Grundsatz der Besteuerung nach der *wirtschaftlichen Leistungsfähigkeit* stärker zu belasten. In Tat und Wahrheit verstößt er aber gegen diesen Grundsatz. Denn die vom Gesetzgeber vermutete besondere wirtschaftliche Leistungsfähigkeit des Zensiten ist bei ertraglosem Vermögen nur eine fiktive Steuerfähigkeit. Diese *legale Fiktion* trifft jedoch in der Wirklichkeit nicht immer zu. Fiktive Steuerfähigkeit kann durch Veräußerung des belasteten Vermögensobjektes in eine effektive verwandelt werden. Eine Substanzbesteuerung läuft aber dem „Postulat von der Erhaltung der privatwirtschaftlichen Vermögenssubstanz“[2] zuwider.

Eine Substanzbesteuerung verletzt auch das Postulat, „die den Einzelnen zufallenden Steuertraglasten so zu gestalten, daß diese unter Berücksichtigung aller für die Steuerfähigkeitsindikatoren ... bedeutsamen persönlichen Momente das Verhältnis der individuellen Leistungsfähigkeiten widerspiegeln“[3]. Einmal sind „die durch die Besteuerung bewirkten Einbußen der Einzelnen an ökonomisch-finanzieller Dispositionsfreiheit“[4] schwerer als bei anderen Steuern. Zum anderen werden die Vermögensbesitzer durch die Verschlechterung ihres Wohlfahrts- und Vermögensstatus auch in ihrer Dispositionsautonomie be-

---

[1] Von der prinzipiellen Möglichkeit, daß derartige Mittel über den Staatshaushalt wieder in Vermögen verwandelt werden können, soll hier zunächst abgesehen werden. Allein die Tatsache, daß einmal gebildetes Vermögen des Steuerpflichtigen zur Erfüllung einer Steuerleistung substanziell in Anspruch genommen werden muß, ist hier letztlich ausschlaggebend.

[2] Heinz *Kolms:* Finanzwissenschaft, Bd. 3, Besondere Steuerlehre, a.a.O., S. 54.

[3] Fritz *Neumark:* Grundsätze der Besteuerung, a.a.O., S. 20.

[4] Ebenda.

schränkt. Damit wird gegen das Prinzip der Verhältnismäßigkeit bei der Besteuerung verstoßen. Ebenso dürfte das *Postulat der Gleichmäßigkeit* der Besteuerung auch verletzt werden: Personen, die sich in sonst gleichartigen Verhältnissen wie die anderen Steuerpflichtigen befinden, werden durch Steuern auf ertragloses Vermögen gezwungen, Teile von ihrem persönlichen Einkommen nur deshalb an den Fiskus abzuführen, weil sie etwas besitzen. Sie werden also dafür, daß sie etwas besitzen, „bestraft".

Steuerwirtschaftliche Überlegungen zur Frage der Besteuerung nichtertragbringender Vermögensobjekte führen zu folgenden Feststellungen:

Anton *Tautscher* geht bei der Beurteilung der Grenzen der Vermögensteuern von der Überlegung aus, daß „(d)ie im Vermögen zusammengefaßte wirtschaftliche Leistungsfähigkeit... nach den Graden der Verwertbarkeit der Vermögensteile verschieden" ist[6] und „(n)ur die Grade der in Geld verwandelbaren Vermögenschaften... die im Vermögen ausgewiesene wirtschaftliche Leistungsfähigkeit und vor allem die steuerliche Leistungsfähigkeit" aufzeigen[7]. Dementsprechend unterscheidet er „folgende Stufen der Vermögenschaften: Geld, abhebbare Geldeinlagen, zeitlich gebundene Geldeinlagen, Wertpapiere, Erwerbsvermögen, Produktionsvermögen, Verbrauchsvermögen und Repräsentationsvermögen"[8]. Die These, daß die steuerliche Leistungsfähigkeit von dem „Grade der in Geld verwandelbaren Vermögenschaften" abhängig sei[9], kann u. E. nicht befriedigen. Wenn es auch richtig ist, daß aus dem Vermögen „nur soweit Steuern gezahlt werden (können), als sich im Vermögen Geldsummen befinden und die Vermögenschaften in Geld verwandelt werden können"[10], so ist doch nicht die Liquidität des Vermögens, sondern die Frage entscheidend, woraus die Steuer letzten Endes bezahlt wird. Die Betrachtungsweise von Tautscher führt unnötigerweise zu fließenden Übergängen zwischen nominellen und reellen Vermögensteuern. Tautscher erklärt dementsprechend: „(D)ie Steuerbeträge für die Vermögenssubstanzsteuern können nur so hoch sein, als in den Vermögenschaften Geldfonds vorhanden sind, oder die Vermögenschaften in Geld verwandelt werden können, oder die Steuerbeträge in so langen Fristen zahlbar sind, daß sie aus den Vermögens-

[5] Hansruedi *Gassmann:* Probleme der Vermögensabgabe, Winterthur 1954, S. 7 f.

[6] Anton *Tautscher:* Grenzen der Besteuerung, a.a.O., S. 79.

[7] Ebenda.

[8] Ebenda.

[9] Ebenda.

[10] Ebenda, S. 80.

erträgen aufgebracht werden können“[11]. Die Grenze zwischen der Vermögensertrag- und Vermögenszuwachssteuer versucht er in der Weise zu ziehen, daß erstere „in ihren Steuersätzen nicht so hoch sein (darf), daß sie die Betriebsfähigkeit der Besteuerten gefährdet“[12] und letztere „Vermögenszuwüchse ... bei inflatorischen Scheingewinnen“ nicht abschöpfen darf bzw. „bei Sparzuwüchsen nicht abschöpfen“ soll[13].

Wir neigen zur Auffassung, daß bei der Bestimmung der Grenzen der Vermögensbesteuerung vom Wesen des Vermögens auszugehen und dementsprechend die Steuerfähigkeit grundsätzlich in Frage zu stellen ist. Dabei ist die Ertragsfähigkeit des Vermögens in den Vordergrund der Betrachtung zu rücken. Das gilt insbesondere dann, wenn die Vermögensteuer eine *laufende* Steuer ist.

Für eine persönliche, die moderne allgemeine Einkommensteuer ergänzende Vermögensteuer bedeutet dies, daß die Grenze der Besteuerung erreicht ist, bevor sie die Vermögenssubstanz, den Vermögenskern, trifft.

Ertragbringendes Vermögensobjekt (Modell)[14]

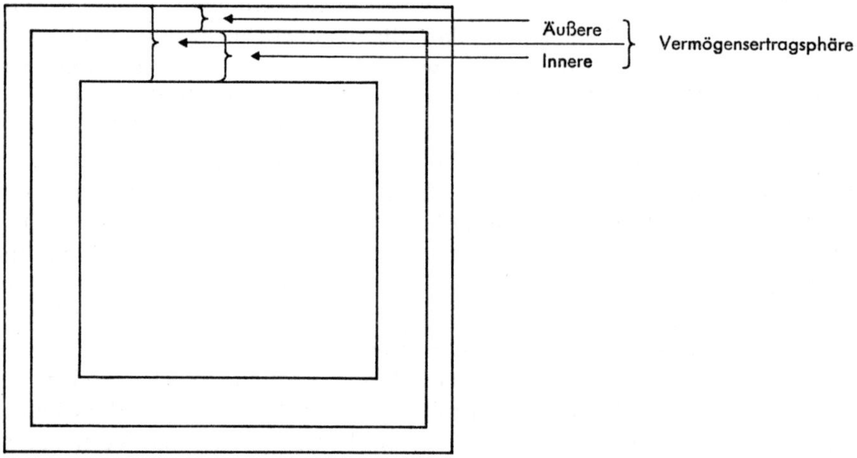

[11] Ebenda.

[12] Ebenda.

[13] Ebenda.

[14] Diese Darstellung der ertragsbezogenen Vermögensstruktur ist — wie auch das Modellbild zur ertragsbezogenen Vermögensstruktur — im Interesse einer Verdeutlichung der Sachzusammenhänge unvermeidlich sehr schematisch.

Diese Grenze ist u. E. dort, wo die Vermögensteuer durch die äußere Vermögensertragssphäre hindurch in die innere Vermögensertragssphäre eindringt. Die Grenze zwischen innerer und äußerer Vermögensertragssphäre ist natürlich ebenso wie „die Grenze zwischen Vermögenserhaltung und Vermögenserweiterung, Instandhaltung und Instandsetzung flüssig und dehnbar“[15]. Das liegt vor allem daran, „daß die scheinbar scharfe Abgrenzung zwischen Bestand und Ertrag in Tat und Wahrheit fließend ist“[16]. Diese Grenze („kritischer Punkt“) ist deshalb nicht eindeutig bestimmbar. Sie kann je nach der Art des Vermögensobjektes nahe oder weniger nahe beim Vermögenskern liegen. So wird der „kritische Punkt“ bei gleich gut rentierendem Vermögen beispielsweise bei einer Messe- und Ausstellungs-Gesellschaft, deren überwiegender Teil des Vermögens aus Grund und Boden mit wenig Hochbauten besteht, näher am Vermögenskern liegen als bei einer (vergleichbaren) Unternehmung, die ihre Leistungen nur bei Vorhandensein umfangreicher und hochspezialisierter Ausstellungshallen anbieten kann.

Es kann kaum gesagt werden, Vermögen weise an sich „eine Steuerleistungsfähigkeit aus, weil die Vermögensbesitzer aus dem Vermögen über die Fähigkeit, Güter zu verbrauchen, verfügen“[17]. Allein aus der Feststellung, daß Vermögen seinen Besitzer in den Stand setzt, etwas zu leisten oder zu verbrauchen, kann nicht unmittelbar auf eine Steuerleistungsfähigkeit geschlossen werden. Dies gilt selbst dann, wenn man annimmt, daß „nur die Grade der in Geld verwandelbaren Vermögenschaften ... die im Vermögen ausgewiesene wirtschaftliche Leistungsfähigkeit und vor allem die steuerliche Leistungsfähigkeit auf(zeigen)“[18].

Von einem „ruhenden“ Leistungspotential unmittelbar auf die Fähigkeit, Steuern zu zahlen, zu schließen, ist nur bedingt möglich. Zum einen kennen wir diese „Fähigkeit“ nicht genau, zum anderen ist sie nur sehr vage quantifizierbar. Von den Möglichkeiten, die ein bestimmtes Vermögen seinem Besitzer gewährt, unmittelbar auf die Rechtfertigung einer Vermögensteuer zu schließen, erscheint kaum sinnvoll. Es ist so wenig sinnvoll, wie wenn man von bestimmten persönlichen Fähigkeiten eines Individuums unmittelbar darauf schließen wollte, daß von ihm eine Einkommensteuer erhoben werden sollte. Um zu einem sinnvollen Ergebnis zu gelangen, scheint es vielmehr angebracht, sich von folgenden Überlegungen leiten zu lassen: Auszugehen ist von

---

[15] Bruno *Moll:* Probleme der Finanzwissenschaft, a.a.O., S. 139.

[16] Ed(uard) *Kellenberger:* Die Steuern und ihre Reform. (Zweiter Band der „Volkswirtschaftlichen Irrtümer und Fehlgriffe“) Bern 1957, S. 304.

[17] Anton *Tautscher:* Grenzen der Besteuerung, a.a.O., S. 79.

[18] Ebenda.

der Ertragsfähigkeit des Vermögens. Von ihr kann dann auf die steuerliche Leistungsfähigkeit des Vermögensbesitzers geschlossen werden. Erst wenn man sich darüber klargeworden ist, was unter Ertragsfähigkeit des Vermögens zu verstehen ist, kann man weiter fragen, ob und wie die darin zum Ausdruck kommende Steuerfähigkeit in Anspruch genommen werden soll.

Während von einigen Autoren, unter ihnen von Fritz Karl *Mann,* für die Rechtfertigung der Vermögensteuer auf das „ertraglose Vermögen"[19] hingewiesen wird, dem gegenüber die Einkommensteuer versage, ist Ed. *Kellenberger* der Auffassung, daß auch Vermögensgegenstände, die gemeinhin als ertraglos bezeichnet werden, ertragsfähig sind, d.h. „daß *alles* Vermögen einen Ertrag abwirft (sonst wäre es kein Vermögen, hätte keinen Wert), wenn auch nicht immer einen *Geldertrag*"[20]. Wir können Kellenbergers Ansicht als Ausdruck einer realistischen Betrachtung der wirtschaftlichen Wirklichkeit beipflichten. Dagegen scheint uns die daraus abgeleitete Forderung, „grundsätzlich alles Vermögen, auch das geldertraglose", steuerpflichtig zu erklären[21], einer kritischen Würdigung zu bedürfen. Dies ist vor allem deshalb notwendig, weil damit auch eine Vermögensteuerpflicht motiviert werden kann. Wird das Vermögen generell belastet — also auch dann, wenn es keinen Ertrag abwirft — so bedeutet das, daß im Besitzmoment doch eine besondere Steuerfähigkeit erblickt wird, die in eine effektive Steuerleistung verwandelt werden kann. Nicht-ertragbringendes Vermögen steuerlich zu belasten — so haben wir gesagt — ist letzten Endes als Substanzbesteuerung zu werten, selbst dann, wenn hilfsweise andere Ertrags- oder Einkommensteile zur Deckung der Steuerschuld herangezogen werden (können). Aber noch aus einem anderen Grunde ist eine derartige Auffassung aus steuerwirtschaftlicher Sicht sehr problematisch: Es geht um die Bewertung der Erträge, die keinen eigentlichen Geldwert haben, um die Bewertung der „imputierten" Erträge schlechthin. Man kann derartige Erträge zwar unterstellen, aber nicht zurechnen. Unter diesen Umständen muß man sich mit Neumark für das „nichts" entscheiden[22].

Ausgehend von der Feststellung, daß es einerseits kaum Vermögen ohne eine wie auch immer zu definierende Ertragsfähigkeit gibt, es andererseits in absehbarer Zeit nicht gelingen dürfte, Vermögenserträge ideeller Natur hinreichend zu quantifizieren, gelangt man zu folgenden Schlußfolgerungen: Es wird anerkannt, daß das Gros aller Vermögen

---

[19] Fritz Karl *Mann:* Vermögenssteuer, a.a.O., S. 611 (I).

[20] Ed(uard) *Kellenberger:* Die Steuern und ihre Reform, a.a.O., S. 304.

[21] Ebenda.

[22] Vgl. dazu unten: „Imputed income" als Gegenstand der Einkommens- und Vermögensbesteuerung.

ihren Besitzern einen Vermögensertrag liefert. Diesen Vermögensertrag aber unbesehen einer Vermögensteuer zu unterstellen, ist nicht zu empfehlen. Es sollte daher zunächst einmal unterschieden werden zwischen steuerbarem ertragsfähigen und nicht-steuerbarem ertragsfähigen Vermögen. Letzteres sollte völlig aus jeder weiteren steuerwirtschaftlichen Betrachtung ausgeklammert werden. In bezug auf das als steuerbar erachtete ertragsfähige Vermögen ist dann zu fragen, ob man davon nur die effektiv erwirtschafteten Vermögenserträge oder aber auch das nichtertragbringende, aber ertragsfähige Vermögen mit einer Steuer belegen soll. Will man letzteres, dann empfiehlt es sich, die Vermögensbesitzer durch geeignete Maßnahmen zu veranlassen, diese Vermögen ertragsmäßig zu „aktivieren". Lediglich diese ertragbringenden Vermögen, d. h. nur die effektiven Vermögenserträge sollten fiskalisch belastet werden. Eine solche „dispositionsorientierte Steuerpolitik" (B. Strümpel) kann aus gesamtwirtschaftlichen Aspekten durchaus empfehlenswert sein.

Möglich ist der Weg, das Vermögen, das steuerlich ertragsfähig ist, aber noch keine (steuerbaren) Erträge abwirft, mit einer Steuer zu belegen, um auf diese Weise den Vermögensbesitzer zu veranlassen, sein Vermögen zu mobilisieren resp. rentierlich anzulegen. Dieser Weg ist aber nicht zu empfehlen.

Das wäre ein Eingriff in die Dispositionsautonomie des Vermögenseigentümers. Es könnte außerdem zu einer Substanzbesteuerung führen, nämlich dann, wenn sich der Eigentümer nicht zu einer Mobilisierung seines Vermögens entschließt[23]. Der Vermögenseigentümer müßte dann, um der Steuerverpflichtung nachkommen zu können, entweder Vermögen veräußern oder aber „hilfsweise" andere Einkünfte heranziehen.

In allen Fällen sollte aber die Steuer nur den Erträgen der äußeren Ertragsphäre entnommen werden: Hier ist die Grenze der steuerlichen Ertragsfähigkeit des Vermögens[24]. Ein steuerlicher Zugriff, der über

[23] Man könnte sich freilich vorstellen, daß so ein Vorgehen in einigen Entwicklungsländern von außerordentlich praktischem Wert sein dürfte.

[24] Die Differenz zwischen dem Aufwand zur Erhaltung der Vermögenssubstanz und den gesamten erzielten Einnahmen (Bruttoertrag) aus einem Vermögensobjekt (in einer Periode), ergibt den Netto-Ertrag. Dieser schlägt sich in der äußeren Vermögensertragsphäre nieder. Demgegenüber sind der inneren Vermögensertragsphäre alle diejenigen Aufwendungen zuzurechnen, die von den gesamten erzielten Einnahmen aus den ertragbringenden Vermögensobjekten zur Erhaltung des Trägers des Vermögensertrags, der Vermögenssubstanz, eingesetzt werden müssen. Eine Belastung des Vermögensertrags erreicht in dem Augenblick den „kritischen Punkt", wenn die Erhaltung des *ertragbringenden* Vermögens nicht mehr hinreichend gesichert erscheint, d. h. in zukünftigen Perioden bestenfalls gerade noch so viele Einnahmen aus dem Vermögen erzielt werden, um damit (nur) seine einfache Reproduktion gewährleisten zu können. Vgl. dazu auch das Modellbild zur ertragsbezogenen Vermögensstruktur.

Ertragsbezogene Vermögensstruktur (Modell)

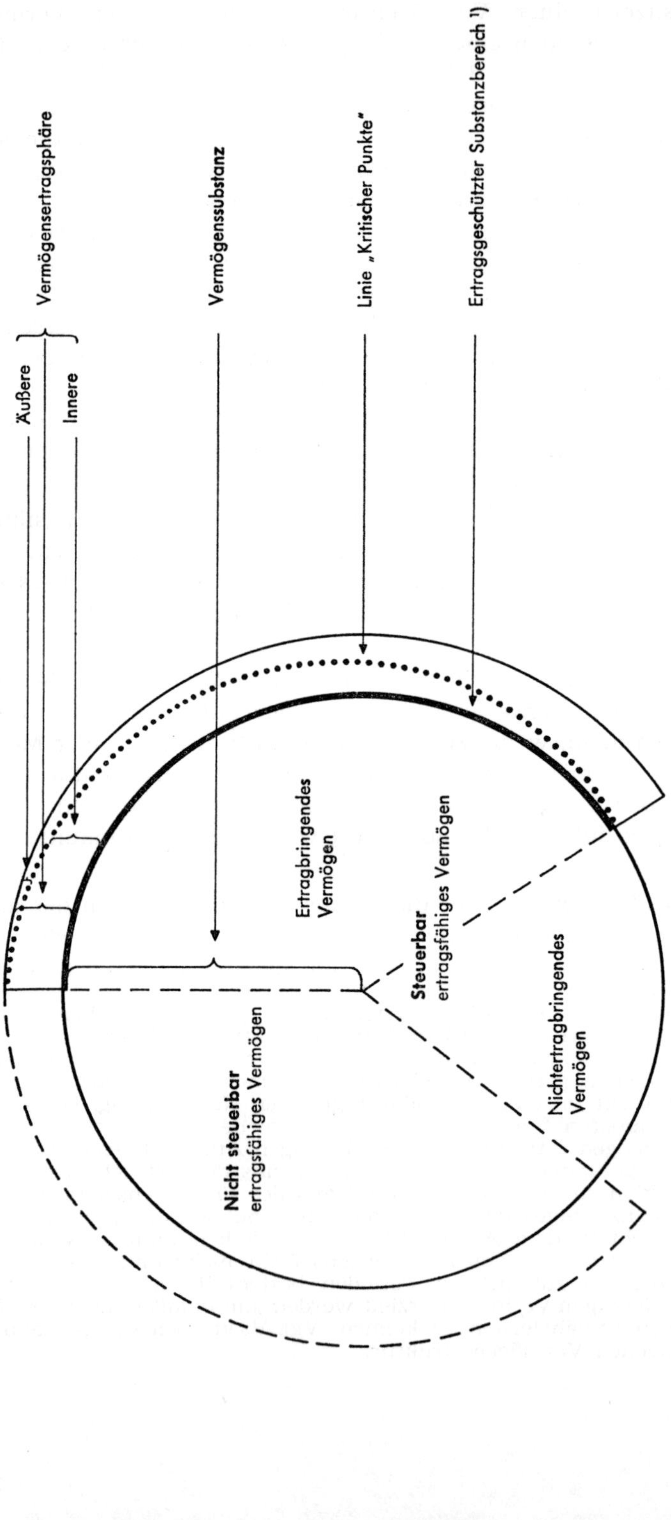

GEMPER: Vermögensteuer, 1970

1) Durch Vermögenserträge vor einer (laufenden) Besteuerung in die Substanz weitgehend geschützter Substanzbereich.

die steuerliche Ertragsfähigkeit hinausgeht, würde „die Maximalgrenze für die Intensität des Steuerdruckes“[25] überschreiten. Eine Steuer, durch die „wesensmäßig ertragloses Vermögen von der Steuer erfaßt wird“[26], ist abzulehnen.

§ 3 Kritik der nominellen Vermögensteuer

Haben wir uns die Grenzen vergegenwärtigt, auf die eine Besteuerung des Vermögens schlechthin stößt, so wollen wir uns nun fragen, wie es mit den Möglichkeiten und Grenzen bei einer Vermögensteuer als Ergänzungssteuer zur allgemeinen Einkommensteuer — also einer nominellen Vermögensteuer — bestellt ist.

1. Die Vermögensteuer als Ergänzungssteuer zur allgemeinen Einkommensteuer: Eine nominelle Vermögensteuer

Die Ausgestaltung der Vermögensteuer erfolgt in der Bundesrepublik Deutschland wie auch in der Schweiz in Anlehnung an[1] die Einkommensteuer. Sie ist als eine Ergänzungssteuer zur allgemeinen Einkommensteuer konzipiert. Aus ihrem Wesen als Ergänzungssteuer ergibt sich, daß sie nur eine nominelle, also keine reale Vermögensteuer sein darf. Die deutsche Vermögensteuer ist ihrem *Charakter* nach eine Steuer *„nach* dem Vermögen, nicht aber *vom* Vermögen“[2]. Das Vermögen ist nur Bemessungsgrundlage. Das ist wie folgt zu verstehen: Einmal kann bei der Bewertung des Vermögensobjektes nur auf den Ertrag abgestellt werden, der aus dem Vermögen fließt. Wird der (kapitalisierte) Ertragswert der Vermögensteuer zugrunde gelegt, haben wir es einwandfrei mit einer Steuer nach dem Vermögensertrag zu tun. Zum anderen kann aber auch nur das (wie auch immer bewertete) Vermögen schlechthin Gegenstand der Besteuerung sein. Das ist solange

---

[25] Boleslav *Fux:* Die Vermögenssteuer, a.a.O., S. 137. Nach Fux ist die „*objektive* Steuerfähigkeit *des Vermögens*... bedingt durch das Postulat, daß der Vermögensstamm unverzehrt aufrecht“erhalten und „zumindest für die soziale Funktion der Kapitalbildung noch ein Teil der Erträge des Vermögens übrig“ bleibt.

[26] Fritz *Neumark:* In: Neumark/Troeger: Zur Großen Steuerreform. Zwei Vorträge, a.a.O., S. 52. Neumark bejaht, wie auch u. a. Strutz demgegenüber „die Funktion, das Vermögen als selbständigen Tatbestand zur *Steuer heranzuziehen“*, da nach dieser Ansicht auch das Vermögen neben dem Einkommen unabhängig vom Ertrag steuerliche Leistungsfähigkeit verkörpere (ebenda). Siehe auch Georg *Strutz:* Die Neuordnung der direkten Staatssteuern in Preußen, Berlin 1912, S. 44.

[1] Wilhelm *Gerloff:* Die öffentliche Finanzwirtschaft, Bd. II, a.a.O., S. 58.

[2] Ebenda. In diesem Sinne auch Alfred *Amonn:* Grundsätze der Finanzwissenschaft. Zweiter (besonderer) Teil, a.a.O., S. 116.

in Ordnung, als die Vermögenserträge, die steuerlich mittelbar belastet werden, ausreichen, um die Erhaltung der Vermögenssubstanz zu gewährleisten und gleichzeitig die geforderte Steuer daraus zu decken. Wird bei der Vermögensbesteuerung auf Vermögen schlechthin, also unabhängig von seiner Ertragsfähigkeit, abgestellt, wandelt sich der Charakter der Steuer. Sie wird von einer nominellen zu einer realen Vermögensteuer in dem Augenblick, wo die Steuerschuld den Betrag übersteigt („kritischer Punkt"), der aus dem Vermögensertrag zur Substanzerhaltung aufzuwenden ist, oder wenn bei völlig ertraglosem Vermögen eine Vermögensteuer abzuführen ist, was eine Besteuerung in die Substanz bedeuten würde.

Genau genommen liegt aber auch dann eine Substanzbesteuerung vor, wenn der Steuergesetzgeber zwar erwartet, daß eine bestimmte Steuer aus anderen Vermögenserträgen oder anderen Einkommen des Steuerpflichtigen gezahlt wird, die Steuer jedoch aus der Substanz gedeckt werden müßte, wenn keine anderen steuerbaren Einkünfte oder Erträge vorhanden wären. Am Charakter einer realen Vermögensteuer ändert nämlich die Möglichkeit nichts, Steuern auf ertraglose Vermögen oder Vermögen, deren Erträge zur Deckung der Steuerforderung nicht ausreichen, aus anderen Erträgen oder Einkünften des Zensiten zu Lasten weiterer Vermögensbildung tilgen zu können[3]. Eine solche steuerwirtschaftlich genaue Unterscheidung wird in der Praxis aber nicht getroffen. Es genügt in der Regel schon die *Vermutung*, daß Steuerforderungen, die die Substanz belasten könnten, in anderer Weise beglichen werden. Ähnlich verhält es sich mit einer „verrenteten" Vermögensabgabe. In dem Augenblick jedoch, wo auf eine Steuerleistung gesetzlich verzichtet wird, wenn Vermögensteile nachweislich eine zu geringe Ertragsfähigkeit besitzen oder ertraglos sind, handelt es sich um eine nominelle Vermögensteuer.

Eine klare Grenze zwischen nomineller und realer Vermögensbesteuerung ist also nur dann sinnvoll zu ziehen, wenn das vermögensteuerlich zu belastende *Vermögensobjekt einschließlich* seiner Ertragsfähigkeit betrachtet wird. Wirft Vermögen keine Erträge ab, und wird es dennoch mit einer Steuer belastet, so sollte auch dann von einer realen Vermögensteuer gesprochen werden, wenn die so entstandene Steuerschuld aus anderen Ertragsteilen oder dem persönlichen Einkommen des Steuerpflichtigen gedeckt wird. Denn nur dann, wenn die Steuerbelastung nach dem Vermögensertrag ausgerichtet wird, kann eine Be-

---

[3] Der mögliche Ausweg, zur Tilgung der Steuerforderung an Stelle einer „Substanzverflüssigung" (Nöll v. d. Nahmer) auf Lohn- und Gehaltseinkünfte oder auf Einkommen auf Unternehmertätigkeit zurückzugreifen, ist kein Indiz dafür, daß es sich nicht doch prinzipiell um eine Substanzbesteuerung handelt.

lastung des Vermögenseinkommens erreicht und gleichzeitig nach der Höhe dieser Einkommen differenziert werden.

So ist eine Steuer fragwürdig, die aus der *Vermutung* der besonderen Steuerfähigkeit des Vermögensbesitzes heraus begründet wird. Allein aus der Tatsache des Vermögensbesitzes eine besondere Steuerfähigkeit abzuleiten, ist nicht gerechtfertigt. Vermögen muß nicht zwangsläufig einen steuerbaren Ertrag nach sich ziehen. Es ist auch nicht recht einzusehen, weshalb Eigentum an ertraglosem Vermögen die wirtschaftliche Leistungsfähigkeit des Steuerpflichtigen so erhöhen sollte, daß daraus eine besondere steuerliche Leistungsfähigkeit abgeleitet werden könnte. In einer Situation, wo zwar ertragfähiges Vermögen vorhanden ist, aber keine Erträge fließen, läßt sich in gewissen Grenzen aus Gründen der staatspolitischen Sozialität eine reale Vermögensteuer rechtfertigen. „Mobilisiert" der Zensit dieses Vermögen, müßte dieses Verhalten vom Fiskus honoriert werden, indem die ursprüngliche Steuer zur Belohnung nicht eingefordert würde. Wäre mit dieser Mobilisierung eine Aktivierung der Ertragsfähigkeit des Vermögens verbunden, würde sich ohnehin die reale zu einer nominellen Steuer verwandeln. Dieser Vorgang vollzöge sich analog der möglichen Belastungsdifferenzierung bei der Einkommensverwendung[4]. Sie wäre ein Beispiel dispositionsorientierter Steuerpolitik — nämlich in Form einer Belastungsdifferenzierung der Vermögenshaltung.

Nur wenn die Hauptaufgabe einer Vermögensteuer darin erblickt wird, „ein Mittel der qualitativen Differenzierung der steuerlichen Einkommensbelastung"[5] zu sein, wird die Vermögensteuer eine Ergänzungssteuer zur allgemeinen Einkommensteuer. Als Ergänzungssteuer „muß sie diesem Umstand in doppelter Weise Rechnung tragen. *Erstens* muß die Vermögensteuerpflicht grundsätzlich davon abhängig sein, daß überhaupt ein Vermögenseinkommen vorhanden ist, und *zweitens* muß die Belastung der Steuerpflichtigen mit Vermögensteuer auf die Höhe des Vermögenseinkommens abgestellt sein"[6].

2. Die geltende Vermögensteuer in kritischer Betrachtung

Die Vermögensteuer natürlicher Personen hat innerhalb des Steuersystems der Bundesrepublik Deutschland die Funktion einer ergänzen-

---

[4] Vgl. Burkhard *Strümpel:* Steuersystem und wirtschaftliche Entwicklung, a.a.O., S. 189.

[5] *Institut „Finanzen und Steuern" (Hrsg.):* Die große Finanzreform — Gutachten, a.a.O., S. 54 (I), Hervorhebung von uns.

[6] Ebenda, S. 54 (I), Hervorhebungen von uns.

den Steuer zur allgemeinen Einkommensteuer. Sie besitzt die Qualität einer Vollsteuer, die „zweifellos an die Stelle einer der Einkommensteuer gleichwertigen Steuerart"[1] hinaufgerückt ist[2].

Nach dem Willen des Steuergesetzgebers „ist das Gesamtvermögen der unbeschränkt Steuerpflichtigen"[3] resp. das (Gesamt-)Inlandsvermögen der beschränkt Steuerpflichtigen[4] zu dem Wertansatz, der sich aus dem Bewertungsgesetz ergibt, der Vermögensteuer unterworfen (objektive Steuerpflicht). Es handelt sich also um eine Gesamtvermögensteuer. Objektive Steuerpflicht für das gesamte im Besitze einer unbeschränkt steuerpflichtigen Person befindliche Vermögen bzw. gesamte Inlandsvermögen einer beschränkt steuerpflichtigen Person bedeutet, daß hier grundsätzlich sowohl ertragbringendes als auch nicht ertragbringendes Vermögen gemeint ist. Als steuerpflichtiges Vermögen gilt gemäß § 7 des Vermögensteuergesetzes bei unbeschränkt steuerpflichtigen natürlichen Personen der Vermögensbetrag, der nach Abzug der Freibeträge[5] vom ermittelten Gesamtvermögen[6] verbleibt, bzw. bei beschränkt Steuerpflichtigen mit mehr als 2000 DM Inlandsvermögen gemäß § 7 Abs. 1 Ziffer 2 VStG das Inlandsvermögen[7].

Die Vermögensteuer beruht auf „der hergebrachten Theorie zur Vorbelastung des fundierten Einkommens". In „Berücksichtigung des Besitzmomentes" werden darüber hinausgehend auch die „Kategorien ertraglosen Vermögens erfaßt"[8]. Ähnlich einer Realsteuer wird bei der Vermögensteuer von der Höhe und der Qualität des Vermögensertrages abstrahiert. Es wird also von der Sache — dem Gesamtvermögen — her auf eine gewisse Leistungsfähigkeit des betreffenden Vermögensbesitzes geschlossen. Indem im Gesetz vom Vorhandensein von Erträgen aus Vermögensbesitz abstrahiert wird, sieht der Gesetzgeber im Besitzmoment schlechthin einen selbständigen Bestimmungsgrund für eine steuerliche Leistungsfähigkeit. Fritz *Neumark* begründet das damit, daß eine Vermögensteuer natürlicher Personen „neben ihrer *Hauptfunktion*

---

[1] Boleslav *Fux:* Vermögenssteuern, a.a.O., S. 140.

[2] Das braucht sich nicht zwangsläufig auf ihren Charakter als Ergänzungssteuer auszuwirken. Die Vermögensteuer kann durchaus eine Funktion als „Ergänzungssteuer" wahrnehmen, ohne damit gleichzeitig ihres Wesens als einer Vollsteuer verlustig gehen zu müssen. Lediglich ihr Status im Steuersystem wird davon berührt. Sie ist eine die Einkommensteuer ergänzende Vollsteuer, aber im Steuersystem nur eine Nebensteuer.

[3] § 4 Abs. 1 VStG.

[4] Ebenda.

[5] § 5 VStG.

[6] § 4 VStG.

[7] § 4 VStG.

[8] Boleslav *Fux:* Die Vermögensteuer, a.a.O., S. 140.

einer Höherbelastung fundierter Bezüge noch gewisse *Nebenfunktionen* erfüllt“[9], die nach seiner Meinung „eine steuersystematisch richtige und wichtige Ergänzung der Einkommenbesteuerung bewirken“[10]. Als *Nebenfunktionen* der persönlichen Vermögensteuer sieht er „die Erfassung von nichtertragbringenden Objekten und von Vermögensteilen, deren Erträge einkommensteuerfrei bleiben (z. B. gewisse öffentliche Ausleihen)“[11], an.

Es fragt sich nun, wie diese Ansicht, die wieder auf die zentrale Fragestellung der vorliegenden Arbeit zurückführt, mit „den Grundgedanken des Differentationsprinzips ... und ... den Geboten ökonomischer Logik“[12] in Einklang zu bringen ist. Das differentationstechnische Verfahren, das hier in Frage kommt, bietet die Möglichkeit, „Zusatzsteuern auf das zur Gänze oder zum Teil ‚fundierte‘ Einkommen“[13] zu erheben: „*Kombination einer allgemeinen Einkommen-* mit einer (Ergänzungscharakter tragenden) *allgemeinen Vermögensteuer,* welche letztere hauptsächlich (wenn auch nicht ausschließlich) die Funktion hat, die Erträge des Mobiliar- und Immobiliarkapitals, die wie alle Einkünfte auch der Einkommensteuer unterliegen, zusätzlich zu belasten“[14]. Beabsichtigt ist hier eine zusätzliche Belastung ertragbringenden Vermögens, d. h. der erzielten Erträge daraus.

Bei seiner konkreten Empfehlung geht *Neumark* aber einen Schritt weiter, indem er von einem realistischen Typ möglicher Differentiation insofern abweicht, als er die hauptsächliche Funktion (die zusätzliche Belastung fundierter Bezüge) um die vorher vorsichtig angedeutete Nebenfunktion ergänzt. Er bezieht nämlich das Besitzmoment als selbständigen Besteuerungsgrund in die Überlegungen mit ein und erhebt damit via Nebenfunktion eine von der Ertragsfähigkeit unabhängige Steuerfähigkeit des Vermögensbesitzes zur Norm. Er ist der Meinung, daß die Vermögensteuer noch „gewisse Nebenfunktionen“ erfüllt[15]. Die erstgenannte Nebenfunktion: Vermögensteile, „deren Erträge einkommensteuerfrei bleiben“[16], einer Vermögensteuer zu unterwerfen, kann ohne weiteres auf die Hauptfunktion der Vermögensteuer zurückgeführt werden, die Funktion nämlich, fundierte Bezüge höher zu be-

---

[9] Fritz *Neumark:* Wirtschafts- und Finanzprobleme des Interventionsstaates, a.a.O., S. 408.

[10] Ebenda.

[11] Ebenda.

[12] Ebenda.

[13] Fritz *Neumark:* Wirtschafts- und Finanzprobleme des Interventionsstaates, a.a.O., S. 401.

[14] Ebenda.

[15] Ebenda, S. 408.

[16] Ebenda.

lasten. Was die zweitgenannte Nebenfunktion der Vermögensteuer anbelangt: „(N)ichtertragbringenden Objekten“[17] eine allgemeine persönliche Vermögensteuer aufzuerlegen, so kann sie u. E. aus steuerwirtschaftlichen Überlegungen nicht anerkannt werden. Denn auf nichtertragbringende Objekte eine allgemeine Vermögensteuer zu legen, bedeutet in jedem Falle:

a) Erfüllung der Steuerpflicht hilfsweise aus Erträgen (anderer) Vermögensteile;

b) Entrichtung der Steuerleistung hilfsweise aus dem persönlichen Einkommen des Steuerpflichtigen oder

c) Aufbringung der Steuerleistung durch Minderung der Vermögenssubstanz[18].

In jedem dieser möglichen Fälle ist der Zensit für die Erfüllung seiner Steuerpflicht gezwungen, entweder die Substanz des Vermögensobjektes anzugreifen, auf dem die Vermögensteuer lastet, oder andere Vermögensteile oder deren Erträge oder aber auch sein übriges persönliches Einkommen in Anspruch zu nehmen. Wenn der Steuerpflichtige Teile seines persönlichen Einkommens opfert, so vermindert sich sein gegenwärtiger Wohlfahrtsstatus, ebenso u. U. sein zukünftiger, wenn er ihm frei zur Verfügung stehende Mittel zur Bildung neuen Vermögens und damit eine Quelle künftigen Ertrags als Steuer abführen muß. Ist der Zensit gehalten, die Substanz anzugreifen, vermindert sich sein gegenwärtig erreichter Vermögensstatus und auch sein Wohlfahrtsstatus, den er erreicht hätte, wenn er über die Erträge der der Besteuerung geopferten Vermögensteile in der Zukunft verfügen könnte.

In diesen Fällen würde eine laufende persönliche Vermögensteuer, die sich nicht aus der Ertragsfähigkeit des steuerbaren Vermögens ableiten läßt, dem „Gesetz der Interdependenz der Steuererträge“[19] zuwiderlaufen. Durch dieses Gesetz wird die Steuergrenze so gezogen, daß Steuererträge der einen Steuer die Erträge einer anderen Steuer nicht vermindern und die Steuer der Gegenwart das Steueraufkommen der Zukunft nicht verringert[20]. Wird dieses Gesetz nicht beachtet, so wird auch der Grundsatz der wirtschaftlichen Angemessenheit der Besteuerung verletzt[21].

---

[17] Ebenda.

[18] Die Finanzierung der Steuerleistung auf dem Kreditwege zur vorübergehenden Überbrückung von Zahlungsschwierigkeiten wird nicht als selbständige Möglichkeit einer Steuertilgung angesehen.

[19] Anton *Tautscher:* Grenzen der Besteuerung, Berlin 1954, S. 92.

[20] Ebenda, S. 92 ff.

[21] Über den Zusammenhang zwischen dem qualifizierenden Grundsatz der Angemessenheit der Besteuerung, dem Gesetz der Interdependenz der Steuererträge und den Postulaten der Bezugsorientierung siehe näheres oben beim Grundsatz der wirtschaftlichen Angemessenheit der Besteuerung.

Der Hinweis ist berechtigt, daß die Vermögensteuer in der Bundesrepublik Deutschland „in weitem Umfang weder vom Vorhandensein eines Ertrages noch von der Höhe dieses Ertrages abhängig" ist[22]. Die daraus folgende *ungleich*mäßige „Zusatzbelastung des sog. fundierten Einkommens"[23] läßt sich deutlich an der Besteuerung des *Aktienbesitzes*[24] nachweisen. Hier führt die Tatsache, daß „geldbetragsmäßig gleich hohe Vermögen sehr unterschiedliche Erträge abwerfen"[25] bei undifferenzierter, von der Rendite unabhängiger Besteuerung zu einer ungleichmäßigen Belastung. Solange allerdings der Steuersatz niedrig ist und/oder durch Freibeträge die effektive Belastung des Vermögens relativ gering bleibt, werden die Mängel kaum evident. In dem Augenblick aber, wo Vermögenserträge in der Höhe von 5 v. H. einer 20-prozentigen Belastung durch die Vermögensteuer ausgesetzt sind[26], kann diese Steuer nicht mehr als ein geeignetes Mittel angesehen werden, „die sich aus der unterschiedlichen Bewertung ergebenden Unstimmigkeiten auszugleichen"[27].

Die Gutachter des Instituts „Finanzen und Steuern" sehen angesichts der gegenwärtigen Ausgestaltung in der Vermögensteuer eine Vermögensbesitzsteuer[28]. Das könnte „sehr leicht eine qualitative Veränderung" dieser Steuer zur Folge haben, „indem durch eine quantitative Ausweitung der Steuerlast" sich eine Vermögensabgabe zu entwickeln vermag[29].

Wenn eine Entwicklung in Richtung auf eine Vermögensabgabe auch nicht zwangsläufig eintreten muß, so läßt sich doch nicht bestreiten, daß eine „quantitative Ausweitung der Steuerlast nicht notwendig eine Folge einer Erhöhung des Steuersatzes sein" muß. Diese kann sich auch aus Wertsteigerungen ergeben, die ihrerseits keineswegs nur Folge gestiegener Erträge sind"[30]. Eine Vermögensbesitzsteuer kann in der Tat „sehr leicht zu einer allmählichen Verringerung und schließlich auch zum Verlust einer im Vermögen selbst angeblich liegenden Leistungsfähigkeit führen"[31]. Die Gutachter gelangen daher zu der Fest-

---

22 *Institut „Finanzen und Steuern" (Hrsg.):* Die große Finanzreform — Gutachten, a.a.O., S. 54 (II).

23 Ebenda.

24 Vgl. dazu im einzelnen das instruktive Gutachten von Lüder *Meyer-Arndt:* Aktie und Vermögensteuer, a.a.O.

25 Institut „Finanzen und Steuern" (Hrsg.): Die große Finanzreform — Gutachten, a.a.O., S. 54 (II).

26 Ebenda.

27 Ebenda.

28 Ebenda.

29 Ebenda, S. 55 (I).

30 Ebenda.

31 Ebenda.

stellung, „daß die Vermögensteuer in ihrer heutigen Form im ganzen nicht mehr ein Mittel der qualitativen Differenzierung der steuerlichen Einkommensbelastung" sei[32]. „(S)oweit sie das Vermögen natürlicher Personen belastet, (ist sie, d. Verf.) keine Ergänzungssteuer mehr, sondern eine selbständige Steuer neben der Einkommensteuer", d. h. eine Vermögensbesitzsteuer[33]. Daher wird dieser Vermögensteuer „aus systematischen Gründen" jede Existenzberechtigung abgesprochen[34].

Ehe über das Schicksal der nominellen Vermögensteuer endgültig entschieden wird, sollte zunächst erst einmal ein Weg gefunden werden, der den latent fortschreitenden Prozeß der Verselbständigung der Vermögensteuer zu einer undifferenzierten und in ihrer weiteren Entwicklungstendenz unkontrollierbaren Vermögensbesitzsteuer aufhält. Sodann ist auf eine systemkonforme „Wiedervereinigung" der allgemeinen Einkommensteuer und der ergänzenden nominellen Vermögensteuer hinzuwirken.

Das „Nebeneinander von Einkommen- und Vermögensteuer (führt) zu einem dualistischen System der Einkommensbesteuerung". Sobald „die moderne Vermögensteuer eine gewisse Belastungsgrenze überschreitet", wird sie „unvermittelt — trotz aller theoretisch verfeinerten Abgrenzungen ihrer Funktionen von der Einkommensteuer — zu einer indirekten Einkommensteuer"[35].

Das heißt, die nominelle Vermögensteuer ist zunächst wieder näher in den engeren Anziehungsbereich der Einkommensteuer zurückzuführen.

Hieran anknüpfend stellt sich die wichtige Frage, ob bei einer Wiedervereinigung dieser beiden Abgaben nicht noch andere Formen denkbar und möglicherweise zweckdienlicher sind als die einer Haupt- und einer (ergänzenden) Nebensteuer.

3. Eine die allgemeine Einkommensteuer ergänzende nominelle Vermögensteuer versus eine einkommensdifferenzierende allgemeine Einkommensteuer

Das Ergebnis unserer bisherigen Überlegungen zur Vermögensteuer läuft aus steuerwirtschaftlicher Sicht auf eine Entscheidung zwischen folgender Alternative hinaus: Soll weiterhin an der die allgemeine Einkommensteuer ergänzenden allgemeinen Vermögensteuer festgehalten oder aber eine einkommensdifferenzierende allgemeine Ein-

---

[32] Ebenda, S. 54 (II).

[33] Ebenda.

[34] Ebenda, S. 55 (I).

[35] Klaus *Tiepelmann:* Die Problematik der Vermögensteuer, a.a.O., S. 42.

kommensteuer gewählt werden, mit dem Ziele eine zusätzliche Belastung sog. fundierten Einkommens vorzunehmen. Eine ergänzende allgemeine Vermögensteuer ist steuerwirtschaftlich betrachtet in mehrfacher Hinsicht zu empfehlen.

Zunächst sprechen *psychologische* Momente dafür: Es steht außer Zweifel, daß es als Ausdruck eines gewissen Statussymbols gewertet wird, zur Grund- und Vermögensteuer veranlagt zu werden. Der Pflichtige ist „vermögend", besitzt etwas; er hat innerhalb der gesellschaftlichen Wohlstandshierarchie ein gewisses Niveau erreicht. Dabei ist es unbedeutend, ob der Zensit effektiv steuerlich belastet wird.

Durch eine zusätzliche Belastung des Vermögensertrags läßt sich — und das gilt nicht nur für Abgaben auf Gemeindeebene — auch „ein verantwortungsbewußtes Mitwirken der Bürger und das Interesse an den demokratischen Institutionen"[36] fördern. Eine klare und einfache Gestaltung der Abgaben — so auch der Vermögensbesteuerung — kann dazu beitragen, daß „die steuerpolitischen Konsequenzen"[37] staatlicher Leistungen „möglichst deutlich und nicht nur einseitig fühlbar werden"[38].

Ein weiteres *fiskalisches* Motiv, möglichst viele Personen einer Steuer zu unterwerfen, erwächst aus folgendem Sachverhalt: „(I)f you ask a little from each inhabitant without regard to his wealth, you will collect enough for the public necessities and you will have no need to enquire into each citizen's resources, a thing that would be regarded by all as a most vexatious measure"[39]. Dieses Ziel wird durch die nominelle Vermögensteuer, durch die primär fundierte Bezüge besonders belastet werden sollen, bei weitem nicht erreicht. Die deutsche Vermögensteuer ist zwar im steuertheoretischen Sinne eine ‚persönliche allgemeine (Gesamt-)Vermögensteuer' (F. Neumark)[40]. Aus volkswirtschaftlicher Sicht kann sie jedoch nur als Teilvermögensteuer angesprochen werden, da sie bloß 22,3 Prozent des Volksvermögens belasteten. Das bedeutet, daß in der Bundesrepublik Deutschland gegen-

---

[36] Gerhard *Zeitel:* Die zweckmäßige Struktur des kommunalen Steuersystems, a.a.O., S. 179.

[37] Ebenda.

[38] Ebenda.

[39] Louis *Eisenstein:* The Ideologies of Taxation, New York 1961, p. 226 f. Eisenstein gibt dabei die Ansicht von Morio wieder, die Anatole *France* in „L'ile des Pingouins" folgendermaßen formuliert hat: „Tandis que, si vous demandez un peu d'aide à chaque habitant, sans égard à son bien, vous recueillerez assez pour les besoins publics, et vous n'aurez pas à vous enquérir de ce que possèdent les citoyens, qui regarderaient, toute recherche de cette nature comme une odieuse vexation", Paris Coulommiers 1964, p. 85.

[40] Fritz *Neumark:* Wirtschafts- und Finanzprobleme des Interventionsstaates, a.a.O., S. 407.

wärtig durch die Vermögensteuer überhaupt nur rund ein Fünftel des Volksvermögens steuerlich belastet wird. Diese verhältnismäßig geringe Quote ist u. a. darauf zurückzuführen, daß für große Teile des Volksvermögens noch kein Weg für eine sachgerechte Bemessung der imputierten Vermögenserträge gefunden werden konnte. Daher muß der Fiskus auf die Belastung eines beachtlichen Teils des Volksvermögens verzichten. Zudem wurden auch die gewährten Freibeträge verhältnismäßig stark erhöht. Aus diesem Grunde war in dem Zeitraum von 1953 bis 1966 die Anzahl der Vermögensteuerpflichtigen leicht rückläufig. Dennoch verdoppelte sich das Vermögensteueraufkommen; das ist ein weiteres Indiz für ein beachtliches unausgeschöpftes Vermögenspotential[41].

Eine Steuer nach dem Vermögen darf den Kreis der Pflichtigen auf der anderen Seite nicht so weit ziehen, daß die aus Gründen der *Praktikabilität* bei der Besteuerung und der *Wohlfeilheit* (Billigkeit) der Besteuerung sowie der staatspolitischen *Sozialität* gesetzten Grenzen überschritten werden und die *persönliche* (und betriebliche) *Startgleichheit*, sowie eine größtmögliche steuerliche Rücksichtnahme auf die wirtschaftliche *Dispositionsautonomie* der Besteuerten nicht verletzt werden. Zu ähnlichen Überlegungen gelangt man bei einer Analyse der *Wechselwirkungen* zwischen den verschiedenen *Besteuerungsmöglichkeiten* und der alternativen Heranziehung potentieller Steuerquellen, wenn diese unter dem Aspekt der *Steuerharmonie* (Bezugsorientierung) sowie der *ansporn-* und *wachstumspolitischen Ausrichtung* der Besteuerung betrachtet werden.

Die beabsichtigte „Wiedervereinigung" der allgemeinen Einkommensteuer und der allgemeinen (ergänzenden) Vermögensteuer wäre bei der Einführung einer qualitativ differenzierten Einkommensteuer so eng, daß die der Vermögensteuer zugedachte Funktion einer Differentiation unmittelbar durch eine „qualifizierte" allgemeine Einkommensteuer erfüllt werden würde. Der „Steuerangriff" (Ad. Lampe) auf die „erhöhte Steuerleistungsfähigkeit", die man bei demjenigen vermutet, der über „qualifiziertes Einkommen"[42] verfügt, würde über die allgemeine Einkommensteuer erfolgen und gleichzeitig eine Belastung nur der Vermögenserträge bewirken.

---

[41] Vgl. dazu näher Tabelle 1. Arten und Bedeutung der „Steuerfreibeträge als Instrumente der Finanz- und Wirtschaftspolitik" hat neuerdings Knief gewürdigt. Peter *Knief:* Steuerfreibeträge als Instrumente der Finanzpolitik. Abhandlungen zur Mittelstandsforschung, Nr. 34, Köln und Opladen 1968, insbes. 114 ff.

[42] Adolf *Lampe:* Steuergliederung, a.a.O., S. 497 (I).

§ 4 Kritisches zur Argumentation für eine Vermögensteuer

Ehe wir uns eine Vorstellung davon machen können, wie die Vermögensbesteuerung in einem modernen Steuersystem aussehen sollte, wollen wir uns mit den wichtigsten Argumenten kritisch auseinandersetzen, die für eine Vermögensteuer (als Ergänzungssteuer zur Einkommensteuer) ins Feld geführt worden sind. Dazu veranlassen uns die bisherigen Überlegungen zur Vermögensteuer vor dem Hintergrunde der Besteuerungsprinzipien.

1. Argumente für die Vermögensteuer

Die Erhebung einer allgemeinen Vermögensteuer ist in Theorie und Praxis in mehrfacher Weise begründet worden. Die Ansicht, „a person should be taxed heavier the larger is his (net) wealth“[1], wird damit begründet, daß der Vermögensbesitzer Früchte aus seinem Vermögen ziehe resp. schon allein durch den Besitz eines Vermögens in den Genuß von Vorzügen gelange, die im Zeichen einer „Equity in taxation“ eine besondere Steuerleistung rechtfertigen:

1. „First of all“, „property will in itself contribute to the standard of a person through the *safety it gives him* against various economic risks, loss of income in case of sickness, unemployment etc.“[2].
2. „Secondly, wealth is a source of *potential future* spending“[3].
3. „Thirdly, wealth may give social position, *power* and influence to its owner and happiness to the miser“[4].
4. „Fourthly, it may be maintained that income flowing from property is *not always adequately taxed* through income taxation“[5] (Nachholfunktion).
5. „Finally, there is a widespread idea that income from property is *earned with less effort* than income from work“[6].
6. Daneben wird auch die Ansicht vertreten, daß die Vermögensteuer eine gewisse *Kontrollfunktion* in Bezug auf die Einkommensbesteuerung ausübe[7]. Eine Steuer auf dem Vermögen ließe sich aber ebenso

---

[1] Bent *Hansen:* Aspects of Property Taxation. A General Report. Institut International des Finance Publiques (Hrsg.): Impôts sur la Fortune y inclus Droits de Succession, Congrès de Zurich, Septembre 1960, Bruxelles 1962, p. 3.

[2] Ebenda, p. 3. Hervorhebung von uns.

[3] Ebenda. Hervorhebung von uns.

[4] Ebenda. Hervorhebung von uns.

[5] Ebenda. Hervorhebung von uns.

[6] Ebenda. Hervorhebung von uns.

[7] So beispielsweise Hans *Ritschl:* Theorie der Staatswirtschaft und Besteuerung, a.a.O., S. 225, ferner: Neumark-Gutachten, a.a.O., S. 58.

als *Ergänzungssteuer zur Erbschaftsteuer* ausgestalten, um in dieser Richtung als Kontrollinstrument zu wirken.

7. Schließlich könnte man sich die Vermögensteuer auch als *Abschlagszahlung auf die Erbschaftsteuer* vorstellen. Sie hätte nicht nur Kontrollfunktion, sondern ließe sich auch mit ihrer Funktion zur Herbeiführung eines Belastungsausgleichs rechtfertigen, der dadurch erreicht werden kann, daß man diese Steuer auf dem Vermögen in die Form einer *antizipierten Erbschaftsteuer* bringt, deren bezahlte Teile bei der Besteuerung nach dem Erbfall wie Abschlagszahlungen zum Zeitpunkt der Fälligkeit angerechnet werden. Es handelt sich dabei um eine teilweise Vorwegnahme der beim Erbgang fällig werdenden Erbschaftsteuer, die als *Sequenzsteuer* voll auf die Erbschaftsteuer anrechenbar sein müßte. Dieses deshalb, damit eine *unerwünschte Mehrfachbelastung des Vermögens* aus Vermögen- und Erbschaftsteuer vermieden wird. Eine Steuer auf dem Vermögen als Abschlagszahlung zur Erbschaftsteuer könnte die Belastung der Erbanfallsteuer — die wesensmäßig eine Substanzsteuer ist — möglicherweise auf ein *tragbares Maß* verringern, weil letztere dann nur noch als Abschlußzahlung der Belastungssequenz fällig wird. Sie würde dann wie eine die Einkommensteuer ergänzende Steuer als Vermögensertragsteuer wirken. Eine Rücksichtnahme auf die Gesamtbelastung des Vermögens empfiehlt sich, um einmal die erwünschte breitgestreute *Vermögensbildung* zu fördern und zum anderen den Gefahren einer *Substanzbesteuerung entgegenzuwirken* sowie der *Geldentwertung* angemessen Rechnung zu tragen. Die Vermögensteuer als reine Abschlagszahlung auf die Erbschaftsteuer würde zu einer teilweisen Vorwegnahme einer erst später in vollem Umfange fälligen Gesamtbelastung führen, deren *Belastungssequenz* dann mit der Erbanfallsteuer ihren Abschluß finden würde. Darf die Sequenzsteuer dagegen nur in Bruchteilen auf die Erbanfallsteuer in Anrechnung gebracht werden, dann handelt es sich um eine kombinierte Erbschaft-Vermögensteuer. Eine derartige Erbschaftsteuer, der Vermögensertragsteuerelemente innewohnen, ist undurchsichtig und deshalb abzulehnen. Unser Interesse kann im weiteren jedoch nur auf die Prüfung der vorgetragenen Argumente für die Vermögensteuer als Ergänzungssteuer zur modernen allgemeinen Einkommensteuer gerichtet sein.

Diese Ansichten lassen sich in drei *Gruppen* zusammenfassen. Innerhalb dieser Gruppen sind es die folgenden Argumente, die bisher für die Rechtfertigung einer Vermögensbesteuerung geltend gemacht worden sind: *Mühelosigkeit der Einkommenserzielung, Fundiertheit* der Vermögenseinkünfte sowie *besondere Steuerfähigkeit* des Vermögens selbst.

2. Kritik an der Argumentation

a) Mühelosigkeit der Einkommenserzielung

Beim Versuch einer finanzwirtschaftlichen Begründung der Vermögensteuer erblickt *Nöll von der Nahmer* einen Rechtfertigungsgrund in der Tatsache, „daß der Vermögenseigentümer regelmäßig arbeitsloses Zinseinkommen empfängt und außerdem u. U. auch noch Renteneinkommen in der Form der Grundrente oder Unternehmerrente bezieht, die Vermögensbesitz zur Voraussetzung haben“[1]. Eine allgemeine Vermögensteuer bedeutet also „eine erhöhte Belastung solcher mühelosen Einkommen[2] im Gegensatz zum Arbeitseinkommen, das allein durch die Einkommensteuer und die alle Käufer treffenden Ausgabesteuern erfaßt wird“[3]. *Koulis* spricht im Hinblick auf die Größe der Steuerkraft und die damit zulässige Größe der Steuerlast von einer subjektiven Wertschätzung der zur Bedarfsdeckung vorhandenen Mittel, die einmal durch die Größe dieser Mittel, zum anderen „durch den *Ursprung* dieser Mittel bedingt“ sei. Maßgeblich ist danach, „ob das Einkommen mit Mühe aus Arbeit, oder ohne Mühe aus Vermögen erworben wurde, ... ob das Vermögen durch opfervolles Sparen entstand oder etwa aus Erbe“ stammt[4].

Für die Begründung der Vermögensteuer werden hier hauptsächlich die Grundsätze der *Gerechtigkeit* und der *Gleichmäßigkeit* der Besteuerung ins Feld geführt.

Auch die Vermögensteuer wird als „ein Produkt des Zeitgeistes“ verstanden. Sie kommt zur Anwendung, „sobald im Volksbewußtsein und in jenem der besitzenden Klassen insbesondere die Idee von der *Gerechtigkeit* einer Vermögensbesteuerung feste Wurzeln gefaßt hat“[5].

Die Gleichmäßigkeit der Besteuerung bezweckt hier, ebenso wie im Falle der Einkommensbesteuerung, „nicht eine schematisch gleiche Bemessung der Steuer in dem Sinne ..., daß von allen Steuerpflichtigen der gleiche Betrag gefordert wird (Kopfsteuer), sondern gerade umge-

---

[1] Robert *Nöll von der Nahmer:* Lehrbuch der Finanzwissenschaft, Bd. 2, a.a.O., S. 9.

[2] Vgl. auch Bent *Hansen:* Aspects of Property Taxation. A General Report, a.a.O., p. 4. Wobei dieser Sachverhalt, in den „terms of leisure‘ ausgedrückt, besagt, daß „the property owner will get his income with more leisure than the worker“.

[3] Robert *Nöll von der Nahmer:* Lehrbuch der Finanzwissenschaft, Bd. 2, a.a.O., S. 9.

[4] Johannes *Koulis:* Soziale Gestaltung der Besteuerung oder volkswirtschaftliche Steuerpolitik? (Recht und Staat in Geschichte und Gegenwart, Heft 136), Tübingen 1949, S. 50.

[5] Boleslav *Fux:* Die Vermögenssteuer, a.a.O., S. 140. Hervorhebung von uns.

kehrt die unterschiedliche Bemessung der Steuerlast je nach der wirtschaftlichen Situation der einzelnen Steuerpflichtigen“[6]. Würde die Vermögensteuer wirklich darauf abzielen, lediglich sog. „mühelos“ erworbenes Vermögenseinkommen einer stärkeren steuerlichen Belastung zu unterstellen, dürfte die allgemeine Vermögensteuer nur das *ertragbringende Vermögen* erfassen. Es wäre dann nur das Vermögen oder Teile davon, soweit sie Vermögenserträge abwerfen, einer Vermögensteuer zu unterwerfen, also die Vermögenserträge zu besteuern. Der gleiche Erfolg, der mit einer Vermögensteuer angestrebt wird, ließe sich aber auch durch eine Einkommensteuer mit unterschiedlichen Tarifen für verschiedene Einkommensarten erzielen[7], nach einem Einkommensteuersystem, wie es beispielsweise in Mitteldeutschland (DDR) praktiziert wird[8]. Dort wird auch heute noch eine „allgemeine“ Vermögensteuer rudimentär weitergeführt, wie sie in ihren Grundzügen aus dem Dritten Reich überliefert wurde[9]. Angesichts der umfangreichen Vermögenskonfiskationen, der landwirtschaftlichen Kollektivierung, des „Verfallens“ privaten Hausbesitzes, sowie einer Einkommensbesteuerung, die — mit Ausnahme einer privilegierten Oberschicht — keine private Vermögensbildung in nenneswertem Umfange mehr zuläßt[10], kommt der Vermögensteuer dort keine Bedeutung mehr zu.

Wäre eine Vermögensbesteuerung nur damit zu rechtfertigen, daß das „mühelos“ erworbene Vermögenseinkommen im Interesse einer gerechteren und gleichmäßigeren Besteuerung zusätzlich fiskalisch zu belasten sei, dann würde sie sich erübrigen, zumal wesentliche Teile dieses „mühelosen“ Einkommens, wie etwa „die mühelosen Zins- und Renteneinkommen vielfach schon durch die progressiven Einkommensteuer-

---

[6] Günter *Schmölders:* Die Notwendigkeit der organischen Steuerreform. In: Finanzarchiv, N. F., Bd. 14, Tübingen 1953/54, S. 32 f.

[7] Robert *Nöll von der Nahmer:* Lehrbuch der Finanzwissenschaft, Bd. 2, a.a.O., S. 9.

[8] Robert *Nöll von der Nahmer:* Lehrbuch der Finanzwissenschaft, Bd. 1, a.a.O., S. 404.

[9] Die Vermögensteuer ist auch hier eine Personensteuer. Sie ist von natürlichen Personen und (nur noch relativ wenigen) Privatunternehmen zu zahlen, die Sachvermögen besitzen. Von dieser Steuer befreit sind Sparanlagen, der Besitz von Obligationen zur Finanzierung des volkseigenen Wohnungsbaues und auch der Wertzuwachs durch Schaffung von privatem Wohnraum (letzterer über 10 Jahre hinweg). Zu entrichten sind: vom Vermögen bis DM 25 000,— 0,5 % — über DM 25 000,— bis 500 000,— 1,5 % — über DM 500 000,— 2,5 % des Vermögenswertes. Wegen des streng esoterischen Charakters der „Öffentlichen“ Rechnungslegung in der DDR sind über das effektive Steueraufkommen keine genauen Angaben zu beschaffen.
Vgl. auch Art. „Vermögensteuer“. In: Ökonomisches Lexikon L—Z (Bd. 2), Berlin (Ost) 1966, S. 959 (II).

[10] Hinzu kommen die Kaufkraft abschöpfenden Wirkungen, die das System der Preis- und Mengenregulierung für Verbrauchs- und langlebige Gebrauchsgüter bewußt in Rechnung stellt.

tarife stark belastet werden"[11]. Die Vermögensteuer ist ersetzbar, wenn lediglich die Erträge belastet werden sollen. Dem ist aber nicht so. Es müssen also noch andere Aspekte von Bedeutung sein.

b) *Fundiertheit der Vermögenseinkünfte*

Während die moderne allgemeine Einkommensteuer die privatwirtschaftlichen Besteuerungsgrundsätze[12] verwirklichen und gleichzeitig den Hauptertrag liefern soll, zielen die Ertrag- und Vermögensteuer auf eine „Höherbelastung des fundierten Einkommens" ab[13].

Wir nähern uns damit einer Frage, die *Amonn* „zu den wichtigsten und schwierigsten der Finanzwissenschaft" zählt[13]. Zentrale Frage ist die der *Besteuerung nach der Leistungsfähigkeit.* Entsprechend den vier Kriterien der wirtschaftlichen Leistungsfähigkeit[15]:

1. Existenz eines Einkommens, das ein bestimmtes (Existenz-)Minimum übersteigt;
2. Höhe des Gesamteinkommens;
3. fundiertes oder nicht fundiertes Einkommen;
4. Bedarfsgestaltung,

kann die Besteuerung nach der Leistungsfähigkeit nach folgenden Richtungen erfolgen:

1. Freilassung des Existenzminimums;
2. progressiver oder degressiver Steuertarif;
3. Höherbelastung fundierten Einkommens, resp. Minderbelastung unfundierten Einkommens;
4. Berücksichtigung persönlicher Verhältnisse.

Es wird vorausgesetzt, daß gemäß dem allgemeinen Prinzip der öffentlichen Gemeinwirtschaft der allgemeine Wohlstand möglichst gesteigert werden soll. Dementsprechend wird angestrebt, das „Verhältnis zwischen der Konsumeinschränkung des Einzelnen durch die Besteuerung und dem Nutzen des öffentlichen Aufwandes, der öffentlichen Ausgaben" möglichst günstig zu gestalten[16]. Entsprechend der Ansicht, daß

---

[11] Robert *Nöll von der Nahmer:* Lehrbuch der Finanzwissenschaft, Bd. 2, a.a.O., S. 9.

[12] Alfred *Amonn* versteht hierunter die Grundsätze der Steuerverteilung. Es handelt sich inhaltlich also um die Frage der Verteilung der Gesamtsteuerlast auf die einzelnen Individuen: Grundsätze der Finanzwissenschaft, Erster (allgemeiner) Teil, a.a.O., S. 191.

[13] Ebenda, S. 229.

[14] Ebenda, S. 207.

[15] Vgl. dazu ausführlich bei Alfred *Amonn:* Grundsätze der Finanzwissenschaft, Erster Teil, a.a.O., S. 224.

[16] Alfred *Amonn:* Grundsätze der Finanzwissenschaft, Erster Teil, a.a.O., S. 192.

die steuerliche Leistungsfähigkeit von Einkommen gleicher Höhe aber verschiedener Zusammensetzung unterschiedlich ist, namentlich das fundierte Einkommen dem unfundierten gegenüber überlegen sei, wird postuliert, im Interesse einer Verwirklichung real gleicher Opfer, fundiertes Einkommen (Kapitaleinkünfte) gegenüber den unfundierten (Arbeits-)Einkommen fiskalisch relativ schwerer zu belasten[17]. Das heißt, „(d)as Prinzip der Gleichmäßigkeit der Besteuerung (im Sinne der Opfertheorie, d. Verf.) ließ es angezeigt erscheinen, solche fundierten Einkommen neben dem ‚unfundierten' Arbeitseinkommen, unbeschadet der alle Einkommensarten erfassenden Einkommensteuer, noch zusätzlich durch laufende Vermögensteuern zu belasten"[18]. Damit wird einer qualitativen Differenzierung der steuerlichen Einkommensbelastungen[19] das Wort geredet, eine „discrimination fiscale des revenues" im Sinne einer Opfergleichheit angestrebt. Als Gründe für eine Höherbelastung des sog. fundierten, also auf Vermögen beruhenden Einkommens wird zunächst ins Feld geführt, daß die Empfänger derartigen Einkommens insofern ‚leistungsfähiger' seien, als sie „nicht für die Sicherung des Einkommens speziell vorsorgen" müßten[20]. Kapital wird als dauerhaftere, sichere und stetigere Einkunftsquelle als die Arbeitskraft angesehen[21]. Zudem gilt das Vermögen sogar dem Bereich der Wechselfälle des Lebens als weitgehend entzogen[22], während der auf seine Zukunft bedachte Lohn- und Gehaltsempfänger Reserven zulasten des gegenwärtigen Konsums zu bilden gezwungen sei[23]. Auch die Begründung zum Entwurfe der preußischen Vermögensteuer hat „die steuerpolitische Idee dieser Steuer in der Erfassung eines Elementes der Steuerfähigkeit (erblickt), der in der Sicherung des Einkommensbestandes beruht"[24]. Hören Arbeitseinkommen bzw. die daran anknüpfenden Ruhebezüge mit dem Tode des Bezugsberechtigten auf zu fließen, versiegt beim Tode

---

[17] Fritz *Neumark:* Wirtschafts- und Finanzprobleme des Interventionsstaates, Tübingen 1961, S. 393.

[18] Robert *Nöll von der Nahmer:* Lehrbuch der Finanzwissenschaft, Bd. 2, a.a.O., S. 8.

[19] Fritz *Neumark:* Wirtschafts- und Finanzprobleme des Interventionsstaates, a.a.O., S. 393.

[20] Alfred *Amonn:* Grundsätze der Finanzwissenschaft, a.a.O., S. 226. Vgl. dazu auch Boleslav *Fux:* Die Vermögenssteuer, a.a.O., S. 135.

[21] Fritz *Neumark:* Wirtschafts- und Finanzprobleme des Interventionsstaates, a.a.O., S. 393.

[22] Robert *Nöll von der Nahmer:* Lehrbuch der Finanzwissenschaft, Bd. 2, a.a.O., S. 8. Vgl. auch Walter *Weddigen:* Allgemeine Finanzwissenschaft nebst einem Überblick über das Steuersystem der BRD. Berlin 1964, S. 155.

[23] Fritz *Neumark:* Wirtschafts- und Finanzprobleme des Interventionsstaates, a.a.O., S. 394.

[24] Boleslav *Fux:* Die Vermögenssteuer, a.a.O., S. 136.

eines Vermögensbesitzers die Einkommensquelle nicht[25]. Weiterhin hält man es — vorwiegend vom Standpunkt der Gerechtigkeit gegenüber den Beziehern von Arbeitseinkommen — für notwendig, Besitzende stärker zu besteuern; denn „income from property is not always adequately taxed through income taxation“[26] (Nachholfunktion). Im einzelnen wird argumentiert, die Einkommensteuerprogression sei zu niedrig[27]. — Deshalb bedürfe sie der Ergänzung durch eine Vermögensteuer. „(I)ncome accrued but not realized may go free of income taxation“[28,29]. Schließlich wird eine Höherbelastung fundierten Einkommens damit gerechtfertigt, daß die Empfänger von Kapitaleinkünften ihr Gesamteinkommen zusätzlich durch Arbeitseinkommen erhöhen können[30]. Während man aus der Befürchtung heraus, fundierte Einkünfte könnten sich ohne eine ergänzende Vermögensteuer zu leicht jeglicher Besteuerung entziehen, mit der Vermögensteuer dem „effektive(n) Unvermögen der Steuertechnik, alle Einkunftsarten mit der gleichen Wirksamkeit zu erfassen“[31] zu begegnen sucht, handelt es sich bei den anderen hier vorgebrachten Begründungen um „Unterschiede, die sich aus der Natur der Einkünfte und infolgedessen aus deren steuerlicher Leistungsfähigkeit ergeben“[32].

Wenn man konkret fragt, wie fundiert denn eigentlich fundiertes Einkommen ist, lassen sich doch berechtigte Zweifel an den vorgebrachten Argumenten anmelden. Man muß sich ernsthaft die Frage stellen, ob es weiterhin noch zu rechtfertigen ist, an dem „allgemein anerkannte(n) Dogma“ festzuhalten, wonach „das fundierte Einkommen, d. h. Einkommen, welches aus Vermögenssubstraten fließt, höher zu belasten (ist) als ein gleichhohes Arbeitseinkommen“[33]. Einmal sind es die *Vermögensverluste* großen Stils, die die Legende von der Fundiertheit des Vermögenseinkommens zerstört haben. Man denke an die Folgen

---

[25] Vgl. auch Fritz *Neumark:* Wirtschafts- und Finanzprobleme des Interventionsstaates, a.a.O., S. 394.

[26] Bent *Hansen:* Aspects of Property Taxation. A General Report, a.a.O., p. 4.

[27] Dieses hat seinen natürlichen Grund in der anzustrebenden relativen Begrenzung der Progression bei der Einkommensbesteuerung auf einen „tragbaren Schwellenwert“ Kurt *Pentzlin:* Wirtschaftspolitische Grundsätze in einer organischen Steuerreform, a.a.O., S. 23.

[28] Bent *Hansen:* Aspects of Property Taxation, a.a.O., p. 4.

[29] Fritz *Neumark:* Wirtschafts- und Finanzprobleme des Interventionsstaates, a.a.O., S. 394 (5).

[30] Vgl. u. a. Fritz *Neumark:* Wirtschafts- und Finanzprobleme des Interventionsstaates, a.a.O., S. 393.

[31] Ebenda, S. 394.

[32] Ebenda.

[33] Boleslav *Fux:* Die Vermögenssteuer, a.a.O., S. 135.

nach den beiden Weltkriegen[34], insbesondere an die Währungszerrüttungen, die speziell die Ersparnisse hart trafen, indem diese größtenteils vernichtet wurden; die unmittelbaren Kriegseinwirkungen, durch die in Hausbesitz und in Industriewerten angelegte Vermögensteile zerstört wurden; die Vertreibungen aus okkupierten Gebieten und die Fluchtbewegungen, die Loslösung ganzer Bevölkerungsstämme aus ihren angestammten Wohngebieten, die für die Betroffenen in der Regel mit einer totalen Vermögenseinbuße verbunden war. Der Vermögenssbesitz ist in der Tat „von Gefahren bedroht"[35]. Sie sind so groß, daß sie letztlich keine Versicherung abzudecken in der Lage ist. Weitere Faktoren sind die politische Unsicherheit, die vornehmlich in den weltpolitischen Spannungsgebieten beachtliche Vermögensteile gefährdet[36]. Weiterhin ziehen heute die Argumente auch nicht mehr, wonach das Arbeitseinkommen gegenüber dem Besitzeinkommen aus einer weitaus schwächeren Position heraus entstehe. Wilfrid *Schreiber* weist darauf hin, daß bei den sozialversicherten Arbeitnehmern, die allein 80 Prozent der Erwerbstätigen ausmachen, „das Bedürfnis, Vermögen zu bilden", gar nicht sehr dringlich ist. Denn, während im 19. Jahrhundert das Vermögen noch alleiniger Garant der Existenzsicherheit war, haben „inzwischen die Solidarverträge der sozialen Sicherheit, die wesentlich auf zeitlichem Transfer von Arbeitseinkommen beruhen, diese Funktion übernommen"[37]. So sind die Vorkehrungen für die Fälle der Arbeitsunfähigkeit, der Arbeitslosigkeit, der Familienversorgung[38] durch den Sozialstaat so stark gesichert, daß die Empfänger von Arbeitseinkommen gegenüber den Vermögensbesitzern kaum noch benach-

---

[34] So R. *Nöll von der Nahmer:* Lehrbuch der Finanzwissenschaft, Bd. 2, a.a.O., S. 8. Hier sollen keinenfalls die Leistungen aus dem LAG-Fonds kritisiert, als vielmehr verdeutlicht werden, daß diese im Verhältnis zur erlittenen effektiven Einbuße an materiellem und ideellem Besitzstand eben nur ein sehr bescheidener Härteausgleich sein können, dessen Höhe wiederum nur vor dem Hintergrund der diese Leistungen begründenden persönlichen Notlage ihren — hier freilich oftmals unschätzbaren — Wert besitzt.

[35] Willi *Peterli:* Über das gerechte Verhältnis der Besteuerung von Einkommen und Vermögen bei natürlichen Personen. In: Zeitschrift für schweizerische Statistik und Volkswirtschaft, Journal de Statistique et Revue economique suisse, 80. Jg., Heft 3, Bern 1944, S. 264.

[36] Ein Argument für die Schwäche der Fundustheorie, nicht gegen eine Steuer schlechthin.

[37] Wilfrid *Schreiber:* Sozialpolitik. In: Handbuch der Wirtschaftswissenschaften, Bd. 2, Volkswirtschaft, 2., überarbeitete und erweiterte Auflage, Köln und Opladen 1966, S. 289. Selbst zur „Erzielung eines hohen Lebensstandards" wird das Vermögen bei weitem nicht mehr als die entscheidende Voraussetzung angesehen. „Die Ansammlung großer Privatvermögen, die viel Sorgen machen und mit denen man letzten Endes zur Befriedigung privater Bedürfnisse doch nicht viel anfangen kann, ist heute kaum noch interessant". Carl *Föhl:* Über die Möglichkeit der Beeinflussung der Vermögensbildung, a.a.O., S. 145.

[38] Boleslav *Fux:* Vermögenssteuer, a.a.O., S. 135.

teiligt sind. Das ist ein beredter Ausdruck für die Durchsetzung der sozialen Gerechtigkeit, „which above all else has disrupted the earlier triad of government functions and agencies and has added a new dimension to modern government“[39]. Dabei spiegelt „the earlier triad of government functions“ ... „the evolution in modern times of three major procedures of government“ — efficiency, democracy and justice[40] wider. Doch sind es bei weitem nicht nur „die Maßnahmen und Einrichtungen der staatlichen Sozialversicherung und dergleichen“, die für die so umfassende „soziale Sicherheit“ sorgen, — in einem Ausmaße, daß beinahe der „(ausreichend) sozialversicherte Arbeitnehmer ... nur noch wenig Anlaß (hat), sich Vermögen zu wünschen und unter Konsumopfern Vermögen zu bilden“[41]. Vielmehr ist in diesem Zusammenhang auch „an die sich ständig ausdehnenden Bestrebungen im Bereich der privaten Unternehmungswirtschaft, Arbeitern und Angestellten durch betriebliche Maßnahmen Schutz vor einem durch Krankheit, Alter usw. bedingten Verdienstausfall zu gewähren“, zu denken[42]. Unter Umständen ist sogar derjenige, der in einem sozialen Rechtsstaate einen wohlerworbenen Versorgungsanspruch geltend machen kann, bei der Durchsetzung seiner Forderung im Schutz des sozialen Auges der Allgemeinheit und der Gewerkschaften mehr gesichert als ein Vermögensbesitzer, der in schwierigen Zeiten möglicherweise nur unter sehr ungünstigen Bedingungen die Notgroschen aus seinem Vermögensbesitz ziehen kann. Es ist nicht immer so, daß sich die normaliter „größere Kreditfähigkeit“, die im vorhandenen Vermögensstande ruhend vermutet wird, immer bewahrheitet. *Moll* ist daher vorbehaltlos zuzustimmen, wenn er bei der Begründung seines Vorschlages, nur rentable Objekte zu besteuern, darauf hinweist, daß gerade in Zeiten der Geldentwertung „die ‚armen Sachmillionäre‘ ohne Einkommen ein drastisches Beispiel dafür sind, daß ein selbst erhebliches Vermögen, das in nicht rentierenden Objekten besteht, unter Umständen auch keine erhebliche wirtschaftliche und steuerliche Leistungsfähigkeit verrät“[43] und sein Geldwertausdruck unsicher sei. „(D)as nicht rentetragende Vermögen ist praktisch oft unverkäuflich oder nur weit unter seinem abstrakten Wert absetzbar“[44]. Diese für die ertraglosen Vermögen gemachten Vorbehalte gelten in Zeiten politischer und wirtschaftlicher Spannungen in der Regel für

---

39 M. J. C. *Vile:* Constitutionalism and the Separation of Powers, Oxford 1967, p. 347.

40 Ebenda.

41 Wilfrid *Schreiber:* Sozialpolitik, a.a.O., S. 289.

42 Fritz *Neumark:* Wirtschafts- und Finanzprobleme des Interventionsstaates, a.a.O., S. 404.

43 Bruno *Moll:* Probleme der Finanzwissenschaft. Methodologische und finanztheoretische Untersuchungen. Leipzig 1924, S. 102.

44 Ebenda, S. 106.

den gesamten Vermögensbestand. Es ist ein Faktum, daß „gewisse neuere Strukturänderungen dahin tendieren, die früheren Leistungsfähigkeitsunterschiede zwischen Einkünften verschiedener Herkunft und Art zu verringern, wenn nicht gar zu beseitigen“[45].

Die sich vollziehenden strukturellen Veränderungen innerhalb der Erwerbsbevölkerung zugunsten des Anteils der Angestellten und die Erhöhung der Quote der Rentner an der Gesamtbevölkerung lassen einen weiteren Zweifel am Fundiertheitsargument zur Begründung einer Vermögensteuer aufkommen. Die Einkommen dieser Gruppen sind in einem Sozialstaat, wie in der Bundesrepublik Deutschland, regelmäßig „gesichert“. Bezieht man die große Gruppe der Beamten mit ein, so wird deutlich, wie „fundiert“ diese Arbeitseinkommen und die von diesen abgeleiteten Ruhebezüge sind[46]. Thesen wie, „(d)em reinen Arbeitseinkommen stehen (heutzutage kaum noch, d. Verf.) ... sozial wichtigere Kapitalbildungsbedürfnisse gegenüber als einem Einkommen, das bereits zum Teil oder gar völlig aus einem Vermögen fließt“[47], oder: „Bei einem gleich großen unfundierten Einkommen ... der Verwendung der gleichen Staffelanteile eine höhere soziale Bedeutung beizumessen, weil es sich um das wichtigere Bedürfnis der Vorsorge für die Zukunft handelt“[48], sind überholt. Derartige Sicherungsbedürfnisse gehören heute weitgehend in den Pflichtbereich des Staates (Grundsicherung), da nur der Staat in der Lage ist, eine einkommensdynamische Alterssicherung zu garantieren. Wenn derartige Einkommen auch nicht als fundierte Bezüge im herkömmlichen Sinne angesehen werden können, so ist der von *Büsche* geäußerten Ansicht nicht nur bezüglich der Beamtengehälter beizupflichten, wonach „ihre Annäherung an fundierte Bezüge ... nicht verkannt werden“[49] kann, sondern für einen weitaus größeren Kreis von Einkommensempfängern gültig. Das schließt jedoch nicht aus, daß „der Bezieher eines Arbeitseinkommens in stärkerem Maße Zukunftsvorsorge betrei-

---

45 Fritz *Neumark:* Wirtschafts- und Finanzprobleme des Interventionsstaates, a.a.O., S. 392. Gleicher Ansicht ist Wilhelm *Bickel:* Die Vermögensteuern in der Schweiz, a.a.O., S. 267.

46 Vgl. dazu auch Adolf *Lampe:* Ertragsteuern. In: Wörterbuch der Volkswirtschaft, 4. Auflage, Bd. 1, S. 720 f.

47 Hans *Ritschl:* Theorie der Staatswirtschaft und Besteuerung, a.a.O., S. 210 f.

48 Ebenda.

49 Manfred *Büsche:* Die Entwicklung der Grundstücksbesteuerung seit der Realsteuerreform (Diss. jur. Köln), Köln 1954, unveröffentlichtes Manuskript, S. 16. „Unter dem Einfluß dieser Entwicklung hat der traditionelle Begriffsinhalt des ‚fundierten Einkommens‘ erheblich an Bedeutung verloren und vermag weniger denn je einer umfassenden Begründung der Vermögensteuer zu genügen“. Klaus *Tiepelmann:* Die Problematik der Vermögensteuer, a.a.O., S. 36.

ben" *kann*, „als der Empfänger von Kapitaleinkünften"[50]. Wir neigen nicht mehr dazu, hier noch von einem „Muß" zu sprechen, zumal sich „die absolute und relative Position der Bezieher von Arbeitseinkünften ... wesentlich gebessert hat"[51].

Die aufgespreizte Forderung nach „Minderbelastung des unfundierten Einkommens"[52] resp. das „allgemein anerkannte Dogma", fundiertes Einkommen sei „höher zu belasten als ein gleichhohes Arbeitseinkommen"[53], haben ihre Berechtigung heute weitgehend verloren. Ja, selbst Lohnempfänger ohne Vermögen können im Zuge einer rational und planvoll betriebenen Wirtschaftspolitik nicht mehr als sozial schwach oder unzureichend gesichert bezeichnet werden. Der Hinweis darauf, daß es neben den „normalen Risiken, wie Alter, Krankheit oder Arbeitslosigkeit", für die in ausreichendem Maße vorgesorgt wird, auch Härtefälle gebe, wie „Frühinvalidität oder eine kostspielige Krankheit bzw. hohe Kosten für Ausbildung und Aussteuer von Kindern"[54], ist an sich richtig. Härtefälle sind aber zu individuell, um einen klaren und eindeutigen Ruf nach Höherbelastung fundierten Einkommens zu rechtfertigen. Die Sicherung gegen Frühinvalidität und Krankheit ist eine Frage geeigneter berufsständischer oder auch individueller Vorsorge, also letzten Endes eine versicherungstechnische Angelegenheit. Die Deckung von Ausbildungskosten ist, als ein Teilgebiet der Bildungsreform, weitgehend zum Pflichtbereich des Staates geworden. Was endlich die Aussteuer der Kinder anbelangt, wird dieses — vorwiegend durch Berufstätigkeit der jungen Frauen auch über ihre Eheschließung hinaus — nicht einmal mehr als Problem angesehen.

„(D)ie Qualitätsunterschiede zwischen fundierten und unfundierten Einkommen (tendieren) infolge der Ausweitung der sozialpolitischen Maßnahmen zur Einkommenssicherung"[55] dahin, sich weiter zu verringern. Außerdem ist „die Sicherheit und Dauerhaftigkeit privaten Vermögensbesitzes im Zeitalter der Verstaatlichung und Geldentwertung nicht mehr so groß ... wie früher"[56].

Aus einer politisch-ideologischen Position heraus einen teleologischen Beweis zu führen, der begründeten Gegenargumenten standhält, ist nicht mehr möglich.

---

[50] Fritz *Neumark:* Wirtschafts- und Finanzprobleme des Interventionsstaates, a.a.O., S. 395.

[51] Ebenda, S. 408.

[52] Ebenda, S. 210.

[53] Boleslav *Fux:* Die Vermögenssteuer, a.a.O., S. 135.

[54] W(illi) *Albers:* Vermögensbesteuerung, a.a.O., S. 221 f.

[55] W(ilhelm) *Bickel:* Die Vermögenssteuern in der Schweiz, a.a.O., S. 267.

[56] Ebenda.

Eine breitere Vermögensstreuung in der Bundesrepublik Deutschland würde die Frage einer Unterscheidung in fundierte und unfundierte Einkünfte zusätzlich ihrer Aktualität berauben. Die Erfahrung lehrt, daß dort, wo einmal Vermögen existiert, dieses eine adhäsive Kraft entwickelt. Zu bestehendem Vermögen tritt viel eher neues hinzu, als dort, wo ein derartiger Kristallisationskern fehlt. So ist es verständlich, daß die Vermögenspolitik der Bundesrepublik „gar nicht so sehr auf eine Egalisierung der Vermögensverteilung im statistischen Sinne, als vielmehr darauf ab(zielt), einen möglichst großen, zunächst noch vermögenslosen Bevölkerungsteil in eine soziologische Schicht zu überführen, für die der Umgang mit Geld bzw. Grundvermögen charakteristisch ist“[57]. Ferner sind bezüglich der Bildung neuen Vermögens die repulsiven Elemente noch zu stark, um einem eigendynamischen Vermögensbildungsprozeß zum Durchbruch zu verhelfen. Darüber können auch die gegenwärtig zu beobachtenden Sparrekorde, wie sie beispielsweise 1968 in der Bundesrepublik wieder zu verzeichnen waren, nicht hinwegtäuschen. Der Spareinlagenbestand bei den Sparkassen hat zu Ende des Jahres 1968 die bemerkenswerte Grenze von 100 Mrd. DM überschritten. Ob und wann eine Überwindung des Repulsivmoments möglich sein wird, ist hier nicht zu prüfen.

Einige Autoren, wie *Ritschl,* begründen das Fundiertheitsargument in der Weise, daß sie sagen, „Einkommen, das bereits zum Teil oder gar völlig aus einem Vermögen fließt“[58], vertrage als sog. fundiertes Einkommen eine Mehrbelastung, die sogar steuerwirtschaftlich erwünscht sei. Nun kann man aber davon ausgehen, daß die „(e)inzige Quelle der privaten Kapitalbildung sowohl als des privaten Konsums ... das Einkommen der Wirtschaftssubjekte“ ist[59], und jede Steuer letztlich auch aus dieser Quelle bezahlt wird[60]. Daraus ist, wie *Lampe* es konsequenterweise tut, zunächst einmal zu folgern, daß „die Steuer vom Einkommen natürlicher Personen den Mittel- und Schwerpunkt eines ökonomisch gedachten Steuersystems ausmachen muß“[61]. Lampe spricht demzufolge auch von der „Zentralsonne“ Einkommensteuer, um die alle

[57] Burkhard *Strümpel:* Steuersystem und wirtschaftliche Entwicklung, a.a.O., S. 194 f.

[58] Hans *Ritschl:* Theorie der Staatswirtschaft und Besteuerung, a.a.O., S. 210 f.

[59] Adolf *Lampe:* Reine Theorie der Finanzreform, a.a.O., S. 221.

[60] Ebenda, S. 222. (In diesem Sinne auch Karl Häuser, der darauf hinweist, daß „(l)angfristig betrachtet, ... alles Vermögen aus Einkommen gebildet worden“ ist. Karl *Häuser:* Die steuerliche Beeinflussung der Einkommens- und Vermögenskonzentration in der Bundesrepublik (Deutschland). In: Die Konzentration in der Wirtschaft, Bd. 2: Ursachen der Konzentration, Berlin 1960, S. 1098.

[61] Adolf *Lampe:* Reine Theorie der Finanzreform, a.a.O., S. 222. Johannes *Popitz* hat die Einkommensteuer aus ähnlichen Überlegungen heraus als „Königin des Steuersystems“ qualifiziert.

anderen Steuern als „Trabantensteuern“ kreisen[62]. Eine weitere Folgerung ist die, „daß alle Steuern, die in etwa neben ihr bestehen, nach ihrer Fähigkeit eine Ergänzung dieser Einkommensbesteuerung zu bilden, gewürdigt werden müssen“[63]. Damit ist von Lampe der „Ergänzungsgedanke“ für den „Aufbau eines ökonomisch gerichteten“[64] Steuersystems zum „Ordnungsprinzip“ erhoben worden. Aus der Doppelnatur der wirtschaftlichen Leistungsfähigkeit[65], die im Vermögensbesitze liegt, ergibt sich aber, daß eine Vermögensbesteuerung in zweifacher Weise am Vermögen anknüpfen kann: Sie kann es einmal entsprechend dem sog. „zusätzlichen Charakter“[66] der im Vermögensbesitz liegenden wirtschaftlichen Leistungsfähigkeit oder auch gemäß dem vermuteten selbständigen Bestimmungsgrund[67] für diese Leistungsfähigkeit. Im ersten Falle wird, wie *Bickel* sagt, „die im Einkommen liegende steuerliche Leistungsfähigkeit durch den Ursprung des Einkommens aus Vermögensbesitz gesteigert“; im zweiten Falle bedeutet Vermögen auch bei völliger Ertraglosigkeit des Vermögens, „eine Sicherung der wirtschaftlichen Lage seines Besitzers“[68]. Wie sich aber herausstellt, ist es heutzutage mit dieser Sicherheit gar nicht mehr so weit her. Da andererseits die angeblich unfundierten Einkommen ihre Schwächeneigung verloren haben, entfällt ein berechtigter Grund, auch ertragloses Vermögen einer Vermögensbesteuerung zu unterwerfen. Daß sich die weiteren Überlegungen dem ertragbringenden Vermögen zuwenden müssen, ergibt sich auch daraus, daß einer sog. Vorbelastung fundierten Einkommens dort eine natürliche Grenze gesetzt ist, wo sie zu einer Substanzbesteuerung oder, worauf u. a. Lampe aufmerksam gemacht hat, zu „Kapitalfluchterscheinungen ernsteren Ausmaßes“[69] führen würde. Der Grundsatz der steuerlichen Schonung des Vermögensstocks gebietet eindeutig eine besitzfreundliche Abgabenpolitik. Wenn *Lampe* nachgewiesen hat, daß die Quelle jeder Steuer das Einkommen der Wirtschaftssubjekte und eine Substanzbesteuerung zu vermeiden ist, stellt sich die weitere Frage, woher denn eigentlich dieses fundierte Einkommen stammt? Sowohl in volkswirtschaftlicher als auch in einzelwirtschaftlicher Sicht ist „das Einkommen als die einzige dauerhafte Quelle des Vermögens“[70] anzusehen. Freilich ist einschränkend zu be-

---

[62] Ebenda.

[63] Ebenda.

[64] Ebenda.

[65] W(ilhelm) *Bickel:* Die Vermögenssteuern in der Schweiz, a.a.O., S. 266.

[66] Ebenda.

[67] Ebenda.

[68] Ebenda.

[69] Adolf *Lampe:* Reine Theorie der Finanzreform, a.a.O., S. 262.

[70] Karl *Häuser:* Die steuerliche Beeinflussung der Einkommens- und Vermögenskonzentration in der Bundesrepublik (Deutschland), a.a.O., S. 1098.

merken, „daß Vermögen außer durch Akkumulation von Einkommen ... noch durch Übertragung von anderen Personen oder Personengruppen, d. h. durch Schenkungen, Erbschaft oder Vermächtnis gebildet werden kann“[71].

Aus dem Vermögen selbst kann fundiertes Einkommen nicht fließen, wenn eine Substanzbesteuerung vorliegt.

Gesamtwirtschaftlich gesehen liegt aber, wenn diese Steuerbeträge, die aus einer echten Substanzbesteuerung anfallen, vom Fiskus investiv angelegt werden, kein Substanzverzehr vor. Volkswirtschaftlich gesehen kommt es also „auf die Verwendung des Ertrages der Abgabe an“[72]. Dienen beispielsweise Erträge aus einer Vermögensabgabe „der Tilgung der Staatsschuld, so findet lediglich eine Umformung der privaten Vermögen statt. ... Eine Änderung der Summe des Volksvermögens ... tritt nicht ein“[73]. Werden Erträge einer Vermögensabgabe, die aus Vermögenserträgen oder persönlichen Einkommen, d. h. aus den laufenden Einnahmen entrichtet werden kann, vom Fiskus zur Tilgung der Staatsschuld verwandt, so tritt auch hier eine Änderung der Summe des Volksvermögens nicht ein. In beiden Fällen werden die Staatsgläubiger wieder liquid. Selbst dann, wenn Steuereinnahmen aus einer Vermögensabgabe vom Staate konsumtiv verausgabt werden, muß nicht in jedem Fall ein Vermögensverzehr eintreten. Ein Verzehr tritt dann nicht ein, wenn die Staatseinnahmen von einem Fiskus verwaltet werden, dessen Handeln einer rationalen, planvollen Finanzpolitik verpflichtet ist. Dann werden bestimmte aus einer Volkswirtschaft abgezogene Beträge wahrscheinlich im Rahmen einer antizyklischen Haushaltpolitik, d. h. nach Gesichtspunkten verwendet, die den Postulaten der *staatspolitischen Sozialität* entwachsen. Sie können im volkswirtschaftlichen Kreislauf zu einer neuen Kapitalbildung beitragen, die ein Mehrfaches des Betrages ausmachen kann, um den der Vermögensstand der privaten Wirtschaftssubjekte ursprünglich geschmälert wurde. Man kann daher nicht sagen: „Werden Einkommensteile durch Besteuerung dem Kapitalmarkt vorenthalten und konsumtiver Verwendung der öffentlichen Hand überantwortet, so ist eine Verlangsamung der Wirtschaftsentwicklung schlechthin unausweichlich“[74]. Werden weggesteuerte Einkommensteile im Wege antizyklischer Fiskalmaßnahmen verwendet (Konjunkturbelebungsprogramme, Verstärkung öffentlicher Infrastrukturinvestitionen etc.) „wiederholt sich mit dem

---

[71] Ebenda.

[72] Eugen *Grossmann:* Die Vermögensteuer. In: Handbuch der Finanzwissenschaft, 2. Auflage, Tübingen 1953, S. 537.

[73] Ebenda.

[74] Adolf *Lampe:* Reine Theorie der Finanzreform, a.a.O., S. 227.

Steuereinzug dieser ‚Entwicklungsverlust‘ “[75] nicht. Dies wäre sogar Ausdruck der geforderten Reproduktivität der öffentlichen Einnahmen[76]. Damit zeigt sich, daß das sog. fundierte Einkommen gar nicht aus dem Vermögen selbst fließt, vielmehr aus Erträgen, die mit Hilfe produktiv eingesetzter Vermögensteile erzielt werden. Sie sind erwirtschaftetes Einkommen. Das Vermögen ist also nur der Krug, nicht die Flüssigkeit, das subjektive Einkommen (Besitzeinkommen) selbst, das aus ihm „fließt“.

ba) Qualitative steuerliche Differentiation

Wird eine unterschiedliche steuerliche Belastung zwischen fundiertem und unfundiertem Einkommen angestrebt, wobei ersteres einer Mehrbelastung ausgesetzt werden soll, sind prinzipiell folgende Lösungen gleichzeitig oder alternativ möglich[1]:

1. Anwendung *unterschiedlicher Steuersätze* für die verschiedenen Steuerquellen. Es erfolgt hierbei eine Differentiation der steuerlichen Einkommensbelastung[2]:

a) Minderbelastung nicht-fundierten Einkommens durch *Ermäßigung* eines vorgegebenen *Nomalsteuersatzes* oder

b) Höherbelastung des fundierten Einkommens durch *Erhöhung* eines vorgegebenen *Normalsatzes.*

2. Vom Standpunkt, die Steuer vom Einkommen natürlicher Personen zum „Mittel- und Schwerpunkt eines ökonomisch gedachten Steuersystems“ zu machen[3], besteht noch eine Alternative; nämlich durch „eine Differenzierung der Einkommensteuer selbst mit Hilfe von nach Einkunftsarten gestaffelten Freibeträgen“[4]; ein Weg, den beispielsweise *Albers* „einer selbständigen Vermögensteuer“ vorziehen würde[5]. Das wäre eine besondere Form einer qualitativ differenzierenden Einkommensteuer.

---

[75] Ebenda.

[76] Siehe zum Gesichtspunkt der *Reproduktivität* die Ausführungen zum „Grundsatz der Beachtung der Wechselwirkungen zwischen den verschiedenen Besteuerungsmöglichkeiten und der alternativen Heranziehung potentieller Steuerquellen“ und die dort angegebenen Literaturhinweise.

[1] Vgl. dazu u. a. Alfred *Amonn:* Grundsätze der Finanzwissenschaft, Erster (allg.) Teil, a.a.O., S. 226, Fritz *Neumark:* Wirtschafts- und Finanzprobleme des Interventionsstaates, a.a.O., S. 399 ff., Walter *Weddigen*: Allgemeine Finanzwissenschaft, 4. Aufl., a.a.O., S. 155.

[2] Fritz *Neumark:* Wirtschafts- und Finanzprobleme des Interventionsstaates, a.a.O., S. 392.

[3] Adolf *Lampe:* Reine Theorie der Finanzreform, a.a.O., S. 222.

[4] W(illi) *Albers:* Vermögensbesteuerung, a.a.O., S. 234 f.

[5] Ebenda, S. 235.

3. Der Überlegung wert erscheint auch die Alternative, sich der Technik der Steuerprogression zu bedienen, obwohl sie sich am „emploi des revenus“[6] orientiert. Und zwar könnte damit eine für Arbeits- und für Besitzeinkommen unterschiedliche Intensität der Progression zugunsten des Arbeitseinkommens, d. h. eine Höherbelastung des fundierten Einkommens erzielt werden. Eine differenzierende Belastung ließe sich auch dergestalt erreichen, daß für alle Einkommenskategorien zwar nur ein gemeinsamer Progressionstarif festgelegt wird, aber — versteckt durch Abzüge und Zuschläge — zugunsten des Arbeitseinkommens eine unterschiedliche Belastungsintensität erzielt wird.

4. Steuerbefreiung von Arbeitseinkommen[7].

5. Zusatzsteuern auf das Vermögenseinkommen:

Vorbelastung des fundierten Einkommens durch Steuern auf dem Besitz in Form von Ergänzungssteuern zur allgemeinen Einkommensteuer. Diese kann in folgender Weise geschehen:

a) Durch Zedular- oder Ertragsteuern, „welche die im Einkommen enthaltenen fundierten Ertragsteile neben der Einkommensteuer noch einmal treffen“[8]. Hierzu zählt auch die Möglichkeit, fundierte Einkünfte „mittels real-objektiver Ertragsteuern (Grund-, Gebäude- und Gewerbesteuer)“[9] zusätzlich steuerlich zu belasten, wenngleich vom Gesetzgeber in der Regel auch nicht beabsichtigt wird, sie zur Einkommensdifferentiation zu verwenden.

b) Durch eine nominelle „Vermögensteuer nach dem preußischen Muster[10] an Stelle von Ertragsteuern“[11]. Sie ist die eigentliche Funktionsträgerin, die Erträge des Mobiliar- und Immobiliarkapitals einer Mehrbelastung auszusetzen[12].

---

[6] Henry *Laufenburger:* Revenue, capital et impôt, 3e éd., Paris 1947, p. 185, 188 f.

[7] Zu dieser Alternative, die praktisch nicht angewendet wird, vgl. Fritz *Neumark:* Wirtschafts- und Finanzprobleme des Interventionsstaates, a.a.O., S. 400 f.

[8] Boleslav *Fux:* Die Vermögenssteuer, a.a.O., S. 135. Fux verweist in diesem Zusammenhang auch auf die historischen Beispiele in den süddeutschen Staaten. Vgl. dazu auch bei F. *Neumark:* Wirtschafts- und Finanzprobleme des Interventionsstaates, a.a.O., S. 401. Dieses System darf natürlich, wie Neumark (a.a.O., S. 401) ausdrücklich betont, keine Arbeitsertragsteuer umfassen.

[9] Fritz *Neumark:* Wirtschafts- und Finanzprobleme des Interventionsstaates, a.a.O., S. 406.

[10] Neumark plädiert dafür, diese Steuer „doch richtiger als ‚Schweizer Verfahren‘ zu bezeichnen, da sie anscheinend zuerst in gewissen Schweizer Kantonen angewendet wurde“. Wirtschafts- und Finanzprobleme des Interventionsstaates, a.a.O., S. 401.

[11] Boleslav *Fux:* Die Vermögenssteuer, a.a.O., S. 136.

[12] Vgl. zu a) und b) auch Alfred *Amonn:* Grundsätze der Finanzwissenschaft. Erster (allg.) Teil, a.a.O., S. 229, sowie Fritz *Neumark:* Wirtschafts- und Finanzprobleme des Interventionsstaates, a.a.O., S. 401.

6. Anwendung unterschiedlicher Bewertungsvorschriften, um Vermögensteile hoher Ertragsfähigkeit durch Höherbewertung stärker zu belasten als solche mit geringerer bzw. gegenüber denen völliger Ertraglosigkeit.

Selbst dann, wenn bestimmte Formen der Vermögensbesteuerung als verfehlt zu bezeichnen sind, ist doch der Gedanke, daß steuerliche Leistungsfähigkeit nicht nur von der *Höhe,* sondern auch von bestimmten *Qualitäten* der Einkünfte abhängig ist, prinzipiell nicht von der Hand zu weisen[13]. Es rechtfertigt sich schon deshalb, der als Ausdruck der Steuergerechtigkeit angestrebten „Opfergleichheit"[14], d. h. der Forderung nach „subjektive(r) Gleichheit der Steuerbelastungsempfindung"[15] einmal nachzugehen.

Eine objektive Beurteilung vom „Gerechtigkeits"-Gesichtspunkt ist, worauf Amonn[16] aufmerksam macht, nur dann möglich, wenn zwischen „berechtigter" und „unberechtigter" Fundierung im ethischen Sinne unterschieden werden könnte. Da dieses zumindest praktisch undurchführbar ist, empfiehlt es sich, dem Grundsatze der Zweckmäßigkeit zu folgen und *zunächst* einmal davon auszugehen, fundiertes Einkommen höher zu besteuern, „weil sonst eine Überbelastung der unfundierten Einkommen entstehen und dadurch das ganze Einkommensgefüge gefährdet"[17] werden kann. Ist man der Meinung, daß sich nach wie vor Argumente für eine stärkere Besteuerung fundierter Einkünfte anführen lassen[18], oder erachtet man Vorbehalte gegen eine Höherbelastung fundierten Einkommens als noch nicht stark genug, dann gilt zumindest, daß eine Steuer

— nur „aus dem Ertrag und nicht aus der Substanz bezahlt werden"[19] darf und

— „(d)er Steuerzahler ... auch der Steuerträger sein"[20] muß.

Mit anderen Worten: Eine nominelle Vermögensteuer muß den Empfänger des Vermögenseinkommens treffen. Damit würde die Vermögensteuer wieder in die Rolle verwiesen, die sie als „Vorbelastung" des

[13] Adolf *Lampe:* Reine Theorie der Finanzreform, a.a.O., S. 259.

[14] Fritz *Neumark:* Wirtschafts- und Finanzprobleme des Interventionsstaates, a.a.O., S. 393.

[15] Adolf *Lampe:* Reine Theorie der Finanzreform, a.a.O., S. 259; Günter *Schmölders:* Die Notwendigkeit der organischen Steuerreform, a.a.O., S. 33; Adolf *Lampe*: Reine Theorie der Finanzreform, a.a.O., S.259.

[16] Alfred *Amonn:* Gerechtigkeit und Zweckmäßigkeit in der Besteuerung, a.a.O., S. 12.

[17] Ebenda.

[18] W(illi) *Albers:* Vermögensbesteuerung, a.a.O., S. 222.

[19] Ebenda.

[20] Ebenda.

privaten Besitzeinkommens spielen soll[21]. Die Erfahrung mit der preußischen Ergänzungssteuer zeigt, meint *Fux,* daß zweckmäßigerweise nur eine progressiv ausgestaltete Steuer in Frage kommen kann, weil der Grad der Vorbelastung bei gleich hohem fundierten und unfundierten Einkommen bei proportionalem Steuersatz mit dessen Zunahme abnimmt, dagegen die Steuerfähigkeit mit der Höhe der Einkommen aber zunimmt[22]. Einkommenshöhe und Vermögenshöhe wurden also als „gleichwertige" Größen betrachtet.

Gleiches gelte für die „Vorbelastung" des fundierten Einkommens durch die Vermögensteuer. Selbst wenn man der Meinung ist, „arbeitslose" Einkünfte mit einer höheren Steuer zu belasten[23], so gibt doch die Tatsache, daß effektiv keine Möglichkeit besteht, „diesem Willen sinnvoll Geltung zu verschaffen"[24], zu berechtigtem Zweifel Anlaß. Nicht einmal mit der feinsten und anpassungsfähigsten Steuer, der Einkommensteuer[25], ist viel auszurichten, um das „Problem der Einkommensqualitäten"[26] in sachgerechter Weise zu berücksichtigen; bei einer Vermögensteuer kommt das noch viel weniger in Frage. Dazu kommt, daß die Unterschiede zwischen fundiertem und unfundiertem Einkommen, die bislang den praktischen Wert des „Fundiertheits"-argumentes als Belastungskriterium begründeten, weitgehend ihre gegensätzliche Schärfe verloren haben. Neumark erkennt an, daß derartige Unterschiede zwischen Arbeitseinkommen und Einkünften aus Mobiliarkapital und Grundvermögen in bezug auf ihre Empfänger „seit längerer Zeit viel von ihrer alten Bedeutung verloren haben"[27].

Der Vorschlag, dieser „simple(n) Gegenüberstellung von Arbeits- und Kapitaleinkünften" „eine detailliertere Gliederung der Einkunftsarten"[28] alternativ entgegen zu stellen, verdient ungeteilte Zustimmung.

Selbst das *Sicherheitsargument* scheitert. Würde „der Sicherheitsfaktor bei der Kapitaleinkunftsbesteuerung in Anschlag gebracht", wäre

[21] Eine Forderung dieses Inhalts findet sich bei Kurt *Pentzlin:* Wirtschaftspolitische Grundsätze einer organischen Steuerreform, a.a.O., S. 23.

[22] Vgl. Boleslav *Fux:* Die Vermögenssteuer, a.a.O., S. 137, unter Hinweis auf *Strutz:* Kommentierung der preußischen Vermögensteuer (1909). Dieser Überlegung liegt die Annahme zugrunde, daß die im Besitz liegende Steuerfähigkeit analog der des Einkommens nicht allein im Verhältnis zu seiner Höhe, sondern um so schneller zunimmt, je größer das Vermögen ist und je mehr damit der subjektive Wert der Vermögenseinheiten abnimmt.

[23] Adolf *Lampe:* Reine Theorie der Finanzreform, a.a.O., S. 260.

[24] Ebenda, S. 261.

[25] Ebenda.

[26] Ebenda.

[27] Fritz *Neumark:* Wirtschafts- und Finanzprobleme des Interventionsstaates, a.a.O., S. 395, sowie: Zur Großen Steuerreform. Zwei Vorträge (Neumark — Troeger), a.a.O., S. 51.

[28] Ebenda (Wirtschafts- und Finanzprobleme . . .).

es nur recht und „billig (,) für Arbeitseinkünfte das gleiche gelten zu lassen“[29]. Auch *Koulis* gibt zu, daß eine Vorbelastung fundierten Einkommens, — wegen der gesicherten Wiederkehr derartigen Einkommens — vom Standpunkt der Gerechtigkeit zwar *zweckmäßig* wäre, daß in Wirklichkeit diese Sicherheit aber „nur sehr relativ ist“[30].

Der Steuergesetzgeber hält aber trotz aller Vorbehalte noch am „Fundiertheits“argument fest, weil es für die Öffentlichkeit einen plausiblen Steuerrechtfertigungsgrund liefert. Dieser wurde in der zweiten Hälfte des vorigen Jahrhunderts unter dem Motto: Besteuert die Besitzenden! propagiert und wird auch heute noch fast unbesehen übernommen. Allein die Vorstellungen von der „Radizierbarkeit“ und der alternativen Heranziehung potentieller Steuerquellen, die Verpflichtung zur Sachgemäßheit bei der Besteuerung und die Rücksichtnahme auf die wirtschaftliche Dispositionsautonomie der Individuen, die Postulate der Widerspruchslosigkeit bzw. Systemhaftigkeit der Besteuerung sowie der steuerlichen Schonung des Vermögensstocks gebieten darauf zu achten, daß eine nominelle Vermögensteuer soweit wie möglich wirklich nur Vermögensbesitzer trifft, denen Vermögenserträge zufließen. Denn eine Steuer, die „nicht zu Lasten des Einkommens der Vermögensbesitzer geht“, wird hinsichtlich ihrer „Zielsetzung, fundierte Einkommen stärker zu belasten, illusorisch“[31]. Diese Forderung ist um so berechtigter, je mehr sich im Zuge der gesellschaftlichen und wirtschaftlichen Veränderungen auch die objektiven Besteuerungsvoraussetzungen ändern.

So ist es vielleicht gar nicht so überraschend, daß man in der Schweiz seit dem Jahre 1959 auf Bundesebene auf die „Ergänzungssteuer vom Vermögen der natürlichen Personen“[32] gänzlich verzichtet. Damit wurde in der Tat „ein gewisser Einbruch in die das schweizerische Steuerrecht beherrschende Auffassung geschaffen, wonach eine allgemeine Einkommensteuer, die fundiertes und unfundiertes Einkommen in gleicher Weise belastet, einer ergänzenden Vermögensteuer bedarf, die einerseits ermöglicht, das fundierte Einkommen durch gleichzeitige Besteuerung seiner Quelle stärker zu belasten als das unfundierte Einkommen

---

[29] Adolf *Lampe:* Reine Theorie der Finanzreform, a.a.O., S. 262. Einen im Prinzip anderen Standpunkt bezieht diesbezüglich Emil *Küng,* der nur dem *Vermögensertrag* „eine gewisse Sicherheitsfunktion“ beimißt: Eigentum und Eigentumspolitik, Tübingen und Zürich 1964, S. 71.

[30] Johannes *Koulis:* Soziale Gestaltung der Besteuerung oder volkswirtschaftliche Steuerpolitik, a.a.O., S. 50.

[31] Willi *Albers:* Vermögensbesteuerung, a.a.O., S. 225.

[32] Irene *Blumenstein:* Das Bundessteuerrecht auf Grund des Bundesbeschlusses über die verfassungsmäßige Neuordnung des Bundesfinanzhaushaltes. In: Archiv für schweizerisches Abgaberecht, N. F., Bd. 27, Heft 1, Bern 1958, S. 12.

und andererseits auch ertragloses Vermögen steuerlich zu erfassen“[33]. Ein Verdikt über die Vermögensteuer wurde jedoch damit nicht gesprochen. Der Bundesrat (Bundesregierung) hat in der Botschaft an die Bundesversammlung dazu ausdrücklich bemerkt, daß „(g)rundsätzlich ... das Einkommen aus Vermögen ... eine höhere Belastung als das Einkommen aus Arbeit“ vertrage und eine ergänzende Vermögensteuer durchaus in einem „Einkommensteuersystem ihre sachliche Berechtigung habe“[34].

Als mögliche Alternative zu einer nominellen Vermögensteuer bietet sich noch die *Ertragsteuer* als Ergänzung zur modernen allgemeinen Einkommensteuer an. Man erfaßt fundierte Erträge neben der Einkommensteuer noch mit einer Objektsteuer. Hierbei handelt es sich um einen Vergleich ungleichartiger Größen „sowohl der Anlage als auch der Funktion nach“[35]. Dennoch können wir *Fux* durchaus zustimmen, daß bei einem Abwägen der Vorzüge und Nachteile einer subjektiven Vermögensteuer und einer objektiven Ertragsteuer — „wenn schon eine Vorbelastung des fundierten Einkommens (heute noch, d.Verf.) in Frage steht“[36] — ein modern entwickeltes Ertragsteuersystem wohl tauglicher ist. Zielt man jedoch auf eine „Besteuerung des Besitzes als solchen“[37], dann gebührt mit Recht „einer modernen Vermögensteuer“, d. h. der Vermögensteuer als Ergänzungssteuer zur modernen allgemeinen Einkommensteuer, Vorrang. Freilich besteht bei der Betonung des Besitzmomentes das Risiko einer Substanzbesteuerung, ein Gefahrenmoment, das einer ertragsorientierten Besteuerung widersprechen würde.

Da aber eine *Ertragsteuer als Ergänzung* einer Personalbesteuerung eines gut und zweckmäßig ausgebauten Ertragsteuersystems bedarf, hat sich die Entwicklung in Deutschland zugunsten der nominellen Vermögensteuer vollzogen.

c) Besondere Steuerfähigkeit des Vermögens

Wurde die Vermögensteuer bisher vorwiegend unter dem Aspekt betrachtet, wie eine Besteuerung von ertragbringendem Vermögen zu beurteilen ist, gilt nunmehr unser Interesse der Steuerfähigkeit des

[33] Ebenda.

[34] Vgl. Die Botschaft des Bundesrates an die Bundesversammlung. In: BBl. 1957 I, S. 586. Nationalrat Max Weber hat im Jahre 1965 zur Kompensation des Ausfalls der Einnahmen aus der aufgehobenen Couponsteuer u. a. die „Wiedereinführung der Ergänzungssteuer vom Vermögen natürlicher Personen“ vorgeschlagen. Nationalrat, Wintersession 1965: Postulat *Weber* Max, vom 1. Dezember 1965 — 189 (9375) Abs. 2 lit. c.

[35] Boleslav *Fux:* Die Vermögenssteuer, a.a.O., S. 139.

[36] Ebenda.

[37] Ebenda.

Vermögens selbst, d. h. der Tatsache der bloßen Existenz von Vermögensbesitz als Besteuerungsgrund. Wie verhält es sich mit einer Vermögensbesteuerung, die auf das Vermögen schlechthin abzielt, unabhängig davon, ob es ertragbringend oder überhaupt (steuerlich) ertragsfähig ist. Wäre eine Vermögensteuer nur durch einen unmittelbaren Eingriff in die Vermögenssubstanz realisierbar, läge ein Fall echter, unmittelbarer Substanzbesteuerung vor. Diese haben wir als laufende Maßnahme grundsätzlich abgelehnt. Das Problem stellt sich jedoch für uns insoweit wieder, wenn eine ergänzende Vermögensteuer zu prüfen ist, die auf vorhandenes Vermögen schlechthin gelegt werden soll, *ungeachtet* der Möglichkeit, daß der Vermögensbesitzer die Steuer aus dem persönlichen Einkommen entrichten kann.

ca) Das Vermögen als Gradmesser der Steuerfähigkeit

Zunächst ist zu prüfen, „inwieweit das Vermögen (im Sinne des ‚Vermögensstammes') als Index der Steuerfähigkeit gelten darf"[1].

Während es nicht möglich ist, von der „Verfügung über Wirtschaftsgüter" auf „die wirtschaftliche Leistungsfähigkeit und damit ... die Steuerfähigkeit" zu schließen[2], könnte man vielleicht behaupten, „daß der Vermögensbesitz unter sonst gleichen Verhältnissen eine zusätzliche Leistungsfähigkeit begründet"[3]. Diese Behauptung wird mit folgenden Ansichten gestützt:

1. Vermögensbesitz vermittle in vielen Fällen seinem Eigentümer ohne Einsatz persönlicher Arbeit ein Einkommen.

   Bezieher von Besitz- oder Renteneinkommen seien den Empfängern von vorwiegend Arbeitseinkommen insoweit im Vorteil, als erstere durch ihre Arbeitskraft sich noch ein Zusatzeinkommen verdienen können. Das reine Besitzeinkommen sei daher *„steigerungsfähiger* als das reine Arbeitseinkommen"[4].

Das ist ein Argument zur Begründung einer Höherbelastung des sog. fundierten *Einkommens,* dem wir oben schon einmal begegnet sind. Es kann nur auf ertragbringendes Vermögen angewendet werden. Wirft das Vermögen keinen Ertrag ab, so muß sich der Vermögensbesitzer in der Regel durch persönliche Arbeit ein Einkommen sichern, ohne zusätzlich im „Vorteil" eines Besitzeinkommens zu sein.

---

[1] Fritz Karl *Mann:* Vermögenssteuer. In: Handwörterbuch der Staatswissenschaften, Bd. 8, 4. Aufl., Jena 1928, S. 609 (II). Ähnlich *Fux:* Die Vermögenssteuer, a.a.O., S. 139.

[2] Fritz Karl *Mann:* Vermögenssteuer, a.a.O., S. 609 (II).

[3] Ebenda.

[4] Ebenda.

2. Entsprechend der Theorie von den einzuschlagenden Produktionsumwegen stärke der Besitz von Kapitalvermögen die Position des Produzenten im Produktionsprozeß. Die Verwendung von Kapitalgütern bringe „einen Vorteil an der Masse des Produktes" (Böhm-Bawerk)[5]. In diesem Sachverhalt wird eine zusätzliche Leistungsfähigkeit vermutet, weil im Besitz von Produktionsmitteln Wirtschaftsgüter erblickt werden, die vererbt oder vermietet werden können. Demzufolge ist es möglich, Vermögenswerte über Generationen hinweg zu bewahren. Die ererbten Produktionsmittel vergrößern die Wertschöpfung der Generation, die jeweils im Besitze dieser Vermögenswerte ist. Soweit es sich dabei um ertragbringendes Vermögen handelt, gilt das, was oben unter 1. ausgeführt wurde, d. h., daß die Problematik der Höherbelastung fundierten Einkommens Platz greift. Für den Fall, daß es sich um zeitweise oder ständig ertraglose Vermögensteile bzw. „totes" Vermögen handelt, gelten ebenfalls die entsprechenden Ausführungen unter 1.

Wird allerdings eine zusätzliche Steuerfähigkeit in der Weise begründet, daß man sagt, vererbbare Vermögenswerte seien einer zusätzlichen Besteuerung zu unterwerfen, dann ist das eine Frage, die den Erben oder Beschenkten resp. den Vermächtnisnehmer angeht. Insoweit ist das Problem in den Bereich der Erbschaftsbesteuerung zu verweisen.

Wird mit dem Argument der Herbeiführung gleicher Startchancen gearbeitet, dann ist die Beantwortung der Frage ebenfalls in den Bereich der Erbschaftsbesteuerung zu verweisen. Es kann niemals Aufgabe einer nominellen Vermögensteuer sein, für gleiche Startchancen der Individuen zu sorgen.

3. Dem Vermögensbesitz wird nachgesagt, daß er seinen Eigentümern auf den Güter- und Warenmärkten eine *stärkere Position* verleihe. Das gelte sowohl für den Besitz von Erwerbs- als auch Gebrauchsvermögen[6]. Und: Vermögen verleihe seinen Besitzern zudem einen *gesellschaftlichen Rang.*

Die wesentlichen Argumente sind:

— das der *Sicherheit,* die vor allem Erwerbsvermögen einem Individuum verleiht;

— das der *Kreditfähigkeit,* die Sachvermögen erhöht;

— das der *Liquidation im Bedarfsfalle,* d. h. der Möglichkeit für den Vermögensbesitzer, Teile seines Vermögens im Notfalle zu „versilbern";

---

[5] Zitiert nach Fritz Karl *Mann:* Vermögenssteuer, a.a.O., S. 609 (II).

[6] Vgl. Fritz Karl *Mann:* Vermögenssteuer, a.a.O., S. 609 f.

— das der *Macht*, sowohl ökonomischer als auch gesellschaftlicher. Diese wird darin gesehen, daß dem Vermögenden die Möglichkeit gegeben wird, „soziale Prozesse im Sinne eigener Zielsetzungen zu beeinflussen“[7].

Dem Privateigentum komme neben der Sicherheits- und Prestigefunktion unabhängig von der Ertragsfunktion auch eine *Macht*funktion zu[8]. Das seien alles „Vorteile, deren der Eigentumslose nicht teilhaftig ist“[9]. Im Vermögen könne also ein selbständiger Bestimmungsgrund der Leistungsfähigkeit gesehen werden, auch bei völliger Eintraglosigkeit die genannten Funktionen auszuüben[10]. Die Schwächen in der Begründung der fiskalischen Belastung des Vermögens aufgrund der Sicherheitsfunktion haben wir bereits kennengelernt. Was die Prestigefunktion anbelangt, so kann sie bei der Würdigung der Vermögensteuer vernachlässigt werden; spielen doch hier Faktoren eine Rolle, die steuerwirtschaftlich von untergeordneter Bedeutung sind. Daß eine individuelle Machtposition, die durch eine Akkumulation großer Privatvermögen entstehe, volkswirtschaftlich und sozial nachteilig sei[11], überzeugt nicht. Dementsprechend sind auch die Versuche, eine Vermögensteuer aus einem solchen Gesichtspunkt heraus zu begründen, u. E. nicht befriedigend. Der individuellen Machtposition, die vorwiegend auf Verfügungsgewalt über sachliche Produktionsmittel basiert, stehen beispielsweise individuelle Machstellungen gegenüber, die durch persönliche Leistungen erobert werden können. Es wäre töricht, am Streben, überdurchschnittliche Leistungen zu erzielen, Kritik zu üben, weil es u. U. individuelle Macht begründet, die sich möglicherweise auch sozial nachteilig auswirken kann. Beide Machtstellungen — sowohl die, welche auf Vermögen basiert, als auch die, welche aus überdurchschnittlichen individuellen Leistungen (via Einkommen) erwächst — sind Phänomene, die gesellschaftspolitisch von Bedeutung sind, und dementsprechend nicht von der Warte der Steuerpolitik aus gewürdigt werden können. Vor allem die Machtposition, die auf außerordentlichen individuellen Leistungen beruht, ist ja nur möglich, insofern diese Leistungen gesellschaftlich anerkannt und zudem so respektiert werden, daß die Gesellschaft demjenigen, der über derartige Leistungskapazitäten ver-

---

[7] Hans *Albert:* Marktsoziologie und Entscheidungslogik. Ökonomische Probleme in soziologischer Perspektive, Neuwied am Rhein und Berlin 1967, S. 448.

[8] Emil *Küng:* Eigentum und Eigentumspolitik. Tübingen und Zürich 1964, S. 71.

[9] Ebenda.

[10] W(ilhelm) *Bickel:* Die Vermögenssteuern in der Schweiz, a.a.O., S. 266.

[11] Wilhelm *Bickel:* Die Steuer als Instrument des Einkommens- und Vermögensausgleichs, a.a.O., S. 26.

fügt, eine angemessene Machtsphäre zugesteht[12]. Diese gewährt in der Regel ein entsprechendes Macht*einkommen*, das wiederum in Privatvermögen verwandelt werden kann. Die „Einschätzung der wirtschaftlichen und zum Teil auch gesellschaftlichen Stellung nach der Höhe des Einkommens (hat sich) erst im 19., zum Teil auch erst im 20. Jahrhundert herausgebildet“[13]. Aber auch für Vermögenseinkommen ist „nicht so sehr die juristische Kategorie des Privateigentums wie die soziologische der funktionellen Herrschaft entscheidend, die u. a. der Bedeutung von Managerpositionen aller Art für die Einkommensverteilung Rechnung zu tragen erlaubt“[14]. Ja, es genügen möglicherweise bloße Verhaltensweisen, um bestimmte Personen oder Personengruppen in bestimmte Einkommenspositionen aufsteigen zu lassen. Dieses Verhalten hat (oftmals) nichts mit der individuellen Leistungsfähigkeit des oder der „Begünstigten“ zu tun. Diese Einkommen sind aus der Machtstellung anderer, die die staatspolitische oder wirtschaftliche Herrschaft innehaben, abgeleitet (derivative Machteinkommen). Totalitäre Regime honorieren auf diese Art nicht selten ihnen „nützliche“ Personen.

Auch dann, wenn die „Bekämpfung wirtschaftlicher Macht“ gesellschaftspolitisch erwünscht und auch praktisch angestrebt wird, ist „das Vermögen nur ein unzulängliches Kriterium für sie“[15].

Auf sehr natürliche Weise wird die Begründung einer Vermögensbesteuerung, die das Machtargument ins Feld führt, durch die Tatsache bloßgestellt, daß Machtpositionen nicht nur durch Vermögensakkumulation aufgebaut werden können. Wir haben soeben festgestellt, daß außer akkumuliertem *Vermögen* auch *persönliche Leistungen* zu Machtstellungen verhelfen können, da „Leistungsfähigkeit selbst auch ohne sachliches Fundament Machtpositionen (zu) schaffen“[16] vermag. Daraus folgt, daß man entweder auf die Besteuerung der ertraglosen Vermögen verzichtet, oder beide, Vermögen und Leistung, zum Gegenstand einer besonderen Steuer macht. Ersteres wäre zweifellos vorzuziehen, zu-

---

[12] Bent *Hansen:* Aspects of Property Taxation. A General Report, a.a.O., p. 4.

[13] Werner *Ehrlicher:* Wandlungen der Steuerordnungen. In: Finanzarchiv, N.F., Bd. 27, Tübingen 1968, S. 54.

[14] Hans *Albert:* Marktsoziologie und Entscheidungslogik, a.a.O., S. 449.

[15] W(illi) *Albers:* Vermögensbesteuerung, a.a.O., S. 229.

[16] Hans *Albert:* Marktsoziologie und Entscheidungslogik, a.a.O., S. 449. *Krelle* unterscheidet „Vermögen mit *großer* oder *geringer Verfügungs*macht und weist damit auf den „sozialökonomischen“ Begriffsinhalt des Vermögens hin, den *Helmstädter* unter Hinweis auf *Preiser* hervorhebt: Vermögen als „Inbegriff von Gütern, die in der Verfügungsgewalt einer Person stehen“. Wilhelm *Krelle:* Volkswirtschaftliche Gesamtrechnung, a.a.O., S. 123; Ernst *Helmstädter:* Der Kapitalkoeffizient, a.a.O., S. 17; Erich *Preiser:* Der Kapitalbegriff und die neuere Theorie. In: Jahrbücher für Nationalökonomie und Statistik, Bd. 165 (1953), S. 121.

mal *„jedes Einkommen als Ausfluß und als Symptom einer entsprechenden Machtposition* seines Besitzers“[17] betrachtet werden kann. Es braucht also „nicht nur das auf der Verfügungsmacht über sachliche Produktionsmittel beruhende“[18] Einkommen Ausdruck einer Machtposition zu sein. Ein wesentliches Argument gegen die Behauptung, geballtes Vermögen führe zu ökonomisch und sozial nachteiligen individuellen Machtpositionen[19] ist die Existenz des individuell leistungsbezogenen Machteinkommens. Diesem Einkommen, das kein Vermögen zur Voraussetzung hat, sondern auf den Besitz von Kenntnissen und Fertigkeiten, also auf individuelles Leistungsvermögen zurückzuführen ist, liegt ein leistungsbegründetes Machtpotential zugrunde, das mit gleichem Recht kritisiert werden könnte wie dasjenige, das durch Vermögensbesitz sich herausbilden kann. Denn selbst „ausgehend von gleichen Startbedingungen beziehen die Marktteilnehmer wegen der unterschiedlichen individuellen Talente, Eigenschaften und Fähigkeiten — ökonomisch völlig gerechtfertigt — verschieden hohe Einkommen und bilden verschieden hohe Vermögen“[20]. Daß Eigentum gesellschaftlichen Rang und damit in gewissem Sinne Macht schaffen kann, ist offenkundig; Wissen und besondere Fähigkeiten können dieses aber auch. „Wissen ist Macht!“.

4. Schließlich wird eine zusätzliche Leistungsfähigkeit des Vermögensbesitzes aus dem Sachverhalt abgeleitet, daß die volle Erwerbsfähigkeit des Menschen nicht unbegrenzt ist.

Der Vermögensbesitzer befindet sich nach diesem Argument dem „Nur-Arbeiter“ gegenüber im Vorteil. Letzterer müsse in der „Periode der Erwerbsfähigkeit ... bereits diejenigen Vermögensteile zurücklegen, die er in den Zeiten der Arbeitsunfähigkeit“ brauchen wird[21]. Wir haben schon darauf hingewiesen, daß die Leistungsfähigkeitsunterschiede, die früher zwischen Einkünften verschiedener Art und Herkunft vorhanden waren, sich heute nicht mehr in dem Maße feststellen lassen. Die Meinung: weil der Vermögensbesitzer des Vorsorgesparens weitestgehend enthoben sei und dementsprechend sein Einkommen verbrauchen könne, bewirke bei einem Vermögensbesitzer eine dem Einkommen eines Nur-Arbeiters äquivalente Summe eine vollkommenere

---

17 Hans *Albert:* Marktsoziologie und Entscheidungslogik, a.a.O., S. 449.

18 Ebenda.

19 Wilhelm *Bickel:* Die Steuer als Instrument des Einkommens- und Vermögensausgleichs, a.a.O., S. 26.

20 Mathias Ernst *Kamp:* Das optimale Finanzsystem im Strukturgefüge von freiheitlicher Gesellschaft, föderativem Rechtsstaat und voll funktions- und leistungsfähiger Sozialer Marktwirtschaft, Bonn 1966, S. 25.

21 Fritz Karl *Mann:* Vermögenssteuer, a.a.O., S. 610 (I).

Deckung der Bedürfnisse[22], läßt sich kaum noch aufrecht erhalten. Damit wird „die Sonderaufgabe der Vermögensbesteuerung", die Fritz Karl Mann[23] in der steuerlichen Erfassung der zusätzlichen Leistungsfähigkeit des Vermögensbesitzes erkennt, außerordentlich problematisch. Denn die vielfach empfohlene Auffüllung der „Doppellücke im Steuersystem"[24], nämlich:

(1) „zu der in der Sicherheit des Vermögensbesitzes begründeten *zusätzlichen* Leistungsfähigkeit vorzudringen"[25] sowie

(2) das Versagen der Einkommensteuer gegenüber einer Belastung ertraglosen Vermögens durch eine ergänzende Vermögensteuer wettzumachen,

ist inzwischen in wesentlichen Punkten fragwürdig geworden.

Das veranlaßt zu untersuchen, ob die offensichtlich stark geschrumpfte Glaubwürdigkeit einer Rechtfertigung der ergänzenden Vermögensbesteuerung aus dem Besitzmoment überhaupt noch aufrechterhalten werden kann.

cb) „Doppellücke" und „doppelte Natur"

Der Metapher *Manns* von der bestehenden „Doppellücke im Steuersystem" ist *Bickels* Analyse der im Vermögensbesitze liegenden wirtschaftlichen Leistungsfähigkeit gegenüberzustellen[26]. Von besonderem Interesse sind dabei die Nuancen beider Autoren in ihrer Darstellung zur Steuerfähigkeit des Vermögens.

cba) Die „Doppellücke" im Steuersystem

Fritz Karl *Mann* spricht sich für eine Vermögensbesteuerung zunächst deshalb aus, weil die Einkommensteuer nicht „zu der in der Sicherheit des Vermögensbesitzes begründeten zusätzlichen Leistungsfähigkeit vorzudringen" vermag[27]. Dieser Überlegung liegt die Beobachtung zugrunde, „daß die an das Einkommen anknüpfende Besteuerung in vielen Fällen zu einer der Vermögensteuer ungleichen Belastung führt"[28].

---

[22] Fritz Karl *Mann:* Vermögenssteuer, a.a.O., S. 610 (I).

[23] Fritz Karl *Mann:* Vermögenssteuer, a.a.O., S. 610 (I).

[24] Ebenda, S. 611 (I).

[25] Fritz Karl *Mann:* Vermögenssteuer, a.a.O., S. 611 (I). (Hervorhebung von uns).

[26] W(ilhelm) *Bickel:* Die Vermögenssteuern in der Schweiz, a.a.O., S. 226 f.

[27] Fritz Karl *Mann:* Vermögenssteuer, a.a.O., S. 611 (I).

[28] Ebenda, S. 610 f.

Mann stellt auf das Sicherheitsmoment ab, das eine im Vermögensbesitz zusätzliche Leistungsfähigkeit begründe. Seine Ausführungen zeigen, daß er unausgesprochen mit „zusätzlicher Leistungsfähigkeit" etwas bezeichnet, das in erster Linie ein Bewertungsproblem ist. Denn der Übelstand, daß „die einheitliche Einkommensteuer z. B. gleiche Vermögenswerte in der Landwirtschaft meist schwächer als in der Industrie, den Vermögenswert mündelsicherer Staatspapiere schwächer als den gleichen in Speditionspapieren angelegten Vermögenswert" erfaßt[29], kann nur dann durch eine Vermögensteuer beseitigt werden, wenn eine sachgerechte und genaue Bewertung angesteuert wird; und zwar eine Bewertung, bei der Vermögenswerte nach Sicherheitsklassen unterschiedlich hoch taxiert würden. Die Steuerpraxis verschiedener Länder[30] kennt auch die Möglichkeit einer Diskrimination innerhalb der Kapital*einkünfte* „namentlich für die Erträge des Mobiliarkapitals, bei denen nach Maßgabe ihrer Dauerhaftigkeit sowie ihrer Sicherheit differenziert wird"[31]. Will der Fiskus allerdings auch an der „Sicherheit" ertraglosen Vermögens partizipieren, dann muß er direkt in die Vermögenssubstanz vordringen, womit er aber offensichtlich „Dauerhaftigkeit" und „Sicherheit" des Vermögensbesitzes gleichzeitig schwächt. Der gleiche Vorbehalt gilt für eine Abgabenkumulation, durch die eine fiskalische Belastung der Vermögenssubstanz nicht auszuschließen ist. Aber selbst dann, wenn eine Diskrimination nur innerhalb der Kapital*einkünfte* beabsichtigt ist, bleibt bei der praktischen Handhabung zu bedenken, daß die Eigenschaften des Steuerobjekts, die sich in Schwächen der Steuermethode verwandeln, den beabsichtigten Erfolg erheblich beeinträchtigen können. Es sei darauf hingewiesen, „daß die relative Stabilität, Solidität, Sicherheit usw. der einzelnen Kapitaleinkünfte in der Realität starken zeitlichen Schwankungen unterliegen und nicht nur von Wertpapiergruppe zu Wertpapiergruppe, sondern von einer konkreten Anlageart zur anderen außerordentlich verschieden sind, so daß es sehr zweifelhaft ist, ob eine nach den erwähnten Kriterien vorgenommene gruppenmäßige Differentiation der verschiedenen Arten fundierter Einkünfte sich *zweckgerecht* überhaupt realisieren läßt"[32]. Die sachgemäße steuerliche Belastung des Vermögens*ertrages* ist für F. K. *Mann* kein besonderer Grund, eine ergänzende Vermögensteuer zu fordern. Sie wird ja auch ohnehin schon durch die bestehende „einheitliche Einkommensteuer" erfaßt. *Mann* abstrahiert

---

[29] Ebenda, S. 611 (I).

[30] Vgl. dazu Fritz *Neumark:* Wirtschafts- und Finanzprobleme des Interventionsstaates, a.a.O., S. 397, sowie die dort angeführten Länderbeispiele und Autoren.

[31] Ebenda.

[32] Ebenda, S. 397 (Hervorhebungen von uns).

von Ertragsüberlegungen, macht zumindest die steuerliche Erfassung dieser zusätzlichen Leistungsfähigkeit vom jeweiligen Ertrag der Vermögenswerte unabhängig. Er schließt also eine Besteuerung auch ertraglosen Vermögens nicht aus. In die gleiche Richtung geht das zweite Argument für eine Vermögensbesteuerung, nämlich auch „alle(n) ertraglosen Vermögen, unbebaute(n) städtische(n) Grundstücke(n), Jagdschlösser(n), Kunstsammlungen, Schmuckstücke(n) und andere(n) Teile(n) des Gebrauchsvermögens“[33] mit Vermögensteuer zu belasten.

Aus den Überlegungen von F. K. *Mann* erhellt, daß hier einer Vermögensbesteuerung das Wort geredet wird, die unabhängig von der Ertragssituation des Vermögens auf eine zusätzliche steuerliche Belastung des Vermögensbesitzes gerichtet ist.

cbb) Die „doppelte Natur“ der im Vermögen liegenden wirtschaftlichen Leistungsfähigkeit

Wilhelm *Bickel* geht bei seinen Überlegungen davon aus, daß die öffentliche Meinung in der Vermögensbesteuerung immer noch vornehmlich ein Problem der „Vorbelastung“ fundierten Einkommens sieht und dementsprechend sich die Diskussion über die vertretbare Steuerbelastung „fast immer auf den Vermögensertrag und nicht auf das Vermögen selbst“ bezieht[34].

Eine genauere Analyse des Charakters der im Vermögensbesitze liegenden wirtschaftlichen Leistungsfähigkeit zeige aber, „daß diese doppelter Natur“ sei[35].

Bickel spricht in diesem Zusammenhang
von einem „zusätzlichen Charakter“, den die im Vermögensbesitz liegende wirtschaftliche Leistungsfähigkeit besitze;

doch sei das Vermögen auch ein „selbständiger Bestimmungsgrund“ der Leistungsfähigkeit.

Im folgenden wollen wir von einem

(1) — „zusätzlichen Bestimmungsgrund“ und einem

(2) — „selbständigen Bestimmungsgrund“ der wirtschaftlichen Leistungsfähigkeit sprechen.

(1) Ein *zusätzlicher* Bestimmungsgrund der wirtschaftlichen Leistungsfähigkeit sei deshalb gegeben, weil „die im Einkommen liegende steuerliche Leistungsfähigkeit durch den Ursprung des Einkommens aus Ver-

---

[33] Fritz Karl *Mann:* Vermögenssteuer, a.a.O., S. 611 (I).

[34] Wilhelm *Bickel:* Die Vermögenssteuern in der Schweiz, a.a.O., S. 266.

[35] Ebenda.

mögensbesitz gesteigert wird“[36]. Da diese Steigerung nicht in jedem Falle einzutreten braucht, empfiehlt es sich zu sagen, daß diese gesteigert werden *kann*.

(2) Der *selbständige* Bestimmungsgrund der Leistungsfähigkeit liege darin begründet, daß Vermögen „auch bei völliger Ertraglosigkeit eine Sicherung der wirtschaftlichen Lage seines Besitzers bedeute“[37], denn Vermögensbesitz verleihe seinem Besitzer

— eine gewisse *Machtstellung*,

— eine erhöhte *Kreditwürdigkeit*, die zudem durch seine Machtposition wiederum noch gestärkt werde, und es stelle bei einer angenommenen kapitalistischen Produktionsweise zudem

— die Voraussetzung für unternehmerische Betätigung dar[38].

Charakteristisch für diese Vorstellungen ist, daß die Betonung auf *wirtschaftlicher* Leistungsfähigkeit liegt.

Die Annahme, die steuerliche Leistungsfähigkeit werde durch den Ursprung des Einkommens aus Vermögensbesitz gesteigert (zusätzlicher Bestimmungsgrund), weist eindeutig darauf hin, daß hier nur eine Steuerfähigkeit gemeint sein kann, die auf einem ertragbringenden Vermögensbesitz beruht. Die Vorstellung, daß auch ertragloses Vermögen Ausdruck einer erhöhten Leistungsfähigkeit sein kann (selbständiger Bestimmungsgrund), veranlaßt *Bickel* jedoch nicht, auch die Belastung ertraglosen Vermögens zu befürworten. *Bickel* hält zwar — systembedingt — eine differenzierende Belastung entsprechend dem britischen Vorbilde von „earned income“[39] und „unearned income“ für nicht be-

---

[36] W(ilhelm) *Bickel:* Die Vermögenssteuern in der Schweiz, a.a.O., S. 266. Von E. H. Vogel als „Akzessorischer Bestimmungsgrund“ bezeichnet, aber nahezu gleich definiert, indem er schreibt, „daß die durch den Ertrag- und Einkommensbezug nach allgemeinen Grundsätzen bewirkte Leistungsfähigkeit durch seinen Ursprung aus Vermögensbesitz verstärkt wird ...“. Emanuel Hugo *Vogel:* Die theoretischen Grundlagen der Vermögensbesitzsteuer im Systeme der Ertrags- und Einkommensbesteuerung. In: Finanz-Archiv, 27. Jg., 2. Bd., Stuttgart und Berlin 1910, S. 125.

[37] Ebenda.

[38] Ebenda, S. 266 f. Tiepelmann sieht die „Eigenschaft des Vermögens“, „daß es für den Besitzer den Effekt seiner wirtschaftlichen Aktivität zu steigern vermag“, „als die noch geeignetste Begründung einer allgemeinen Vermögensteuer“ an. Klaus *Tiepelmann:* Die Problematik der Vermögensteuer, a.a.O., S. 40.

[39] Dieses seit nahezu einem halben Jahrhundert in Großbritannien praktizierte Verfahren steuerlicher Differentation ist nicht zuletzt in der Beibehaltung deshalb so beständig, weil vornehmlich bei den gewerblichen Einkünften nicht hinreichend genau unterschieden werden kann, was davon auf Einkünfte aus persönlicher Arbeitsleistung und was auf Einkünfte aus Kapitalertrag zurückzuführen ist. Dementsprechend zählen zum „earned income“ „nicht nur Arbeitseinkünfte i.e.S., sondern alle Einkünfte ..., die nicht reines ‚investment income‘ darstellen“. Vgl. Fritz *Neumark:* Wirtschafts- und Finanzprobleme des Interventionsstaates, a.a.O., S. 400.

friedigend, gibt aber einer Vermögensteuer nicht unbedingt den Vorzug. Denn er erkennt, daß „eine Vermögenssteuer, deren Sätze mit auf die in einem normalen Vermögensertrag liegende Leistungsfähigkeit zugeschnitten sind, den Nachteil“[40] besitze, auch Vermögen zu treffen, das keinen oder nur ganz geringen Ertrag abwirft. *Bickel* läßt sich hier davon leiten, daß eine Vermögensbesteuerung um jeden Preis offensichtlich mehr als nur in Einzelfällen „zu unbilligen Überlastungen führen“ kann[41]. In diesen „unbilligen Überlastungen“ sehen wir die Gefahren, die eine Substanzbesteuerung einzelwirtschaftlich in dem Maße nach sich zieht, als sie gegen das Postulat der steuerlichen Schonung des Vermögensstocks verstößt.

§ 5 „Imputed income“ als Gegenstand der Einkommens- und Vermögensbesteuerung

1. „Imputed income“ als psychische Werte

Nach dem Willen des Gesetzgebers soll die nominelle Vermögensteuer „aus dem Einkommen gezahlt werden“[1]. Eine derartige Steuer wird daher auch „*nach* dem Vermögen, nicht ... vom Vermögen“[2] bemessen.

Unter Einkommen kann einmal das Einkommen verstanden werden, das aus ertragbringendem Vermögen fließt (Vermögensertrag). Zum anderen kann aber auch das Einkommen gemeint sein, das ein Vermögensbesitzer aus anderen Quellen bezieht. Wenn wir uns darüber einig sind, daß im Interesse einer steuerlichen Schonung (und Stärkung) des Vermögensstocks auf jedwede Besteuerung in die Substanz verzichtet werden sollte, kann das nur heißen, daß eine Vermögensteuer als Ergänzungssteuer (zur allgemeinen Einkommensteuer) nur eine nominelle Vermögensteuer sein darf. Das bedeutet wiederum, daß ihre Sätze naturgegeben nur von geringer Höhe sein können, damit die Steuer aus dem Vermögensertrag oder ausnahmsweise anderen Einkünften gezahlt werden kann.

Mit Argumenten, die der Gleichmäßigkeit und der Gerechtigkeit das Wort reden, wird nun aber gefordert, auch ertragloses Vermögen einer Steuer „nach“ dem Vermögen zu unterwerfen, weil man im Vermögen einen selbständigen Bestimmungsgrund für eine derartige Steuer erblickt.

---

[40] W(ilhelm) *Bickel:* Die Vermögenssteuern in der Schweiz, a.a.O., S. 267.

[41] Ebenda.

[1] Wilhelm *Gerloff:* Die öffentliche Finanzwirtschaft, Bd. II, a.a.O., S. 58.

[2] Ebenda.

Während in der Steuerpraxis einerseits sog. Gebrauchsvermögen, wie Hausrat u. ä. von der Vermögensteuer frei bleibt, ist andererseits die Nutzung der Wohnung durch den Hauseigentümer selbst steuerlich beachtlich. Der *Nutzungswert* der von einem Eigentümer selbst bewohnten Wohnung[3] wird sogar bei verschiedenen Besteuerungsanlässen berücksichtigt:

1. Zunächst findet der Nutzungswert der vom Eigentümer selbst bewohnten Räume Berücksichtigung bei der Bemessung der *Grundsteuer*, daß heißt bei der Bewertung des Grundvermögens[4].
2. Dann spielt der Nutzungswert zur Bestimmung der Bemessungsgrundlage bei der Veranlagung zur *Vermögensteuer* eine Rolle: Gemäß § 4 VStG[5] ist das Gesamtvermögen bzw. das Inlandsvermögen mit dem Wert anzusetzen, der sich nach dem Bewertungsrecht (§§ 114 bis 121 BewG) ergibt.
3. Auch im *Einkommensteuerrecht* wird dieser Nutzungswert berücksichtigt. Gemäß § 21 Abs. 2 EStG ist zu den Einkünften aus Vermietung und Verpachtung „auch der Nutzungswert der Wohnung im eigenen Haus oder der Nutzungswert einer dem Steuerpflichtigen ganz oder teilweise unentgeltlich überlassenen Wohnung einschließlich der dazugehörenden sonstigen Räume und Gärten“ zu rechnen[6].

In diesem Nutzungswert haben wir eine der Größen vor uns, die Carl S. *Shoup* als „imaginary, or imputed, payments“ bezeichnet; im vorliegenden Fall speziell die „for the use of a dwelling occupied by its owner“[7]. Es scheint empfehlenswert, sich hierüber noch einige Gedanken zu machen, insbesondere zu fragen, ob dieser Begriff des „imputed

---

[3] Gemäß § 2 Abs. 1 Ziff. 1 und 2 der Verordnung über die Bemessung des Nutzungswertes der Wohnung im eigenen Einfamilienhaus vom 26. Januar 1937. In: RGBl. I, S. 99. Schuldzinsen, die mit der Nutzung des Grundstückes zu Wohnzwecken in wirtschaftlichem Zusammenhang stehen, können von diesem Grundbetrag bis zu seiner Höhe abgesetzt werden (§ 2 Abs. 2).

[4] § 5 Grundsteuergesetz (GrStG) bestimmt, daß Grundbesitz, der Wohnzwecken dient, nicht als für einen nach § 4 Ziff. 1 bis 8 steuerbegünstigten Zwecke benutzt angesehen wird. In: BGBl. I, S. 519 i. d. F. vom 10. 8. 1951. Vgl. ferner zum Begriff des Grundvermögens § 68 BewG in der Fassung vom 10. Dezember 1965 (BGBl. I, S. 1862) sowie § 32 BewDV vom 2. Februar 1935 i. d. Fassung vom 6. Oktober 1965 (BGBl. I, S. 1477).

[5] Vermögensteuergesetz (VStG) in der Fassung vom 24. März 1965. In: BGBl. I, S. 153.

[6] Einkommensteuergesetz (EStG) in der Fassung vom 10. Dez. 1965. In: BGBl. I, S. 1901. Vgl. dazu auch die Verordnung über die Bemessung des Nutzungswertes der Wohnung im eigenen Einfamilienhaus, a.a.O., sowie Abschn. 162 der Einkommensteuerrichtlinien und den dort als Anlage 11 abgedruckten Runderlaß des Reichsministers der Finanzen vom 26. 1. 1937. In: BStBl. I 1962, S. 583.

[7] Carl S. *Shoup:* Principles of National Income Analysis, Boston u. a. 1947, p. 3.

income“[8] bei der Begründung einer nominellen Vermögensteuer eine Rolle spielen kann.

Unter den Forderungen, daß auch das Einkommensteuerrecht auf zweckmäßige Weise zur privaten Eigentumsbildung beizutragen habe, ist ein Vorstoß zu erwähnen, der darauf abzielt, die Besteuerung des Nutzungswertes der Wohnung im eigenen Haus abzuschaffen[9]. Ehe wir auf die Fragen eingehen, die sich diesbezüglich bei der Besteuerung des Vermögens stellen, sei vorweg folgendes bemerkt: Im deutschen Sprachbereich hat u. W. als erster *Neumark*[10] auf diese Problematik bei der Einkommensteuer hingewiesen und sich dabei u. a. mit der Untersuchung von D. B. *Marsh*[11] sowie den gleichlaufenden Überlegungen von H. S. *Simons*[12] kritisch auseinandergesetzt. Man sieht sich hier einem Fragenkomplex gegenüber, der unter dem Oberbegriff „psychic income derived from imputed wages, interest, profit and rent, but in the form of *satisfactions* derived from the receipt of analogous payments of cash income, as well as in the form of *subjective valuations* placed on the enjoyment of leisure“[13] zu diskutieren ist. „Imputed income“ ist „non-cash income or income in kind“[14]. Einkommen dieser Kategorie „arises outside the ordinary processes of the market“[15]. *Marsh* beschäftigt sich gleichzeitig mit „an element of the Great Harmony“, wie es sich beispielsweise im Warenaustausch zeigt; „exchange increases the ‚psychic‘ income even if it does not lead to any increase in real income“[16]. Wird aber Einkommen als ein „inflow of satisfactions from services and utilities“ betrachtet, dann wird das Einkommen als „eine psychische

---

[8] Donald B. *Marsh:* The taxation of imputed income. In: Political Science Quarterly, vol. LVIII, 1943, p. 514 ff.

[9] Ansprache des Bundesministers der Finanzen, Franz Josef Strauß, anläßlich der 1. Sitzung der Steuerreform-Kommission am 17. Dezember 1968, a.a.O., S. 7. Es sei hier darauf aufmerksam gemacht, daß in den USA verschiedentlich Versuche mit unterschiedlicher Begründung gestartet worden sind „with a view to reducing the property-tax burden on homes“. Vgl. Lewis H. *Kimmel:* Taxes and Economic Incentives, Washington, D.C., 1950, p. 169.

[10] Fritz *Neumark:* Theorie und Praxis der modernen Einkommensbesteuerung, a.a.O., S. 42 f. Später auch bei der Erörterung von „Probleme(n) der allgemeinen Einkommenstheorie“. In: Wirtschafts- und Finanzprobleme des Interventionsstaates, a.a.O., S. 38 ff.

[11] Donald B. *Marsh:* The taxation of imputed income, a.a.O.

[12] H. C. *Simons:* Personal income taxation, Chicago 1938.

[13] Donald B. *Marsh:* The taxation of imputed income, a.a.O., p. 519, Hervorhebungen von uns.

[14] Ebenda, p. 514.

[15] Ebenda.

[16] J(an) *Pen:* Harmony and Conflict in Modern Society, London 1966, p. 10.

Kategorie“ aufgefaßt[17] — „psychic income“, definiert als „Satisfactions, other than material ones, derived from economic activity“[18].

2. „Imputed income“ als steuerbares Einkommen?

Auf die Grenzen einer Besteuerung des „imputed income“ weist *Marsh* selbst hin. Er bemerkt: daß „it involves unmeasurable quantities not only in the form of psychic income ..., but in the form of satisfactions ..., as well as in the form of subjective valuations ...“[19]. Dabei seien von all diesen möglichen Einkommenskategorien gerade die „satisfactions, the least susceptible of measurement in monetary terms“[20]. Diesem Vorbehalt wird sich jedoch in gewisser Weise jede Art von „imputed income“ ausgesetzt finden. Davon abgesehen erscheint, selbst wenn man — wie *Neumark* — anerkennt, daß „gewichtige steuer- und wirtschaftspolitische Argumente[21] zugunsten einer Einbeziehung von ‚imputed incomes‘ der fraglichen Art in das steuerbare Einkommen“[22] sprechen, vom Standpunkt der Wirtschaftstheorie eine vorsichtigere Beurteilung geboten. Denn hier „liegen die Dinge so, daß es ... nur ein ‚alles oder nichts‘ geben kann“[23]. Neumark gelangt daher insgesamt zu einem negativen Resultat. Er spricht sich überzeugend für Klarheit bei der Abgrenzung von steuerbaren Objekten aus, mit der Begründung: „(D)a ein ‚alles‘ nicht in Betracht kommt, muß es bei einem ‚nichts‘ bleiben“[24]. Deshalb seien „die Nutzleistungen dauerhafter Gebrauchsgüter ... ebenso wie der Wert des Selbstverbrauchs an Dienstleistungen gänzlich aus dem Einkommensbegriff auszuschließen“[25].

Kellenberger bezieht in seinem Buch über „Die Steuern und ihre Reform“ einen ebenso dezidierten, jedoch hinsichtlich der steuerwirtschaftlichen Konsequenzen gegenteiligen Standpunkt. Er meint, „daß alles Vermögen einen Ertrag abwirft (sonst wäre es gar kein Ver-

---

[17] Fritz *Neumark:* Theorie und Praxis der modernen Einkommensbesteuerung, a.a.O., S. 43, sowie Wirtschafts- und Finanzprobleme des Interventionsstaates, a.a.O., S. 39.

[18] Harold S. *Sloan* and Arnold J. *Zurcher:* A Dictionary of Economics, 4 th. rev. ed. repr. (USA) 1963, p. 270.

[19] Donald B. *Marsh:* The taxation of imputed income, a.a.O., p. 519.

[20] Ebenda.

[21] Vgl. ebenda, p. 518 sowie 534 ff.

[22] Fritz *Neumark:* Wirtschafts- und Finanzprobleme des Interventionsstaates, a.a.O., S. 39.

[23] Ebenda, S. 39 ff.

[24] Ebenda, S. 40.

[25] Ebenda.

mögen, hätte keinen Wert), wenn auch nicht immer einen Geldertrag"[26]. Der Begriff des Ertrages ist in dem Sinne zu verstehen, „daß er auch die Gebrauchsvorteile einschließt. Auch ein privatgenutztes Automobil und ein Schrebergarten gewähren also Erträge"[27]. Kellenberger folgert daraus: „Und daher sollte grundsätzlich alles Vermögen, auch das geldertraglose, einkommenssteuerpflichtig sein"[28]. Nach Ansicht Kellenbergers sollte nicht nur der Mietwert eines selbstbewohnten eigenen Hauses mit einem „bestimmten, landläufigen Mietzins" in Anrechnung gelangen, sondern „auch für Gemälde, Statuen, für Hausrat aller Art usw. die gleiche Überlegung"[29] gelten, da „auch diese Gegenstände ausgeliehen werden könnten und tatsächlich oft auch ausgeliehen werden"[30]. Kellenberger geht bei der Begründung seiner Auffassung vom „wirtschaftlichen, realen Ertrag[31], (den ein Gegenstand, d. Verf.) spendet", aus, und zwar gleichgültig, ob er in Geld oder „aber in unmittelbarem (subjektivem) Genuß"[32] besteht. Er betrachtet es sogar als Fehler, sich unter ‚Ertrag' immer nur einen Geldertrag vorzustellen"[33]. Er schließt daraus: „Dieser *unmittelbare* Ertrag darf mit gleichem Rechte steuerlich erfaßt werden wie der mittelbare *Ertrag* in Form von Geld"[34]. „Geht man aber daran, den Steuerwert des Bestandes zu schätzen (,) und benutzt als Grundlage den Ertrag des betreffenden Bestandes, gleichgültig, ob eines einzigen oder des Durchschnitts mehrerer Jahre, so zeigt sich, daß die scheinbar scharfe Abgrenzung zwischen Bestand und Ertrag in Tat und Wahrheit fließend ist"[35]. Das gilt auch für die Bewertung eines „imputed income". Es entstehen ernsthafte Hindernisse, wenn nicht so vergleichbare Werte, wie Mietzins oder verkehrsübliche Mietwerte eines Grundstückes oder etwa der Mietzins für einen Personenkraftwagen einander korrespondierend zum Vergleich gegenüberstehen. Allenfalls kann man den Mietwert des Inventars einer vermieteten Wohnung noch zutreffend ermitteln, indem man den Mietwert einer möblierten und den Mietwert einer unmöblierten Wohnung errechnet und einander gegenüberstellt. Es wird also doch wohl auch weiterhin hier bei einem „nichts" bleiben müssen.

---

[26] Ed(uard) *Kellenberger*: Die Steuern und ihre Reform, Bern 1957, a.a.O., S. 304.

[27] Lüder *Meyer-Arndt:* Aktie und Vermögensteuer, a.a.O., S. 19.

[28] Ed(uard) *Kellenberger:* Die Steuern und ihre Reform, a.a.O., S. 304.

[29] Ebenda, S. 303.

[30] Ebenda.

[31] Es sind also Erträge, die diese Gegenstände „in Gestalt von Gebrauchsvorteilen bringen". Lüder *Meyer-Arndt:* Aktie und Vermögensteuer, a.a.O., S. 26.

[32] Ed(uard) *Kellenberger:* Die Steuern und ihre Reform, a.a.O., S. 303.

[33] Ebenda.

[34] Ebenda, S. 304.

[35] Ebenda.

3. „Imputed income“ als Objekt nomineller Vermögensbesteuerung

Läßt sich durch eine Übertragung der Gedanken von „imputed income“ eventuell eine die Einkommensteuer ergänzende nominelle Vermögensteuer begründen?

Eine Übertragung des Begriffs „imputed income“ auf die Vermögenssphäre regt dazu an, an *fiktive Erträge aus Vermögensbesitz* zu denken. Die steuerliche Heranziehung des *Nutzungswertes der Wohnung* im Eigenheim kann auch hier als Beispiel dienen. Dabei handelt es sich um „the use of a dwelling occupied by its owner“[36] — d. h. genauer gesagt darum, daß „(i)mputed rent might be estimated for a dwelling owned and occupied by the owner“[37]. Im Lichte einer steuerlichen Belastung, die geeignet ist, nach herrschender Auffassung „eine gerechte“ Besteuerung herbeizuführen und die wirtschaftliche Leistungsfähigkeit der Zensiten nicht außer acht zu lassen, ist die Nutzung der Wohnung im eigenen Hause „gleichbedeutend mit einem Teile der Verzinsung des im Hause angelegten Kapitals und ... Bestandteil seines Einkommens“[38].

Auf gleicher Ebene ist die Nutzung „dauerhafter Mobiliargüter“[39] (langlebiger Gebrauchsgüter) oder der sog. investiven Verbrauchsgüter zu sehen.

Im Bestreben, ein „more equitable tax system“[40] zu schaffen, hat *Marsh* vorgeschlagen, das „imputed interest“ steuerlich heranzuziehen, das auf Kraftfahrzeuge, Radios, Elektrogeräte, Flugzeuge, Möbel etc. entfallen würde[41]. Auf welche Weise der Wert der fraglichen „imputed rent“ ermittelt werden kann, sagt uns *Marsh* auch: „We may estimate net imputed income from automobiles and other durable consumers' goods by first estimating the capital value of new and old goods now being used, and taking a percentage of this figure based on the long-term rate of interest for safe investments. The result is really imputed interest rather than imputed rent, and may by called, in fact, the imputed interest on investment in durable consumers' capital“[42].

Entgegen der Tatsache, daß in zahlreichen Ländern „bereits seit längerem de(r) *Wert der Nutzung der Wohnung im eigenen Hause* zum

---

[36] Carl S. *Shoup:* Principles of National Income Analysis, a.a.O., p. 3.

[37] *Sloan/Zurcher:* A Dictionary of Economics, a.a.O., p. 164.

[38] Bruno *Moll:* Probleme der Finanzwissenschaft, a.a.O., S. 149.

[39] Fritz *Neumark:* Theorie und Praxis der modernen Einkommensbesteuerung, a.a.O., S. 44.

[40] Donald B. *Marsh:* The taxation of imputed income, a.a.O., p. 521.

[41] Ebenda, p. 523.

[42] Ebenda.

steuerpflichtigen Einkommen“[43] zählt, wird neuerdings gefordert, „die Besteuerung des Nutzungswerts der Wohnung im eigenen Haus abzuschaffen“[44]. Ihre Zweckmäßigkeit wird also zumindest bezweifelt.

Nicht nur vom steuerwirtschaftlichen Standpunkt sondern auch aus der Sicht der Volkswirtschaftlichen Gesamtrechnung dürfte nach dem Wissen, über das wir heute verfügen, die „Besteuerung eines ‚imputed interest‘“ weiterhin noch „auf absehbare Zeit unrealisierbar sein, ganz abgesehen davon, daß die Auswahl der betreffenden Gebrauchsgüter notwendigerweise willkürlich sein müßte“[45]. Damit wird die Ansicht, in dieser Frage aus einkommensteuerlicher Sicht eine „Alles-oder-Nichts“-Position einnehmen zu müssen, sachlich völlig gerechtfertigt.

Wie ist diese Frage aber vom Standpunkt ergänzender Vermögensbesteuerung zu beurteilen? Es handelt sich beim „imputed income“ um eine psychische Kategorie[46], eine fiktive, „imputierte“[47], d. h. imaginäre[48] Größe. Würde diese Einkommenskategorie zur Ermittlung des Nutzungswertes der Wohnung vermögensteuerlich herangezogen mit der Begründung, es handele sich um eine besondere Art von fundiertem Einkommen, so ist die Gefahr nicht zu übersehen, daß ein Steuerpflichtiger, der über solches Vermögen verfügt, u. U. hart getroffen wird. Während dieser angenommene Wert bei der Veranlagung zur *Einkommensteuer* nur dann erfaßt wird, wenn der Zensit auch effektiv Einkommen bezogen hat, können demgegenüber „imputed incomes“ bei einer nominellen Vermögensteuer auch dann Belastungseffekte auslösen, wenn keine Vermögenserträge angefallen sind. Denn es kann durchaus dazu kommen, daß die Besteuerung dieses fiktiven, dieses unterstellten Vermögenseinkommens, in die Richtung einer Substanzbesteuerung tendiert. Verfügt der Eigentümer eines Eigenheimes, das er selbst bewohnt, nur über sehr karge Bezüge (aus anderen Quellen), so müßte er, wenn er diese Steuer unabhängig von seiner effektiven Einkommenssituation zu entrichten hätte, eine Einbuße in seiner (ohne diese Steuer möglichen) Lebensführung hinnehmen oder — je nach der Höhe dieser „ergänzenden“ Vermögensteuer — zu gegebener Zeit sogar auf die Vermögenssubstanz zurückgreifen. Wenn also eine

---

[43] Fritz *Neumark:* Theorie und Praxis der modernen Einkommensbesteuerung, a.a.O., S. 43.

[44] Ansprache des Bundesministers der Finanzen, Franz Josef Strauß, anläßlich der 1. Sitzung der Steuerreform-Kommission am 17. Dezember 1968, a.a.O., S. 7.

[45] Fritz *Neumark:* Theorie und Praxis der modernen Einkommensbesteuerung, a.a.O., S. 44.

[46] Ebenda, S. 43.

[47] Ebenda.

[48] Carl S. *Shoup:* Principles of National Income Analysis, a.a.O., p. 3.

fiskalische Belastung des Nutzungswertes einer Wohnung im eigenen Hause erfolgen soll, dürfte eine einkommensteuerliche Regelung in jedem Falle einer (nur-)vermögensteuerlichen vorzuziehen sein, obwohl bei einer Wohnung ein echter, effektiver Nutzungswert vorhanden, hier also „unmittelbar erlebbares Eigentum“[49] gegeben ist. Wenn „die Gebrauchsvorteile“ eines Hauses von der Einkommensteuer erfaßt werden und andere, wie die eines Gemäldes nicht, ist das als „eine rein gesetzespositive Unterscheidung“ zu werten, die sich nur auf das Einkommensteuerrecht bezieht[50]. „Das Vermögensteuerrecht braucht dem nicht zu folgen“[51]. Ähnliches gilt auch für die „investiven“ Verbrauchsgüter, wo noch die Schwierigkeiten einer repräsentativen Auswahl und einer sachgerechten Bewertung hinzukommen. Das gilt selbst dann, wenn der „flow of satisfactions“ oder die „subjective valuations placed on the enjoyment of leisure“ auch noch so hoch taxiert würden und die Begehrlichkeiten des Fiskus ein Höchstmaß erreicht hätten.

Die vermögensteuerliche Behandlung der übrigen langlebigen Gebrauchsgüter — wie etwa die von Kunst- und Briefmarkensammlungen, von Liebhaberwerten, von Repräsentations-, Spekulations- und Schatzvermögen — bedarf noch einer kurzen Beurteilung.

Oberster Beurteilungsgesichtspunkt sollte für diese Gruppe der der staatspolitischen Sozialität sein. Demgemäß ist zwischen Vermögen zu unterscheiden, das nach Möglichkeit der Gesellschaft zugänglich gemacht oder im Interesse einer volkswirtschaftlichen Wachstumspolitik aus der privatwirtschaftlichen Isolation herausgeführt werden sollte. Erinnert sei in diesem Zusammenhang an die *Baulandsteuer*[52] (eine Grundsteuer), die 1960 eingeführt worden ist. Sie bildet ein Beispiel für eine Differenzierung nach Gesichtspunkten staatpolitischer Sozialität — wenngleich der mit ihr verfolgte Zweck einer Erhöhung des Angebotes von Baugrundstücken nicht im erwarteten Maße erfüllt und die Steuer schließlich wieder beseitigt wurde[53]. *Repräsentationsvermögen,* das dem Zugang der Allgemeinheit geöffnet werden sollte, sind beispielsweise Liegenschaften, die — gemessen an der gesellschaftlichen Stellung des Eigentümers oder am Zwecke, dem es unternehmungswirtschaftlich dienen könnte — als entbehrliches Repräsentationsvermögen zu qualifizieren ist. Dieses Vermögen ebenso wie *Spekulationsvermögen* sollte vermögensteuerlich spürbar belastet werden.

---

[49] Wilfrid *Schreiber:* Sozialpolitik. In: Handbuch der Wirtschaftswissenschaften, Bd. II, Volkswirtschaft, 2., überarbeitete und erweiterte Auflage, Köln und Opladen 1966, S. 288 f.

[50] Lüder *Meyer-Arndt:* Aktie und Vermögensteuer, a.a.O., S. 27.

[51] Ebenda.

[52] Vgl. Bundesbaugesetz vom 23. Juni 1960. In: BGBl. I, S. 341.

[53] Mit Wirkung vom 1. Januar 1963.

Gleiches gilt für *Schatzvermögen,* das über die Maßen der Hortung dient, die ökonomisch nicht mehr begründet werden kann und damit spekulativen Charakter besitzt.

Demgegenüber sollte Vermögen, dessen Erwerb oder Erhaltung der besonderen Sorgfalt seines Besitzers bedarf, steuerliche Schonung zuteil werden. Das gilt besonders dann, wenn der Wille deutlich erkennbar ist, derartige Vermögenswerte (eventuell innerhalb bestimmter Höchstgrenzen) zu erhalten. Damit ist der Rahmen abgesteckt, innerhalb dessen sich eine Vermögensbesteuerung ertraglosen Vermögens bewegen darf, wenn nicht bewußt auf unmittelbar redistributive Effekte gezielt wird.

§ 6 Vermögen und Einkommenshöhe

Noch einige Bemerkungen zur Frage der Abhängigkeit zwischen der Einkommenshöhe und der Höhe des Vermögens eines Steuerpflichtigen: Zur „assumption that the highest incomes are borne by property“[1], läßt sich grundsätzlich sagen: „In such cases property may be income's reputed mother, but likewise it is true that as a rule a well devised fatherhood has to be conferred to highly talented entrepreneurship“[2]. Während man u. E. nicht einmal davon ausgehen kann, daß sehr hohe Einkommen „in der Regel nur mit einem entsprechend hohen Vermögen erzielt werden“[3], lassen sich derartige Schlüsse bei den mittleren und kleineren Einkommen „in vielen Fällen keineswegs“ ziehen[4]. Einkommen und Vermögen laufen nicht parallel[5]. Zu der Annahme, die nach *Albers'* Auffassung in den sehr hohen Einkommen „von einigen Filmschauspielern und Künstlern“ gesehen werden kann, ist zu bemerken, daß sich diese Aufzählung hier mit Leichtigkeit zu einem Katalog erweitern ließe. Man denke allein an die Gehälter von Spitzenmanagern und die Bezüge von Aufsichtsräten, die eine beachtliche Anzahl von Aufsichtsratsmandaten auf sich vereinigen[6]. Alle derartigen Einkommen sind

---

[1] *Detinger: Diskussionsbeitrag zu Bent Hansen:* Aspects of Property Taxation. A General Report. In: Institut International de Finances Publiques (Hrsg.): Impôts sur la Fortune y inclus Droits de Succession, a.a.O., p. 359.

[2] Ebenda.

[3] W(illi) *Albers:* Vermögensbesteuerung, a.a.O., S. 228.

[4] Ebenda, S. 228. Vgl. dazu auch oben: Das Vermögen als Gradmesser der Steuerfähigkeit.

[5] Ebenda, S. 229. „(A)bgesehen von den Schwierigkeiten einer zeitnahen und gleichartigen Bewertung der Bestände ist zumindest für die mittleren und unteren Stufen der Vermögenspyramide ... problematisch, daß Vermögen gleicher Höhe auch gleich hohe Erträge abwerfen oder auch nur abwerfen können ...“. Bruno *Molitor:* Vermögensverteilung als wirtschaftspolitisches Problem, a.a.O., S. 150.

[6] Erinnert sei hier noch an die sehr hohen Einkünfte von „Staranwälten“ in publizitätswirksamen Strafsachen oder delikaten Ehescheidungsangelegen-

weitgehend unabhängig vom persönlichen Besitz der Betreffenden, d. h. unabhängig von der „Verfügungsmacht über sachliche Produktionsmittel“[7].

Daß Einkommen und Vermögen nicht durchweg eine positive Korrelation aufweisen, ist sicher und in erster Linie auf die unterschiedliche Funktion zurückzuführen, die das Vermögen haben kann[8]. Zum anderen ist das damit zu erklären, daß keineswegs „ein höheres Vermögen auch einen prozentual größeren Ertrag abwirft als ein kleineres“[9], ja nicht einmal schlechthin „jeder Besitz von Vermögen ein Einkommen liefert“[10].

Die unterschiedliche Funktion äußert sich darin, daß Vermögen „z. B. im Alter als einzige Einnahmequelle (dient), zum anderen aus den laufenden Einkommen Rücklagen gebildet (werden), deren Erträge im Verhältnis zum sonstigen Einkommen nur eine ganz untergeordnete Bedeutung haben“[11]. In ihrer Größe vergleichbare Vermögen werfen nicht gleich große Erträge ab. Die Höhe dieser Erträge weicht vielmehr erheblich voneinander ab, da Art und Zweck der Vermögenshaltung von ausschlaggebendem Einfluß sowohl auf die Ertragsfähigkeit, d. h. auf den *erzielbaren* Ertrag, als auch auf den *erzielten Ertrag* sind. Erwerbsvermögen wird beispielsweise eine höhere Ertragsfähigkeit eigen sein, als Gebrauchsvermögen. So wird Erwerbsvermögen regel-

---

heiten sowie Ärzten, die sich auf innere Medizin oder kosmetische Chirurgie spezialisiert haben. Die letzteren insbesondere dann, wenn sich ihre Praxen als „Privatstationen“ in Krankenanstalten befinden, die den betreffenden Kapazitäten „zur Verfügung gestellt werden“, und es ihnen erspart bleibt, das nötige Kapital zur Anschaffung einer Eigenausstattung selbst aufzubringen.

[7] Hans *Albert* veranschaulicht seine Überlegungen darüber, daß „jedes Einkommen als Ausfluß und als Symptom einer entsprechenden Machtposition“, unabhängig von dessen Verfügungsgewalt über sachliche Produktionsmittel und damit Vermögen, betrachtet werden kann am Beispiel eines „berühmten Chirurgen“. Dieser „verdankt seine einkommensgünstige Machtposition im Wirtschaftsleben wohl kaum ausschließlich der Verfügungsgewalt über die gleichen ‚Produktionsmittel‘ (Instrumente usw.), über die auch sein weniger berühmter Kollege verfügt (sondern vielmehr deshalb, d. Verf.) ... weil der Besitz von Kenntnissen und Fertigkeiten hier für die Höhe des Einkommens in stärkerem Maße ins Gewicht fällt als der Besitz von sachlichen Produktionsmitteln ...“. Hans *Albert:* Marktsoziologie und Entscheidungslogik, ökonomische Probleme in soziologischer Perspektive, a.a.O., S. 449 (Fn. 44).

[8] W(illi) *Albers:* Vermögensbesteuerung, a.a.O., S. 228.

[9] Emil *Küng:* Eigentum und Eigentumspolitik, Tübingen und Zürich 1964, S. 69. Dementsprechend gestattet auch die Höhe des Vermögensertrages keinen Rückschluß auf die Höhe des Vermögens. Fritz Karl *Mann:* Vermögenssteuer, a.a.O., S. 610 (II).

[10] Karl *Häuser:* Die steuerliche Beeinflussung der Einkommens- und Vermögenskonzentration in der Bundesrepublik, a.a.O., S. 1098.

[11] W(illi) *Albers:* Vermögensbesteuerung, a.a.O., S. 228.

mäßig höhere Erträge abwerfen als Gebrauchsvermögen und letzteres wiederum höhere als Repräsentationsvermögen etc. „Es ist (auch, d. Verf.) ein Erfahrungssatz ..., je größer das Vermögen ist, um so (größer, d. Verf.) ... der Trieb, es sicher zu erhalten ...“. Diese „größere Sicherheit der Anlage“ zieht aber eine „geringe Verzinsung mit Nothwendigkeit nach sich“[12]. Selbst innerhalb vergleichbarer Vermögenskategorien werden noch merkliche Differenzen festzustellen sein. Andererseits kann man durchaus sagen, „daß die im Einkommen liegende steuerliche Leistungsfähigkeit durch den Ursprung des Einkommens aus Vermögensbesitz gesteigert wird“[13] oder doch zumindest gesteigert werden kann.

Korreliert die Höhe des Einkommens regelmäßig nicht mit der Höhe des Vermögens, so läßt sich hingegen „ein gewisser Zusammenhang zwischen der Einkommenshöhe einerseits und der Einkommensquote, die auf fundierte Einkünfte entfällt, andererseits[14], beobachten[15]. *Zeitel* hat darauf aufmerksam gemacht, daß sich nach der Statistik der veranlagten Kapitaleinkünfte „eine ausgeprägte Dominanz der Bezüge in den oberen Einkommensklassen“ ergibt[16]. So wurden 1954 über zwei Drittel der veranlagten Einkünfte aus Kapitalvermögen von Steuerpflichtigen mit einem Jahreseinkommen von über 12 000 DM und noch mehr als ein Drittel dieser fundierten Einkünfte von Steuerpflichtigen mit einem Jahreseinkommen von mehr als 50 000 DM bezogen[17]. Das bedeutet, daß zwar zwischen der Höhe des Einkommens und der Größe des Vermögens unmittelbar kein Zusammenhang besteht; ein solcher aber mittelbar insofern gegeben zu sein scheint, als zwischen der Höhe des gesamten Einkommens und dem Teil des (disponiblen) Einkommens, der auf Einkünfte aus Vermögensertrag entfällt, eine Beziehung bestehen dürfte. Es müßte daher einmal der Frage nachgegangen werden, ob

---

[12] L(udwig) *Enneccerus:* Vermögenssteuer, fundierte Einkommensteuer oder Erbschaftssteuer? Marburg 1893, S. 25.

[13] W(ilhelm) *Bickel:* Die Vermögenssteuern in der Schweiz, a.a.O., S. 266.

[14] Fritz *Neumark:* Wirtschafts- und Finanzprobleme des Interventionsstaates, a.a.O., S. 405.

[15] Anders *Häuser*, nach dessen Auffassung sogar „eine hohe Korrelation zwischen dem Ausmaß des individuellen Vermögensbestandes und dem einer Person zufließenden Einkommen festzustellen ist“. Häuser räumt jedoch gleichzeitig ein, daß „natürlich die sog. fundierten Bezüge, definiert als Einkünfte aus Vermögen, den Ausschlag geben“ und bestätigt insofern Neumarks Vermutung über den Zusammenhang zwischen der Einkommenshöhe und der Einkommensquote, die auf fundierte Einkünfte entfällt. Karl *Häuser:* Die steuerliche Beeinflussung der Einkommens- und Vermögenskonzentration in der Bundesrepublik, a.a.O., S. 1098 f.

[16] Gerhard *Zeitel:* Die Steuerlastverteilung in der Bundesrepublik Deutschland. Tübingen 1959, S. 124.

[17] Ebenda.

sich empirisch ein Zusammenhang zwischen der Höhe des Einkommens und dem Bestand an steuerbar ertragsfähigem Vermögen herstellen läßt.

Drittes Kapitel

Die Stellung der Vermögensteuer in einem modernen Steuersystem

Vorbemerkung: Zwischen Rationalität und Realität

Soll steuerwirtschaftlichen Überlegungen ein gewisses Maß an Praxisnähe nicht abgesprochen werden können, dann ist die Rechtfertigung und Begründung einer einzelnen Steuer im Rahmen desjenigen Steuersystems zu beurteilen, in dem sie gelten soll. Der naheliegende Weg ist, zunächst einmal davon auszugehen, wie eine bestimmte Steuer in einem System rationaler Besteuerung aussehen muß, um dann vom Idealzustand auf ein historisch gewachsenes (bestehendes) Steuersystem zu schließen. Ein derartiges Vorgehen führt aber zu unbefriedigenden Ergebnissen. Nicht selten scheitern ganze Reformwerke an der Unmöglichkeit, die Diskrepanzen zwischen dem Sein und dem Seinsollen zu überwinden. Hierfür liefern schon die Grundsätze der wirtschaftlichen Angemessenheit, der Sachgerechtigkeit, der Praktikabilität und nicht zuletzt die politischen Grundsätze der Besteuerung hinreichende Erklärung.

Eine Steuer völlig nach rationalen Gesichtspunkten zu konstruieren und mit Aussicht auf Erfolg zu realisieren, bedeutet, das gesamte Steuersystem nach rationalen Aspekten umgestalten zu müssen. Das liefe darauf hinaus, daß ein völlig neues Steuersystem aufzubauen wäre. Einen solchen idealen Zustand zu schaffen, dürfte wahrscheinlich niemals möglich sein. Einem derartigen Streben würden die Rücksichtnahme auf die jeweilige politische Kräfteverteilung, die Neigung, am Traditionellen festzuhalten, und die Schwierigkeiten, einen rein sachlich für richtig und sogar notwendig befundenen Umbau des Steuersystems auch durchzusetzen, im Wege stehen. In jedem Fall muß zwischen Wünschenswertem, Notwendigem und Möglichem im steuerwirtschaftlichen Entscheidungsbereich unterschieden werden. Das bedeutet, daß auch die in der Bundesrepublik Deutschland unmittelbar bevorstehende Reform wahrscheinlich nur eine Teilreform sein wird, die in mehr oder minder überschaubaren Zeiträumen weitere Teilreformen nach sich ziehen dürfte. Alle weiteren Überlegungen zur Steuerreform werden einerseits vom Ergebnis der Arbeit, das von der (1968) konstituierten Gutachterkommission festgehalten werden soll, bestimmt sein. Sie werden andererseits davon abhängen, inwieweit die Gedanken dieser Kommission vom Steuergesetzgeber anerkannt werden und in einem Steuerreformwerk auch Ausdruck finden. In welcher Richtung die anvisierte materielle Reform gehen wird und welches Ausmaß erwartet werden kann, läßt sich aber schon heute anhand der vorliegenden Gutachten zu einer Steuerreform absehen.

Es kann davon ausgegangen werden, daß im Verlaufe der kommenden Steuerreform rational für sinnvoll Erkanntes nur soweit durchsetzbar ist, als Sachverstand und guter Wille der Parlamentarier sowie die Überwindung möglicherweise einer rationalen Lösung zuwiderlaufender Bestrebungen der verschiedenen Interessentengruppen eine optimale Lösung gestatten. „Die ökonomisch rationale Besteuerung ist nicht ohne weiteres die allein mögliche, politisch optimale oder überhaupt praktisch durchführbare Steuerpolitik". „(I)nsbesondere die deutsche parlamentarische Demokratie mit ihrer fehlenden Tradition, ihrem Mangel an großen Gesichtspunkten und ihrer Neigung zu gruppenegoistischer Interessenwahrnehmung, die man auf jeden Fall beim politischen Gegner vermutet, (betrachtet) ... Steuerprobleme überwiegend als bloße Verteilungs- oder Geldbeutelfragen, die vom Standpunkt der eigenen Gruppe lediglich unter dem Aspekt des politischen Kampfes behandelt und entschieden zu werden pflegen"[2]. Demgemäß dürfte das Ergebnis der Steuerreform in jedem Fall ein Kompromiß sein, der mit Elementen, die ein rationales System ausmachen würden, mehr oder minder angereichert ist. Diesen Gegebenheiten tragen auch die bereits vorliegenden Gutachten Rechnung. So laufen die Vorschläge zur Reform der direkten Steuern mehr oder weniger darauf hinaus, zunächst einmal *Spannungen* abzubauen, die die Funktionsfähigkeit des bestehenden Steuersystems behindern. Die Vorschläge der Gutachter zielen daher in erster Linie darauf ab, das historisch Gewachsene mit den Erfordernissen, die sich aus der heutigen Lage ergeben, soweit als möglich in Einklang zu bringen. Insbesondere ist „*das Steuersystem auf die marktwirtschaftliche Ordnung abzustimmen*, um ihre Funktionsfähigkeit durch die Besteuerung möglichst wenig zu behindern"[3]. Der zuletzt genannte Aspekt zieht daher u. a. zwingend die Forderung nach sich, im Interesse einer Vermeidung steuerlicher Beeinträchtigungen der Wettbewerbsneutralität und damit der Funktionsfähigkeit der marktwirt-

---

[1] Vgl. Finanznachrichten Nr. 28 und 46 vom 15. November und 18. Dezember 1968, a.a.O.

[2] (Günter Schmölders): Leitsätze zur organischen Steuerreform, a.a.O., S. 28 f.

[3] Wissenschaftlicher Beirat beim Bundesministerium der Finanzen: Gutachten zur Reform der direkten Steuern, a.a.O., S. 9.

schaftlichen Ordnung, *„die Abzugsfähigkeit der Vermögensteuer auch vom körperschaftsteuerpflichtigen Gewinn* und nicht nur vom steuerpflichtigen Einkommen“[4] zuzulassen.

Den für unsere Betrachtungen relevanten gutachtlichen Äußerungen über eine anzustrebende Steuerreform liegt folgerichtig nicht der Gedanke zugrunde, den Idealtypus eines Steuersystems schaffen zu wollen. Stattdessen wird vorgeschlagen, ein Steuersystem zu errichten, das von realistischen Voraussetzungen ausgeht. Man will eine „Organische Steuerreform“[5] anstreben. Dadurch soll erreicht werden, daß die Besteuerung künftig den aus heutiger Sicht an ein modernes Steuersystem zu stellenden Anforderungen soweit wie möglich gerecht wird.

In seinem ersten Gutachten (Terhalle-Gutachten)[6] geht der Wissenschaftliche Beirat beim Bundesministerium der Finanzen dementsprechend auch von bestimmten *Prämissen* aus. Bei einer „‚organische(n)‘ Steuerreform“ „geht es keineswegs nur um die *Sicherung* eines *genügenden Steueraufkommens,* sondern nicht minder auch um die *Gestaltung unserer Besteuerung* derart, daß diese den heute *an ein Steuersystem zu stellenden Anforderungen* gerecht wird“. Auch die *einzelne Steuer* bedarf einer wesentlichen Umgestaltung[7], um „ein den wesentlich veränderten Voraussetzungen angepaßtes Steuersystem zu schaffen“[8], ein System, in dem „die Gestaltung der Steuern (zu) ein(em) Spiegelbild der sozialen und wirtschaftlichen Verhältnisse“[9] unserer Zeit wird. Der Wissenschaftliche Beirat hat diese Vorstellungen in seinem „Gutachten zur Reform der direkten Steuern“ (Neumark-Gutachten) aus dem Jahre 1967 konkretisiert, indem er sich „in einer kritischen *Analyse* mit den wichtigsten der sogenannten *direkten Steuern* im Steuersystem der Bundesrepublik Deutschland: der veranlagten Einkommensteuer und der Lohnsteuer, der laufenden Vermögensteuer und der Erbschaftsbesteuerung“[10] auseinandersetzte.

---

[4] Ebenda, S. 10.

[5] *Bundesministerium der Finanzen* (Hrsg.): Organische Steuerreform. Bericht des Wissenschaftlichen Beirats beim Bundesministerium der Finanzen an den Herrn Bundesminister der Finanzen, Bonn 1953 (Terhalle-Gutachten).

[6] Ebenda.

[7] *Terhalle-Gutachten,* a.a.O., S. 11 (Hervorhebungen von uns).

[8] Ebenda.

[9] Ansprache des Bundesministers der Finanzen, Franz Josef Strauß, anläßlich der 1. Sitzung der Steuerreform-Kommission am 17. Dezember 1968, a.a.O., Anhang 1, S. 1.

[10] *Bundesministerium der Finanzen* (Hrsg.): Gutachten zur Reform der direkten Steuern, a.a.O., S. 9.

Erster Abschnitt

Läßt sich eine Steuer auf dem Vermögen natürlicher Personen in einem künftigen Steuersystem noch rechtfertigen?

1. Ausgangslage

Es wird heute für selbstverständlich erachtet, Vermögen insbesondere aber die Erträge daraus, die sogenannten fundierten Einkünfte, einer zusätzlichen steuerlichen Belastung zu unterstellen. In den modernen Einkommensteuergesetzen finden wir daher häufig eine ergänzende Steuer, die nach dem Vermögen bemessen wird. Sie ist, wenn durch sie ertragbringendes Vermögen besteuert wird, eine Steuer nach dem Vermögens*ertrag*, oder wenn durch sie ertragloses Vermögen belastet wird, eine Vermögens*besitz*steuer.

Durch eine undifferenzierte Vermögensteuer werden ertragbringende und ertraglose Vermögen gleichermaßen und zwar unterschiedslos getroffen. Wird fundiertes Einkommen aus Vermögen durch eine zusätzliche Abgabe belastet, werden die beiden Argumente: *Mühelosigkeit* sowie *Fundiertheit* des Vermögenseinkommens zur Rechtfertigung angeführt. Wird ertragloses Vermögen durch eine ergänzende Abgabe belastet, wird das Argument der *besonderen Steuerfähigkeit* des Vermögens ins Feld geführt.

Geht man von der Annahme aus, daß aus den Vermögenserträgen dem Steuerpflichtigen „qualifiziertes Einkommen"[1] zufließt, wird auf eine „erhöhte Steuerleistungsfähigkeit"[2] geschlossen. Fließt dem Vermögensbesitzer dagegen kein „qualifiziertes" Einkommen aus Vermögen zu, ist eine Vermögensbesitzsteuer gegeben. Der der ergänzenden Vermögensteuer gegenwärtig zugewiesenen Hauptaufgabe, sogenanntes fundiertes Einkommen zusätzlich zu belasten, liegt darüber hinaus die Vermutung zugrunde, der Vermögensbesitzer verfüge eben deshalb über eine besondere wirtschaftliche und (daraus abgeleitet) steuerliche Leistungsfähigkeit, weil er ohne Einsatz persönlicher Anstrengungen über seinen Vermögensbesitz (fundiertes) Einkommen beziehen *kann*.

---

[1] Adolf *Lampe:* Steuergliederung. In: Wörterbuch der Volkswirtschaft, 4. Auflage, S. 497 (I).

[2] Ebenda.

Damit kann die Steuerforderung bis zur Vermögenssubstanz vordringen. Handelt es sich um Vermögen, das zwar ertraglos, aber steuerwirtschaftlich *ertragsfähig* ist, kann der Zensit dadurch einer Besteuerung der Substanz entgehen, daß er die Ertragsfähigkeit „aktiviert". Gelingt eine Aktivierung der Ertragsfähigkeit nicht, läßt sich eine Substanzbesteuerung nur dadurch vermeiden, daß der Vermögensbesitzer die Abgabe aus anderen Vermögenserträgen oder aus seinem persönlichen Einkommen entrichtet. Am Charakter „Substanzsteuer" würde das jedoch grundsätzlich nichts ändern. Die Steuer auf dem Vermögen darf *im Rahmen einer modernen, allgemeinen Einkommensteuer* nur eine nominelle Vermögensteuer sein, höchstens in Ausnahmesituationen kurzfristig wie eine reelle, d. h. die Substanz treffende Steuer wirken. Damit stellt sich für unsere weitere Untersuchung die Frage einer Substanzbesteuerung nicht mehr. Eine Steuer nach dem Vermögen, die ohne Rücksicht auf den Vermögensertrag oder auf die Ertragsfähigkeit erhoben wird, ist für den Fall, daß sie am Vermögensstamm zehrt, abzulehnen[3]. Allein schon das Postulat, wonach der *Vermögensstock zu schonen* ist, verbietet eine laufende reelle Vermögensteuer.

Vor der weiteren Beurteilung einer die Einkommensteuer ergänzenden Vermögensteuer sei noch folgendes bemerkt: Die der nominellen Vermögensteuer zugewiesene Hauptaufgabe, das sogenannte fundierte Einkommen zusätzlich zu belasten, kann ja auch durch andere Zusatzsteuern ermöglicht werden. Ohne daß auf eine qualitative Differenzierung der Einkommensbelastung abgestellt wurde, ist im Effekt auch mit der Grundsteuer und der Gewerbesteuer eine solche Differenzierung erreicht worden. Primäres Motiv des Gesetzgebers war aber nicht, mittels derartiger zur allgemeinen Einkommensteuer hinzutretender objektiver Ertragsteuern eine steuerliche *Einkommensdifferentiation* zu erreichen[4]. Diese „entspringt vielmehr *in erster Linie,* wenn nicht ausschließlich der Unfähigkeit oder Unmöglichkeit, zu einer rationellen Lösung des *Finanzausgleichsproblems* zu gelangen"[5]. Eine besondere Heranziehung sogenannter fundierter Einkünfte zur Steuer muß nicht in einer die Einkommensteuer ergänzenden Vermögensteuer bestehen.

Rationalität und *Angemessenheit, Zweckmäßigkeit* und *Bezugsorientierung* sowie *Sachgerechtigkeit* und *Praktikabilität* der Besteue-

---

[3] Zu diesem eindeutigen Resultat kommt auch *Meyer-Arndt* bei seinen Betrachtungen über das Verhältnis von Vermögensteuer und Eigentumsgarantie: „Keine Steuer, mit Ausnahme der Vermögensabgabe, darf Teile der Vermögenssubstanz wegnehmen". Lüder *Meyer-Arndt:* Aktie und Vermögensteuer, a.a.O., S. 17.

[4] Fritz *Neumark:* Wirtschafts- und Finanzprobleme des Interventionsstaates, a.a.O., S. 406.

[5] Ebenda.

rung ebenso wie besonders auch einige steuerrechtliche und -technische Prinzipien gebieten, für ein Steuersystem einzutreten, das *klar* und *übersichtlich* ist, eine hinreichende *Steuertransparenz* gewährt und ein in sich *widerspruchsloses Gesamtsystem* verkörpert. Wird daher eine besondere Belastung sogenannter fundierter Bezüge angestrebt, kommt eine die Einkommensteuer ergänzende Vermögensteuer einer Besteuerung, die auf klare, zweckmäßige und widerspruchsfreie Lösungen ausgerichtet ist, nicht gerade sehr nahe. Ein parallel verlaufender, aber wesentlich einfacherer Weg wäre es — solange man weiterhin an einer zusätzlichen Belastung fundierten Einkommens festhalten will — ganz auf die nominelle Vermögensteuer zu verzichten und zu versuchen, Einkommensteuer und Vermögensteuer derart miteinander zu vereinigen, daß die „fundierten“ Bezüge bei der Einkommensbesteuerung eine „Sonderbehandlung“ erfahren.

Dafür würden auch die folgenden Überlegungen sprechen:

Das Postulat der steuerlichen *Schonung und Stärkung des Vermögensstocks* legt es nahe, von jeder Besteuerung derjenigen Vermögenswerte abzusehen, durch die nicht nur der Vermögensertrag der „äußeren“ Vermögensertragsphäre belastet wird.

Die *Radizierbarkeit der Besteuerungsmöglichkeiten* auf das Steuerobjekt setzt voraus, daß die auf eine konkrete fiskalische Belastung eines räumlich feststellbaren Ertragsobjektes (Ertrag) abzielende Steuer immer in eine objektive (d.h. auf das Steuerobjekt bezogene) sowie in eine subjektive (d. h. auf das Steuersubjekt bezogene) Richtung gelenkt wird. Eine undifferenzierte allgemeine Vermögensteuer, die nicht von vornherein eindeutig erkennen läßt, ob der Vermögens*ertrag* oder der Vermögens*besitz* selbst Gegenstand der Besteuerung ist, also „ein *Zwischengebilde* zwischen einer Vermögens*ertragssteuer* und einer Vermögens*besitz*steuer“[6] ist, dürfte in einem rationalen Steuersystem künftig keinen Platz mehr finden.

Die Überlegung, im Interesse einer gewissen Vermögensredistribution an der gegenwärtigen Form der nominellen Vermögensteuer festhalten zu müssen, hält einer kritischen Würdigung nicht stand. Das deutsche — wie überhaupt „(d)as kontinentale System der ergänzenden Vermögensteuer ist wenig geeignet, die ungleiche Verteilung des Be-

[6] Alfred *Amonn:* Grundsätze der Finanzwissenschaft. Zweiter (besonderer) Teil, a.a.O., S. 116. Hinzu kommt, daß „(i)m Hinblick auf die zusätzliche Besteuerung... doch wohl gesagt werden (kann), daß diese zum mindesten als eine auf längere Sicht gedachte Belastung undurchführbar ist, da sie zu einer allmählichen Vernichtung des Unternehmungskapitals führen muß“. Horst *Jecht:* Probleme der Einkommensteuerreform, Göttingen 1948, S. 52.

sitzes zu ändern"[7]. Ihrem Wesen als laufende Ergänzungssteuer entsprechend kann die nominelle Vermögensteuer nur eine Steuer nach dem Vermögensertrag sein. Für redistributive Zwecke ist die Vermögensabgabe ein zweckdienlicheres Instrument[8].

Weitaus besser als die Vermögensteuer ist eine „einmalige im Todesfall erhobene *Erbschaftsteuer* zur Vermögenskorrektur"[9] geeignet. Sie ist im Gegensatz zur Vermögensteuer nach der Höhe des vererbten Vermögens gestaffelt und auch „so gut wie nicht abwälzbar"[10], wobei einzuräumen ist, daß „*die* Vermögensteuer, welche Personen trifft, die nicht Gesellschafter von Personalgesellschaften sind, also Zinsempfänger, Aktionäre und Bezieher von Arbeitseinkommen", auch nicht abwälzbar ist[11]. Im übrigen sind „den fiskalischen Redistributionsbestrebungen Grenzen gesetzt, deren Überschreitung sowohl das Wirtschaftswachstum gefährden als auch die Grundlagen einer Marktwirtschaftsordnung zerstören würde"[12].

Welche Möglichkeiten bieten sich an, um eine als sachgerecht empfundene zusätzliche Belastung des sogenannten fundierten Einkommens zu erreichen?

Von den verschiedenen Verfahren einer steuerlichen Differentiation[13] sind folgende von Interesse:

I. Die „Kombination einer allgemeinen Einkommen- mit einer (Ergänzungscharakter tragenden) allgemeinen Vermögensteuer"[14]. Diesem Verfahren zusätzlicher Besteuerung des fundierten Vermögenseinkommens wird gegenwärtig die größte Aufmerksamkeit gewidmet, von Neumark weiterhin die besten Zukunftschancen eingeräumt und sogar „als rationellste Methode einer Differentiation"[15] empfohlen.

---

[7] Hans-Ulrich *Amberg:* Grundsätze sozialistischer Finanzpolitik, Winterthur 1953, S. 56.

[8] W(illi) *Albers:* Vermögensbesteuerung, a.a.O., S. 222.

[9] Carl *Föhl:* Ursachen und Beeinflußbarkeit der Vermögenskonzentration. In: Schriften des Vereins für Socialpolitik, N. F., Bd. 22, Berlin 1961, S. 175. Vgl. dazu auch Norbert *Kloten:* Finanzpolitik, Einkommensgestaltung und Vermögensschichtung. In: ORDO, Jahrbuch für die Ordnung von Wirtschaft und Gesellschaft, Bd. 9, Düsseldorf und München 1957, insbes. S. 209.

[10] Ebenda.

[11] Ebenda.

[12] Fritz *Neumark:* Probleme und Mittel moderner Finanzpolitik. In: Finanzwissenschaft und Finanzpolitik, Festschrift für Erwin Schoettle, Tübingen 1964, S. 185.

[13] Vgl. insbes. Fritz *Neumark*: Wirtschafts- und Finanzprobleme des Interventionsstaates, a.a.O., S. 399 ff., sowie die entsprechenden Ausführungen oben.

[14] Ebenda, S. 401.

[15] Ebenda, S. 405.

II. Eine „Differentiation der Steuerbelastung innerhalb der Einkommensbesteuerung“[16].

Diese kann durch „offene Differentiation“ über *Steuersätze,* die „entsprechend den verschiedenen Einkunftsarten variiert werden“[17], verwirklicht werden. Ein anderer Weg besteht darin, zunächst „formal auf alle Einkunftsarten den gleichen Steuertarif“ anzuwenden, „material aber die Steuerlasten in der Weise“ zu differenzieren, „daß man *für Arbeits- sowie gegebenenfalls ‚gemischte‘ Einkünfte besondere Freibeträge und/oder Steuerermäßigungen* vorsieht“[18].

2. Ein Lösungsvorschlag: Die einkommensdifferenzierende allgemeine Einkommensteuer

Welche dieser diskutierten Alternativen: nominelle Vermögensteuer versus einkommensdifferenzierende allgemeine Einkommensteuer — sollte aus steuerwirtschaftlicher Sicht gesetzlich verankert werden?

Eine die Einkommensteuer ergänzende Vermögensteuer — so haben wir gesagt — läßt sich rechtfertigen, wenn es sich um eine nominelle Vermögensteuer handelt[19]. Der steuerliche Zugriff darf jedoch nur auf ertragbringendes, allenfalls auch auf ertragsfähiges Vermögen erfolgen. Soll ertragsfähiges, aber (noch) nicht ertragbringendes Vermögen getroffen werden, so darf die Vermögensteuer nicht tiefer als in die „äußere“ Vermögensertragsphäre vordringen (vgl. Modellbild oben).

Eine unvoreingenommene Anwendung des Grundsatzes der *Allgemeinheit* der Besteuerung legt es nahe, die Sonderbelastung des fundierten Einkommens nicht auf den Vermögensertrag zu begrenzen, sondern *auf alle fundierten Einkünfte auszudehnen*[20]. Die herrschenden Vorstellungen über *steuerliche „Gerechtigkeit“* lassen es zwar zweck-

---

[16] Fritz *Neumark:* Wirtschafts- und Finanzprobleme des Interventionsstaates, a.a.O., S. 100.

[17] Ebenda.

[18] Ebenda.

[19] So sagt auch Britzelmayr: „Eine nominelle Vermögensteuer, soweit sie sich auf ertraggebende Vermögen beschränkt, ergänzt tatsächlich eine Einkommensteuer, sie ist ja letztlich selbst eine in kurzen Zeitabschnitten zu entrichtende Einkommensteuer, wobei nur die Grundlage für die Berechnung des Einkommens eine andere ist wie bei der Einkommensteuer selbst, nämlich eben das Vermögen“. Wilhelm *Britzelmayr:* Vermögensteuer oder Nachlaßsteuer? Eine Forschung über die Methoden der gleichmäßigen Erfassung des fundierten und unfundierten Einkommens durch eine ergänzende Vermögens- und Erbschaftsbesteuerung neben der Einkommensteuer unter Verwendung der deutschen, englischen und französischen Erfahrungen. Münchener Volkswirtschaftliche Studien, Heft 13, Jena 1930, S. 42.

[20] Eine Vorbelastung also, die über den Rahmen einer „Sonderbesteuerung höherer Besoldungsgenüsse“ (E H. *Vogel,* a.a.O., S. 131) weit hinaus geht.

mäßig erscheinen, das sogenannte fundierte Einkommen weiterhin einer „Sonderbelastung“ auszusetzen. Doch muß einschränkend eingeräumt werden, daß sich eine zusätzliche Belastung der Vermögenserträge in der *einseitigen Form der Vermögensteuer sachlich nicht rechtfertigen* läßt. Es stellen sich auch ernsthafte Zweifel ein, ob eine steuerliche „Sonderbehandlung“ fundierten Einkommens aus steuerwirtschaftlicher Sicht überhaupt empfohlen werden kann. Wenn es schon eine Regel für die Höhe der Mehrbelastung des fundierten Einkommens nicht gibt[21], weil das „eine Frage der Notwendigkeit und der Politik“[22] ist, so kann es noch viel weniger Kriterien geben, vermittels derer diejenigen fundierten Einkünfte, die dieser Vorbelastung ausgesetzt werden sollen, sachgemäß bestimmt und abgegrenzt werden können. Eine allgemeine ergänzende Steuer auf jegliche Art „fundierter“ Einkünfte erheben zu wollen, erscheint ebenso absurd wie etwa die Idee, von einem Besitzer land- und forstwirtschaftlicher Liegenschaften eine Sondersteuer zu verlangen, weil der Baumbestand sich alljährlich um einen „Jahresring“ vergrößert. Es erscheint verfehlt, aus der relativen Stetigkeit eines Einkommens noch heute auf eine besondere Leistungsfähigkeit zu schließen. Hier hat sich ein ähnlicher Wandel vollzogen wie bei der Ausdehnung des Vollstreckungsschutzes auf Gegenstände, die dem persönlichen Gebrauch dienen.

Auch der *Grundsatz der Gleichmäßigkeit* führt zu einem ähnlichen Ergebnis. Steuersubjekte, die sich in gleichen oder vergleichbaren wirtschaftlichen Verhältnissen befinden, sind in bezug auf jede Steuer gleich zu behandeln. Diese Forderung gilt auch für Vermögensteuern, die mit der Fundiertheit der Vermögenserträge begründet werden. Eine Steuer, die auf eine Höherstellung fundierten Einkommens gerichtet ist, aber nur auf das Vermögenseinkommen abzielt und die Einkünfte aus vergleichbaren anderen Quellen unberücksichtigt läßt, verstößt gegen den Grundsatz der Gleichmäßigkeit der Besteuerung.

Ist es auf der einen Seite „ein Aberglaube“ zu behaupten, „daß ertragloses Vermögen besteuert werden müsse, weil sonst das Steuersystem lückenhaft sei“[23], so scheint uns ein Einkommensteuersystem, das die einseitige Höherbelastung des Vermögenseinkommens vorsieht, solange lückenhaft, als nicht das übrige „fundierte“ Einkommen ebenfalls höher belastet wird. Was den von *Meyer-Arndt* kritisierten „Aberglauben“ anbelangt, so sei hier ergänzend erwähnt, daß eine vollständige steuerliche Erfassung der ertraglosen Vermögen im übrigen auf große Schwierigkeiten stößt, da eine sachgerechte Bemessung beispielsweise nicht möglich ist.

---

[21] Bruno *Moll:* Lehrbuch der Finanzwissenschaft, a.a.O., S. 396.

[22] Klaus *Tiepelmann:* Die Problematik der Vermögensteuer, a.a.O., S. 37.

[23] Lüder *Meyer-Arndt:* Aktie und Vermögensteuer, a.a.O., S. 26.

Die Vermögensteuer wird „nach dem hypothetischen Verkaufserlös" bemessen[24]. Der Steuergesetzgeber erblickt die wirtschaftliche Leistungsfähigkeit, die ihn zur Besteuerung des Vermögens veranlaßt, in der Ertragsfähigkeit und „nicht in der Veräußerungsmöglichkeit"[25]. Die „gegenwärtige Vermögensteuer ist also als eine Belastung der Vermögensnutzungen zu verstehen"[26]. Da die imputierten Vermögenserträge auch weiterhin nicht Gegenstand der Besteuerung sein werden, verstößt die Besteuerung ertraglosen Vermögens gegen den Grundsatz der Gleichmäßigkeit.

Von der Verringerung der Bedeutung „einer steuerlichen Differentiation nach Maßgabe der qualitativen Unterschiede zwischen den Einkunftsarten"[27] haben wir bereits oben gesprochen.

Belastet man weiterhin nur die sogenannten fundierten Einkommen aus Vermögensbesitz, setzt man sich auch dem Vorwurf aus, gegen den Grundsatz der *Verhältnismäßigkeit* der Besteuerung zu verstoßen. Das bedeutet nichts anderes, als daß man das Prinzip der Besteuerung nach der *individuellen Leistungsfähigkeit* verletzt.

Wenn eine Steuerordnung Einkommen gleicher Höhe — je nach dem, ob es aus Vermögenserträgen oder aus einer anderen Quelle fließt — unterschiedlich behandelt, ohne daß besondere Wesensmerkmale zu einer differenzierenden Betrachtung zwingen, so muß sie als willkürlich angesprochen werden. Die Existenz des Gleichheitssatzes (Art. 3 GG) sollte den Gesetzgeber veranlassen, diese offensichtliche Ungleichheit zu beseitigen. Da fundierte Bezüge, die nicht auf Vermögenseinkommen beruhen, nicht durch eine wie immer geartete Vermögensteuer erfaßt werden können, erscheint eine „Differentiation der Steuerbelastung" im Rahmen der Einkommensteuer selbst eine zweckmäßige Maßnahme zu sein.

Fundiertes Einkommen könnte bei einer zweckentsprechenden Definition einheitlich belastet werden. Damit wäre der Kritik der Boden entzogen. Auf diese Weise könnten auch die psychologisch bedingten Hemmungen gegen eine einseitige Aufhebung der Vermögensteuer weitgehend überwunden werden. Dieses Vorgehen würde es auch erlauben, in einem späteren Zeitpunkt die Sonderbelastung des Vermögensertrages ohne Schwierigkeiten aufzuheben, wobei gleichzeitig auch die Belastung der übrigen fundierten Einkünfte hinfällig würde. Es ist weitaus schwieriger, eine Steuer völlig abzuschaffen, als im Rahmen

24 Ebenda, S. 19.

25 Ebenda.

26 Ebenda.

27 Fritz *Neumark:* Wirtschafts- und Finanzprobleme des Interventionsstaates, a.a.O., S. 404.

einer bestimmten Abgabe auf eine (Höher-)Belastung bestimmter Einkunftsarten zu verzichten.

Neben diesem Aspekt erscheint uns die Möglichkeit, sich auf eine „qualifizierte" Einkommensteuer zurückziehen zu können, auch aus folgenden Überlegungen eine willkommene Lösung zu sein, wobei unterstellt wird, daß sowohl in volkswirtschaftlicher als auch in steuerwirtschaftlicher Sicht die direkte Besteuerung der indirekten Besteuerung der Wirtschaftssubjekte vorzuziehen ist.

a) Eine undifferenzierte Steuer, die sowohl Vermögensertrag als auch Vermögensbesitz trifft, gibt schon hinsichtlich der von ihr ausgehenden primären Steuerwirkungen zu Zweifeln Anlaß.

b) Eine nominelle Vermögensteuer ist — konjunkturpolitisch betrachtet — eine uninteressante Abgabe[28]. Eine Maßnahme des Gesetzgebers, die darauf abzielt, das *Ertragselement* aus der undifferenzierten Vermögensteuer herauszunehmen und in die Einkommensbesteuerung einzubauen, vermöchte die Einkommensteuer zu stärken, sie konjunkturgerechter und damit zu einer noch besseren Steuer zu machen.

Allerdings bleibt dann die wichtige Frage, was mit dem verbleibenden *Besitzsteuerelement* geschehen soll. In diesem Zusammenhang sei auf die Stellungnahme Neumarks hingewiesen. Dieser betrachtet die allgemeine persönliche Vermögensteuer verbunden mit einer allgemeinen, qualitativ nicht differenzierten Einkommensteuer als „die rationellste Anwendungsform für das Differentiationsprinzip". Er tut es nicht zuletzt deshalb, weil die Vermögensteuer „noch gewisse Nebenfunktionen erfüllt", indem sie „die Erfassung von nichtertragbringenden Objekten und von Vermögensteilen, deren Erträge einkommensteuerfrei bleiben" gestatte[29].

Nach unserer Auffassung sollte nach Möglichkeit auf eine Belastung nichtertragbringenden Vermögens verzichtet werden, oder eine solche Belastung statt durch eine laufende Vermögensteuer durch eine andere Steuer erfolgen[30]. Aus diesem Grunde messen wir der allgemeinen nominellen Vermögensteuer nicht die Bedeutung zu, die sie für Neumark hat. Die Einbeziehung „von Vermögensteilen, deren Erträge ein-

---

[28] Vgl. u. a. W(illi) *Albers:* Vermögensbesteuerung, a.a.O., S. 229, 232. Bruno *Molitor:* Vermögensverteilung als wirtschaftspolitisches Problem, a.a.O., S. 151.

[29] Fritz *Neumark:* Wirtschafts- und Finanzprobleme des Interventionsstaates, a.a.O., S. 408.

[30] Wir denken hier an eine entsprechend gestaltete Steuer, die im Erbfall das Vermögen belastet oder an die Möglichkeit spezieller einmaliger Vermögensabgaben.

kommensteuerfrei bleiben"[31] schließlich, ist eine steuerpolitische und -technische Frage.

Ehe wir unser Bild von einer integralen, einkommensdifferenzierenden Einkommensteuer abschließen, wollen wir uns noch mit einem vermeintlichen Vorteil auseinandersetzen, den die allgemeine Vermögensteuer aufweisen soll. Nach Neumark besitzt „— etwa gleiches Aufkommen vorausgesetzt — die (ergänzende) Vermögensteuer als eine Alternative zu einer qualitativ differenzierten Einkommensteuer ... vom ‚incentive taxation'-Standpunkt ... eine deutliche Überlegenheit, insbesondere wenn die Einkommensteuer bereits vor Einführung der Differentiation hohe und starke progressive Sätze aufweist"[32]. Die aus der Sicht der ‚incentive taxation' behauptete „deutliche Überlegenheit" einer die heutige Einkommensteuer ergänzenden Vermögensteuer gegenüber einer qualitativ differenzierten Einkommensteuer besteht nahezu nur theoretisch. Wägt man die in Frage kommenden Steuern nach ihren Erträgen, so stellt sich heraus, daß im Jahre 1967 die Vermögensteuer mit einem Ertrag von 2,4 Milliarden Mark gemessen am Ertrag aus Einkommen- und Vermögensteuern[33] im Betrage von 39,2 Milliarden Mark nur ca. 6 Prozent ausmacht. Diese niedrige Quote zeigt, daß die Vermögensteuer im Rahmen der allgemeinen Einkommensteuer eine untergeordnete Rolle spielt. Die Möglichkeit, negative ‚incentive'-Wirkungen auszuschalten, hängt von der Gesamtbelastung durch die Einkommensteuer, d. h. ihrer Gestaltung und ihrer Höhe, ab. Bevor ein *Gesamturteil abgegeben wird, ist die Verteilung* der gesamten Steuerlast zu beurteilen. Eine sachgerechte Zuordnung der einzelnen Abgaben ist für die Beurteilung sehr wichtig. Eine zweckmäßige Regelung zu treffen, ist in erster Linie Aufgabe der kommenden *Steuerreform. Neumark* sagt, daß „eine nominelle Vermögensteuer ganz überwiegend aus Teilen des Vermögensertrages bezahlt"[34] wird. Diese Tatsache spricht u. E. für eine Integration der Vermögensteuer in das Einkommensteuersystem. Auf jeden Fall spricht sie nicht dagegen. Der Verzicht auf die allgemeine nominelle Vermögensteuer brächte außerdem eine wesentliche Vereinfachung der *Bewertungsfragen* mit sich.

Vor der steuerwirtschaftlichen Frage, ob man sich für die eine oder andere Methode steuerlicher Differenzierung (nach Einkunftsarten) aussprechen soll, erscheint es geraten, sich die bestehenden Steuerverhält-

---

31 Fritz *Neumark:* Wirtschafts- und Finanzprobleme des Interventionsstaates, a.a.O., S. 408.

32 Ebenda, S. 407.

33 Mit Ausnahme der Körperschaftsteuer.

34 Fritz *Neumark:* Wirtschafts- und Finanzprobleme des Interventionsstaates, a.a.O., S. 407.

nisse und ihre Auswirkungen im Gesamtsystem genau zu vergegenwärtigen. Das heißt jedoch nicht, daß den realen Verhältnissen zu große Bedeutung beizumessen ist.

Die Beantwortung dieser Frage kann nur vor dem Hintergrunde einer bestimmten Konzeption geschehen. Für uns sind es zunächst die allgemeinen Grundsätze der Besteuerung, die als Grundlage für eine *steuer*wirtschaftliche Betrachtung dienen[35].

---

[35] Ein alternativer Weg, der sich auch anbot, wäre der gewesen, die nominelle Vermögensteuer einer volkswirtschaftlichen Betrachtung zu unterziehen, d. h. diese Steuer hauptsächlich vor dem Horizont der wichtigen wirtschafts- und gesellschaftspolitischen Zielsetzungen zu analysieren.

Zweiter Abschnitt

Die Vermögensteuer im neueren Urteil der Gutachter und Sachkenner

1. Wichtige gutachtliche Stellungnahmen

Unserer abschließenden Betrachtung sollen im wesentlichen die folgenden Stellungnahmen zugrunde liegen[1]:

1. Der „Bericht des Wissenschaftlichen Beirats beim Bundesministerium der Finanzen an den Herrn Bundesminister der Finanzen" aus dem Jahre 1953 zum Problem einer „organische(n) Steuerreform"[2];
2. Das Gutachten von Prof. *Schmölders,* der ebenfalls 1953 die Frage nach einem „Umbau des Steuersystems?" stellte[3];
3. Das Gutachten von Prof. *Ritschl* aus dem Jahre 1953 zur „großen Steuerreform"[4];
4. Die vom Institut „Finanzen und Steuern" herausgegebene Denkschrift, die im Rahmen einer Untersuchung der deutschen öffentlichen Finanzwirtschaft das Ziel verfolgte, „die Problematik einer

---

[1] Genannt in der Reihenfolge ihres Abschlusses oder Erscheinens. Nicht besonders erwähnt sind die Gutachten und Stellungnahmen, die die Vermögensteuer im Rahmen der Finanzreform oder in anderem Zusammenhang ansprechen. Erinnert sei hier beispielsweise an das Gutachten von Prof. Hans *Ritschl,* das dieser 1951 der Hamburger Finanzbehörde erstattet hat, abgedruckt im Finanzarchiv, N. F., Bd. 13, Tübingen 1951/52, S. 369 ff. (Eine Neuregelung des Finanzausgleichs in Beziehung zu Artikel 107 des Grundgesetzes für die Bundesrepublik), sowie an das *Troeger-Gutachten* über die Finanzreform in der Bundesrepublik Deutschland, erstattet 1966 von der Sachverständigenkommission für die Finanzreform, a.a.O.

[2] Herausgegeben vom *Bundesministerium der Finanzen,* a.a.O., hier nach dem Vorsitzenden des Beirats auch als Terhalle-Gutachten bezeichnet.

[3] Günter *Schmölders*: Umbau des Steuersystems? — Gutachten zur Frage des Abbaues der Einkommensteuer (Lohnsteuer) und der Körperschaftsteuer zugunsten einer Um- und Ausgestaltung der Umsatzsteuer. Köln 1953. Begründung und Wege für eine „grundlegende(r) Steuerreform(en) im Dienste der Stärkung des volkswirtschaftlichen Leistungspotentials (S. 19) hat Prof. Schmölders dazu bereits im Jahre 1949 in einem Gutachten aufgezeigt: „Leitsätze zur organischen Steuerreform", a.a.O.

[4] Hans *Ritschl:* Die große Steuerreform. Gutachten, Köln 1953.

organischen Neugestaltung des Finanz- und Steuerwesens zu entwickeln und ihre Lösungsmöglichkeiten zu begründen“[5];

5. Die Denkschrift aus dem Jahre 1962 zur Neuordnung der Finanzverfassung und des Steuersystems, herausgegeben vom Institut „Finanzen und Steuern“[6];

6. Der Bericht des Steuer- und Finanzausschusses aus dem Jahre 1962, der, auf Beschluß der Kommission der Europäischen Wirtschaftsgemeinschaft 1960 einberufen, Finanz- und Steuerprobleme in der EWG unter dem Aspekt der „Errichtung des Gemeinsamen Marktes unter Herbeiführung und Sicherung binnenmarktähnlicher Bedingungen“ (S. 3) zum Gegenstand hat[7];

7. Die Stellungnahme des Instituts „Finanzen und Steuern“ zu Finanz- und Steuerfragen in der Europäischen Wirtschaftsgemeinschaft, in der 1966 für eine Abschaffung der Vermögensteuer im Rahmen der Steuerharmonisierung“ plädiert wird[8];

8. Das Gutachten des Instituts „Finanzen und Steuern“ zu einer großen Finanzreform, veröffentlicht im November 1966[9];

9. Das Gutachten zur Reform der direkten Steuern aus dem Jahre 1967[10];

10. Voraussichtlich ab Mitte des Jahres 1970 wird ein weiteres Gutachten vorliegen, das von einer am 17. Dezember 1968 einberufenen Steuer-

---

[5] *Institut „Finanzen und Steuern“* (Hrsg.): „Grundlagen und Möglichkeiten einer organischen Finanz- und Steuerreform, H. 30. Bonn (1954).

[6] *Institut „Finanzen und Steuern“* (Hrsg.): „Grundlagen und Möglichkeiten einer organischen Finanz- und Steuerreform — Zur Neuordnung der Finanzverfassung und des Steuersystems —, Heft 60, Bonn 1962.

[7] *Europäische Wirtschaftsgemeinschaft,* Kommission (Hrsg.): Bericht des Steuer- und Finanzausschusses, a.a.O., hier: EWG-Neumark-Bericht genannt.

[8] *Institut „Finanzen und Steuern“* (Hrsg.): Finanz- und Steuerfragen in der Europäischen Wirtschaftsgemeinschaft — Abschaffung der Vermögensteuer im Rahmen der Steuerharmonisierung —, Brief 83 des Institut(s) „Finanzen und Steuern“, Bonn 1966. Anders hier Haller: „Auf eine Sondersteuer, die eine bestimmte Einkommensart trifft, wird ... kaum verzichtet werden. Ich meine die Vermögensteuer, die ja eine zusätzliche Steuer auf Vermögenserträge darstellt“. Heinz *Haller:* Probleme der Harmonisierung der Finanz- und Steuerpolitik im Gemeinsamen Markt. In: Wirtschafts- und Finanzpolitik im Gemeinsamen Markt. Schriftenreihe der Forschungsstelle der Friedrich-Ebert-Stiftung (A), Hannover 1963, S. 76.

[9] *Institut „Finanzen und Steuern“* (Hrsg.): Die große Finanzreform — Gutachten —, Schriftenreihe des Institut(s) „Finanzen und Steuern“, Heft 80, Bonn 1966.

[10] *Bundesministerium der Finanzen* (Hrsg.): Gutachten zur Reform der direkten Steuern (Einkommensteuer, Körperschaftsteuer, Vermögensteuer und Erbschaftsteuer) in der Bundesrepublik Deutschland, a.a.O., hier auch Neumark-Gutachten genannt.

reform-Kommission erstellt werden soll[11]. Die Kommission wurde damit beauftragt, „ein Gutachten zur Vorbereitung einer umfassenden Steuerreform auszuarbeiten, das sowohl die direkten Steuern als auch die indirekten Steuern sowie die Prämiengesetze behandelt[12] mit dem Ziel, einem übersichtlichen und modernen Steuerrecht näherzukommen[13].

2. Die Vermögensteuer im Urteil der Finanzexperten

Die Vermögensteuer wird im *Terhalle-Gutachten* prinzipiell positiv beurteilt. Ihre Aufgabe wird primär unter dem Aspekt einer Höherbelastung fundierten Einkommens gesehen, die um so bedeutsamer erscheine, „als die deutsche Einkommensteuer eine Unterscheidung zwischen Arbeits- und Besitzeinkommen nicht kennt“[14]. Als bemerkenswerter Gegenstand einer Steuerreform konnte die Vermögensteuer zu Anfang der fünfziger Jahre allerdings nicht angesehen werden. Einerseits trat die LAG-Abgabe, „der Form nach eine neue Vermögensteuer“[15], aufkommensmäßig gerade in die Aufschwungphase ein[16], andererseits war eine sachgerechte Vermögensbewertung zu diesem Zeitpunkt von einer zufriedenstellenden Lösung noch zu weit entfernt. Beide Überlegungen sind gegenwärtig weitgehend gegenstandslos geworden[17].

Schmölders neigt vom Standpunkt der Leistungsfähigkeit des (gesamten) Steuersystems zunächst eher dazu, das „englische Verfahren“ zu empfehlen, — nämlich „mit der Vermögensbesteuerung grundsätzlich bis zum Erbfall zu warten“. Eine Erbschaftsteuer habe „neben der Ver-

---

[11] „Steuerreformkommission“. In: Finanznachrichten, hrsgg. vom Bundesministerium der Finanzen, Nr. 28, Bonn (15. November) 1968, S. 2.

[12] Ebenda.

[13] Ansprache des Bundesministers der Finanzen, Franz Josef Strauß, anläßlich der 1. Sitzung der Steuerreform-Kommission am 17. Dezember 1968, a.a.O., S. 12.

[14] Terhalle-Gutachten, a.a.O., S. 55. Ähnlich positiv äußerte sich im gleichen Jahre Heinrich Troeger. In: *Neumark/Troeger:* Zur Großen Steuerreform. Zwei Vorträge. Wirtschaft und Gesellschaft, Heft 4, Hamburg 1953, S. 25.

[15] (Günter *Schmölders*): Leitsätze zur organischen Steuerreform, a.a.O., S. 11.

[16] Vgl. zur Entwicklung der Einkommen- und Vermögensteuern u. a. die Darstellung in meinem Aufsatz: Die Entwicklung der Vermögensbesteuerung in der Bundesrepublik Deutschland, a.a.O., insbes. S. 312.

[17] Das Aufkommen aus der LAG-Abgabe ist rückläufig, und ein neues Bewertungsgesetz ist bereits gesetzeskräftig. Es bedarf hier lediglich noch einer gesetzlichen Festlegung des Zeitpunktes, von dem an die neuen Einheitswerte und die dann anzuwendenden Besteuerungsmaßstäbe anzuwenden sind. Nach dem Gesetzentwurf der Bundesregierung vom 18. April 1969 über die Anwendung und Änderung bewertungsrechtlicher Vorschriften sollen die neuen Einheitswerte erstmals vom 1. Januar 1972 an den Steuern zugrunde gelegt werden. Vgl. Finanznachrichten, Nr. 93 v. 23. April 1969, S. 2.

einfachung des Steuersystems den Vorzug", daß ihr „erfahrungsgemäß am wenigsten Steuerwiderstände entgegengesetzt zu werden pflegen" und diese Steuer damit in ihrer Ergiebigkeit gestärkt werde[18].

Im Ergebnis seiner Überlegungen spricht sich Schmölders jedoch für eine Beibehaltung der Vermögensteuer in der Bundesrepublik Deutschland aus. Er setzt sich für eine „Zurückführung der Vermögensteuer auf die Ergänzungsfunktion einer ‚Vorbelastung' des privaten Besitzeinkommens unter Abstimmung bzw. Verschmelzung mit der neuen Soforthilfeabgabe und den Steuern des endgültigen Lastenausgleichs"[19] ein.

Ritschl weist in seinem Gutachten sehr deutlich auf einige mit der Vermögensteuer verbundene und zu lösende wichtige Probleme hin, — hält aber im Jahre 1954 eine Diskussion nicht für sinnvoll. Dieses vornehmlich deshalb, „weil die Vermögensteuer durch § 6 des Lastenausgleichsgesetzes gebunden ist und Reformen hier nicht ansetzen können"[20]. Besonders fragwürdig findet *Ritschl* in diesem Zusammenhang die „Begriffe ‚fundiertes' Einkommen und ‚arbeitsloses' Einkommen"[21]. Auf die „Grenzen der Vermögensteuer" weist das Institut „Finanzen und Steuern" (1954) hin. Mit dieser Steuer werde „eine zusätzliche Besteuerung des Ertrages" angestrebt; es gehe nämlich darum, den „auf einem vorhandenen Vermögen beruhende(n) Ertrag ... in stärkerem Maße als das Arbeitseinkommen zur Besteuerung" heranzuziehen[22].

In einer späteren Stellungnahme (1962) zur Neuordnung der Finanzverfassung und des Steuersystems werden seitens dieses Institutes gewisse Zweifel an der Fortführung der Vermögensteuer in der Form, die sie inzwischen erhalten habe, angemeldet. Es wird darauf aufmerksam gemacht, daß mit Beginn der 30er Jahre „die ‚Ergänzungsfunktion' der Vermögensteuer mehr und mehr in den Hintergrund getreten"[23] sei und die Vermögensteuer „sich im Laufe der Jahre zu einer selbständigen Steuer entwickelt (habe), deren Bemessungsgrundlage auf die Höhe des mit dem Vermögen erzielten Einkommens kaum noch Rücksicht nimmt"[24]. Es wird daher offen die Frage gestellt, ob „(a)ngesichts der ohnehin starken Belastung der Steuerpflichtigen durch die Ertrag-

[18] (Günter *Schmölders*): Leitsätze zur organischen Steuerreform, a.a.O., S. 10.

[19] Ebenda, S. 28.

[20] Hans *Ritschl:* Die große Steuerreform, a.a.O., S. 33.

[21] Ebenda, S. 32 f.

[22] *Institut „Finanzen und Steuern"* (Hrsg.): Grundlagen und Möglichkeiten einer organischen Finanz- und Steuerreform, Heft 30, a.a.O., S. 100 (I).

[23] *Institut „Finanzen und Steuern"* (Hrsg.): Grundlagen und Möglichkeiten einer organischen Finanz- und Steuerreform. Zur Neuordnung der Finanzverfassung und des Steuersystems. Heft 60, a.a.O., S. 119 (I).

[24] Ebenda.

steuern, Lastenausgleichsabgaben, Realsteuern usw.... die Vermögensteuer dem Grunde und der Höhe nach noch berechtigt"[25] sei. Wenn sich schon „(e)in völliger Abbau, der an sich geboten wäre, ... zunächst nicht verwirklichen"[26] lasse, so erscheine doch „angesichts des stetig steigenden Vermögensteueraufkommens[27] ... eine Senkung der Vermögensteuer"[28] durchaus vertretbar. Und zwar sei diese Herabsetzung „auf eine ihrem Wesen entsprechende Höhe" anzustreben[29]. Nicht zuletzt sei „die Beseitigung oder Milderung der Mehrfachbelastung ..., die namentdie Inhaber von Aktien und Anteilen an inländischen Kapitalgesellschaften trifft"[30], Aufgabe einer Neuordnung der Vermögensteuer. Schließlich wird auf die zu ungleichmäßige Behandlung hingewiesen, „die zwischen natürlichen und juristischen Personen hinsichtlich der Abzugsfähigkeit der Vermögensteuer vom Einkommen besteht"[31].

Ausgesprochen ablehnend gegenüber der gegenwärtigen Form der Vermögensteuer äußert sich das Institut sowohl in seinem Gutachten zu einer großen Finanzreform als auch in seiner Stellungnahme zu Finanz- und Steuerfragen in der EWG, — beide aus dem Jahre 1966. Dabei stützt sich das Plädoyer für die Abschaffung der Vermögensteuer auf integrationspolitische Erwägungen im EWG-Bereich[32]. In den schon genannten Bedenken gegen die Weiterführung einer Vermögensteuer in der gegenwärtigen Form sieht sich das Institut auch deshalb bestärkt, weil die „Einbeziehung nicht-natürlicher Personen in die Vermögensteuerpflicht" den Charakter der Steuer wesentlich verändert habe[33]. Das Gesamtaufkommen aus der Vermögensteuer werde heute zu einem größeren Teil von den nicht-natürlichen Personen aufgebracht[34]. Die Gutachter gelangen daher zu der Feststellung: Wenn die Vermögen-

[25] Ebenda.

[26] Ebenda.

[27] Vgl. Bodo B. *Gemper:* Die Entwicklung der Vermögensbesteuerung in der Bundesrepublik Deutschland, a.a.O., S. 310 ff.

[28] *Institut „Finanzen und Steuern"* (Hrsg.): Grundlagen und Möglichkeiten einer organischen Finanz- und Steuerreform, a.a.O., Heft 60, S. 119 (I).

[29] Ebenda.

[30] Ebenda.

[31] Ebenda, S. 119 (II).

[32] *Institut „Finanzen und Steuern"* (Hrsg.): Die große Finanzreform. Gutachten, a.a.O., Heft 80, S. 53 (I) sowie *dass.:* Finanz- und Steuerfragen in der Europäischen Wirtschaftsgemeinschaft. Abschaffung der Vermögensteuer im Rahmen der Steuerharmonisierung, a.a.O., S. 1 ff.

[33] *Institut „Finanzen und Steuern"* (Hrsg.): Die große Finanzreform. Gutachten, a.a.O., Heft 80, S. 53 (II).

[34] *Molitor* spricht daher davon, „daß sich die Vermögensteuer ... im Hinblick auf die Subjektbezogenheit von ihrer ursprünglichen Konzeption entfernt" habe. Bruno *Molitor:* Vermögensverteilung als wirtschaftspolitisches Problem, a.a.O., S. 151. Vgl. aber dazu auch die kritischen Anmerkungen zur „inneren" Struktur der Vermögensteuer oben im Rahmen der Darstellung der „Steuern auf dem Vermögen im engeren Sinne".

steuer „ihrer Hauptaufgabe nach ein Mittel der qualitativen Differenzierung der steuerlichen Einkommensbelastung sein“[35] solle, dann müsse einerseits die Steuerverpflichtung grundsätzlich von einem vorhandenen Vermögenseinkommen und andererseits die Höhe der Belastung der Steuerpflichtigen durch diese Steuer von demselben Einkommen abhängig gemacht werden[36]. Daher wird der „Vermögensteuer in ihrer heutigen Form *aus systematischen Gründen*“ die Existenzberechtigung abgesprochen[37].

Demgegenüber wird der Vermögensteuer in den beiden *Neumark-Expertisen* — der zur Steuerharmonisierung in der EWG (EWG-Neumark-Bericht) und der zur Reform der direkten Steuern in der Bundesrepublik Deutschland (Neumark-Gutachten) — eine durchweg positive Beurteilung zuteil. Danach hat der Steuer- und Finanzausschuß „mehrheitlich der Ansicht“ zugestimmt, „daß die Erhebung einer mit mäßigen Sätzen ausgestatteten Vermögensteuer schon als zweckmäßiges Mittel einer ‚discrimination fiscale des revenus‘ erwünscht ist“[38]. Für den Fall der Erhebung einer solchen Steuer in der Europäischen Wirtschaftsgemeinschaft wird „eine weitgehende Annäherung der Formen“ der Vermögensteuer in den Mitgliedstaaten für wünschenswert gehalten, „namentlich im Hinblick auf die Frage, ob der Steuer nur das Vermögen physischer oder auch das juristischer Personen unterworfen“ werden soll[39]. Ebenso erscheine dann „eine Harmonisierung in bezug auf das Verhältnis zwischen Einkommen- und Vermögensteuer“ und „das zwischen Vermögensteuer und Ertragsteuern geboten“[40].

Der *Bund der Steuerzahler* äußert sich zu einigen Steuern, wie sie nach seiner Ansicht im Lichte der Neugestaltung des Steuersystems zu beurteilen seien, sehr vorsichtig. Um die „Forderung nach einem gestrafften und modernen Steuersystem“ erfüllen zu können, wird vorgeschlagen, „durch wenige ertragreiche Steuern ein Steuersystem zu schaffen, das den allgemeinen anerkannten Besteuerungsgrundsätzen der Gerechtigkeit, Billigkeit sowie unserer Wirtschaftsordnung wieder genügt“[41]. In dem vom Bund der Steuerzahler im Jahre 1968 dem

---

[35] *Institut „Finanzen und Steuern“* (Hrsg.): Die große Finanzreform. Gutachten, a.a.O., Heft 80, S. 54 (I).

[36] Ebenda.

[37] Ebenda, S. 55 (I).

[38] EWG-Neumark-Bericht, a.a.O., S. 49.

[39] Ebenda.

[40] Ebenda.

[41] Schreiben des Präsidiums des Bundes der Steuerzahler e. V., Wiesbaden, „An die Herren Vorsitzenden des Rechtsausschusses und des Finanzausschusses Herrn Dr. Wilhelmi MdB und Herrn Dr. Schmidt MdB“, betreffend die Finanzreform, vom 19. September 1968, S. 2.

Rechts- und dem Finanzausschuß des Deutschen Bundestages unterbreiteten Gesetzesvorschlag wird empfohlen, das Steuersystem künftig „auf 9 ertragreiche Steuern“ zu begrenzen[42]. Nach Ansicht des Bundes der Steuerzahler lassen sich neben drei „tragenden Säulen“[43] in einem modernen Steuersystem nur in besonderen Ausnahmefällen“ andere Steuern rechtfertigen[44]. Die Vermögensteuer wird danach zu den Abgaben gezählt, die „nur in besonderen Ausnahmefällen“ zu rechtfertigen sind[45]. Damit wird der Vermögensteuer nicht mehr die Funktion einer die Einkommensteuer ergänzenden Nebensteuer eingeräumt. Allerdings hätte nach diesem Reformentwurf auch die Erbschaftsteuer nur noch den Charakter einer Ausnahmesteuer. Sie würde ohne Bedeutung bleiben, es sei denn, man rechne den Erbgang zu den „besonderen Ausnahmefällen“ und käme damit mittelbar zur Besteuerung aller Erbschaften[46].

Was den Bundesfinanzminister anbelangt, so hält er zwar „persönlich“ noch „eine gewisse Vorbelastung des sogenannten fundierten Einkommens aus Vermögen, wie es heute schon durch die Kombination von Vermögensteuer und Erbschaftsteuer geschieht, für vertretbar“[47]. *Strauß* gibt u. E. damit indirekt zu erkennen, daß er zumindest nicht einer undifferenzierten Vermögensteuer das Wort redet, die einen steuerlichen Zugriff auf nicht-ertragbringendes Vermögen bewirkt.

3. Die Abwägung der Argumente

Eine steuerwirtschaftliche Entscheidung für die eine oder die andere Differentiationsmethode oder gar für eine Kombination beider hängt neben Erwägungen technischer Zweckmäßigkeit hauptsächlich von der steuerpolitischen Zielsetzung ab, die mit der Steuer verfolgt wird. So ist bei der Entscheidung für eine ergänzende nominelle Vermögensteuer oder für eine qualitativ differenzierende Einkommensteuer die genaue

---

[42] Ebenda, S. 1.

[43] a) die Einkommen- und Körperschaftsteuer als Steuer auf die Einkommenerzielung, b) die Umsatzsteuer und die sie ergänzenden großen Verbrauchsteuern als Steuern auf die Einkommenverwendung sowie c) die Mineralölsteuer als Sonderabgabe des Kraftverkehrs für den Bau und die Unterhaltung der Straßen. Ebenda, S. 3.

[44] Ebenda.

[45] Ebenda, Anhang: Finanz-Verfassung, S. 1.

[46] Der Erbschaftsteuer unterliegen gemäß § 1 des Erbschaftsteuergesetzes in der Fassung vom 1. April 1959 (BGBl. I S. 188) der Erwerb von Todes wegen (Abs. 1 Ziff. 1); die Schenkungen unter Lebenden (Abs. 1 Ziff. 2) und die Zweckzuwendungen (Abs. 1 Ziff. 3).

[47] Franz Josef *Strauß:* Interview über finanz-, steuer- und wirtschaftspolitische Fragen, gewährt der Wochenzeitung „Deutsches Allgemeines Sonntagsblatt“. In: Finanznachrichten Nr. 101 vom 8. Mai 1969, Anhang 1, S. 4.

Kenntnis darüber erforderlich, welchen *politischen Zielen Priorität* beigemessen wird. Wird in erster Linie eine gleichmäßigere Vermögensverteilung bezweckt, dann wird eine progressive Vermögensteuer, eine Steuer, die den Vermögenszuwachs belastet, eine (einmalige) Vermögensabgabe oder auch eine Erbschaftsteuer zweckmäßiger sein als eine einkommensdifferenzierende Einkommensteuer. Hat steuerpolitisch eine Höherbelastung von Vermögenseinkommen das Primat, so ist eine Differenzierung innerhalb „der Einkommensteuer selbst mit Hilfe von nach Einkunftsarten gestaffelten Freibeträgen einer selbständigen Vermögensteuer vorzuziehen ..., weil dann auf die erhöhte Besteuerung fundierter Einkommen weiter die Gesamtprogression der Einkommensteuer angewendet werden kann“[48].

Ehe wir uns den Schlußfolgerungen und Empfehlungen zuwenden, soll noch eine Abwägung der Argumente versucht werden, die in neuerer Zeit von den Finanzsachverständigen vorgebracht worden sind. Zuvor ist aber noch ein Wort über die gesellschafts- und wirtschaftspolitischen Zielsetzungen zu sagen, bei deren Verwirklichung der Vermögensteuer eine aktive Rolle zugewiesen werden kann. Mit diesen Zielsetzungen und der Art, wie sie realisiert werden, ist das weitere Schicksal der nominellen Vermögensteuer aufs engste verknüpft.

a) *Wirtschafts- und finanzpolitische Zielsetzungen*

Eines der großen wirtschaftspolitischen Ziele ist das einer *gerechten und gleichmäßigen Vermögens- und Einkommensverteilung*. Hierüber schwiegen und schweigen sich die Träger der amtlichen Wirtschaftspolitik weitgehend aus, wenn man von den rein deklamatorischen Erklärungen absieht. In dieser Frage waren sämtliche Bundesregierungen bis auf den heutigen Tag gleicher Ansicht. Lediglich aus Ausführungen, „die sich mit den gesellschaftspolitischen Zielen der Finanzpolitik beschäftigen“, konnte und kann man bisweilen „folgern, daß das — an sich reichlich vage — Postulat einer ‚ausgeglichenen Wirtschafts- und Sozialordnung‘ eine gewisse Redistribution einschließt“[49]. Allerdings ist die Empfehlung, eine bestimmte Einkommens- und Vermögensverteilung anzustreben, ihrem Wesen nach auch nicht Ausdruck einer wirtschaftspolitischen, sondern einer gesellschaftspolitischen Zielsetzung. Es ist daher auch gar nicht so verwunderlich, „daß das dem Sachverständigenrat vorgegebene wirtschaftspolitische *Zielsystem keine verteilungspolitische Zielaussage enthält*“ und „(a)uch das von Giersch vorgeschla-

---

[48] W(illi) *Albers:* Vermögensbesteuerung, a.a.O., S. 243 f.

[49] Fritz *Neumark:* Finanzpolitik in der Hochkonjunktur. In: Der Volkswirt. Wirtschafts- und Finanz-Zeitung Nr. 52/53, Frankfurt a. M. 1960, S. 74 (II).

gene ‚enge wirtschaftspolitische Erfolgskriterium'... ‚das Ziel der sozialen Gerechtigkeit ganz außer acht' läßt"[50].

Auf eine *Entscheidungshilfe* können wir bei unseren Überlegungen, die sich an der wirtschaftlichen Wirklichkeit orientieren, nicht verzichten. Es steht uns daher nur noch der Weg offen, uns auf *offiziöse* Stellungnahmen zu stützen. Als solche können wir die Äußerungen ansehen, die von den Gutachtern der wissenschaftlichen Beiräte bei den Bundesministerien oder der Kommission der Europäischen Gemeinschaften bisher bekannt wurden. Im Terhalle-Gutachten wird gesagt, daß die Vermögensbesteuerung „im Rahmen des deutschen Steuersystems der Höherbelastung fundierten Einkommens" dient[51]. Demgegenüber vermögen sich die Gutachter der Neumark-Kommission nur zu einer relativ schwachen Begründung durchzuringen, indem sie sich auf den Grundsatz der Besteuerung nach der Leistungsfähigkeit berufen, ein Grundsatz, der aber von der Mehrheit der Kommissionsmitglieder „nicht unbestritten"[52] blieb. Die Mehrheit des Beirats war nämlich „der Ansicht, daß dieser Grundsatz *allein* zwar *nicht* die Vermögensteuer rechtfertigen sie jedoch *mit stützen* könne, insbesondere wenn berücksichtigt werde, daß die Vermögensteuer auch dort zugreifen könne, wo der Zugriff durch die Einkommensteuer wegen der gebotenen Begrenzung der Einkommensteuerprogression beschränkt sei"[53].

Der Hinweis „auf ihre *Kontrollfunktion* und die *Nachholfunktion*"[54] dürfte zur Begründung einer Fortführung der Vermögensteuer in ihrer gegenwärtigen Form auch nicht mehr überzeugen.

Schließlich hat der Steuer- und Finanzausschuß der Kommission der Europäischen Wirtschaftsgemeinschaft „die Erhebung einer mit mäßigen Sätzen ausgestalteten Vermögensteuer schon als zweckmäßiges Mittel einer ‚discrimination fiscale des revenus'"[55] bejaht und ebenfalls auf ihre Kontrollfunktion gegenüber der Einkommen- und Erbschaftsteuer hingewiesen[56]. Damit wird der Vermögensteuer eine relativ bescheidene Rolle zugewiesen.

---

[50] Siegfried *Katterle:* Einkommenspolitik und Verteilungskonflikte in einer freiheitlichen Gesellschaft. Zur Kritik einer technokratischen Konzeption. In: Beiträge zur Wirtschafts- und Gesellsaftsgestaltung. Festschrift für Bruno Gleitze zum 65. Geburtstag, Berlin 1968, S. 305.

[51] *Terhalle-Gutachten,* a.a.O., S. 55.

[52] *Neumark-Gutachten,* a.a.O., S. 58.

[53] Ebenda, Hervorhebung von uns.

[54] Ebenda.

[55] Neumark-EWG-Gutachten, a.a.O., S. 49.

[56] Ebenda.

b) Steuerwirtschaftliche Würdigung der Argumente

„Seit der Einführung der laufenden, subjektiv orientierten Vermögensteuer in Deutschland"[57] wurde versucht, „(d)ie so oder so geartete Begründung der Vermögensteuer mit dem Grundsatz der Besteuerung nach der Leistungsfähigkeit"[58] zu belegen. Wenn von den Gutachtern bezweifelt wird, die Vermögensteuer in dieser Weise überzeugend begründen zu können, stellt sich die Frage, ob der Gedanke, „daß das sogenannte fundierte Einkommen, d. h. das aus Vermögen fließende Einkommen, eine besondere steuerliche Leistungsfähigkeit begründe"[59], so stark an Überzeugungskraft verloren hat, daß eine Höherbelastung von effektiven Vermögenseinkommen in absehbarer Zeit ernsthaft in Frage gestellt werden könnte. Wenn die in Großbritannien praktizierte Methode, die Höherbelastung von Vermögenseinkommen innerhalb der Einkommenbesteuerung selbst vorzunehmen, in der Bundesrepublik Deutschland auch nicht in der gleichen Weise angewendet werden kann, so erscheint doch eine Hinwendung zu diesem Lösungsversuch erwägenswert. In der Tat ist es „eine Frage des Möglichen und Zweckmäßigen ..., ob man das Vermögen mehr in der englischen Art ... oder aber in der deutschen ... heranzieht"[60]. Solche Überlegungen sind berechtigt, weil ja quasi „amtlich" als Hauptaufgabe der ergänzenden Vermögensteuer die Höherbelastung des Besitzeinkommens angesehen wird[61]. Es wird in dieser Abgabe eine Steuer nach dem Vermögens*ertrag* und keine Vermögens*bestands*steuer schlechthin gesehen. Zum anderen ist der Gedanke, „das aus Vermögen fließende Einkommen" begründe „eine besondere steuerliche Leistungsfähigkeit"[62], nicht mehr in dieser absoluten Aussageform aufrechtzuerhalten.

Das *Postulat der Gleichmäßigkeit* der Besteuerung gebietet, sämtliche Einkünfte, die aus „nachhaltigen" Quellen fließen, steuerlich gleich-

---

[57] *Neumark-Gutachten,* a.a.O., S. 57.

[58] Ebenda, S. 58.

[59] Ebenda, S. 57.

[60] Fritz *Terhalle:* Finanzwissenschaft, Jena 1930, S. 328.

[61] Neumark-Gutachten, a.a.O., S. 58.

[62] Ebenda, S. 57.
Wirtschaftliche Leistungsfähigkeit im Sinne einer Fähigkeit, via Marktmechanismus sich als leistungsfähig zu erweisen, ist von derjenigen zu unterscheiden, über die ein Vermögensbesitzer durch gesellschaftliche Machtpositionen verfügen kann. Letzteres ändert aber auch nichts daran, daß „Zehn Mark ... eine bestimmte Kaufkraft (haben), gleichgültig, ob sie (nun, d. Verf.) aus dem Einsatz von Arbeit oder von Kapital stammen" (Lüder *Meyer-Arndt,* a.a.O., S. 12). Allerdings kann das „wie" sie verdient wurden, steuerlich als Differetiationsmotiv anerkannt werden, da Einkünfte eines Vermögenden, der über bestimmte gesellschaftliche Machtpositionen verfügt, u. U. ‚leichter' erzielt werden können, weil der Vermögenseigner im ‚Reich der Beziehungen' etwas ‚müheloser' unternehmerisch tätig sein kann.

mäßig zu behandeln. Deshalb darf die Besteuerung sogenannten fundierten Einkommens nicht auf die Höherbelastung des Vermögenseinkommens beschränkt bleiben. Das erforderte eine neue Ergänzungssteuer, die parallel zur ergänzenden Vermögensteuer läuft, da für „fundierte" Einkünfte, die nicht aus Vermögen herrühren, die nominelle Vermögensteuer nicht angewendet werden kann. Da an eine Steuer für Einkommen, die aus anderen nachhaltigen Quellen als Vermögen fließen, aus realpolitischen Überlegungen nicht zu denken ist, wird sich der Steuergesetzgeber einmal genötigt sehen, aus einem Steuersystem, das nach rationalen Gesichtspunkten gestaltet werden soll, die einseitig das Vermögenseinkommen höherbelastenden Abgaben herauszunehmen. Soweit der Gesetzgeber an dieser Unterscheidung überhaupt weiterhin festhalten will, dürfte die „nicht zu unterschätzende Schwierigkeit, fundiertes und nichtfundiertes Einkommen genügend genau zu trennen"[63], auch in der Bundesrepublik Deutschland überwindbar sein. Dies dürfte um so eher gelingen, wenn reine *Zweckmäßigkeits*erwägungen vor überakzentuierte sozialpolitische Überlegungen gestellt und darüber hinaus die Postulate der *Sachgerechtigkeit* und *Praktikabilität* der Besteuerung nicht vergessen werden.

„(E)ine besondere steuerliche Belastung des Vermögens" selbst, die unabhängig von der Ertragsfähigkeit „vielfach damit begründet" wird, „daß *Vermögen an sich eine besondere steuerliche Leistungsfähigkeit verkörpere*"[64], weiterhin als Argument für eine die Einkommensteuer ergänzende Vermögensteuer zu verwenden, erscheint mehr als fragwürdig. „(D)ie Existenz von Vermögen allein (vermittelt) keine besondere wirtschaftliche Leistungsfähigkeit"[65].

Diese *grundsätzliche Neuorientierung* sollte Platz greifen, gerade weil „die große Masse der Besitzlosen und wenig Begüterten wie ein Sperber darauf achten, daß der Staat zu einer kräftigen, alljährlich wiederkehrenden Vermögensteuer kommt"[66].

„Der uneingeschränkte Neidkomplex" wie er „bei der Ausbildung der modernen Einkommensteuerprogression Pate gestanden hat", wäre auch hier „ein schlechter Ratgeber bei der Wiederherstellung eines echten

[63] *Neumark-Gutachten,* a.a.O., S. 58. Die britische und die amerikanische Einkommensbesteuerung kennen bereits seit langem (1907 bzw. 1924) Steuerermäßigungen für das „earned income". Vgl. zur „Differenzierung zwischen Arbeits- und Besitzeinkommen" näher u. a. bei Horst *Jecht:* Probleme der Einkommensteuerreform, a.a.O., S. 48 ff.

[64] Ebenda.

[65] Lüder *Meyer-Arndt:* Aktie und Vermögensteuer, a.a.O., S. 12.

[66] Ed(uard) *Kellenberger:* Die Steuern und ihre Reform, a.a.O., S. 301.

Funktionszusammenhanges“[67] zwischen sachgerechter Besteuerung von Einkommen und von Vermögen.

Dabei sollte man den Steuerpflichtigen klarmachen, daß bei einer alljährlich wiederkehrenden Vermögensteuer die neu geschaffenen Vermögenswerte „zu Unrecht, aber unvermeidlich unter die Herrschaft der dauernden Vermögensteuer“[68] fallen. „Jedes Jahr entstehen neue, selbsterarbeitete Ersparnisse, zusätzliche Vermögen, die sowohl von den verbliebenen alten, als namentlich von neu hinzugekommenen jungen Bevölkerungsschichten geschaffen werden“[69]. Dieser ganz offensichtlich ungerechtfertigten zusätzlichen Belastung gilt es entgegenzuwirken. Das Vermögen ist „die Summe nicht verbrauchter Einkommensteile in der Vergangenheit“[70]. Es ist also schon einmal besteuert worden[71]. Somit kann das Vermögen nicht als „brauchbarer Maßstab für die Besteuerung“[72] anerkannt werden. Auf Schweizer Verhältnisse bezogen bedauert *Kellenberger,* daß für die Eidgenossen „die Vermögenssteuer, außer der Erbschaftssteuer, nur als ‚Unterlassungssteuer‘, als Lückenbüßerin, in Frage“ komme[73].

Hier völlig klare Positionen abzustecken, ist um so wichtiger, da es im politischen Leben „weniger auf die Tatsachen, als auf deren Widerschein und deren Beurteilung in den Gehirnen der Menschen“ ankommt[74]. Deshalb sollte eine Abwehr von ideologischen vermögensfeindlichen Bestrebungen angestrengt, insbesondere aber eine Rehabilitierung des privaten Vermögens ins Auge gefaßt werden, um seiner Funktion in einer modernen, am Wachstum ausgerichteten kapitalistischen Industriegesellschaft gerecht zu werden. Je freier eine Gesellschaft und je liberaler die Wirtschaftsverfassung ist, desto sicherer muß nicht nur die Eigentumsgarantie, sondern auch die materielle Vermögensbasis sein, auf der sie ruht. Letztere sollte sowohl horizontal ausgebreitet (individuelle Vermögensstreuung, Individualbesitz) als auch vertikal geschichtet (Vermögenskonzentration bei gleichzeitiger Streuung der Rechtstitel an diesem Eigentum; Publikumsgesellschaften[75]) sein.

---

[67] Ebenda, S. 302.
(Günter *Schmölders*): Leitsätze zur organischen Steuerreform, a.a.O., S. 26.

[68] Ed(uard) *Kellenberger:* Die Steuern und ihre Reform, a.a.O., S. 302.

[69] Ebenda.

[70] Heinz *Kolms:* Vermögensteuern. In: Handwörterbuch der Sozialwissenschaften, 11. Bd., a.a.O., S. 162 (II).

[71] Ed(uard) *Kellenberger:* Die Steuern und ihre Reform, a.a.O., S. 62 f.

[72] Ebenda, S. 63.

[73] Ebenda.

[74] Ebenda, S. 317.

[75] Eine andere Frage, die sich hier stellt, ist die der Kontrolle der Machtstellung des Managements.

Man sollte „wirtschaftliches Vermögen und sein Wachstum nicht nur unter dem Gesichtswinkel gegebener, formaler Eigentumsverteilung ... betrachten“, sondern gerade im „jeweiligen Gegenwartsvermögen ... das potentielle Vermögen von morgen sehen“[76].

Insofern wird „die Neuverteilung des erst noch zuwachsenden Vermögens ... die gesellschaftliche Struktur der kommenden Generation“[77] maßgeblich beeinflussen. Aber auch der primären Bildung von Vermögen, sowohl auf „breiter Basis“ als auch in unternehmerisch-konzentrierten Größenordnungen sollte die nötige Aufmerksamkeit nicht versagt bleiben. Allerdings wäre es für eine steuerlich differenzierte Belastung von Vermögens- und Arbeitseinkommen angebracht, innerhalb der Vermögenserträge selbst zu unterscheiden zwischen Erträgen, die aus „unternehmerischem“ und solchen die aus „stillem“ Vermögen fließen[78]. Es besteht in der Tat ein „großer Unterschied, ob jemand sein Vermögen auf eigenes Risiko arbeiten“ läßt „oder nur als Darlehen an selbständig Erwerbende“ hingibt[79]. Dementsprechend hat auch derjenige, der „sein Vermögen riskiert, um als wirklicher Unternehmer in einem kleinen, von ihm selbst geleiteten Betrieb Pionierarbeit zu leisten, ... eine andere Funktion in der Wirtschaft, als der Zinsgenießer, der die Überschüsse seines Besitzeinkommens in mündelsicheren Effekten anlegt“[80]. Hier legt es insbesondere die Rücksichtnahme auf die wachstumspolitische Ausrichtung der Besteuerung, die staatspolitische Sozialität und die wirtschaftliche Dispositionsautonomie nahe, steuerlich zwischen der „aktiven“ (risikobereiten) und der „passiven“ Betätigung[81] der Vermögensbesitzer zu unterscheiden. Würde nämlich die erste Gruppe (Landwirte, Handwerker, Industrielle oder Kaufleute) „mit den gleichen progressiven Sätzen wie die andere“ Gruppe (Eigentümer von Staats-, Hypothekar-, Bank-, Industrie- usw. Obligationen u. a. Forderungen) besteuert, dann würden „die Gewinne nach oben verkürzt mit der Wirkung, daß jene Unternehmungen, die am besten rentieren und daher eine starke Erweiterung und die fortgesetzte Anlage laufender Ersparnisse verdienten oder zu Neugründungen reizten, in ihrer Expansion zurückbleiben, wodurch die gesamte Produktivität

[76] Bruno *Gleitze:* Wo schlägt sich das neugebildete Kapital in der modernen Wirtschaft nieder? In: Sozialkapital und Sozialfonds als Mittel der Vermögenspolitik, a.a.O., S. 23.

[77] Bruno *Gleitze:* Produktivität, Lohn, Arbeitszeit. In: Sieben Sonderdrucke von Vorträgen und Aufsätzen 1957—1967 (Köln 1968), S. 15.

[78] Ed(uard) *Kellenberger:* Die Steuern und ihre Reform, a.a.O., S. 307.

[79] Ebenda.

[80] Carl *Föhl:* Das Steuerparadoxon. In: Finanzarchiv, N. F., Bd. 17, Tübingen 1956/57, S. 37.

[81] Ed(uard) *Kellenberger:* Die Steuern und ihre Reform, a.a.O., S. 307.

der Volkswirtschaft künstlich eingeschränkt wird“[82]. Das hat auch steuerwirtschaftliche und fiskalische Konsequenzen, als damit eine „Verminderung“ oder ein „Zurückbleiben der Steuereinnahmen“ verbunden ist und sowohl „der laufende Konsum als (auch, d. Verf.) die laufenden Ersparnisse nicht das unter den gegebenen Verhältnissen mögliche Höchstmaß erreichen“[83]. *Kellenberger* sieht sich „daher berechtigt, die Frage aufzuwerfen, ob nicht das ‚unternehmende‘ Vermögen nur proportional und das ‚stille‘ Vermögen, wenn man es durchaus haben will, zwar progressiv, aber nur in mäßiger Steigerung zu besteuern sei“[84]. Auf diese Weise lassen sich ungerechtfertigte steuerliche Korrekturen im Vermögensbildungsprozeß vermeiden. Es kann einer Höherbelastung von solchen (höheren) Einkommen ausgewichen werden, die Ergebnis effektiv vorgeleisteter wirtschaftlicher Anstrengungen sind. Diese höheren Einkommen sind nämlich dadurch entstanden, daß mit diesen Leistungen gesellschaftliche und allgemeinwirtschaftliche Bedürfnisse wunschgerecht befriedigt wurden, die in gesellschaftlich anerkannter Weise abgegolten sind. Die Vorstellungen von Kellenberger berühren u. E. gesamtwirtschaftliche Wirkungszusammenhänge von größerer Tragweite, als es mit der Unterscheidung zwischen Vermögens- und Arbeitseinkommen der Fall ist — bei allem Respekt vor der Wichtigkeit ethisch-sozialpolitischer Motive, mit denen man eine besondere steuerliche Belastung des Besitzeinkommens zu rechtfertigen versucht.

---

[82] Ebenda.

[83] Ebenda.

[84] Ebenda, S. 308.

Dritter Abschnitt

Schlußfolgerungen und Empfehlungen aus steuerwirtschaftlicher Sicht

Aus steuer*politischer* Sicht können „(f)ür und gegen die Vermögensteuer ... gute Gründe geltend gemacht" werden[1]. Beschränkt man sich auf eine steuer*wirtschaftliche* Beurteilung der Vermögensteuer, so erweisen sich zahlreiche dieser Argumente als nicht stichhaltig. „Je ‚subjektiver' eine Steuer, je feiner sie anhand der herrschenden wirtschaftspolitischen oder Gerechtigkeitsvorstellungen dosiert werden soll, d. h. je stärker in Geld bewertete Größen wie Erlös, Einkommen, Vermögen oder gar die individuellen Belastungen bzw. Einkommensdispositionen berücksichtigt werden sollen, desto schwieriger ist die Steuerbemessungsgrundlage eindeutig zu ermitteln, desto mehr Rationalität und Abstraktionsvermögen verlangt die Besteuerung von Verwaltung und Steuerzahler"[2]. Diese Erkenntnis legt es u. a. nahe, nicht nur in steuerrechtlicher Hinsicht klare und eindeutige Gesetzesnormen zu schaffen, sondern sich auch vom Aspekt der Zweckmäßigkeit und von der Praktikabilität der Besteuerung aus für diejenige Form der Besteuerung zu entscheiden, der das beste Zeugnis ausgestellt werden kann. Als einen ersten wichtigen Schritt zu einer „guten" Vermögensteuer erachten wir die „Zurückführung der Vermögensteuer auf die Ergänzungsfunktion einer ‚Vorbelastung' des privaten Besitzeinkommens"[3]. Dies kann aber nur die erste Etappe auf dem Wege zu einer sachgemäßen Lösung sein, es sei denn, man beabsichtigte, künftig sämtliche fundierten Einkommen, also nicht nur die Vermögenserträge, höher zu belasten.

Die bisherigen Überlegungen haben unsere Zweifel an der Fortführung der geltenden Vermögensbesteuerung bestätigt und uns in der Überzeugung bestärkt, daß auf die nominelle Vermögensteuer in Zukunft gänzlich verzichtet werden sollte.

---

[1] „Das Ziel: Gerechte Steuern. Dr. (Rudolf) Eberhard zu den Problemen einer Steuerreform". In: Finanznachrichten, Nr. 88 vom 10. April 1969, hrsgg. vom Bundesministerium der Finanzen, Bonn, Anhang 1, S. 2.

[2] Burkhard *Strümpel:* Sozioökonomischer Wandel und die Durchsetzbarkeit der Besteuerung. In: Finanzarchiv, N. F., Bd. 25, Tübingen 1966, S. 442 f.

[3] (Günter *Schmölders*): Leitsätze zur organischen Steuerreform, a.a.O., S. 28.

Der Versuch, die Vermögensteuer mit der bloßen Existenz des Vermögensbesitzes zu rechtfertigen, scheitert nach unserer Auffassung an den heute allgemein anerkannten wirtschaftlichen Grundsätzen der Besteuerung. Auch „(d)em Ziel ..., ... das ‚fundierte‘ Einkommen zusätzlich zu besteuern“, vermag die nominelle Vermögensteuer nicht zu dienen. Um dies zu tun, müßte „das steuerliche Vermögen mit dem Ertragsvermögen identisch sein“[4]. Das ist aber nicht der Fall. Die Rolle, die die Vermögensteuer im Steuersystem spielt, hat sich grundlegend geändert. Deshalb kann eine Fortführung der geltenden Vermögensteuer für natürliche Personen nicht mehr empfohlen werden. Nur wenn sich die Besteuerung des Vermögens wandelt, bleibt sie mit der des Einkommens verwandt. Der *„Ausbau der Einkommens-, Vermögens- und Erbschaftsbesteuerung“* in der gegenwärtigen Form ist überwiegend auf sozialpolitische Erwägungen zurückzuführen[5]. Selbst Neumark deutet diesen Umstand an. Ausschlaggebend ist im Grunde genommen die Frage, ob die Vermögensteuer die Funktionen, die sie erfüllen soll, in einem gewandelten Steuersystem noch erfüllen kann bzw. überhaupt noch erfüllen soll.

Das ändert aber nichts an der Tatsache, daß kurzfristig auf die Vermögensteuer nicht verzichtet werden kann. Zwei Überlegungen legen dies nahe: Abgesehen von der Schwierigkeit, eine Steuer abzuschaffen, ließe sich ein sofortiger Verzicht auf die nominelle Vermögensteuer nur schwer durchsetzen, weil gegenwärtig eine *„Wahlverwandtschaft“ der Vermögensteuer mit der LAG-Vermögensabgabe* besteht, d. h. weil diese beiden Abgaben miteinander gekoppelt sind[6]. „Da die Vermögensabgabe mit dem 31. März 1979 ausläuft, wäre im Rahmen der Erörterungen über die Reform der direkten Steuern zu prüfen, ob aus den oben vorgetragenen Überlegungen in ca. 10 Jahren praktische Konsequenzen zu ziehen seien, und welche gesetzlichen Maßnahmen man diesbezüglich vorsehen könnte. Sodann ist zu beachten, daß die Vermögensteuer eine *Ländersteuer* ist. Aus diesem Grunde lassen sich Reformvorschläge mit Aussicht auf Erfolg nur langfristig verwirklichen. Im Zuge der sogenannten „Finanzreform“ müßte bei Wegfall der Vermögensteuer im Rahmen des bundesstaatlichen Finanzausgleichs ein Ersatz in der Größenordnung von etwa einem Viertel der heutigen Ländersteuern (ca. 6 Prozent der gesamten Ländereinnahmen) gefunden werden. Im Zeitpunkt des möglichen Überganges von der Vermögensteuer zu einer

---

[4] Kurt A. *Herrmann:* Vermögensteuerstatistik. In: Handwörterbuch der Sozialwissenschaften, Bd. 11, Stuttgart, Tübingen, Göttingen 1961, S. 151 (II).

[5] Fritz *Neumark:* Wirtschafts- und Finanzprobleme ..., a.a.O., S. 149.

[6] In diesem Sinne auch Institut „Finanzen und Steuern“: Grundlagen und Möglichkeiten einer organischen Finanz- und Steuerreform, Heft 60, a.a.O., S. 119 (I).

einkommensdifferenzierenden Einkommensteuer — also im Jahre 1979 — würde eine Einnahmelücke in Höhe von ca. 4—5 Milliarden[7] entstehen. Die Hälfte dieser Vermögensteuererträge werden zu diesem Zeitpunkt die natürlichen Personen aufbringen[8]. Alles in allem bleibt aber die Besteuerung des Vermögens auch bei Weiterführung der geltenden Bestimmungen relativ bescheiden. Auch weiterhin würde nur maximal ein Viertel des Volksvermögens mit der Vermögensteuer belastet[9].

Schon diese Tatsache spricht u. E. für ihre Integration in die Einkommensteuer. Ob bis zu diesem Zeitpunkt eine Senkung der Vermögensteuer erfolgen kann, wie es angesichts der starken Zunahmen des Vermögensteueraufkommens u. a. vom Institut „Finanzen und Steuern" schon im Jahre 1962 für vertretbar gehalten wurde[10], sollte ernsthaft geprüft werden. Eine Senkung der Vermögensteuer ließe sich nicht nur rechtfertigen, weil das Aufkommen aus dieser Steuer stark wächst, sondern auch deshalb, weil dieser Schritt einen Ansatzpunkt bilden könnte, um diese Steuer *stufenweise* abzubauen. Damit würde im Interesse der Länderfisci für die Zeit des Inkrafttretens einer neuen Finanz- und Steuerordnung ein organischer Übergang zu einer Neugestaltung der Einkommensteuer geschaffen. Mit derartigen Maßnahmen könnte auch eine Senkung der individuellen „tax burden on existing property" erzielt werden — wohl kaum aber ein vermögenspolitischer Effekt. Änderungen der bestehenden Vermögensbesteuerung zugunsten einer einkommensdifferenzierenden Einkommensteuer müssen sich natürlich auch auf die künftige Gestaltung der Erbschaftsbesteuerung auswirken. Vorschläge, gleichzeitig mit dem Abbau der Vermögensteuer und einem Übergang zu einer „qualifizierten" Einkommensteuer die

---

[7] *Neumark* stellt der „Vermögensbesteuerung für reiche Volkswirtschaften eine nicht ungünstige Prognose" und rechnet sogar damit, „daß die Vermögensteuer einen etwas höheren Anteil als gegenwärtig am Gesamtsteueraufkommen ausmachen wird" (Steuerpolitik in der Überflußgesellschaft, a.a.O., S. 25 f.). Diese Prognose stützt sich jedoch nur auf die quantitative Annahme, daß das Vermögensvolumen zunimmt und sich am bestehenden Besteuerungsmodus nichts wesentliches ändert.

[8] Vgl. dazu die diesbezüglichen Ausführungen zur „inneren" Struktur der Vermögensteuer in meinem Aufsatz zur Entwicklung der Vermögensbesteuerung in den WWI-Mitteilungen, a.a.O. „Diese quantitative Proportion" zwischen beiden Aufkommenshälften erleichtert nach Molitor „den Verzicht auf eine nominelle Vermögensteuer bei natürlichen Personen". Bruno *Molitor:* Vermögensverteilung als wirtschaftspolitisches Problem, a.a.O., S. 151. Vgl. auch die Tabelle auf S. 313 in meinem Aufsatz: Die Entwicklung der Vermögensbesteuerung in der Bundesrepublik Deutschland, a.a.O.

[9] Bodo B. *Gemper:* Die Entwicklung der Vermögensbesteuerung in der Bundesrepublik Deutschland, a.a.O., S. 312 f.

[10] Institut „Finanzen und Steuern" (Hrsg.): Grundlagen und Möglichkeiten einer organischen Finanz- und Steuerreform, a.a.O., Heft 60, S. 119 (I).

Erbschafts- bzw. Nachlaßbesteuerung zu ändern, liegen schon heute vor. Sie können allerdings erst in dem Augenblick konkrete Gestalt annehmen, wenn nach Feststellung der neuen Vermögenseinheitswerte für den 1. 1. 1964 ungefähr ermessen werden kann, wie sich diese Wertansätze auf das Aufkommen aller von Vermögenswerten abhängigen Steuerarten auswirken werden[11].

Die Entwicklung zu einer allgemeinen einkommensdifferenzierenden Einkommensteuer ist abhängig vom Charakter des künftigen Gesamtsteuersystems. Vorschläge für die Ausgestaltung einer solchen Steuer können unseres Erachtens noch nicht gemacht werden. Das hat seinen Grund nicht in erster Linie darin, daß der gegenwärtige Stand der Diskussion um die Steuerreform dies noch nicht erlaubt. Entscheidend ist vielmehr ein anderer Umstand. Gegenwärtig kann nicht einmal gesagt werden, ob es sinnvoll ist, „die Gewichte stärker auf die Erbschaftsteuer als auf die Vermögensteuer zu legen“[12]. Weit wichtiger und problematischer ist die Frage, ob man zu einer Art Vorbelastung sämtlicher fundierter Einkünfte übergehen oder künftig von einer solchen Vorbelastung gänzlich absehen will. „Dabei gilt es ..., die konkrete Situation auf ihre sinnvolle Entwicklung hin zu befragen und die Rechtssätze darauf abzustimmen“[13].

---

[11] Nach einem Gesetzentwurf der deutschen Bundesregierung über die Anwendung und Änderung bewertungsrechtlicher Vorschriften, der am 18. April 1969 vom Kabinett verabschiedet wurde, sollen die neuen Einheitswerte erstmals vom 1. Januar 1972 an der Steuer zugrundegelegt werden. Vgl. Finanznachrichten Nr. 93 vom 23. April 1969, S. 2.

[12] Franz Josef *Strauß:* Interview, gewährt der Wochenzeitung „Deutsches Allgemeines Sonntagsblatt“ über finanz-, steuer- und wirtschaftspolitische Fragen. In: Finanznachrichten, Nr. 101 vom 8. Mai 1969, Anhang 1, S. 4. *Molitor* glaubt, daß durch „den Verzicht auf eine nominelle Vermögensteuer bei natürlichen Personen“ nicht nur „das Steuersystem vereinfacht“, sondern auch „die Erbschaftsteuer ergiebiger“ werde. Bruno *Molitor:* Vermögensverteilung als wirtschaftspolitisches Problem, a.a.O., S. 151. Vom Standpunkt einer sachgemäßen steuerwirtschaftlichen Entscheidung, aber unter realistischer Berücksichtigung des politisch-interessenorientierten Kalküls, neigen wir dazu, einer Regelung das Wort reden zu sollen, bei der auf eine laufende Vermögensteuer gänzlich verzichtet wird. Allerdings sollte dieser Verzicht nicht nur schlechthin einen „Ersatz durch eine wirkungsvolle Erbschaftsteuer, die dann gegebenenfalls zu einer Nachlaßsteuer nach englischem Vorbild ausgebaut werden könnte“, finden (Horst *Jecht,* a.a.O., S. 54). Vielmehr dürfte dieser Schritt nur bei gleichzeitiger Verwirklichung der Konzeption eines solchen Einkommensteuersystems erfolgen, in dem die qualitative Einkommensdifferenzierung in einem höchst möglichen Maße vorangetrieben wird. Auch sollte dabei eine als Nachlaßsteuer ausgestaltete Erbschaftsteuer in ihrer tariflichen Konstruktion nicht hinsichtlich der exzessiven Belastungswirkungen dem britischen Vorbilde folgen, um jedweder Gefahr einer Kapitalvernichtung oder einer unerwünschten und unzweckmäßigen Schmälerung des bestehenden Vermögensfonds schlechthin vorzubeugen.

[13] Walter *Grund:* Im Gedenken an Enno Becker, den Schöpfer der Reichsabgabenordnung. In: Deutsche Steuer-Zeitung, Ausgabe A, Heidelberg (15. Mai) 1969, S. 146.

Den Durchbruch zu einem modernen in sich harmonisch abgestimmten Steuersystem zu wagen und dabei auch die Vermögensbesteuerung zu reformieren, bleibt den Parlamentariern des 6. Deutschen Bundestages vorbehalten, die nunmehr vor der großen Aufgabe stehen, dafür zu sorgen, „... das überkommene Steuersystem und die einzelnen Steuern den veränderten Erfordernissen der Konjunkturpolitik, der Wachstumspolitik, der Strukturpolitik und der Einkommenspolitik anzupassen ...“[14]. Es ist zu hoffen, daß auch die Regierung die notwendige „Kraft zur politischen Entscheidung“[15] aufbringt, eine derartige Reform durchsetzen zu können, die von sachfremden Kompromissen weitestgehend frei ist.

---

[14] Karl M. *Hettlage:* Wirtschaftsordnung und Steuerpolitik. In: Steuerberater-Jahrbuch 1965/66, Köln 1966, S. 74.

[15] Ebenda.

Literatur

Ackermann, Achilles: Bedeutung und Grenzen der wirtschaftlichen Betrachtungsweise im Einkommens- und Vermögenssteuerrecht, Winterthur 1963.

Albers, Willi: Vermögensbesteuerung. In: Public Finance, Vol. XV, No. 3/4, The Hague 1960, p. 220 ff.

— Steuer- und Finanzprobleme in einem Gemeinsamen Markt. In: Handbuch der Finanzwissenschaft, Vierter Band, Tübingen 1965, S. 349 ff.

— Preisliche Wirkungen der Besteuerung. In: Finanzarchiv, N.F., Bd. 16, Tübingen 1955/56, S. 227 ff.

— Die Berücksichtigung der Leistungsfähigkeit in der deutschen Einkommensteuer. In: Finanzarchiv, N. F., Bd. 18, Tübingen 1957/58, S. 423 ff.

Albert, Hans: Wissenschaft und Politik. Zum Problem der Anwendbarkeit einer wertfreien Sozialwissenschaft. In: Probleme der Wissenschaftstheorie, Festschrift für Victor Kraft, Wien 1960, S. 201 ff.

— Marktsoziologie und Entscheidungslogik. Ökonomische Probleme in soziologischer Perspektive (Soziologische Texte, Bd. 36), Neuwied am Rhein und Berlin 1967.

— Rationaliät und Wirtschaftsordnung. Grundlagenprobleme einer rationalen Ordnungspolitik. In: Gestaltungsprobleme der Weltwirtschaft, Festschrift für Andreas Predöhl, Göttingen 1964, S. 86 ff.

Amberg, Hans-Ulrich: Grundsätze sozialistischer Finanzpolitik (Diss. Zürich), Winterthur 1953.

Amonn, Alfred: Grundsätze der Finanzwissenschaft, erster (allgemeiner) Teil, Bern 1947.

— Grundsätze der Finanzwissenschaft, Zweiter (besonderer) Teil, Bern 1953.

— Gerechtigkeit und Zweckmäßigkeit in der Besteuerung. In: Probleme der öffentlichen Finanzen und der Währung, Festgabe für Eugen Grossmann, Zürich 1949, S. 3 ff.

— Das Lohnproblem, zweite, erweiterte Auflage, Bern 1945.

Andreae, Wilhelm: Bausteine zu einer universalistischen Steuerlehre, Jena 1927.

— Die Zukunft der Ertragsbesteuerung unter wirtschaftspolitischem Gesichtspunkt. In: Beiträge zur Finanzwissenschaft, Bd. II, Festgabe für Georg von Schanz zum 75. Geburtstag, Tübingen 1928, S. 350 ff.

— Wirtschaftssystem und Steuerreform. In: Finanzarchiv, N. F., Bd. 12, Tübingen 1950/51, S. 392 ff.

Ayres, C. E.: The Industrial Economy. Its Technological Basis and Institutional Destiny, Cambridge (USA) 1952.

Bellstedt, Christoph: Die Steuer als Instrument der Politik. Eine vergleichende Untersuchung der Steuerpolitik in den USA und Deutschland, Berlin 1966.

Bickel, Wilhelm: Die Vermögenssteuern in der Schweiz. In: Public Finance, Vol. XV, No. 3/4, The Hague 1960, S. 246 ff.

— Die Steuer als Instrument des Einkommens- und Vermögensausgleichs. In: Probleme der öffentlichen Finanzen und der Währung, Festgabe für Eugen Grossmann, Zürich 1949, S. 15 ff.

Blencke, H.: Ermessensentscheidungen im Steuerrecht. In: Neue Wirtschaftsbriefe, Fach 2, Allgemeines Steuerrecht, Herne und Berlin 1967, S. 1507 ff.

Blumenstein, Ernst: System des Steuerrechts. (Grundriß des Schweizerischen Steuerrechts, Bd. I), zweite neubearbeitete Auflage, Zürich 1951.

— Das statische und das dynamische Moment in der schweizerischen Steuergesetzgebung. In: Probleme der öffentlichen Finanzen und der Währung, Festgabe für Eugen Grossmann, Zürich 1949, S. 31 ff.

— Ein schweizerisches Steuersystem. Juristische Betrachtungen zur eidgenössischen Finanzreform. In: Vierteljahrsschrift für Schweizerisches Abgaberecht, Bern 1920, S. 3 ff.

— Die Steuer als Rechtsverhältnis. In: Beiträge zur Finanzwissenschaft, Bd. II, Festgabe für Georg von Schanz zum 75. Geburtstag, Tübingen 1928, S. 1 ff.

— Die Auslegung der Steuergesetze in der schweizerischen Rechtsprechung. In: Archiv für schweizerisches Abgaberecht, N. F. der Vieteljahrsschrift für schweizerisches Abgaberecht, Bd. 8, Bern 1939, Heft 5/6, S. 161 ff.; Heft 7, S. 225 ff.; Heft 8, S. 273 ff.

Blumenstein, Irene: Die allgemeine eidgenössische Wehrsteuer unter Berücksichtigung der gesamten Rechtsprechung betreffend die direkten Bundessteuern, Zürich 1943.

— Die Steuergerechtigkeit in der Rechtsordnung. In: Archiv für schweizerisches Abgaberecht, N. F., 9. Bd., H. 8, Bern 1940, S. 273 ff.

— Rechtsstaatliche Ausgestaltung und Anwendung der Steuer. In: Archiv für schweizerisches Abgaberecht, N. F., 25. Bd., H. 8 und 9, Bern 1957, S. 273 ff. sowie S. 337 ff.

— Das Steuerrecht im Rechtsstaat. In: Monatsschrift für Bernisches Verwaltungsrecht und Notariatswesen, Bd. 57, H. 3 und 4, Bern 1959, S. 65 ff. und 113 ff.

— Das Bundessteuerrecht auf Grund des Bundesbeschlusses über die verfassungsmäßige Neuordnung des Bundesfinanzhaushaltes. In: Archiv für schweizerisches Abgaberecht, N. F., Bd. 27, H. 3, Bern 1958, S. 81 ff.

— Zur Frage der Vermögensgewinnbesteuerung bei Grundstücktausch. In: Monatsschrift für Bernisches Verwaltungsrecht und Notariatswesen, Bd. 59, Nr. 6, Bern 1961, S. 177 ff.

Böhm, Franz: Die Ordnung der Wirtschaft als geschichtliche Aufgabe und rechtsschöpferische Leistung, Stuttgart und Berlin 1937.

Boesler, Felix (Hrsg.): Deutsche Finanzpolitik, (Volk u. Wirtschaft, Neue Lesestücke zur pol. Ökonomie, H. 4) Berlin 1935.

Brandt, Willy: Das Regierungsprogramm der SPD. Außerordentlicher Kongreß der SPD, Bonn (28. April) 1961.

Bräuer, Karl: Umrisse und Untersuchungen zu einer Lehre vom Steuertarif, Jena 1927.

Bräuer, Karl: Versuch einer Neugruppierung der Steuerformen. In: Beiträge zur Finanzwissenschaft, Bd. II, Festgabe für Georg von Schanz zum 75. Geburtstag, Tübingen 1928, S. 158 ff.

Britzelmayr, Wilhelm: Vermögenssteuer oder Nachlaßsteuer? Eine Forschung über die Methoden der gleichmäßigen Erfassung des fundierten und unfundierten Einkommens ..., München 1929.

Brockerhoff, Erna: Die Harmonisierung der Ausgabensteuern im Deutschen Zollverein mit einem Ausblick auf die Probleme der Ausgabensteuerharmonisierung in der EWG (Diss. rer. pol.), Mainz 1963.

Bühler, Ottmar: Prinzipien des Internationalen Steuerrechts. Ein systematischer Versuch, Amsterdam 1964.

Bühler, Ottmar, *Stickrodt,* Georg: Steuerrecht. Grundriß in zwei Bänden, 3. neubearbeitete Auflage, Bd. I, Allgemeines Steuerrecht, Wiesbaden 1960.

Büsche, Manfred: Die Entwicklung der Grundstücksbesteuerung seit der Realsteuerreform (Diss. jur.), Köln 1954.

Bundesverfassungsgericht, Urteil vom 19. Oktober 1967 über die Verfassungsbeschwerde von Prof. Ernst Forsthoff sowie vom 30. Oktober 1967 im Verfahren über die Verfassungsbeschwerde gegen die Allgemeinverbindlichkeitserklärung eines Tarifvertrages über die Gewährung vermögenswirksamer Leistungen zugunsten gewerblicher Arbeitnehmer.

Bundesministerium der Finanzen (Hrsg.): Finanzbericht(e verschiedener Jahrgänge). Die volkswirtschaftlichen Grundlagen und die wichtigsten finanzwirtschaftlichen Probleme des Haushaltsplanes der Bundesrepublik Deutschland, Bonn.

— Organische Steuerreform. Bericht des Wissenschaftlichen Beirates beim Bundesministerium der Finanzen an den Bundesminister der Finanzen, Bonn 1953.

— Untersuchungen zum Einkommensteuerrecht unter besonderer Berücksichtigung textkritischer, rechtssystematischer und verfassungsrechtlicher Gesichtspunkte. Bericht der Einkommensteuer-Kommission. Schriftenreihe des Bundesministeriums der Finanzen, Heft 7, Bonn (1963).

— Gutachten zur Reform der direkten Steuern (Einkommensteuer, Körperschaftsteuer, Vermögensteuer und Erbschaftsteuer) in der Bundesrepublik Deutschland, erstattet vom Wissenschaftlichen Beirat beim Bundesministerium der Finanzen (Neumark-Gutachten). Schriftenreihe des Bundesministeriums der Finanzen, Heft 9, Bad Godesberg 1967.

Bundesregierung: Förderung des gewerblichen Mittelstandes und der freien Berufe. Regierungserklärung über eine zusammenfassende Initiative der Bundesregierung. In: Bulletin des Presse- und Informationsamtes der Bundesregierung, Nr. 96, Bonn (26. Mai) 1961, S. 919 ff.

Bund der Steuerzahler, Präsidium: Vermögensteuer. Einzeldarstellung(en) des Bundes der Steuerzahler, Nr. 57, 1960.

— Schreiben an die Herren Vorsitzenden des Rechtsausschusses und des Finanzausschusses. Herrn Dr. Wilhelmi, MdB und Herrn Dr. Schmidt, MdB. Wiesbaden (19. Sept.) 1968, mit einer Anlage: Finanz-Verfassung.

Calmann, Hanns Maximilian: Die Finanzpolitik der Deutschen Sozialdemokratie 1867—1914, München 1922.

Callmann, Rudolf: Rechtsvereinheitlichung durch Richterrecht im Gemeinsamen Markt: Die Generalklauseln des Wirtschaftsrechtes. In: Wirtschaft und Wettbewerb, Jg. 11, Heft 11/12, 1961, S. 778 ff.

Canard, N. F.: Grundsätze der Staatswirtschaft (Principes d'Economie Politique), mit einer interpretierenden Einleitung von Prof. Dr. W. G. Waffenschmidt, deutsch—französisch, Stuttgart 1958.

CDU/CSU (Hrsg.): Eine gesunde Wirtschaft dient allen — Heute und in Zukunft. Bericht an das Plenum des Wirtschaftstages der CDU/CSU, 99 Thesen, Düsseldorf (8. und 9. Juli) 1965.

— Die Wirtschaft in der politischen Verantwortung, Leitsätze des Wirtschaftstages der CDU/CSU, Wirtschaftstag der CDU/CSU 1967, Bonn (26. und 27. Januar) 1967.

CDU, Bundesgeschäftsstelle der ... (Hrsg.): CDU, berliner programm, Bonn 1968.

Celio, Nello: Grundsätze der Finanz- und Steuerpolitik. Vortrag. Neue Zürcher Zeitung, Fernausgabe Nr. 262 vom 24. 9. 1968, S. 37.

Central Office of Information: The British System of Taxation, revised June 1958, London and Southampton 1958.

— The British System of Taxation. Reference Pamphlet 10, London 1965.

Coing, Helmut: Geschichte und Bedeutung des Systemgedankens in der Rechtswissenschaft. Frankfurter Universitätsreden, Heft 17, S. 26 ff., Frankfurt/M. 1956.

— Zur Geschichte des Privatrechtssystems. Frankfurt/M. 1962.

Cohn, G.: Income and Property Taxes. In: Political Science Quarterly, Vol. IV, No. 1, New York 1889.

Colm, Gerhard: Wirtschaftsverfassung, Finanzwirtschaft und Finanzwissenschaft. In: Finanzarchiv, N. F., Bd. 19, Tübingen 1958/59, S. 15 ff.

— Volkswirtschaftliche Theorie der Staatsausgaben. Ein Beitrag zur Finanztheorie. Tübingen 1927.

Colm, Gerhard und *Neisser,* Hans (Hrsg.): Kapitalbildung und Steuersystem. Verhandlungen und Gutachten der Konferenz von Eilsen. Erster Teil, Bd. 3; Zweiter Teil, Bd. 4 der Veröffentlichungen der Friedrich-List-Gesellschaft e. V., Berlin 1930.

Dalton, Hugh: Einführung in die Finanzwissenschaft, Berlin 1926.

— Principles of Public Finance, 4. verbesserte und neu gesetzte Auflage (25. Impression), London 1955.

Detiger, J. G.: Taxes and Property. In: Public Finance, Vol. XV, No. 3/4, The Hague 1960, p. 288 ff.

Deutscher Gewerkschaftsbund (DGB), Bundesvorstand: Vorschläge des DGB zur Steuerpolitik für den 5. Deutschen Bundestag, Düsseldorf, im April 1966.

Diehl-Mombert: Grundsätze der Besteuerung. Ausgewählte Lesestücke zum Studium der politischen Ökonomie, XIII. Band, Jena 1922.

Dresdner Bank (Hrsg.): Vermögensteuer, Mehrwertsteuer, Kapitalverkehrsteuern, Wechselsteuer, Grunderwerbsteuer 1969. Bearbeitet von Gerd Maier, Hannover - Westerfeld 1969.

Dresdner Bank (Hrsg.): Einkommensteuer 1966, Körperschaftsteuer, Gewerbesteuer. Bearbeitet von Karl-Heinz Lehmann, Mondorf/Rhein 1967.

Eckhardt, Walter: Grundsatzfragen der Steuerpolitik aus der Sicht des steuerlichen Beraters. In: Steuer und Wirtschaft, 44. Jg., Nr. 5, München 1967, S. 250 ff.

E F Z D: Eidgenössisches Finanz- und Zolldepartement: Probleme einer konjunkturgerechten Finanzpolitik, Bericht vom Juli 1956 der Studienkommission für konjunkturpolitische Maßnahmen im Rahmen der Neuordnung des Finanzhaushaltes. Schriften zur Neuordnung der Bundesfinanzen, Heft 5, Basel 1956.

Eheberg, K. Th. v.: Zwecksteuern. In: Handwörterbuch der Staatswissenschaften, vierte, gänzlich umgearbeitete Auflage, 8. Bd., Jena 1928, S. 1232 ff.

Ehrlicher, Werner: Geldkapitalbildung und Realkapitalbildung, Tübingen 1956.

— Probleme langfristiger Strukturwandlungen des Kapitalstocks. In: Schriften des Vereins für Sozialpolitik, N. F., Bd. 30/II, Verhandlungen auf der Tagung des Vereins für Socialpolitik, Gesellschaft für Wirtschafts- und Sozialwissenschaften in Luzern 1962, Berlin 1964.

— Die deutsche Finanzpolitik seit 1924. Institut „Finanzen und Steuern", Heft 65, Bonn am Rhein 1961.

— Wandlungen der Steuerordnungen. In: Finanzarchiv, N. F., Bd. 27, Tübingen 1968, S. 49 ff.

Eichhorn, Robert: Die ehemaligen Vermögensabgaben im Deutschen Reiche, Jena 1925.

Eigner, Richard M.: Einkommen-, Vermögen- und Ausgabensteuern in Indien. „Finanzpolitik in Entwicklungsländern", Schriftenreihe des Forschungsinstitutes der Friedrich-Ebert-Stiftung, A. Sozialwissenschaftliche Schriften, Hannover 1965, S. 211 ff.

Eisenstein, Louis: The Ideologies of Taxation, New York 1961.

Enneccerus, Ludwig: Vermögensteuer, fundirte Einkommensteuer, oder Erbschaftsteuer. Marburg 1893.

Erzberger, Matthias: Reden zur Neuordnung des deutschen Finanzwesens, Berlin 1919.

Esser, J.: Gesetz über den Lastenausgleich. Eine kritische Betrachtung der Abgabenseite. Institut „Finanzen und Steuern", Heft 23, Bonn am Rhein o. J. (1952).

Esser, J., *Sturm,* H. C. M.: Die heutige Steuerbelastung der gewerblichen Wirtschaft. Institut „Finanzen und Steuern", Heft 26, Bonn am Rhein o. J. (1953).

Etzel, Franz: Steuerreform und Haushaltsentwicklung. In: Die deutsche Wirtschaft an der Jahreswende 1958/1959. Der Volkswirt, Wirtschafts- und Finanzzeitung, Nr. 51/52, Frankfurt am Main 1958, S. 35 ff.

Eucken, Walter: Grundsätze der Wirtschaftspolitk. Herausgegeben von Edith Eucken-Erdsiek und K. Paul Hensel, Bern und Tübingen 1952.

Europäische Wirtschaftsgemeinschaft, Kommission (Hrsg.): *Inventar der Steuern,* die in den Mitgliedstaaten der Europäischen Wirtschaftsgemeinschaft zugunsten der Staaten und ihrer Unterverbände (Länder, Departements, Regionen, Provinzen, Gemeinden) erhoben werden mit Tabellen über das Aufkommen in den Jahren 1961 und 1962, Ausgabe 1965, insbes.: Hauptgruppe I, Abschnitt 5: Vermögensteuern, (Brüssel) 1965.

— Vertrag zur Gründung der Europäischen Wirtschaftsgemeinschaft, Schlußakte. In: BGBl. II, 1957, S. 755 ff., insbes. 766—903.

Europäische Wirtschaftsgemeinschaft, Kommission (Hrsg.): Memorandum der Kommission über das Aktionsprogramm der Gemeinschaft für die zweite Stufe, Brüssel (24. Oktober) 1962.

Europäische Wirtschaftsgemeinschaft, Europäische Atomgemeinschaft (Hrsg.): Stellungnahme (des Wirtschafts- und Sozialausschusses der Europäischen Wirtschaftsgemeinschaft) zu dem Memorandum der Kommission über das Aktionsprogramm der Gemeinschaft für die zweite Stufe, (Brüssel) (Januar) 1964.

— Bericht des Steuer- und Finanzausschusses (Brüssel) 1962 (EWG-Neumark-Bericht).

— Generalsekretariat der Kommssion der Europäischen Gemeinschaften (Hrsg.): Programm der Steuerharmonisierung und Programm für die Harmonisierung der direkten Steuern, Sonderbeilage zum Bulletin 8—1967, Brüssel 1967.

Faehling, Jürgen: Die Eigentumsgewährleistung durch Art. 14 des Grundgesetzes als Schranke der Besteuerung (Diss. jur.), Hamburg 1965.

Fecher, Hans: Buchbesprechung zu: *Tiepelmann,* Klaus: Die Problematik der Vermögensteuer. In: Finanzarchiv, N. F., Bd. 25, Tübingen 1966, S. 522 ff.

Felix, Günther: Praktikabilitätserwägungen als Auslegungsgrundsatz im Steuerrecht. In: Von der Auslegung und Anwendung der Steuergesetze, Stuttgart 1968, S. 124 ff.

Fischer, Peter: Sozialpolitik und direkte Steuern in der Bundesrepublik (Diss. rer. pol.), Erlangen - Nürnberg 1962.

Fitting, Karl, *Hentrich,* Ulrich: Das Zweite Vermögensbildungsgesetz. Erläuterungen für die Praxis, Bonn 1965.

Flume, Werner: Steuergutachten läßt viele Fragen offen. Kritik an den Vorschlägen des Wissenschaftlichen Beirats. In: Handelsblatt, Nr. 152 vom 9. August 1967, S. 3.

— Der gesetzliche Steuertatbestand und die Grenztatbestände in Steuerrecht und Steuerpraxis. In: G. *Thoma,* O. H. *Zacharias,* N. *Niemann* (Hrsg.): Steuerberater-Jahrbuch 1967/68, zugleich Bericht über den XIX. Fachkongreß der Steuerberater der Bundesrepublik Deutschland, Köln, 13. bis 15. November 1967, Köln 1968, S. 63 ff.

Föhl, Carl: Kritik der progressiven Einkommensbesteuerung. In: Finanzarchiv, N. F., Bd. 14, Tübingen 1953/54, S. 88 ff.

— Das Steuerparadoxon. In: Finanzarchiv, N. F., Bd. 17, Tübingen 1956/57, S. 1 ff.

— Über die Möglichkeiten einer Beeinflussung der Vermögensbildung und ihrer Verteilung. In: Finanzarchiv, N. F., Bd. 19, Tübingen 1958/59, S. 132 ff.

Föhl, Carl: Ursachen und Beeinflußbarkeit der Vermögenskonzentration. In: Die Konzentration in der Wirtschaft, Schriften des Vereins für Socialpolitik, N. F., Bd. 22, Berlin 1961, S. 156 ff.

— Kreislaufanalytische Untersuchung der Vermögensbildung in der Bundesrepublik und der Beeinflußbarkeit ihrer Verteilung. Gutachten, erstellt im Auftrage des Bundeswirtschaftsministeriums unter Mitarbeit von Manfred Wagner und Leo Kowalski, Tübingen 1964.

Forsthoff, Ernst: Der Entwurf eines Zweiten Vermögensbildungsgesetzes. Eine verfassungsrechtliche Würdigung. In: Der Betriebs-Berater, H. 10, Heidelberg 1965, S. 381 ff.

„Frankfurter Allgemeine“, Zeitung für Deutschland: Die Sozialdemokraten legen ihren Finanzierungsplan vor, D-Ausgabe, Nr. 108 vom 10. Mai 1961, S. 1.

— Regierungserklärung zur Mittelstandspolitik, D-Ausgabe, Nr. 120 vom 26. Mai 1961, S. 29.

Frickhöffer, Wolfgang: Diskussionsbeiträge zu: Die Stunde der Wahrheit für die Finanzpolitik. In: Marktwirtschaft meistert die Zukunft, Aktionsgemeinschaft Soziale Marktwirtschaft, Tagungsprotokoll Nr. 29, Ludwigsburg 1968.

Friedrich-Ebert-Stiftung (Hrsg.): Wirtschafts- und Finanzpolitik in den Entwicklungsländern, Schriftenreihe des Forschungsinstituts der Friedrich-Ebert-Stiftung, A. Sozialwissenschaftliche Schriften, Hannover 1965.

— Wirtschafts- und Finanzpolitik im Gemeinsamen Markt, Schriftenreihe der Forschungsstelle der Friedrich-Ebert-Stiftung, A. Sozialwissenschaftliche Schriften, Hannover 1963.

— Zur Finanzreform in der Bundesrepublik Deutschland. Tatsachen, Probleme und Möglichkeiten, Schriftenreihe des Forschungsinstituts der Friedrich-Ebert-Stiftung, A. Sozialwissenschaftliche Schriften, Hannover 1964.

Fux, Boleslav: Die Vermögenssteuer. In: Handbuch der Finanzwissenschaft. zweiter Band, Tübingen 1927, S. 133 ff.

Fuisting B(ernhard): Grundzüge der Steuerlehre, Berlin 1902.

Friedrichs, Karl: Das System des Abgabenrechts. In: Vierteljahresschrift für Steuer und Finanzrecht, 1. Jg., 1927, S. 713 ff.

Galbraith, John Kenneth: Gesellschaft im Überfluß, München - Zürich 1958.

— Die moderne Industriegesellschaft, München/Zürich 1968.

— The New Industrial State. 2nd ed., London 1967.

Gamradt, Fritz: Probleme der Vermögensabgabe nach dem Lastenausgleichsgesetz (Diss rer. pol.), Köln 1956.

Gassmann, Hansruedi: Probleme der Vermögensabgabe (Diss. rer. pol.), Winterthur 1954.

Gast, Georg, *Klein,* Friedrich: Gutachten über die wirtschaftliche Zweckmäßigkeit und rechtliche Zulässigkeit der Zusatzbesteuerung. In: Schriftenreihe des Instituts „Finanzen und Steuern“ (Hrsg.), Heft 18, Bonn am Rhein (1952).

Gemper, Bodo B.: Ein historischer Vergleich der britischen, deutschen und eidgenössischen Einkommensteuer. Unveröffentlichtes Manuskript, 1965.

— 50 Jahre schweizerische Bundessteuerverwaltung, 1918—1968. In: Finanzarchiv, Bd. 27, N. F., Heft 3, Tübingen 1968, S. 521 ff.

— Das Nationalbudget — ein Mittel planvoller Wirtschaftspolitik. In: Gewerkschaftliche Monatshefte (Zeitschrift für soziale Theorie und Praxis), Heft 6, Köln 1968, S. 325 ff.

— Die Entwicklung der Vermögensbesteuerung in der Bundesrepublik Deutschland. In: Wirtschaftswissenschaftliche Mitteilungen (WWI-Mitteilungen), H. 11, Köln (November) 1969, S. 306 ff.

Gentz, Manfred: Zur Verhältnismäßigkeit von Grundrechtseingriffen. In: Neue Juristische Wochenschrift. 21. Jg., Heft 35, München und Frankfurt/Main 1968, S. 1600 ff.

George, Henry: Fortschritt und Armut, Düsseldorf/Wien 1961.

Gerloff, Wilhelm: Steuerwirtschaftslehre. In: Handbuch der Finanzwissenschaft, Bd. 1, Tübingen 1926, S. 436 ff.

— Die öffentliche Finanzwirtschaft, Bd. 1, Allgemeiner Teil, zweite, neubearbeitete Auflage, Frankfurt am Main 1948. Bd. II, Praktischer Teil, Frankfurt am Main 1950.

— Steuerwirtschaftslehre. In: Handbuch der Finanzwissenschaft, Band 2, Tübingen 1956, S. 239 ff.: VIII Die Steuern, A. Allgemeine Steuerlehre.

— Die Rechtfertigung der Besteuerung. In: Beiträge zur Finanzwissenschaft, Festgabe für Georg von Schanz zum 75. Geburtstag, Bd. II, Tübingen 1928, S. 141 ff.

Gerster, Max: Die Bewertung von Vermögenskomplexen, insbesondere die Bestimmung des Volksvermögens (Diss. rer. pol.), Winterthur 1963.

Giacometti, Ziaccaria; *Fleiner,* Fritz: Schweizerisches Bundesstaatsrecht, Zürich 1965.

Giersch, Herbert: Rationale Wirtschaftspolitik in der pluralistischen Gesellschaft. In: Erich Schneider (Hrsg.): Rationale Wirtschaftspolitik und Planung in der Wirtschaft von heute. Schriften des Vereins für Socialpolitik, N. F., Bd. 45, Berlin 1967, S. 113 ff.

Gleitze, Bruno: Sozialkapital und Sozialfonds als Mittel der Vermögenspolitik. Beiträge zur Frage der überbetrieblichen Ertragsbeteiligung für die Vermögensbildung der Arbeitnehmer, Köln 1968.

— Lohnpolitik und Vermögensverteilung. In: Sozialer Fortschritt. Unabhängige Zeitschrift für Sozialpolitik, 6. Jg., Berlin und München 1957, S. 53 ff.

— Die lohnpolitische Situation. In: Konjunkturpolitik, Zeitschrift für angewandte Konjunkturforschung, 3. Jg., Berlin 1957, S. 1 ff.

— Sieben Sonderdrucke von Vorträgen und Aufsätzen 1957—1967, (Köln) 1968.

— Verbesserte Ausgangslage für Konjunktur 1968. In: WWI-Mitteilungen, XX Jg., Heft 12, Dezember 1967, S. 310 ff.

Görgens, Hartmut: Gemeindeeinkommensteuer versus Gemeindeumsatzsteuer (Diss. rer. pol.), Köln 1968.

Grossmann, Eugen: Die Vermögensteuer. In: Handbuch der Finanzwissenschaft, zweite, völlig neubearbeitete Auflage, Bd. 2, Tübingen 1953, S. 524 ff.

Grund, Walter: Im Gedenken an Enno Becker, den Schöpfer der Reichsabgabenordnung. In: Deutsche Steuer-Zeitung, Ausgabe A, Heidelberg (15. Mai) 1969, S. 145 ff.

Gutachterausschuß Vermögensteuerschätzung: Das künftige Vermögensteueraufkommen in der Bundesrepublik Deutschland. Gutachten im Auftrage der Bundesregierung, Bonn 1966.

Häuser, Karl: Die steuerliche Beeinflussung der Einkommens- und Vermögenskonzentration in der Bundesrepublik. In: Die Konzentration in der Wirtschaft, Bd. 2, Ursachen der Konzentration, Schriften des Vereins für Socialpolitik, N. F., Berlin 1960, S. 1097 ff.

Hagemann, Günter: Aufkommenselastizität ausgewählter Steuern in der Bundesrepublik Deutschland 1950—1963. Kieler Studien, Forschungsberichte des Instituts für Weltwirtschaft an der Universität Kiel (85), Tübingen 1968.

Haller, Heinz: Finanzpolitik. Grundlagen und Hauptprobleme, 3., überarbeitete und ergänzte Auflage. Tübingen und Zürich 1965.

— Die Steuern. Grundlinien eines rationalen Systems öffentlicher Abgaben, Tübingen 1964, 431 S.

— Zur Problematik eines rationalen Steuersystems. In: Kieler Vorträge, N. F., H. 41, Kiel 1965.

— Probleme der Harmonisierung der Finanz- und Steuerpolitik im Gemeinsamen Markt. In: Wirtschafts- und Finanzpolitik im Gemeinsamen Markt. Schriftenreihe der Forschungsstelle der Friedrich-Ebert-Stiftung, (A), Hannover 1963, S. 57 ff.

Hansen, Bent: Aspects of Property Taxation. A General Report. In: Impôts sur la Fortune y inclus Droits de Succession — Debt Management, Institut International des Finances Publiques, Congrès de Zurich 1960, Bruxelles 1962, p. 1 ff.

Hartfiel, Günter: Wirtschaftliche und soziale Rationalität. Untersuchungen zum Menschenbild in Ökonomie und Soziologie, Stuttgart 1968.

Haubrichs, Wilhelm: Die wirtschaftliche Betrachtungsweise im Steuerrecht. Schriften des Karl-Bräuer-Instituts des Bundes der Steuerzahler, Heft 2, Wiesbaden 1966.

v. Hayek, Friedrich A.: Wirtschaft, Wissenschaft und Politik. Freiburger Universitätsreden, N. F., Heft 34, Freiburg im Breisgau 1963.

— Die Verfassung eines freien Staates. Referat für die Tagung der Mont Pelèrin Society zu Vichy, September 1967. In: ORDO, Jahrbuch für die Ordnung von Wirtschaft und Gesellschaft, Bd. XIX, Düsseldorf und München 1968 (Separatum).

— Wahrer und falscher Individualismus. In: ORDO, Jahrbuch für die Ordnung von Wirtschaft und Gesellschaft, Bd. I (Düsseldorf und München) 1948, S. 19 ff.

Heckel, Max von: Lehrbuch der Finanzwissenschaft, Bd. 1, Leipzig 1907. Bd. 2, Leipzig 1911.

Hedtkamp, Günter: Das ökonomisch rationale Steuersystem. In: Weltwirtschaftliches Archiv, Band 86 (1961 I), Hamburg 1961, S. 232 ff.

— Lehrbuch der Finanzwissenschaft. Neuwied und Berlin 1968.

Heidrich, Paul: Die Lehre von den obersten Steuerprinzipien. Ein Beitrag zur Theorie der öffentlichen Wirtschaft, Jena 1929.

Helmstädter, Ernst: Der Kapitalkoeffizient. Eine kapitaltheoretische Untersuchung, Stuttgart 1969.

Herden, Günter: Der Vermögensbegriff im Steuerrecht (Diss rer. pol.), Würzburg-Aumühle 1940.

Herkner, Heinrich (Hrsg. im Auftrag des Vereins für Socialpolitik): Die Neuordnung der deutschen Finanzwirtschaft.
Erster Teil, München und Leipzig 1918.
Zweiter Teil, München und Leipzig 1918.
Dritter Teil, München und Leipzig 1918.

Herkner, Heinrich: Steuernotwirtschaft, Steuerreform und Finanzausgleich (1925). Kieler Vorträge, Heft 15, Jena 1926.

Herrmann, Kurt A.: Vermögensteuerstatistik. In: Handwörterbuch der Sozialwissenschaften, Bd. 11, Stuttgart, Tübingen, Göttingen 1961, S. 148 ff.

Herschel, Wilhelm: Zu einer Kritik am Regierungsentwurf des Zweiten Vermögensbildungsgesetzes. In: Sozialer Fortschritt. Unabhängige Zeitschrift für Sozialpolitik, H. 6, Bonn 1965, S. 125 ff.

Herz, Hubertus: Theorie der Substanzbesteuerung, Berlin 1938.

Hettlage, Karl M.: Die Finanzverfassung im Rahmen der Staatsverfassung. In: Veröffentlichungen der Vereinigung der Deutschen Staatsrechtslehrer, Heft 14, Berlin 1956, S. 2 ff.

— Wirtschaftsordnung und Steuerpolitik. In: *Thoma,* G.; *Zacharias,* O. H.; *Niemann,* U. (Hrsg.): Steuerberater-Jahrbuch 1965/66, zugleich Bericht über den XVII. Fachkongreß der Steuerberater der Bundesrepublik Deutschland, Köln, 25. bis 27. Oktober 1965, Köln 1966, S. 55 ff.

Higy, Camille: Betrachtungen zum schweizerischen Steuersystem. In: Festschrift für Irene Blumenstein, Beilage zum 34. Band des Archivs für Schweizerisches Abgaberecht, Bern 1966, S. 9 ff.

— Erbschaftssteuer und Kapitalverkehrssteuern in der Schweiz. In: Institut International de Finances Publiques, Congrès de Zurich 1960, Bruxelles 1962.

Höhnen, Wilfried: Die vermögenspolitischen Gesetze und Maßnahmen in der Bundesrepublik Deutschland. Entwicklung, Ergebnisse und kritische Beurteilung (Diss. rer. pol.), Köln 1968.

Horowski, Werner: Was vom Lastenausgleich noch gilt. Vermögensabgabe bis 1979. Zusammenstellung und Kommentierung aller nach der Veranlagung noch wichtigen Bestimmungen. Zweite, nach dem Stand vom März 1965 neubearbeitete Auflage. Stuttgart, München, Hannover (1965).

Huber, Ernst Rudolf: Wirtschaftsverwaltungsrecht, zweiter Bd., zweite, neubearbeitete und erweiterte Auflage, Tübingen 1954.

Hüllmann, Karl Dietrich: Ursprünge der Besteuerung, Cöln 1818.

Imboden, Max: Die verfassungsrechtliche Gewährleistung des Privateigentums als Schranke der Besteuerung. In: Archiv für Schweizerisches Steuerrecht, Bd. 29, Bern 1960/61, S. 2 ff.

Institut „Finanzen und Steuern": Finanz- und Steuerfragen in der Europäischen Wirtschaftsgemeinschaft — Abschaffung der Vermögensteuer im Rahmen der Steuerharmonisierung —, Brief Nr. 83, Bonn 1966.

— Grundlagen und Möglichkeiten einer organischen Finanz- und Steuerreform, Heft 30, Bonn am Rhein o. J. (1954).

— Europäische Wirtschaftsgemeinschaft und Steuerpolitik. Eine Einführung, Heft 52, Bonn am Rhein 1957.

— Grundlagen und Möglichkeiten einer organischen Finanz- und Steuerreform. Zur Neuordnung der Finanzverfassung und des Steuersystems, Heft 80, Bonn am Rhein 1966.

— Vermögensteuer und Gewerbeabgaben in den Mitgliedstaaten der EWG, Heft 82, Bonn am Rhein 1965.

— Verfassungswidrige Besteuerung des Grundbesitzes (Brief 71), Bonn (im April) 1965.

Jecht, Horst: Probleme der Einkommensteuerreform, Göttingen 1948.

Känzig, Ernst: Die eidgenössische Wehrsteuer (Kommentar), Die eidgenössischen Steuern, Zölle und Abgaben, Bd. 4, Basel 1962.

— Die eidgenössische Wehrsteuer (Kommentar), Ergänzungsband, Die eidgenössischen Steuern, Zölle und Abgaben, Bd. 4 a, Basel 1964.

— Die Bundesfinanzen. In: Strukturwandlungen der schweizerischen Wirtschaft und Gesellschaft, Festschrift für Fritz Marbach zum 70. Geburtstag, Bern 1962, S. 273 ff.

Käss, Friedrich: Lastenausgleich. In: Handwörterbuch der Sozialwissenschaften, Bd. 6, Stuttgart, Tübingen und Göttingen 1959, S. 528 ff.

Kamitz, Reinhard: Steuern und konstruktive Wirtschaftspolitik, Institut „Finanzen und Steuern", Heft 46, Bonn am Rhein 1957.

Kamp, Mathias Ernst: Grundprobleme moderner Finanzpolitik. In: Blätter für Genossenschaftswesen, Heft 3, Bonn 1965, S. 33 ff.

— Das optimale Finanzsystem im Strukturgefüge von freiheitlicher Gesellschaft, föderativem Rechtsstaat und voll funktions- und leistungsfähiger Sozialer Marktwirtschaft. Bonn 1966.

Kasch, Albert: Die volkswirtschaftliche Wirkung materieller Vermögensteuern. Ein Beitrag zur Neuordnung unserer Finanzwirtschaft, Berlin 1919.

Katterle, Siegfried: Einkommenspolitik und Verteilungskonflikte in einer freiheitlichen Gesellschaft. Zur Kritik einer technokratischen Konzeption. In: Beiträge zur Wirtschafts- und Gesellschaftsgestaltung, Festschrift für Bruno Gleitze zum 65. Geburtstag, Berlin 1968, S. 303 ff.

Keck, Karlheinz: Die Entwicklung zur allgemeinen Einkommensteuer in der Schweiz (Diss. rer. pol.), Bern 1965.

Kehl, Paul: Die Steuer in der Lehre der Theologen des Mittelalters. Eine quellengeschichtliche Studie. Volkswirtschaftliche Studien, Heft 17, Berlin 1927.

Kellenberger, Eduard: Die Steuern und ihre Reform, Bern 1957.

Keller, Theo: Merkliche oder unmerkliche Steuern? In: Finanzarchiv, N. F., Bd. 27, Tübingen 1968, S. 110 ff.

Kerschagl, Richard: Einführung in die Finanzwissenschaft. Mit einer Darstellung der Steuersysteme der wichtigsten Staaten der Welt. Wien IX und Stuttgart 1953.

Kimmel, Lewis H.: Taxes and Economic Incentives (hrsgg. von „The Brookings Institution"), Washington, D. C. 1950.

Kisker, Klaus Peter: Die Erbschaftsteuer als Mittel der Vermögensredistribution. Eine empirische und theoretische Untersuchung, Berlin 1964.

Kitschler, Wolfgang: Das Vermögen und seine Besteuerung. Ergebnis der Hauptveranlagung der Vermögensteuern zum 1. Januar 1966. In: Wirtschaft und Statistik, hrsgg. vom Statistischen Bundesamt, Wiesbaden, Heft 12, Stuttgart und Mainz (Dezember) 1968, S. 584 ff.

Klein, Franz: Gleichheitssatz und Steuerrecht. Eine Studie über Gleichheit der Besteuerung im System des Grundgesetzes, Köln - Marienburg (1966).

Klein, Rudolf C.: Marktwirtschaft und Finanzsystem. Grundansichten über das rationale Finanzsystem einer funktionsfähigen Marktwirtschaft. Beiträge zur Erforschung der wirtschaftlichen Entwicklung, Heft 10, Stuttgart 1966.

Klein, o. Vn. (Dr.): Harmonisierung der Vermögens- und Realsteuern in der EWG. In: Die Steuern im Europäischen Raum. Die neuen Pläne! — Auswirkungen auf die Unternehmungen! Deutsche Gesellschaft für Betriebswirtschaft (Hrsg.), Berlin o. J. (1968), S. 1 ff.

Klien, Wolfgang: Individualismus oder Gemeinschaftsdenken im Steuerrecht? In: Neue Juristische Wochenschrift, 21. Jg., Heft 19, München und Frankfurt am Main 1968, S. 881 ff.

Kloten, Norbert: Finanzpolitik, Einkommensgestaltung und Vermögensschichtung. In: Ordo, Jahrbuch für die Ordnung von Wirtschaft und Gesellschaft, Bd. 9, Düsseldorf und München 1957, S. 199 ff.

Knief, Peter: Steuerfreibeträge als Instrumente der Finanzpolitik. Abhandlungen zur Mittelstandsforschung, Nr. 34, Köln und Opladen 1968.

Koch, Woldemar: Eine neue Deutung der Steuergrundsätze. Bemerkungen zu Fritz Neumarks: Grundsätze der Besteuerung in Vergangenheit und Gegenwart. In: Finanzarchiv, N. F., Bd. 25, Tübingen 1966, S. 316 ff.

— Das Verhältnis zwischen gesellschaftlicher und steuerlicher Gerechtigkeit bei Adolph Wagner. In: Finanzarchiv, N. F., Bd. 23, Tübingen 1963/64, S. 36 ff.

Köppe, H.: Leitfaden zum Studium der Finanzwissenschaft, Jena 1924.

Kolms, Heinz: Vermögensteuern. In: Handwörterbuch der Sozialwissenschaften, Bd. 11, Göttingen 1961, S. 153 ff.

— Volkswirtschaftliche Gesamtrechnungen, Nationalbudgets und ökonometrische Gesamtmodelle. In: Weltwirtschaftliches Archiv, Zeitschrift des Instituts für Weltwirtschaft an der Universität Kiel, Bd. 71 (1953 II), Hamburg 1953, S. 182 ff.

— Finanzwissenschaft, Bd. III —Besondere Steuerlehre, 2., verbesserte und ergänzte Auflage. Berlin 1966.

Koulis, Johannes: Soziale Gestaltung der Besteuerung oder volkswirtschaftliche Steuerpolitik. Recht und Staat in Geschichte und Gegenwart, Nr. 136, Tübingen 1949.

Kommission für die Finanzreform: Gutachten über die Finanzreform in der Bundesrepublik Deutschland, Stuttgart, Köln, Berlin, Mainz 1966 (Troeger-Gutachten).

Krelle, Wilhelm: Zur Wirkung der progressiven Einkommensbesteuerung. Bemerkungen zu Carl Föhls „Kritik der progressiven Einkommensbesteuerung". In: Finanzarchiv, N. F., Bd. 16, Tübingen 1955/56, S. 22 ff.

— Verteilungstheorie. Die Wirtschaftswissenschaften, 39. Lieferung, Reihe B (Volkswirtschaftslehre), Beitrag Nr. 8, Wiesbaden 1962.

— Volkswirtschaftliche Gesamtrechnung einschließlich input-output-Analyse mit Zahlen für die Bundesrepublik Deutschland, 2., verbesserte Auflage, Berlin 1967.

Krelle, Wilhelm, *Schunck*, Johann, *Siebke*, Jürgen: Überbetriebliche Ertragsbeteiligung der Arbeitnehmer. Mit einer Untersuchung über die Vermögensstruktur der Bundesrepublik Deutschland. Als Forschungsauftrag des Bundesministeriums für Arbeit und Sozialordnung. Bd. I und Bd. II, Tübingen 1968.

Kruse, Heinrich Wilhelm: Steuerrecht. I. Allgemeiner Teil. Ein Studienbuch, München und Berlin 1966.

Kühn, Rolf: (Hrsg.): Abgabenordnung, Steueranpassungsgesetz, Finanzverwaltungsgesetze, Nebengesetze, 6., neubearbeitete Auflage, Stuttgart 1961.

Küng, Emil: Die Subventionen in nationalökonomischer Beleuchtung. In: Jahrbücher für Nationalökonomie und Statistik, Bd. 149, Jena 1939, S. 54 ff.

— Eigentum und Eigentumspolitik, Tübingen und Zürich 1964.

Kuss, Helmut: Müssen Gemeindesteuern örtlich „radizierbar" sein? Johannes Popitz und sein Einfluß auf die kommunale Finanzverfassung in Deutschland. In: Archiv für Kommunalwissenschaften, 4. Jg., erster Halbjahresband, Stuttgart und Köln 1965, S. 47 ff.

Lampe, Adolf: Die wirtschaftlichen Voraussetzungen der nichtfiskalischen Steuergestaltung, insbesondere der Steuerbegünstigung. In: Beiträge zur Finanzwissenschaft, Bd. I, Festgabe für Georg von Schanz, Tübingen 1928, S. 172 ff.

— Reine Theorie der Finanzreform. In: Finanzarchiv, N. F., Bd. 2, Tübingen 1934, S. 218 ff.

— Steuergliederung. In: Wörterbuch der Volkswirtschaft, 4. Auflage, S. 493 ff.

— Ertragssteuern. In: Wörterbuch der Volkswirtschaft, 4. Aufl., Bd. 1, S. 720 ff.

Landmann (o. Vn.): Ausführungen auf der Konferenz von Eilsen. In: Kapitalbildung und Steuersystem. Verhandlungen und Gutachten der Konferenz von Eilsen. Erster Teil. Veröffentlichungen der Friedrich-List-Gesellschaft e. V., 3. Bd., Berlin 1930, S. 171 ff.

Lange, Oskar: Political Economy, Vol. I, Oxford, London, New York, Paris, Warszawa 1963.

— Das Prinzip der wirtschaftlichen Rationalität, Ökonomie und Praxeologie. In: Zeitschrift für die gesamte Staatswissenschaft, 120. Bd., Tübingen 1964, S. 193 ff.

Laufenburger, Henry: Revenue, capital et impôt, 3e éd., Paris 1947.

Le Coutre, Walter: Bilanzrecht und Gesellschaftsbilanzen. In: Die Handelshochschule — Die Wirtschaftshochschule, Bd. 3 — Betriebwirtschaft, Wiesbaden (1950).

Leibholz, G.; *Rinck,* H. J.: Grundgesetz für die Bundesrepublik Deutschland, Kommentar an Hand der Rechtsprechung des Bundesverfassungsgerichtes, Köln - Marienburg 1966 (Leibholz/Rinck: GG, Köln 1966).

Lindblom, Charles E.: Decision-Making in Taxation and Expenditures. In: Public Finances: Needs, Sources, and Utilization. A Conference of the Universities-National Bureau Committee for Economic Research. A Report of the National Bureau of Economic Research, New York, Princeton 1961, p. 295 ff.

Lion, Max: Die Steuer als wirtschaftliche Erscheinung. In: Vierteljahresschrift für Steuer- und Finanzrecht, 1. Jahrgang, Berlin 1927, S. 651 ff.

Maier, Gerd: Vermögensteuer, Mehrwertsteuer, Kapitalverkehrsteuern, Wechselsteuer, Grunderwerbsteuer 1969 (hrsgg. v. d. Dresdner Bank), Hannover - Westerfeld 1969.

Mann, Fritz Karl: Steuerpolitische Ideale. Vergleichende Studien zur Geschichte der ökonomischen und politischen Ideen und ihres Wirkens in der öffentlichen Meinung 1600—1935. Jena 1937.

— Vermögenssteuer. In: Handwörterbuch der Staatswissenschaften, vierte, gänzlich umgearbeitete Auflage, Bd. 8, Jena 1928, S. 608 ff.

— Die Gerechtigkeit in der Besteuerung. In: Beiträge zur Finanzwissenschaft, Bd. II, Festgabe für Georg von Schanz zum 75. Geburtstag, Tübingen 1928, S. 112 ff.

— Die drei wirtschaftlichen Funktionen der Steuer. In: Finanztheorie und Finanzsoziologie, Göttingen 1959, S. 52 ff.

— Die Überwälzbarkeit der Einkommen-, Vermögen-, Vermögenszuwachs- und Erbschaftsteuer. In: Kapitalbildung und Steuersystem. Verhandlungen und Gutachten der Konferenz von Eilsen. Zweiter Teil. Veröffentlichungen der Friedrich-List-Gesellschaft e. V., 4. Bd., Berlin 1930, S. 324 ff.

— Die Staatswirtschaft unserer Zeit. Eine Einführung, Jena 1930.

— Beiträge zur Steuersoziologie. In: Finanzarchiv, N. F., Bd. 2, Tübingen 1934, S. 281 ff.

Marsh, Donald B.: The taxation of imputed income. In: Political Science Quarterly, vol. LVIII, 1943, p. 514 ff.

Maunz/Dürig: Kommentar zum Grundgesetz, München, Tübingen, Berlin 1969.

Meyer-Arndt, Lüder: Aktie und Vermögensteuer (Steuerrecht und Steuerpolitik, H. 1.), Heidelberg 1962.

Molitor, Bruno: Vermögensverteilung als wirtschaftspolitisches Problem, Tübingen 1965.

Moll, Bruno: Lehrbuch der Finanzwissenschaft, Berlin 1930.

— Zur Geschichte der Vermögenssteuern. Leipzig 1911.

— Probleme der Finanzwissenschaft. Methodologische und finanztheoretische Untersuchungen, Leipzig 1924.

Mombert, Paul: Eine Verbrauchseinkommensteuer für das Reich als Ergänzung zur Vermögenszuwachssteuer. Tübingen 1916.

— Der Finanzbedarf des Reiches und seine Deckung nach dem Kriege. Prinzipielle Erörterungen über den Zusammenhang zwischen Wirtschaft und Steuerpolitik, Karlsruhe i. B. 1916.

— Grundzüge der Finanzwissenschaft, Leipzig 1928.

Müllensiefen, Karl Peter: Die deutsche Finanzwissenschaft von 1760—1830. Eine Untersuchung über die Begriffsbildung von Justi bis Rau, Berlin 1928.

Müller-Armack, Alfred: Wirtschaftsordnung und Wirtschaftspolitik, Studien und Konzepte zur Sozialen Marktwirtschaft und zur Europäischen Integration, Freiburg i. Br. 1966.

— Wirtschaftslenkung und Marktwirtschaft, Hamburg 1947.

Murhard, Karl: Theorie und Politik der Besteuerung, Göttingen 1834.

Musgrave, Richard A.: Finanztheorie, übersetzt von Lore Kullmer, Tübingen 1966.

Neumann, Friedrich Julius: Die persönlichen Steuern vom Einkommen verbunden mit Ertrags- oder mit Vermögenssteuern. Mit besonderer Beziehung auf württembergische Verhältnisse. Tübingen 1896.

Neumark, Fritz: Theorie und Praxis der modernen Einkommensbesteuerung, Bern 1947.

— Steuerpolitik in der Überflußgesellschaft, Berlin 1961.

— Wirtschafts- und Finanzprobleme des Interventionsstaates, Tübingen 1961.

— Finanzpolitik in der Hochkonjunktur. In: Der Volkswirt, Wirtschafts- und Finanzzeitung, Nr. 52/53, Frankfurt/Main 1960, S. 74 ff.

— Systemwidrige Elemente im deutschen Steuerwesen. In: Die Steuerberatung, Sonderausgabe: Bundesfachtagung Essen 1960 (des Bundesverbandes der Helfer in Steuersachen e. V.), Bonn (1960), S. 7 ff.

— Zum Problem der Klassifikation der Steuerformen. In: Beiträge zur Geld- und Finanztheorie. Festschrift für Wilhelm Gerloff zum siebzigsten Geburtstag, Tübingen 1951, S. 60 ff. sowie in Neumarks Sammlung von Abhandlungen: Wirtschafts- und Finanzprobleme des Interventionsstaates, Tübingen 1961, S. 349 ff.

— Finanzpolitische Aufgaben. In: Die Deutsche Wirtschaft an der Jahreswende 1958/59 — Konjunkturdämpfung und Vollbeschäftigung. Der Volkswirt, Wirtschafts- und Finanzzeitung, Nr. 51/52, Frankfurt (M) 1958, S. 81 ff.

— Theorie der Besteuerung. In: Handwörterbuch der Sozialwissenschaften, Bd. 10, Stuttgart, Tübingen und Göttingen 1959, S. 93 ff.

— Wirtschaftsordnung, Steuerrecht und Steuerwirklichkeit. Bemerkungen zu einer Schrift von K. H. Friauf. In: Finanzarchiv, N. F., Bd. 25, Tübingen 1966, S. 476 ff.

— Alte und neue Probleme der Finanzwissenschaft. In: Finanzarchiv, N. F., Bd. 16, Tübingen 1955/56, S. 1 ff.

— Aktuelle Budget- und Steuerfragen. Institut „Finanzen und Steuern", Heft 25, Bonn am Rhein o. J. (1953).

— Konjunktur und Steuern, Bonn 1930.

Neumark, Fritz: Planung in der öffentlichen Finanzwirtschaft. In: Schriften des Vereins für Socialpolitik, N. F., Bd. 45, Berlin 1967, S. 173 ff.

— Wirtschaftspolitische Ideale und ökonomische Wirklichkeit. Drei Reden, Frankfurt/M. 1965, S. 18 ff.

— Grundsätze der Besteuerung in Vergangenheit und Gegenwart, Wiesbaden 1965.

— Einige neuere Probleme und Aspekte der Fiskalpolitik. In: Zeitschrift für Nationalökonomie, Bd. XXVI, Festschrift für Alexander Mahr, Wien-New York 1966, S. 204 ff.

— Zum Problem der Klassifikation der Steuerformen. In: Beiträge zur Geld- und Finanztheorie, Festschrift für Wilhelm Gerloff zum 70. Geburtstag, Tübingen 1951, S. 60 ff.

— Probleme und Mittel moderner Finanzpolitik. In: Finanzwissenschaft und Finanzpolitik, Festschrift für Erwin Schoettle zum 65. Geburtstage und 15jährigen Jubiläum als Vorsitzender des Haushaltsausschusses des Deutschen Bundestages, Tübingen 1964, S. 177 ff.

Neumark, Fritz, *Troeger*, Heinrich: Zur Großen Steuerreform. Zwei Vorträge von H. Troeger, F. Neumark, Hamburg 1953.

Nöll von der Nahmer, Robert: Lehrbuch der Finanzwissenschaft. Bd. 1 und 2, Köln und Opladen 1964.

Oberhauser, Alois: Finanzpolitik und private Vermögensbildung. Eine theoretische und empirische Untersuchung, Köln und Opladen 1963.

Obrecht, H.: Vermögensertrag und Ertragswert. In: Vierteljahrsschrift für Schweizerisches Abgaberecht, Band I, Bern 1920, S. 31 ff.

Ohm, Hans: Allgemeine Volkswirtschaftspolitik, Bd. I, Systematisch-Theoretische Grundlegung, Berlin 1962.

Otto, Fritz: Die finanzwirtschaftliche Struktur und Entwicklung Westdeutschlands seit 1945 (Diss. rer. pol.) Hamburg 1955.

Pahlke, Jürgen: Steuerpolitische Grundsatzfragen. Kritische Bemerkungen zum Gutachten des Wissenschaftlichen Beirats beim Bundesministerium der Finanzen zur Reform der direkten Steuern. In: Finanzarchiv, N. F., Bd. 28, Tübingen 1969, S. 42 ff.

Pechmann, Joseph A.: Erosion of the Individual Income Tax. In: National Tax Journal, Volume X, No. 1, March 1957, S. 1 ff.

Pehl, Günter: Steuerpolitik in der Bundesrepublik Deutschland, Köln 1962.

Pen, Jan: Harmony and Conflict in Modern Society, London, New York, Toronto, Sydney 1966.

Pentzlin, Kurt: Wirtschaftspolitische Grundsätze einer organischen Steuerreform. Institut „Finanzen und Steuern", Heft 22, Bonn am Rhein (1952).

Peterli, Willi: Über das gerechte Verhältnis der Besteuerung von Einkommen und Vermögen bei natürlichen Personen. In: Zeitschrift für schweizerische Statistik und Volkswirtschaft, 80. Jg., Heft 3, Bern 1944, S. 262 ff.

Pfister, Bernhard: Wirtschaftliche Vernunft und wirtschaftliche Weisheit. Hamburg 1947.

Pfister, Bernhard: Wirtschaftspolitische Entscheidung und wirtschaftspolitische Verantwortung. In: Wirtschaftsfragen der freien Welt. Ehrengabe zum 60. Geburtstag von Bundeswirtschaftsminister Ludwig Erhard, Frankfurt am Main 1957, S. 32 ff.

Pöhl, Karl Otto: Das Steuerkonzept der Professoren. Gerechtigkeit zu Lasten der Zweckmäßigkeit? In: Der Volkswirt, Wirtschafts- und Finanzzeitung, 21. Jg., Nr. 32 vom 11. 8. 1967, Frankfurt/M., S. 1712 ff.

Pohmer, Dieter: Zur Abstimmung des Steuersystems auf die Wirtschaftsordnung. In: Finanzarchiv, N. F., Bd. 15, Tübingen 1954/55, S. 373 ff.

Popitz, Johannes: Einkommensteuer. In: Handwörterbuch der Staatswissenschaften, Bd. 3, vierte, gänzlich umgearbeitete Auflage, Jena 1926, S. 400 ff.

— Der künftige Finanzausgleich zwischen Reich, Ländern und Gemeinden. Gutachten, erstattet der Studiengesellschaft für den Finanzausgleich. Berlin 1932.

— Gegenwartsprobleme der Steuergesetzgebung und Steuerverwaltung. In: Vierteljahresschrift für Steuer- und Finanzrecht, 1. Jahrgang, Berlin 1927, S. 5 ff.

— Finanzrecht und Finanzwissenschaft. In: Beiträge zur Finanzwissenschaft, Bd. I, Festgabe für Georg von Schanz zum 75. Geburtstag, Tübingen 1928, S. 39 ff.

Preiser, Erich: Der Kapitalbegriff und die neuere Theorie. In: Jahrbücher für Nationalökonomie und Statistik, Bd. 165 (1953), S. 241 ff.

Pütz, Theodor: Theorie der allgemeinen Wirtschaftspolitik und Wirtschaftslenkung, Wien 1948.

Recktenwald, Horst Claus: Steuerüberwälzungslehre. Theoretische und empirische Verteilung von Abgaben und Kosten, zweite, überarbeitete und ergänzte Auflage, Berlin 1966.

— Das Kapitalbudget in Finanz- und Volkswirtschaftlicher Sicht, Tübingen 1962.

— Bedeutung, Grenzen und neuere Entwicklung der Steuerüberwälzungslehre. In: Finanzarchiv, N. F., Bd. 16, Tübingen 1955/56, S. 22 ff.

— Entzugseffekte der Besteuerung. Systematik der einzel-, zweig- und gesamtwirtschaftlichen Steuerwirkungen. In: Finanzarchiv, N. F., Bd. 18, Tübingen 1957/58, S. 25—43.

— (Hrsg.): Finanztheorie (Neue Wissenschaftliche Bibliothek 33, Wirtschaftswissenschaften), Köln und Berlin 1969.

— (Hrsg.): Finanzpolitik (Neue Wissenschaftliche Bibliothek 36, Wirtschaftswissenschaften), Köln und Berlin 1969.

Regul, Rudolf: Wirtschaftsintegration und Steuersysteme. In: Finanzarchiv, N. F., Bd. 16, Tübingen 1955/56, S. 313 ff.

Reichsfinanzministerium (Hrsg.): Reichsabgabenordnung vom 13. Dezember 1919, nebst Einführungsverordnung und Gesetz über Steuernachsicht, Berlin 1920.

Reinhard, Walter: Betriebswirtschaftliche Betrachtung des steuerrechtlichen Vermögens- und Kapitalbegriffes. Bern 1949.

Report: Steuer-Kongreß-Report 1964, Ansprachen und Referate des Bundeskongresses der Steuerbevollmächtigten am 8. und 9. Mai 1964, München und Berlin 1964.

— A Conference Report of the National Bureau of Economic Research and the Brookings Institution, „Foreign Tax Policies and Economic Growth“, insbes.: *Häuser,* Karl: West Germany, S. 97,
Neumark, Fritz: Comment to Häuser ..., S. 152,
Senf, Paul: Comment to Häuser ..., S. 159,
National Bureau of Economic Research, New York and London 1966.

Ricardo, David: Grundsätze der Volkswirtschaft und Besteuerung, zweite Auflage, Jena 1921.

Rinck, Gerd: Wirtschaftsrecht, Köln, Berlin, Bonn, München 1963.

Ritschl, Hans: Theorie der Staatswirtschaft und Besteuerung. Reine Theorie der Staatswirtschaft und allgemeine Steuerlehre. Bonn und Leipzig 1925.

— Erbschaftsteuer. In: Handwörterbuch der Sozialwissenschaften, zugleich Neuauflage des Handwörterbuchs der Staatswissenschaften, Bd. 3, Stuttgart, Tübingen und Göttingen 1961, S. 273 ff.

— Begünstigung der Ersparnisse bei der Einkommensteuer. In: Kapitalbildung und Steuersystem. Verhandlungen und Gutachten der Konferenz von Eilsen. Erster Teil (Veröffentlichungen der Friedrich-List-Gesellschaft e. V.), Berlin 1930.

— Die Wandlungen des deutschen Steuersystems von 1913 bis 1928 in ihrem Einfluß auf die Kapitalbildung. In: Kapitalbildung und Steuersystem, Verhandlungen und Gutachten der Konferenz von Eilsen. Zweiter Teil (Veröffentlichungen der Friedrich-List-Gesellschaft e. V., Bd. 4), Berlin 1930, S. 261 ff.

— Die große Steuerreform. Gutachten, Köln 1953.

Röpke, Wilhelm: Finanzwissenschaft, Berlin und Wien 1929.

Rolph, Carl R.: The Theory of Fiscal Economics, Berkeley and Los Angeles 1956.

Roscher, Wilhelm: System der Finanzwissenschaft, 5. Auflage, Stuttgart 1901.

Rudlof, H.: Das örtliche Aufkommen von Steuern, Institut „Finanzen und Steuern“, Heft 64, Bonn am Rhein 1961.

Sauermann, Heinz: Geld und Kredit. In: Handbuch der Wirtschaftswissenschaften, Bd. II — Volkswirtschaft, 2., überarbeitete und erweiterte Auflage, Köln und Opladen 1966, S. 121 ff.

Schaefer, A.: Von der politischen Bedeutung der Steuern, Schweizerische Bankgesellschaft, o. O., 1946.

Schlatter, Richard: Private Property. The History of an Idea, London 1951.

Scheuner, Ulrich: Die Förderung der Vermögensbildung der Arbeitnehmer und das Verfassungsrecht. Rechtsgutachten. In: Bundesarbeitsblatt, hrsg. vom Bundesminister für Arbeit und Sozialordnung, Nr. 16, Stuttgart und Köln 1965, S. 666 ff.

Schmidt, Gerhard: Das Kapital und seine Besteuerung, Berlin 1959.

Schmidt, Kurt: Zu einigen Theorien über die relative Ausdehnung der öffentlichen Ausgaben. In: Finanzarchiv, N. F., Bd. 24, Tübingen 1965, S. 193 ff.

Schmidt, Kurt: Zum Problem der Zweckkollisionen in der modernen Steuerpolitik. In: Finanzarchiv, N. F., Bd. 19, Tübingen 1958/59, S. 204 ff.

Schmitt-Degenhardt, Hubert: Vermögensteuer, 2., erweiterte Auflage, Stuttgart 1953.

Schmölders, Günter: Wirtschaftspolitik mit dem Zeigefinger. In: Der Volkswirt, Wirtschafts- und Finanzzeitung, Nr. 52/53 1960 — Konflikte der Wirtschaftspolitik, S. 86 ff.

— Steuersystem und Steuersystematik. In: Handbuch der Finanzwissenschaft, Bd. 2, Tübingen 1956, S. 326 ff.

— Die Politiker und die Währung. Bericht über eine demoskopische Untersuchung der Meinungsbildung in Finanz- und Währungsfragen im Dritten Deutschen Bundestag. Schriftenreihe zur Geld- und Finanzpolitik, Bd. 6, Frankfurt/M. 1959.

— Um ein rationales Steuersystem. In: Finanzarchiv, N. F., Bd. 11, Tübingen 1949, S. 479 ff.

— „Unmerkliche" Steuern. In: Finanzarchiv, N. F., Bd. 20, Tübingen 1959/60, S. 23 ff.

— Das Gerechtigkeitspostulat in der Besteuerung. In: Finanzarchiv, N. F., Bd. 23, Tübingen 1963/64, S. 53 ff.

— Allgemeine Steuerlehre, dritte, vollständig neubearbeitete Auflage, Berlin 1958.

— Finanzpolitik, Heidelberg 1965.

— Das Irrationale in der öffentlichen Finanzwirtschaft. Probleme der Finanzpsychologie, Hamburg 1960.

— Die Notwendigkeit der organischen Steuerreform. In: Finanzarchiv, N. F., Bd. 14, Tübingen 1953/54, S. 21 ff.

— Umbau des Steuersystems? Gutachten zur Frage des Abbaus der Einkommensteuer (Lohnsteuer) und der Körperschaftsteuer zugunsten einer Um- und Ausgestaltung der Umsatzsteuer, erstattet von Prof. Dr. Günter Schmölders, Universität Köln, Köln 1953.

— Steuersystem und Wettbewerbsordnung. In: ORDO, Jahrbuch für die Ordnung von Wirtschaft und Gesellschaft, Bd. 3 (Düsseldorf und München) 1950, S. 135 ff.

— Die große Steuerreform, Sonderdruck aus: Wir fordern die Vollendung der Sozialen Marktwirtschaft, Bad Nauheim o. J.

— Staatsbürgerliche Gesinnung und Steuermoral. Die Verantwortung des Gesetzgebers. In: Finanzwissenschaft und Finanzpolitik, Festschrift für Erwin Schoettle, Tübingen 1964, S. 285 ff.

— Leitsätze zur organischen Steuerreform (Verfaßt im Auftrage der Volkswirtschaftlichen Gesellschaft e. V., Hamburg), Hamburg-Altona 1949.

— Der fehlende Einkommensbegriff. In: Steuer und Wirtschaft, 37. Jg., Teil I, München, Berlin, Heidelberg 1960, Sp. 75 ff.

Schneider, Helmut: Der Einfluß der Steuern auf die unternehmerischen Investitionsentscheidungen, Tübingen 1964.

Schreiber, Wilfrid: Sozialpolitik. In: Handbuch der Wirtschaftswissenschaften, Bd. II — Volkswirtschaft, zweite, überarbeitete und erweiterte Auflage, Köln und Opladen 1966, S. 269 ff.

Schumpeter, Joseph A.: Die Krise des Steuerstaates. Abdruck aus: „Zeitfragen aus dem Gebiet der Soziologie“, Heft 4, 1918. In: Aufsätze zur Soziologie, Tübingen 1953, S. 1 ff.

— Konjunkturzyklen. Eine theoretische, historische und statistische Analyse des kapitalistischen Prozesses. Bd. 1, Göttingen 1961.

Schwab, John Christopher: Die Entwicklung der Vermögenssteuer im Staate New York, Jena 1890.

Schweizerische Bankgesellschaft: Konfiskatorische Kurswertbesteuerung von Aktien (gefährdete Vermögenssubstanz), Wirtschaftsnotizen, Februar 1963.

Shoup, Carl S.: Principles of National Income Analysis, Boston 1947.

Sloan and *Zurcher:* Dictionary of Economics, revised and enlarged edition, New York 1961.

Smith, Adam: Eine Untersuchung über Natur und Ursachen des Volkswohlstandes, Bd. 3, Jena 1923.

— An Inquiry into the Nature and Causes of the Wealth of Nations, Vol. IV., Basil 1801.

Sommer, Alfred: Die ungarische Vermögenssteuer 1938, Gesetz, — Ausgewählte Teile der Durchführung, — Kommentare, Budapest 1938.

Speich, Rudolf: Vermögenssteuern in der Schweiz. In: Schweizer Monatshefte, Jg. 35, Zürich (Juni) 1955, S. 129 ff.

Speiser, Paul: Das Verbot der Doppelbesteuerung, eine steuerrechtliche Untersuchung, Basel 1886.

— Entwurf zu einem Bundesgesetz betreffend die Bundeskriegssteuer nebst Erläuterungen, Basel 1916.

Statistisches Amt der Europäischen Gemeinschaften (Hrsg.): Die Steuern in der EWG 1958—1965, Brüssel 1967.

— Volkswirtschaftliche Gesamtrechnungen 1957—1966, Zahlungsbilanzen 1962—1966, Brüssel 1967.

Statistisches Bundesamt (Hrsg.): Das steuerpflichtige Vermögen. Ergebnis der Hauptveranlagung der Vermögensteuer zum 1. Januar 1963 und Rückblick auf 10 Jahre Vermögensbesteuerung. In: Wirtschaft und Statistik, Stuttgart und Mainz 1965, S. 788 ff.

— Fachserie L: Finanzen und Steuern, Reihe 6: Einkommen- und Vermögensteuern, III. Vermögensteuer 1960 sowie 1963; V. Erbschaftsteuer 1953 bis 1962.

Steinberg, Wilhelm: Wirtschaft und Steuerpolitik. In: Wirtschaft und Politik, Institut „Finanzen und Steuern“, Heft 93, Bonn (im August) 1969.

Stobbe, Alfred: Volkswirtschaftliches Rechnungswesen, Berlin, Heidelberg, New York 1966.

Stockert, Kurt: Die Vermögensteuer und die Vermögensabgabe unter Berücksichtigung ihrer Auswirkungen auf die Ertragsteuern, (Diss. rer. pol.) Mannheim 1962.

Strauß, Franz Josef: Die deutsche Finanzpolitik im Zeichen von Stabilität und Wachstum. Institut „Finanzen und Steuern“, Heft 87, Bonn am Rhein 1967.

Strauß, Franz Josef: Die Stunde der Wahrheit für die Finanzpolitik. In: Marktwirtschaft meistert die Zukunft. Aktionsgemeinschaft Soziale Marktwirtschaft, Tagungsprotokoll Nr. 29, Ludwigsburg 1968, S. 121 ff.

— Staatskredit und Konjunktursteuerung. In: Vortragsveranstaltungen der Rheinisch-Westfälischen Börse zu Düsseldorf und der Industrie- und Handelskammer zu Düsseldorf am 24. Juni 1968. Hrsgg. von den Veranstaltern, Düsseldorf 1968.

— Keine Steuererhöhungen. In: Deutsche Bundesbank (Hrsg.): Auszüge aus Presseartikeln, Nr. 74, Frankfurt/M. 1968. S. 7.

— Aussprache des Bundesministers der Finanzen Franz Josef Strauß anläßlich der 1. Sitzung der Steuerreform-Kommission am 17. Dezember 1968. In: Finanznachrichten, Nr. 46, hrsgg. vom Bundesministerium der Finanzen, Bonn (18. Dezember) 1968, Anhang 1.

— Bericht über die 314. Sitzung des Bundesrates, Stenographischer Bericht zum Entwurf eines Gesetzes zur Verwirklichung der mehrjährigen Finanzplanung des Bundes, II. Teil, Finanzänderungsgesetz 1967 vom 13. Oktober 1967, Drucksache 481/67 (1980).

— Rede vor dem Deutschen Bundestag zum „Entwurf eines Gesetzes über die Feststellung des Bundeshaushaltsplans für das Jahr 1968 (Haushaltsgesetz 1968), Berichte des Haushaltsausschusses, zweite Beratung, 5. Wahlperiode, 167. Sitzung, Bonn, am 4. April 1968, Stenographischer Bericht, S. 8841 (A).

— Rede vor dem Bundesrat zum „Entwurf eines Gesetzes zur Änderung und Ergänzung des Grundgesetzes (Finanzreformgesetz)". In: Bericht über die 322. Sitzung des Bundesrates, Bonn, am 5. April 1968, Stenographischer Bericht, S. 54 ff.

— Finanz- und Steuerpolitik des modernen Staates. Vortrag vor dem Deutschen Steuerkongreß am 5. Mai 1969. In: Finanznachrichten Nr. 100, Anhang.

— Vortrag vor den Jungunternehmern in München am 28. 4. 1969. In: Finanznachrichten Nr. 97.

— Interview über finanz-, steuer- und wirtschaftspolitische Fragen, gewährt der Wochenzeitung „Deutsches allgemeines Sonntagsblatt". In: Finanznachrichten Nr. 101 vom 8. Mai 1969, Anhang 1.

Strümpel, Burkhard: Die unsichtbare Steuerbelastung der Selbständigen. In: Blätter für Genossenschaftswesen, Jg. 112, Heft 4, 1966, S. 49 ff.

— Die deutschen Selbständigen und die Steuer. In: Blätter für Genossenschaftswesen, Jg. 112, Heft 24, 1966, S. 374 ff.

— Sozialökonomischer Wandel und die Durchsetzbarkeit der Besteuerung. In: Finanzarchiv, N. F., Bd. 25, Tübingen 1966, S. 442 ff.

— Steuersystem und wirtschaftliche Entwicklung. Funktion und Technik der Personalbesteuerung im sozialökonomischen Wandel. Tübingen 1968.

Strutz, G(eorg): Die Neuordnung der direkten Staatssteuern in Preußen. Berlin 1912.

Stucken, Rudolf: Die große Vermögensabgabe und das heutige Finanzproblem. In: Finanzarchiv, N. F., Bd. 11, Tübingen 1949, S. 230 ff.

— Vermögensteuern. Institut „Finanzen und Steuern", Heft 29, Bonn am Rhein 1954.

Sultan, Herbert: Über das Verhältnis von Steuerstaat und Unternehmerstaat. In: Beiträge zur Finanzwissenschaft, Bd. I, Festgabe für Georg von Schanz, Tübingen 1928, S. 407 ff.

Tautscher, Anton: Grenzen der Besteuerung, Berlin 1954.

— Die Steuer als Gestaltungsmittel der Volkswirtschaft bei den deutschen Merkantilisten. In: Finanzarchiv, N. F., Bd. 9, Tübingen 1943, S. 303 ff.

Terhalle, Fritz: Steuerlast und Steuerkraft. Grundsätzliche und kritische Bemerkungen zu Tagesfragen unserer Finanzwirtschaft, Jena 1921.

— Steuerumbau als Aufgabe für morgen. In: Finanzarchiv, N. F., Bd. 9, Tübingen 1943, S. 191 ff.

— Die Finanzwirtschaft des Staates und der Gemeinden. Eine Einführung in die Staatsfinanzwirtschaft, Berlin 1948.

— Finanzwissenschaft, Jena 1930.

Teschemacher, Hans: Die geistesgeschichtliche Linie der Entwicklung des finanzwirtschaftlichen Denkens, Tübinger Antrittsvorlesung, Tübingen 1931.

— Die Einkommensteuer. In: Handbuch der Finanzwissenschaft, Bd. 2, Tübingen 1927, S. 65 ff.

Tiepelmann, Klaus: Die Problematik der Vermögensteuer. Finanzwissenschaftliche Forschungsarbeiten, N. F., Heft 6, Berlin 1963.

Tietmeyer, Hans: Klare Wirtschaftspolitik stärkt die Marktwirtschaft. In: Bulletin des Presse- und Informationsamtes der Bundesregierung Nr. 56, Bonn (8. Mai) 1968, S. 460 ff.

Timborn, Wilhelm: Das Problem einer Verlagerung der Steuerlast auf den Verbrauch. In: Finanzarchiv, N. F., Bd. 11, Tübingen 1949, S. 147 ff.

Tipke, Klaus: Fünfzig Jahre Finanzhof. In: Neue Juristische Wochenschrift, 21. Jg., Heft 45, München und Frankfurt/Main 1968, S. 2081 ff.

Tuchtfeldt, Egon: Die wissenschaftliche Fundierung der Wirtschaftspolitik. In: Hamburger Jahrbuch für Wirtschafts- und Gesellschaftspolitik, 4. Jahr, Tübingen 1959, S. 298 ff.

— Die volkswirtschaftliche Rahmenplanung im Widerstreit der Meinungen. In: Weltwirtschaftliches Archiv, Bd. 94 (1965 I), Hamburg 1965, S. 10 ff.

— Der gemeinsame Markt. Grundzüge und Probleme der Europäischen Wirtschaftsgemeinschaft. In: Hamburger Jahrbuch, 3. Jahr, Tübingen 1958, S. 241 ff.

(UNICE) Union der Industrien der Europäischen Gemeinschaft: Die Steuersysteme in den Mitgliedstaaten der Europäischen Wirtschaftsgemeinschaft, Herne/Berlin 1960.

„*Vermögensteuer*". In: Ökonomisches Lexikon L—Z, Bd. 2, Berlin (Ost) 1966.

Vialon, Friedrich Karl: Haushaltsrecht, 2. Auflage, Berlin und Frankfurt (M) 1959.

Vile, M. J. C.: Constitutionalism and the Separation of Powers, Oxford 1967.

Vogel, Emanuel Hugo: Die theoretischen Grundlagen der Vermögensbesitzsteuer im Systeme der Ertrags- und Einkommensbesteuerung. In: Finanz-Archiv, Zeitschrift für das gesamte Finanzwesen, 27. Jg., 2. Bd., Stuttgart und Berlin 1910, S. 81 ff.

Wackernagel, Jacob: Die Aufgabe der Steuerrechtswissenschaft, Sonderdruck aus: „Von der Steuer in der Demokratie", Festschrift zum 70. Geburtstag von Ernst Blumenstein, Zürich 1946.

Wagner, Adolf: Die Reform der direkten Staatsbesteuerung in Preußen im Jahre 1871. In: Finanzarchiv 1891, S. 551 ff., und 1894, S. 1 ff.

— Finanzwissenschaft, *erster Teil,* Einleitung, Ordnung der Finanzwirtschaft, Finanzbedarf, Privaterwerb, dritte Auflage, Leipzig 1883.

— Finanzwissenschaft, *zweiter Teil,* Theorie der Besteuerung, Gebührenlehre und allgemeine Steuerlehre, zweite, vielfach veränderte und vermehrte, theilweise umgearbeitete Auflage, Leipzig 1890.

— Finanzwissenschaft, *dritter Teil,* Spezielle Steuerlehre, Leipzig 1889.

— Finanzwissenschaft, *vierter Teil,* Spezielle Steuerlehre, Leipzig 1901.

Wagner, Clemens: Die Höherbelastung fundierter Bezüge. Berlin 1909.

Walker, Francis A.: Political Economy. In: American Science Series Nr. 5., New York 1883, S. 439—476, insbes.: The Principles of Taxation.

Weber, Max: Grundriß der Sozialökonomie, III. Abteilung: Wirtschaft und Gesellschaft, 3. Auflage, unveränderter Nachdruck der zweiten, vermehrten Auflage, — 1. Halbband, Tübingen 1947; 2. Halbband, Tübingen 1947.

Weber (Bern), Max: Der Kampf um die Bundesfinanzen. Herausgeber: Sozialdemokratische Partei der Schweiz, Olten o. J.

— Postulat vom 1. Dezember 1965, ... betreffend die ... „c.) Wiedereinführung der Ergänzungssteuer vom Vermögen natürlicher Personen", Wintersession 1965, 189. (9375).

— Probleme der Sozialpolitik. In: Gewerkschaftliche Rundschau, Monatsschrift des Schweizerischen Gewerkschaftsbundes, 59. Jahrgang, Heft 7/8, Bern 1967, S. 223 ff.

— Das eidgenössische Finanzproblem, Separatdruck aus der „Berner Tagwacht", Bern 1956.

Weber-Bannenberg: Steuern von Steuern. Finanzwissenschaftliche Forschungsarbeiten, Köln 1951.

Weber, Werner: Unzulässige Einschränkungen der Tariffreiheit. Dargestellt an dem Gesetz zur Förderung der Vermögensbildung der Arbeitnehmer. In: Der Betriebs-Berater, H. 18, Heidelberg 1964, S. 764 ff.

Weber, Wilhelm: Öffentliche Ausgaben in einer langfristigen Wirtschaftspolitik. In: Zeitschrift für Nationalökonomie, Bd. XXVI, Wien und New York 1966, S. 363 ff.

Weddigen, Walter: Allgemeine Finanzwissenschaft (Finanztheorie), zweite, durchgesehene und ergänzte Auflage, Leipzig 1943.

— Allgemeine Finanzwissenschaft, nebst einem Überblick über das Steuersystem der BRD, vierte, neu bearbeitete und ergänzte Auflage, Berlin 1964.

Weinschenk, Fedor: Das Volksvermögen mit besonderer Berücksichtigung der Stellung des Grund und Bodens darin, Jena 1896.

Weisser, Gerhard: Die Stellung des Eigentums in der Steuerreform. In: Finanzarchiv, N. F., Bd. 13, Tübingen 1951/52, S. 529 ff.

Weisser, Gerhard: Vermögen und Vermögenspolitik. In: Handwörterbuch der Sozialwissenschaften, zugleich Neuauflage des Handwörterbuches der Staatswissenschaften, Bd. 11, Stuttgart, Tübingen und Göttingen 1961, S. 163 ff.

— Thesen zum Problem der Werturteile in der Lehre von der Politik. Köln (1951). (Vervielfältigtes Manuskript).

Welinder, Carsten: Steuerüberwälzung und Steuerwirkungen. In: Handbuch der Finanzwissenschaft, zweiter Band, Tübingen 1956, S. 335 ff.

Wells, David A.: Are Titles and Debts property? Atlantic Monthly, September 1877.

„Welt der Arbeit", Wochenzeitung des Deutschen Gewerkschaftsbundes: Mit vollen Segeln in den Wahlkampf, XII. Jg., Nr. 18, Köln (5. Mai) 1961, S. 1.

Werlé, Eduard: Konjunkturbewußte Steuerpolitik. In: Beiträge zur empirischen Konjunkturforschung, Festschrift zum 25jährigen Bestehen des Deutschen Instituts für Wirtschaftsforschung (Institut für Konjunkturforschung), Berlin 1950, S. 255 ff.

Wicksell, Knut: Finanztheoretische Untersuchungen nebst Darstellung und Kritik des Steuerwesens Schwedens, Jena 1896.

— Zur Lehre von der Steuerincidenz, Uppsala 1895.

— Lectures on Political Economy, London 1938.

Wiemer, Hans-Joachim: Nicht einkommensteuerpflichtige Einkünfte, Düsseldorf 1962.

Willenbrink, Karl: Von der Anfangs- zur Schlußbilanz. Die doppelte Buchführung in systematischer Darstellung für Praxis und Studium, München und Berlin 1957.

Wissenschaftlicher Beirat beim Bundesministerium der Finanzen: Organische Steuerreform. Bericht des Wissenschaftlichen Beirats beim Bundesministerium der Finanzen an den Herrn Bundesminister der Finanzen. Herausgegeben vom Bundesministerium der Finanzen, Bonn 1953.

— Gutachten zur Reform der direkten Steuern (Einkommensteuer, Körperschaftsteuer, Vermögensteuer und Erbschaftsteuer) in der Bundesrepublik Deutschland, Bonn 1967. (Neumark-Gutachten).

Wittmann, Walter: Zur Frage der wachstumspolitischen Effizienz eines rationalen Steuersystems. In: Finanzarchiv, Band 24, Tübingen 1965, S. 51 ff.

Wolf, Niels Günther: Die Fehlerberichtigung durch Neuveranlagung der Vermögenssteuer gemäß § 13, Abs. 1 Ziff. 1 VStG (Diss. jur.), Köln 1963.

Wöhe, Günter: Betriebswirtschaftliche Steuerlehre, Berlin und Frankfurt a. M., Bd. I, unveränderter Nachdruck, 1964, Bd. II, 1. Halbband, 2. überarbeitete und erweiterte Auflage, 1965, 2. Halbband, 2. Auflage, 1965.

Zachau, Erich: Der Kapitalbegriff in der deutschen Steuergesetzgebung der Gegenwart (1928), Jena 1928.

Zeitel, Gerhard: Die Steuerlastverteilung in der Bundesrepublik Deutschland, Tübingen 1959.

— Die zweckmäßige Struktur des kommunalen Steuersystems. In: Kommunale Finanzen und Finanzausgleich. Schriften des Vereins für Socialpolitik, N. F., Bd. 32, Berlin 1964, S. 173 ff.

Zeumer, Karl: Die deutschen Städtesteuern im 12. und 13. Jahrhundert, Kap. I—III, Leipzig 1878.

Volkswirtschaftliche Schriften

41 **Die Probleme der Währungskonvertierbarkeit.** Von K. R. Hartung. 147 S. 1959.

42 **Faktorelastizität und Beschäftigungsverlauf.** Von H. Kasten. 84 S. 1959. DM 10,80

43 **Konkurrenz und Kooperation.** Von H. Habisreitinger. 110 S. 1959. DM 13,80

44 **Marktwirtschaftliche Theorie des neutralen Geldes.** Von H. H. Lechner. 120 S. 1959. DM 14,80

45 **Europa-Markt und Wettbewerb.** Von W. Hofmann. 48 S. 1959. DM 5,60

46 **Die Veränderungen der Lohnstruktur.** Von J. Klaus. 116 S. 1959. DM 14,40

47 **Die wirtschaftliche Problematik der Raumordnung.** Von D. Storbeck. 201 S. 1959. DM 22,60

48 **Der Unternehmer und die volkswirtschaftliche Entwicklung.** Von F. Rexhausen. 129 S. 1960. DM 16,—

49 **Über die Problematik der internationalen währungspolitischen Kooperation.** Von H. W. Prill. 258 S. 1960. DM 28,—

50 **Welfare Economics.** Von J. Pahlke. 84 S. 1960. DM 9,80

51 **Außenhandel und Außenwirtschaftspolitik des Iran.** Von A. Adli. 314 S. 1960. DM 39,60

52 **Die Berechtigung sittlicher Werturteile in den Sozialwissenschaften.** Von G. Weigand. 120 S. 1960. DM 14,80

53 **Der gerechte Lohn.** Von W. Baldamus. 85 S. 1960. DM 11,60

54 **Die Theorie der Standortwahl.** Von W. Meyer. 298 S. 1960. DM 33,60

55 **Der Neoliberalismus und die Gestaltung der Wirtschaftsverfassung in der Bundesrepublik Deutschland.** Von R. Behlke. 223 S. 1961. DM 28,—

56 **Produktivität und Distribution im Lichte der deutschen gewerkschaftlichen Lehrmeinungen der Weimarer Epoche (1918—1933).** Von K. M. Wrede. 195 S. 1960. DM 19,60

57 **Zur Problematik des Miteigentums.** Von A. von Loesch. 102 S. 1961. DM 12,80

58 **Die Schweizer Bankobligationen unter Ausschluß der Pfandbriefe.** Von H. Mohr. 120 S. 1961. DM 14,80

59 **Deflationierungsmethoden im Rahmen der volkswirtschaftlichen Gesamtrechnung.** Von B. Friedmann. 156 S. 1961. DM 22,60

60 **Die Rolle des Staates in den Frühstadien der Industrialisierung.** Von U. P. Ritter. 176 S. 1961. DM 22,60

61 **Der langfristige Lieferantenkredit im Außenhandel (Exportkredit).** Von S. Frhr. v. Stetten. 151 S. 1962. DM 18,60

62 **Produktionstechnik, Kapital und Fortschritt.** Von P. Bünte. 107 S. 1961. DM 19,60

63 **Der Geldkreislauf.** Von C. Köhler. 229 S. 1962. DM 26,60

64 **Der Lohn.** Von E. Bandholz. 208 S. 1962. DM 26,60

65 **Automation.** Von H. Tagwerker. 151 S. 1962. DM 18,60

66 **Die Lombardpolitik der Zentralnotenbank.** Von H. Haase. 237 S. 1962. DM 33,60

67 **Der Güterbegriff in der Theorie des Qualitätswettbewerbs.** Von H. R. W. Rieger. 96 S. 1962. DM 12,60

68 **Vertikale Preisbindung.** Von P. Wörmer. 388 S. 1962. DM 48,—

69 **Die Recession der Jahre 1957/58 in den Vereinigten Staaten von Amerika unter besonderer Berücksichtigung des Preisverhaltens.** Von P. Bohley. 190 S. 1963. DM 24,80

70 **Der Rentenbegriff in der Wirtschaftstheorie.** Von M. Klafkowski. 215 S. 1963. DM 26,60

71 **Der freie Wechselkurs.** Von D. Pentzek. 96 S. 1963. DM 12,80

72 **Die Preisbildung der öffentlichen Unternehmen.** Von H.-D. Lösenbeck. 121 S. 1963. DM 16,60

73 **Das Selbstverständnis der ökonomischen Theorie.** Von F. Jonas. 236 S. 1964. DM 28,60

74 **Wettbewerbsordnung und Eliminierungsplanung.** Von H. Braeutigam. 134 S. 1964. DM 16,60

75 **Theorie des Datenrahmens.** Von K. Holzer. 135 S. 1964. DM 18,60

76 **Fiscal Policy in Großbritannien.** Von K. Schierloh. 227 S. 1964. DM 33,60

77 **Die Wirkungen internationaler Präferenzsysteme auf Preise und Handelsströme.**

78 **System und Politik der Mindestreserve.** Von K. P. Tudyka. 168 S. 1964. DM 24,80
Von K. Poser. 160 S. 1964. DM 22,80

79 **Die Erbschaftsteuer als Mittel der Vermögensdistribution.** Von K. P. Kisker. 200 S. 1964. DM 33,60

80 **Die Grundsätze der pluralistischen Wirtschaft.** Von J. Solterer. 112 S. 1964. DM 18,60

81 **Wissenschaftliche Agrarpolitik im Königreich Norwegen.** Von Frhr. v. Malchus. 129 S. 1964. DM 19,60

82 **Finanzpolitische Willensbildung in der Bundesrepublik Deutschland.** Von R. Glaeser 234 S. 1964. DM 38,60

83 **Determinanten der internationalen Güterströme.** Von P. Düesberg. 180 S. 1965. DM 29,60

84 **Lohnbildung im Wechselpiel zwischen politischen und wirtschaftlichen Kräften.** Von B. Külp. 401 S. 1965. DM 56,—

85 **Die Interpretation der Theorie David Ricardos als geschlossenes nicht arbeitswert-axiomatisches Gleichgewichtssystem.** Von H. Bydekarken. 154 S. 1965. DM 29,60

86 **Organisationstheorie, Theorie der Unternehmung und Oligopol.** Von H.-G. Krüsselberg. 217 S. 1965. DM 29,80

87 **Neue landwirtschaftliche Unternehmenstypen in der Bundesrepublik?** Von A. Nienaber. 323 S. 1965. DM 48,—

88 **Die Vergrößerung der Bandbreite für Devisenkursschwankungen.** Von G. N. Halm. 68 S. 1965. DM 8,—

89 **Die Lehre von der optimalen Bevölkerungszahl.** Von H. Adebahr. 150 S. 1965. DM 22,80

90 **Finanzierungsprobleme in den Entwicklungsländern.** Von T. Scharf. 126 S. 1965. DM 18,60

91 **Grundlagen und Formen der Preisdifferenzierung im Lichte der Marktformenlehre und der Verhaltenstheorie.** Von L. M. Schmid. 158 S. 1965. DM 24,80

92 **Absatztheorie der Einsatzprodukte.** Von G. v. Beckerath. 110 S. 1965. DM 19,60

93 **Der sozial-ökonomische Rat der niederländischen Wirtschaft.** Von M. Estor. 208 S. 1965. DM 33,60

94 **Die Bedeutung staatlicher Entwicklungsplanung für die wirtschaftliche Entwicklung unterentwickelter Länder.** Von W. E. Behrens. 165 S. 1966. DM 26,60

95 **Aufbau und Verfassung der britischen und amerikanischen Gewerkschaften.** Von A. Villiger. 208 S. 1966. DM 36,—

96 **Zur Problematik des flexiblen Wechselkurses der Währung eines relativ preisstabilen Landes.** Von R. Meimberg. 44 S. 1966. DM 6,60

97 **Die demokratischen Grundlagen der funktionalen Finanzwirtschaften.** Von J. Ufer. 105 S. 1966. DM 15,80

98 **Gesellschaftsschädigungen und Wohlfahrtsökonomik.** Von K. H. Steinhöfler. 122 S. 1966. DM 22,60

99 **Externe Effekte der Produktion und ihre Bedeutung für die Wirtschaftspolitik.** Von K. Heinemann. 149 S. 1966. DM 28,—

100 **Die eisenschaffende Industrie Latein-Amerikas.** Von E. A. Boas. 174 S. 1966. DM 28,—

101 **Strukturwandlungen der westdeutschen Automobilindustrie.** Von K. W. Busch. 208 S. 1966. DM 33,60

102 **Zölle und Lohnquote.** Von R. Peffekoven. 238 S. 1966. DM 38,60

103 **Die Verteilungstheorie von Kenneth E. Boulding.** Von W. Kerber. 178 S. 1966.

104 **Der Einfluß des technischen Fortschritts auf die Preise landwirtschaftlich genutzten Bodens in Industrieländern.** Von H. Griesbach. 126 S. 1966. DM 19,80

105 **Wichtige Erscheinungsformen der Lohnquote.** Von P. Klemmer. 134 S. 1967. DM 19,80

106 **Zur Theorie der Außenwirtschaft.** Von M. Klafkowski. 325 S. 1967. DM 58,60

107 **Die Kreditplafondierung, eine geld- und kreditpolitische Notwendigkeit.** Von K. Klein. 246 S. 1967. DM 39,80

108 **Der französische Trésor.** Von H. Zuber. 210 S. 1967. DM 38,60

109 **Monetäre Voraussetzungen der gesamtwirtschaftlichen Nachfrage.** Von E.-A. Gramann. 124 S. 1967. DM 22,60

110 **Das wirtschaftspolitische Instrumentarium.** Von R. Krüger. 141 S. 1967. DM 24,—

111 **Volkswirtschaftliche Theorie des technischen Fortschritts.** Von R. Eder. 150 S. 1967. DM 24,60

112 **Die Industrialisierung Indiens unter dem Druck der steigenden Auslandsverschuldung.** Von H. Breuer. 162 S. 1967. DM 29,60

113 **Steigender Steuerdruck bei sinkendem Geldwert.** Von A. Tautscher. 73 S. 1967. DM 12,60

114 **Entwicklung der Wirtschaft.** Von H. Stephenson. 122 S. 1967. DM 19,80

115 **Bürgschaften und Garantien als Mittel der Wirtschaftspolitik.** Von E.-A. Conrad. 191 S. 1967. DM 29,60

116 **Der Internationale Ausgleich der Faktorpreise.** Von K. Mackscheidt. 258 S. 1967. DM 44,60

117 **Entlohnungssysteme und sozialer Konflikt.** Von A. W. Michl. 150 S. 1968. DM 26,60.

118 **Behandlung und Erkenntniswert der Erwartungen in der Wirtschaftstheorie.** Von P. Machinek. 205 S. 1968. DM 36,60

119 **Das Kartell.** Von D. Eckel. 334 S. 1968. DM 59,80

120 **Umverteilung und wirtschaftliche Entwicklung.** Von E. Weissel. 101 S. 1968. DM 16,80.

121 **Die Theorie der Domination von François Perroux.** Von U. Jeck. 148 S. 1968. DM 26,60

122 **Markttransparenz und Preispolitik.** Von E. Lindemann. 142 S. 1968. DM 24,60

123 **Die Entwicklungspolitik der Volksrepublik China 1949 bis 1962.** Von U. E. Simonis. 196 S. 1968. DM 44,60

124 **Die Wirkungen zwischenstaatlichen Kapitalverkehrs auf Wechselkurse und Zahlungsbilanzen.** Von E. v. Wangenheim. 137 S. 1968. DM 32,60

125 **Die Politik der Reichsbank von 1876 - 1914 im Lichte der Spielregeln der Goldwährung.** Von M. Seeger. 161 S. 1968. DM 29,60

126 **Wird die kleine und mittlere industrielle Unternehmung diskriminiert?** Von B. Gellner. 189 S. 1968. DM 33,60

127 **Theorie der personellen Einkommensverteilung.** Von H.-J. Krupp. 260 S. 1968. DM 39,—

128 **Wirtschaftssystem und Industrialisierung in den Entwicklungsländern.** Von H. Effenberger. 167 S. 1968. DM 29,60

129 **Ordnungspolitische Probleme des Warentests.** Von D. Meiners. 215 S. 1968. DM 42,60

130 **Zur Theorie der Devisenterminmärkte.** Von J. Schröder. 148 S. 1969. DM 29,80

131 **Der metallische Rohstoff Zinn.** Von W. Gocht. 260 S. 1969. DM 56,60

132 **Makroökonomische Wirkungen der Sozialen Sicherung.** Von S. Schultz. 163 S. 1969. DM 29,80

133 **Effektivität und Legitimität der Tarifautonomie.** Von H. Weitbrecht. 267 S. 1969. DM 48,60

134 **Die Koordination von gesamtwirtschaftlicher, regionaler und lokaler Planung.** Von R. Krüger. 192 S. 1969. DM 36,—

135 **Wirtschaftslenkung und Preisintervention.** Von A. Hegelheimer. 312 S. 1969. DM 58,60

136 **Wirtschaftstheoretische Überlegungen zu Grundannahmen der Nationalökonomie.** Von L. Bauer. 153 S. 1969. DM 29,80

137 **Arbeitsmobilität und regionales Wachstum.** Von H.-J. Bodenhöfer. 196 S. 1969. DM 36,60

138 **Grundbegriffe der Statistik.** Von G. Marinell. 99 S. 1969. DM 18,60

139 **Die Rolle der Offiziere in der deutschen Wirtschaft nach dem Ende des Zweiten Weltkrieges.** Von M. Lesch. 179 S. 1970. DM 38,60

140 **Rationales Handeln in der Ökonomie.** Von D. Eckel. 136 S. 1970. DM 24,80

141 **Gebändigter Klassenkampf. Tarifautonomie in der Bundesrepublik Deutschland.** Von C. Noé. 351 S. 1970. DM 58,60

142 **Investitionsquote, Wachstum und Gleichgewicht.** Von H.-J. Rüstow. 62 S. 1970. DM 15,60

143 **Forschungspolitik und Forschungsplanung.** Von J. F. Reuter. 193 S. 1970. DM 39,60

144 **Die Wirkung der Besteuerung auf das Arbeitsangebot.** Von A. Blazek. 140 S. 1970. DM 28,60

145 **Die Steuerwirkungen.** Von R. Eppler. 184 S. 1970. DM 44,60

146 **Gemeinwirtschaft als Ordnungsprinzip.** Von T. Thiemeyer. 347 S. 1970. DM 66,—

147 **Zur Theorie der Einkommensverteilung.** Von U. Schleehauf. 154 S. 1970. DM 28,—

148 **Planung und Information.** Von E. Wille. 284 S. 1970. DM 48,60

149 **Ziel-Mittel-Konflikte als Problem der Wirtschaftspolitik.** Von F. Mehler. 444 S. 1970. DM 78,60

150 **Das geldtheoretische und geldpolitische Werk Walter Euckens.** Von W. Folz. 221 S. 1970. DM 48,—

151 **Die Gemeinde als wirtschaftspolitisches Entscheidungszentrum.** Von R. Schneider. 275 S. 1971. DM 54,60

152 **Einführungen in die Theorie der wirtschaftlichen Werbeleistungen.** Von H. Steiner. 215 S. 1971. DM 39,60

153 **Ökonometrische Modelle.** Von W. Meißner. 178 S. 1971. DM 48,—

154 **Zeitablauf und Angebotspolitik.** Von D. Eckel. 134 S. 1971. DM 29,80

155 **Geldtheoretische Analysen der Deutschen Bundesbank als Elemente einer Strategie der Überredung.** Von R. Pohl. 102 S. 1971. DM 28,60

156 **Theorie der Lohnpolitik.** Von E. R. Dall'Asta. 171 S. 1971. DM 38,60

157 **Steuerpolitische Ansatzpunkte der Anbieterinflationsbekämpfung.** Von D. Cansier. 228 S. 1971. DM 44,60

158 **Rahmenplanung des Städtebaus.** Von K. Wittkau. 133 S. 1971. DM 26,—

BODO B. GEMPER

Die Vermögensteuer im Rahmen der modernen allgemeinen Einkommensteuer

Volkswirtschaftliche Schriften

Herausgegeben von Dr. J. Broermann, Berlin

Heft 159